MOMO EVERS
ELLEN-VERENA FRIEDEMANN

# HANDBUCH ADOPTION

ISBN 978-3-517-08928-7

1. Auflage der aktualisierten Neuausgabe 2014


**Redaktionsleitung:** Silke Kirsch
**Projektleitung:** Dr. Iris Hahner/Stefanie Heim
**Konzept und Realisation:** ABC MEDIENAGENTUR Sylvia und Niklas Schaab, Augsburg
**Lektorat:** Birgit Adam, Augsburg
**Layout und Satz:** Atelier Georg Lehmacher, Friedberg
**Satz der Neuausgabe:** Nadine Thiel | kreativsatz, Baldham
**Umschlaggestaltung:** zeichenpool, München, unter Verwendung eines Fotos von plainpicture/fStop/Vladimir Godnik/RF
**Druck und Verarbeitung:** Alcione, Lavis (Trento)

Printed in Italy

FSC
www.fsc.org
MIX
Papier aus verantwortungsvollen Quellen
FSC® C021956

Verlagsgruppe Random House FSC® N001967
Das für dieses Buch verwendete FSC®-zertifizierte Papier *Arcoset* wurde produziert von Fedrigoni, Verona.

MOMO EVERS
ELLEN-VERENA FRIEDEMANN

# HANDBUCH ADOPTION

## Der Wegweiser zur glücklichen Familie

Mit Unterstützung von Sabine Pause
im Kapitel „Auslandsadoption“

südwest

# Inhalt

# Zum Geleit

Wir freuen uns, Ihnen hiermit die zweite und überarbeitete Auflage unseres Handbuches präsentieren zu können.
Mit Kindern zu leben ist immer eine Herausforderung, sie aufwachsen zu sehen ein Wunder und sie zu lieben und von ihnen geliebt zu werden gehört mit Sicherheit zu den schönsten Erfahrungen, die Menschen machen können.
Leider ist nicht jedem Menschen, der sich ein Kind wünscht, diese Möglichkeit gegeben. Leider sieht sich nicht jeder, der ein Kind bekommt, in der Lage, es zu behalten. Und leider haben nicht alle Kinder eine Familie, in der sie vergleichsweise unbeschwert und glücklich aufwachsen können. Nicht alle von ihnen werden Adoptivkinder. Manche, die so genannten Dauerpflegekinder, sind rechtlich noch immer an ihre leibliche Familie gebunden,wachsen aber in einer anderen – der so genannten Dauerpflege-Familie auf und fühlen sich ihr sozial und emotional zugehörig.
Sicherlich sind Adoptiv- und Pflegeeltern nicht strahlende Rettergestalten und abgebende Eltern nicht verurteilenswert und verantwortungslos.

Dieses Buch will Mut machen. Mut, mit Kindern zu leben, Mut zur Aufrichtigkeit auf allen Seiten und Mut zur Akzeptanz. Es richtet sich nicht nur an angehende Adoptiv- und Pflegeltern, sondern auch an Adoptiv- und Pflegekinder und an die leiblichen Eltern – und an alle Personen, die sie begleiten.

Alle Beteiligten einer Adoptiv- oder Dauerpflege – die leiblichen Eltern, die annehmenden Eltern und das Kind – umschlingt ein unsichtbares Band, ihr Leben lang. Wie viel Leid oder Freude aus dieser Verbindung geboren wird, liegt in den Händen eines jeden von ihnen – und in den Händen einer Gesellschaft, die im Idealfall die besondere Lebenskonstellation der Adoptiv- und Pflegefamilien weder verurteilt noch idealisiert.

Halle an der Saale und Rosengarten im April 2014
Ellen-Verena Friedemann/Momo Evers

# 1 Kinderlos sein – kinderlos bleiben?

**„Vorzeiten war ein König und eine Königin, die sprachen jeden Tag: ‚Ach, wenn wir doch ein Kind hätten!', und kriegten immer keins. Da trug sich zu, als die Königin einmal im Bade saß, dass ein Frosch aus dem Wasser ans Land kroch und zu ihr sprach: ‚Dein Wunsch wird erfüllt werden, ehe ein Jahr vergeht, wirst du eine Tochter zur Welt bringen!"**

Aus: Dornröschen. Märchen der Gebrüder Grimm

Menschen, die ungewollt kinderlos bleiben, gibt und gab es schon immer in allen Ländern der Erde. Die Gründe für ungewollte Kinderlosigkeit sind vielfältig, meist sind sie physischer Natur: Unfruchtbarkeit bei Mann oder Frau, Unverträglichkeit von Erbanlagen (wie etwa bei bestimmten Blutgruppenunverträglichkeiten), Unfälle, frühere chirurgische Eingriffe oder Behandlungen mit Medikamenten, die zur Abstoßung des Embryos führen (wie etwa bei manchen Bluttransfusionen der Fall). Aber auch Überlastung, Erwartungsangst, Ernährungs- oder Umweltbelastungen oder ein sehr später Kinderwunsch können die Ursache sein.

Wer sich ein Kind wünscht und sich mit dem Thema Adoption auseinandersetzt, hat oft lange Jahre des Hoffens und Wartens hinter sich. Die Angst, als Adoptivbewerber abgelehnt zu werden und somit die – dem Empfinden nach – letzte Chance auf ein Kind auch zu verwirken, ist groß.

Nicht selten kreisen alle Gedanken von Menschen, die sich für eine Adoption entscheiden, seit Jahren nur noch um den Kinderwunsch. Doch so groß dieser auch sein mag: Ein adoptiertes Kind ist kein leibliches Kind. Der Frage, ob Adoption der richtige Weg zur Erfüllung der eigenen Träume ist, geht das folgende Kapitel auf den Grund.

## Woher wir kommen

Kinder zu bekommen, das erscheint zunächst als die normalste Sache der Welt. Aber die Wahrheit sieht anders aus. Etwa jedes siebte Paar, so die Schätzung der Bundeszentrale für gesundheitliche Aufklärung, bleibt vorübergehend oder dauerhaft ungewollt kinderlos, Tendenz steigend. Die richtige Anlaufstelle für eine Untersuchung rund um die Fruchtbarkeit und Zeugungsfähigkeit ist bei der Frau der Frauenarzt/Gynäkologe und beim Mann der Urologe oder besser noch der auf Männerheilkunde spezialisierte Androloge. Für viele Paare ist im Anschluss an den Arztbesuch eine medizinische „Kinderbehandlung" möglich, deren Erfolgsaussichten allerdings unterschiedlich sind und etwa vom Alter oder der Art der Fruchtbarkeits- oder Zeugungsstörung abhängen.

> *„Manchmal gibt es diese Nächte, mein Partner schläft dann den Schlaf der Gerechten, und ich renne durch unsere Wohnung und weine und weine und kann gar nicht mehr damit aufhören. Das sind diese Augenblicke, da kann ich nicht akzeptieren, dass ich nicht schwanger werde. Es liegt an den Spermien. Mein Partner war nach der Diagnose vor Schreck erst einmal ein halbes Jahr impotent. Er hat sich mittlerweile wieder gefangen, aber ich schaffe das einfach nicht. Das holt mich immer wieder ein."*
>
> *Hannah (26)*

Ungewollte Kinderlosigkeit wird in der Öffentlichkeit selten diskutiert. Zwar gab es kinderlose Eltern zu allen Zeiten und in allen Kulturen, doch galten diese Beziehungen als etwas Unnatürliches, dem man mit Trennung oder Scheidung, mit Wallfahrten oder magischen Wundermitteln begegnete. Im heutigen Europa gehören das Verstoßen einer unfruchtbaren Frau oder Unfruchtbarkeit als Scheidungsgrund der Vergangenheit an, doch die Vorurteile sind geblieben. Kinderlose Paare werden – stark beeinflusst durch entsprechende Berichterstattung in den Medien und unterstützt durch entsprechende Gesetze – als selbstsüchtig, karriereorientiert oder sozial verantwortungslos gebrandmarkt. Eine Differenzierung zwischen gewollter und ungewollter Kinderlosigkeit findet bei diesen –

ohnedies tendenziösen – Aburteilungen nicht statt. Der Druck auf ungewollt kinderlose Paare und die böse Ironie, mit der sie immer wieder für etwas abgeurteilt werden, das ihre Situation auf grausame Weise konterkariert, fügt dem eigenen Erwartungsdruck noch den Druck des sozialen Umfeldes hinzu.

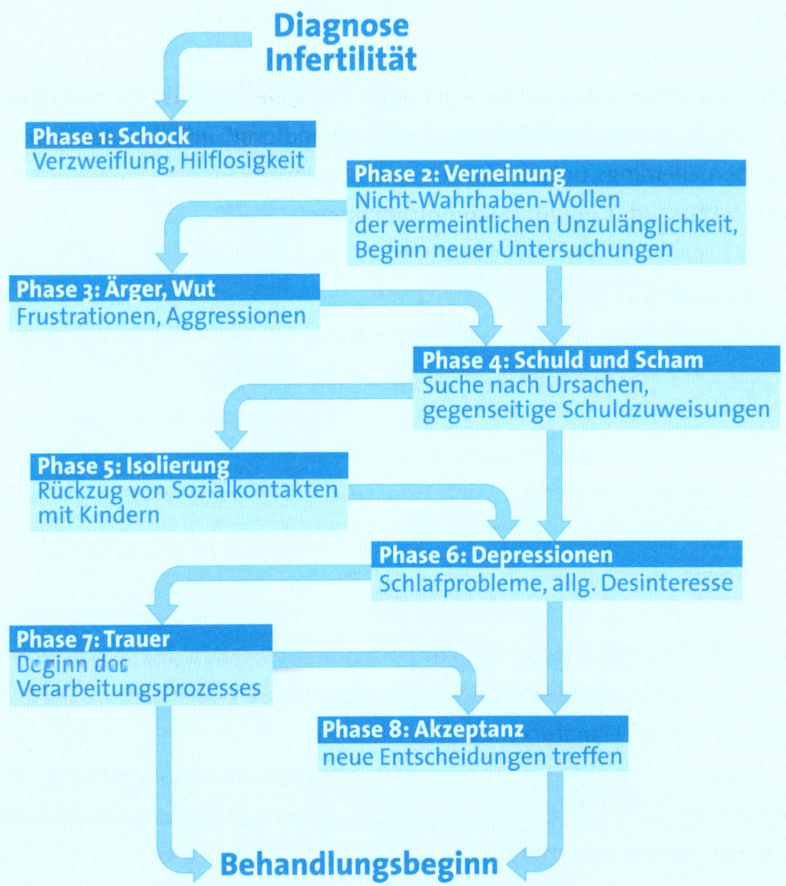


▲ Stressverarbeitung bei kinderlosen Paaren. Aus: Onnen-Isemann, Corinna: Ungewollte Kinderlosigkeit: Auswirkungen auf die Paarbeziehung. Einsehbar unter: www.familienhandbuch.de/cms/Gesundheit_Kinderlosigkeit.pdf

Wenn sich schließlich nach langem Hoffen und Warten mit dem Untersuchungsbefund der Verdacht, dass „etwas nicht stimmt", bewahrheitet, bricht für viele Paare eine Welt zusammen. Nicht wenige klammern sich übergangslos an den Strohhalm, den die moderne Medizin ihnen zu bieten scheint: die „Kinderwunschtherapie". Seit im Jahr 1978 Louise Brown in England als erstes „Retortenbaby" geboren wurde, wagen Heerscharen von Menschen mit unerfülltem Kinderwunsch den Schritt zur Behandlung und vertrauen darauf, dass „die Medizin es schon richten wird". Dabei kann es geschehen, dass sie an einen Berater geraten, der die Therapieaussichten als allzu rosig darstellt – und zudem nicht darauf hinweist, dass eine psychologische Betreuung während der Behandlung nicht nur sinnvoll ist, sondern unter Umständen auch von den Krankenkassen getragen werden kann.

Das Modell zur Stressverarbeitung bei kinderlosen Paaren der Soziologin Dr. Corinna Onnen-Isemann (RWTH Aachen) zeichnet einen Idealzustand nach, in dem vor einer Behandlung der Beginn eines Verarbeitungsprozesses sowie die Akzeptanz der Kinderlosigkeit stehen. Doch die Praxis sieht häufig anders aus. Nicht selten geschieht es, dass Paare sich von dem Schock in die Hoffnung stürzen und so den Zeitpunkt verpassen, die Entscheidung für eine „Kinderwunschbehandlung" bewusst und gemeinsam zu fällen. Offene Gespräche mit dem Arzt, mit anderen Betroffenen, vor allem aber mit dem Partner können helfen, genaue Ziele und Erwartungen, Hoffnungen und Ängste, aber auch Ausstiegsszenarien im Vorfeld einer „Kinderwunschbehandlung" festzulegen. Denn eine medizinische Therapie ist für beide Partner körperlich und seelisch stark belastend. Nicht zuletzt deshalb, weil das Hoffen, Bangen und Warten in der Behandlungsphase meist noch intensiver wird.

Wichtig ist überdies, sich nicht der erstbesten Kinderwunschbehandlung „hinzugeben". Neben der Schulmedizin gibt es alternative Behandlungsmöglichkeiten, die „guten, alten Hausfrauentricks" nicht zu vergessen. Damit der unerfüllte Kinderwunsch nicht zur Besessenheit wird, das ganze Leben bestimmt und keinen Raum mehr für sich selbst und den Partner lässt, kann es hilfreich sein, sich bewusst mit dem eigenen Körper zu beschäftigen: Wie genau wird man eigentlich schwanger? Was passiert davor und währenddessen? Warum genau

„klappt“ es bei uns nicht – und wie hoch sind die Chancen, dass uns eine Behandlung helfen kann, wirklich? Was können wir selbst tun, um eine Schwangerschaft wahrscheinlicher zu machen, und was möchten wir tun, wenn auch der x-te medizinische Versuch nicht von Erfolg gekrönt ist? Welchen Stellenwert erlauben wir der „Kinderwunschbehandlung“ in unserem Leben? Und welche Alternativmöglichkeiten können wir uns vorstellen?

Da gerade in der westlichen Welt das Alter der Erstgebärenden immer weiter ansteigt, nimmt die Wahrscheinlichkeit von Komplikationen bei einer natürlichen Schwangerschaft hier automatisch zu. Auch wenn Erstgebärende zwi-

### Die gängigsten medizinischen Behandlungsmethoden im alphabetischen Überblick

**GIFT (gamete intrafallopian transfer; intratubarer Gametentransfer), seit 1985**
Einspülung einiger Eizellen mit vielen Samenfäden in den Eileiter unmittelbar nach der Eizellengewinnung.

**Heterologe Insemination (Spendersamen)**
Behandlung mit fremden Samen bei ICSI, IVF oder Samenübertragung. Bei diesem Schritt ist eine rechtliche Beratung notwendig.

**Hormontherapie**
Hormonelle Stimulation der Eierstöcke; Regulierung des Hormonhaushaltes durch Medikamente.

**ICSI (Intrazytoplasmatische Spermieninjektion), seit 1992**
Befruchtung der Eizelle außerhalb des Körpers: Eizellenentnahme, Einspritzen einer Samenzelle in die Eizelle, Einsetzen der Embryonen in die Gebärmutter (Spezifizierungen: MESA – microsurgical epididymal sperm aspiration: Spermien werden durch eine Nebenhodenpunktion gewonnen – und TESE – testicular sperm extraction: Spermienextraktion aus Gewebe einer Hodenbiopsie; seit 1995).

**IVF, auch IVF/ET (In-vitro-Fertilisation mit Embryotransfer), seit 1981**
Befruchtung der Eizelle außerhalb des Körpers: Eizellenentnahme, Zusammenführung von Ei- und Samenzellen im Reagenzglas, Einsetzen der Embryonen in die Gebärmutter.

**Insemination (Samenübertragung)**
Einbringen von Samenflüssigkeit in die Gebärmutter.

**TET/ZIFT (tubal embryo transfer, tubarer Embryo- oder Zygotentransfer), seit 1986**
Mit einem Katheter wird ein Embryo beziehungsweise eine Vorstufe des Embryos (die Zygote, befruchtete Eizelle) in die Eileiter „eingebracht“.

**Zyklusmonitoring**
Beobachtung des natürlichen Zyklus mittels Ultraschall und Blutuntersuchung durch den Arzt.

schen 30 und 40 in der westlichen Gesellschaft immer „normaler" werden und finanzielle und psychologische Gründe für eine späte Familiengründung sprechen mögen, sind dem menschlichen Körper solch theoretische Überlegungen fern. Noch immer liegt für Frauen zwischen 19 und 25 Jahren die Wahrscheinlichkeit einer Schwangerschaft pro Zyklus bei etwa 30% und sinkt zwischen 25 und 33 Jahren auf rund 18%, Tendenz (auch darüber hinaus) fallend. Laut Statistischem Bundesamt wurden 2012 1,3% der Kinder in Deutschland nach einer In-vitro-Behandlung geboren.

Viele Prominente stehen offen dazu, der Natur durch „Kinderwunschbehandlungen" nachgeholfen zu haben. Zu ihnen gehören die Sängerinnen Céline Dion oder Actrice Julia Roberts, die schließlich Zwillinge zur Welt brachte.

Mehrlinge sind, gerade auch bei Spätgebärenden, denjenigen, die sich mit „Kinderwunschtherapien" beschäftigen, mittlerweile zu einem Indiz für die künstliche Befruchtung geworden. Die Wahrscheinlichkeit, Mehrlinge zu bekommen, beträgt – wenn mehrere Embryonen eingesetzt werden – bei der IVF und der ICSI-Therapie etwa fünf Prozent.

Aber längst nicht immer sind die medizinischen Eingriffe von Erfolg gekrönt. Die Wahrscheinlichkeit, durch so genannte Kinderwunschbehandlung schwanger zu werden, liegt bei der Insemination bei rund 15 bis 20%, bei der IVF und ICSI-Therapie bei 15 bis 30% (je nach Anzahl der eingesetzten Embryonen). Nach viermaliger IVF oder ICSI-Therapie steigt die Wahrscheinlichkeit einer Schwangerschaft auf 50 bis 60%. Die so genannte „Baby-take-home"-Rate insgesamt liegt dann zwischen zehn und 15%. Nicht selten also bleiben Menschen mit Kinderwunsch auch nach einer Behandlung dauerhaft kinderlos. Doch auch wenn die Behandlung letzten Endes erfolgreich ist, warten gerade ältere Frauen oft etliche Jahre und müssen häufig mehrere Fehlgeburten erdulden, bis ein lebendes Kind geboren wird.

*„Wir hatten das alles so gut geplant – erst Karriere, dann ein Haus. Die Kinderzimmer stehen schon bereit. Wir wollten immer Kinder, mein Mann und ich. Erst war da gar kein Zweifel, aber dann … passierte einfach nichts. Nach einem Jahr wurde ich schwanger. Ich verlor das Kind in der neunten Woche. Wie das ist mit der Ausschabung, dafür finde ich keine Worte. Ich bin mit ihm gestorben.*

*Ich habe mittlerweile vier Kinder verloren. Ich kann nicht einmal mehr darüber weinen. Ich arbeite Tag und Nacht und die Frage nach dem ‚Wofür?' schiebe ich von mir."*

*Paula (36)*

Obwohl eine psychische Begleitung der „Kinderwunschbehandlung" vom Gesetzgeber vorgeschrieben wird, sehen viele Menschen die Notwendigkeit einer solchen Begleitbehandlung nicht, erfragen sie daher nicht oder lehnen sie für sich ab. Gerade wenn in Partnerschaften im Vorfeld nicht über mögliche Ausstiegsszenarien aus einer erfolglosen Behandlung gesprochen wurde, kann es zu einer zunehmenden Entfremdung und Sprachlosigkeit zwischen den Partnern kommen.

*„Es ist schrecklich. Meine Frau leidet, und ich kann ihr nicht helfen. Sie muss diese ganzen Untersuchungen und Eingriffe über sich ergehen lassen, ich schaue ja ‚nur' zu und versuche, zu helfen, wo ich kann. Aber ich komme nicht mehr ran an sie. Natürlich wünsche ich mir ein Kind. Aber sie geht daran kaputt, und deshalb muss da ein Schlussstrich gezogen werden. Ich habe mit ihr darüber gesprochen. Aber sie glaubt, ich sage das nur ihr zuliebe. Alles, was ich sage, ist falsch. ‚Kind, Kind, Kind, ich will, will, will …' – ich kann das nicht mehr hören. Wir gehen daran vor die Hunde. Unsere ungeborenen Kinder stehen zwischen uns wie ein Gräberfeld."*

*Thomas (37)*

Nur wenige Paare überstehen die Zeit einer „Kinderwunschbehandlung" ohne Blessuren und finden im Hin und Her der Anforderungen zu einem natürlichen Umgang miteinander zurück – auch in der Sexualität, deren Freude und Leichtigkeit in dieser Zeit auf eine harte Probe gestellt wird.

*„Jetzt mit der Therapie müssen wir zu meinen fruchtbaren Zeiten oft Sex haben, möglichst jeden Tag, mindestens. Weil das auf die Dauer nur noch anstrengend ist, haben wir uns jetzt etwas anderes überlegt: Mein Mann befriedigt sich selbst, das Sperma wird mit einer nadellosen Spritze aufgesaugt, dann wird es eingespritzt*

*und ich befriedige mich selbst, damit es weitertransportiert wird. So richtig erotisch ist das zwar nicht, aber immerhin bewahren wir uns Sex so unabhängig von dem Drumherum. Wenn man da nicht so pragmatisch vorgeht, geht man dabei vor die Hunde.“*

*Marie (31)*

Wo man in der Partnerschaft mit etwas Glück und Humor einen Weg finden kann, um mit dem ständigen Druck und den absurden Situationen rund um die Sexualität klarzukommen, ist der Umgang mit Freunden und Bekannten, mit Arbeitskollegen und Arbeitgebern in dieser Zeit noch schwieriger zu lösen. Oft wächst die Angst, von der Behandlung zu erzählen, weil sie den Erwartungsdruck erhöht. Was, wenn es dann doch nicht klappt? Diese Angst mit Dritten teilen zu müssen, scheint vielen unerträglich. Auch am Arbeitsplatz sind die – häufig vertuschten – Krankmeldungen, die mit der Behandlung einhergehen, meist ein sehr gewagtes Unterfangen. Und wie soll man Bekannten oder Freunden erklären, warum man nicht zu ihrer Hochzeit oder ihrer Party kommen kann, warum man manchmal Verabredungen kurzfristig absagt, ohne auf die Dauer entweder den Spott oder den Unmut der Versetzten auf sich zu ziehen?

Der Umgang mit Paaren in Kinderwunschbehandlung ist auch für das Umfeld nicht leicht und nicht selten führt der jahrelange Druck langsam zu einer Isolation.

*„Wir haben sechs lange Jahre auf unseren Sohn gewartet. Das Härteste in dieser Zeit waren für uns andere Schwangere und dieses Heer an weisen Ratschlägen (‚Versteift euch nicht darauf, dann klappt das schon!‘, ‚Wenn ihr unbedingt Kinder wollt, könnt ihr ja unsere nehmen zum Sitten!‘, ‚Das Leben ist doch auch ohne Kinder schön‘ …). Viele Freunde und Bekannte waren aber auch unsicher im Umgang mit uns und diesem Thema, waren zum Beispiel besonders unsensibel, weil sie uns zeigen wollten, dass sie das Thema nicht krampfhaft vermeiden und uns ‚normal‘ behandeln wollen.*

*Wo unser Sohn jetzt da ist, habe ich plötzlich auch Probleme im Umgang mit einem befreundeten Paar mit Kinderwunsch und Behandlung. Da schlägt einem so oft nur Neid entgegen, aber man muss versuchen, das zurückzudrängen. Der Kinderwunsch frisst einen sonst auf."*

*Evelyn (28)*

Mit dem Warten auf die erfolgreiche Schwangerschaft und mit jeder Enttäuschung wächst die Wut, die Aversion gegen „glückliche" Familien, die Hilflosigkeit. Und wenn es wieder und wieder nicht klappt, wächst mit den Jahren die Erkenntnis heran, dass sich der Kinderwunsch vielleicht wirklich niemals erfüllen wird.

Spätestens dann, wenn die Hoffnung auf eine natürliche Schwangerschaft offenen Auges zu Grabe getragen wird, kommt der Zeitpunkt, an dem man sich die Frage nach dem „Danach" stellen muss. Nicht selten denkt man erst an diesem Punkt an eine Adoption.

*„Die Zeit der Kinderwunschbehandlungen war kein Zuckerschlecken. Irgendwann lagen die Nerven blank. Ich wollte mich alle paar Wochen scheiden lassen, nicht weil ich meinen Mann nicht geliebt habe, sondern weil er mir helfen wollte. Achtmal hat es nicht geklappt, und dann haben wir adoptiert.*
*Gerettet hat uns damals ein Gespräch beim Psychologen. Der hat uns ganz schön die Meinung gesagt. ‚Sie wollen Eltern werden? Sie streiten doch ständig, es geht doch nur noch um Sie und gar nicht um das Kind. Vielleicht möchten Sie sich aber auch überlegen, warum Sie eigentlich zusammen sind – ganz unabhängig von Kinderproduktion. Das würde ich Ihnen raten.'*
*Ich war damals erst sprachlos, dann wütend, dann beschämt. Klar, diese Kinderwunschbehandlungen sind unvorstellbar grauenvoll, die durchleuchten alles, deine intimsten Gedanken, und irgendwann bleibt da nichts mehr, da ist man am Boden und gibt auf. Aber man muss lernen, das zu stemmen. Man muss wieder rausgehen, sich mal wieder berühren, einfach so, ohne Gedanken an ‚vergeudete Samen'. Was, wenn das Kind schwierig ist und Probleme macht? Da kann man ja auch nicht sagen ‚Ich bin so fertig, ich kann nicht mehr, jetzt mache ich hier einen auf sterbenden Schwan und nach mir die Sintflut.' Da muss man ja auch einen Ausweg finden, und zwar gemeinsam."*

*Valeska (39)*

Auch Pop-Star Madonna setzte sich bei ihrem dritten Kind zunächst mit künstlicher Befruchtung auseinander, ehe sie sich mit ihrem damaligen Mann Guy Ritchie zu einer Adoption entschloss – und sie ist mit diesem Schritt nicht allein. Tatsächlich scheint eine Adoption ja auch eine naheliegende Alternative zu sein. Wenn es auf natürlichem Weg nicht geht, warum sollte man dann nicht adoptieren?

Auf diese Frage gibt es mit Sicherheit viele Antworten, vor allem aber gibt es einige Gegenfragen, die man sich ehrlich stellen und beantworten sollte, ehe man den Weg zu einer Adoption einschlägt. Sie lauten: Möchte ich nach all den Jahren erfolgloser Behandlung wirklich noch ein Kind? Oder habe ich mich in meinem Leben eigentlich ganz gut eingerichtet, bin vielleicht sogar glücklich darin?

## Weiterführende Informationen

**Sachbuch:**
Wischmann, Tewes und Stammer, Heike: Der Traum vom eigenen Kind, Kohlhammer, 4. Aufl. 2010.
Anspruchsvoll, aber auch für den Laien verständlich, geht auch auf die psychologische Seite ein, gibt Kriterien für die Auswahl eines Beraters und Hilfestellungen für den Umgang mit dem Auf und Ab zwischen Hoffnung und Verzweiflung bei der „Kinderwunschtherapie".

**Internet:**
www.wunschkind.de
Zusammenschluss deutscher Selbsthilfegruppen ungewollt kinderloser Paare. Mit Adressen von Behandlungszentren und auf Kinderwunschpaare spezialisierten Beratern und Psychologen (auch unter www.bvdh.de, der Seite des Berufsverbandes deutscher Humangenetiker e.V.). Die Initiative setzt sich für die familienpolitische Unterstützung und die finanzielle Entlastung von Paaren mit unerfülltem Kinderwunsch ein.
Außerdem Seminare und Workshops, Selbsthilfegruppen, Literaturhinweise, Informationen zu Urteilen und Rechten sowie zu Kosten und Finanzierung.

**Internet:**
www.wunschkinder.net
Sehr aktives Kinderwunschforum für Betroffene von Betroffenen. Sachlicher und fairer Umgangston.
Zudem aktuelle Nachrichten, Adressen von Kinderwunschzentren, umfangreiche Literaturliste, häufige Fragen zu Themen wie „Kinderwunschbehandlung", Schwangerschaft, Familienplanung ...

**Internet:**
www.muschel.net
Informationen, Downloads für den Umgang mit frühem Kindsverlust – nicht nur für Betroffene, auch für deren Umfeld. Erfahrungsberichte zum Umgang mit Trauer, Rituale zum Abschied von „frühen" Verlusten, Kerzenleuchten für Sternenkinder.

Wenn ich mir mein weiteres Leben ohne Kind vorstelle: Ist es wirklich so grau und trist? Oder habe ich begonnen, Pläne für eine Partnerschaft ohne Kind zu schmieden – und freue mich insgeheim sogar darauf, diese Pläne umzusetzen?

Ein „Ja" auf diese Antwort zuzulassen, ist nicht leicht, denn es erscheint auf den ersten Blick wie ein Verrat an der Hoffnung vieler Jahre. Dennoch ist die Frage wichtig und eine ehrliche Antwort darauf – gemeinsam mit dem Partner – niemals verwerflich, ganz gleich, wie sie ausfällt.

Die wichtigste Frage aber ist: Möchte ich ein Adoptivkind aufnehmen? Denn diese Frage ist nicht gleichbededeutend mit „Möchte ich ein Kind?".

Ein Adoptivkind ist in den seltensten Fällen das kleine, hübsche Baby, das den Eltern im Idealfall auch noch ähnlich sieht. Ein Adoptivkind ist mit großer Wahrscheinlichkeit das offene Eingeständnis dessen, was im Rahmen einer verschwiegenen „Kinderwunschbehandlung" über lange Jahre hinweg vertuscht werden sollte: dass es nicht möglich ist, ein eigenes Kind zu bekommen. Und ein Adoptivkind ist nicht das eigene Fleisch und Blut, wird nie die Nase von Onkel Hans und vielleicht auch nie den Humor von Oma Josefine haben.

Adoptivkinder haben ihre eigene Geschichte, und Adoptiveltern müssen diese bedingungslos akzeptieren können. Und dazu müssen sie zunächst einen entscheidenden Schritt gehen: das Gewesene hinter sich lassen und noch einmal ganz von vorn beginnen.

## Wohin wir gehen

Eine Adoption birgt Chancen, die leiblichen Eltern und Kindern nicht gegeben sind, aber es gibt auch Hürden zu überwinden, die leibliche Eltern und Kinder nicht nehmen müssen. Bin ich wirklich bereit, den Schritt einer Adoption nicht nur zu gehen, sondern auch mit den Konsequenzen zu leben? Wie sehen die Alternativen aus? Und was genau erwartet mich überhaupt?

### Ich

Eines sollte man bedenken: Die Entscheidung für oder gegen ein adoptiertes Kind fällt man zunächst einmal allein.

Zentral ist die Frage nach dem „Warum“: Warum wünsche ich mir ein Kind? Auf den ersten Blick scheint die Antwort leicht: Weil ich es mir von Herzen wünsche. Weil es Teil meiner Vorstellung eines erfüllten Lebens ist. Weil ich Kinder liebe. Weil ich etwas von dem, was ich im Leben erfahren habe, weitergeben will. Weil es ein durch und durch natürliches Bedürfnis ist. All diese Antworten sind gute Antworten und sie sind zweifelsohne richtig. Was aber wäre die Antwort auf die Frage „Warum wünsche ich mir ein *Adoptivkind*?“ Die häufigste Antwort angehender Adoptiveltern auf diese Frage lautet: „Weil ich keine eigenen Kinder bekommen kann.“

> *„Der Gedanke an ein Kind ist Tag und Nacht da. Warum ist anderen Menschen das Glück eines Kindes vergönnt und mir nicht? Mein Mann hat eine Firma und ohne einen Nachfolger war alle Arbeit umsonst. Er stärkt mir den Rücken und hält zu mir, sagt, alles sei nicht so schlimm, wir hätten ja uns. Aber ich weiß: Wenn sich nicht bald etwas ändert, zerbricht unsere Beziehung. Und sei es nur deshalb, weil ich die Schmach nicht mehr ertrage.“*
>
> *Eva (38)*

Häufig scheinen es vor allen Dingen die Frauen zu sein, die sich in einer kinderlosen Beziehung schuldig fühlen. Und nicht selten ist der Wunsch nach einem Kind zwar groß, noch größer aber ist der Wunsch nach einem leiblichen Kind, so dass das Adoptivkind zwar nach langem Ringen zur Option werden kann, die angehende Adoptivmutter oder der angehende Adoptivvater das Adoptionsverfahren selbst aber als Schande und Demütigung empfindet.

So besteht die Gefahr, dass das zukünftige Adoptivkind die Erwartungen, die an es gestellt werden, kaum je wird erfüllen können. Häufig sind es gerade diese Eltern, die dem Kind sein Adoptiertsein verschweigen. Nicht selten spielt hier auch gesellschaftlicher Druck eine Rolle. Heute ist der Umgang mit dem Thema Adoption offener geworden, aber vorurteilsfrei ist er deshalb noch lange nicht, was sich verstärkt im Umgang mit der Adoption ausländischer Kinder zeigt.

Um es mit aller Deutlichkeit zu sagen: Ein Adoptivkind muss um seiner selbst Willen geliebt werden und nicht als Lückenfüller für einen lang gehegten

Traum. Und es muss von Anfang an in der Sicherheit leben können, dass seine Andersartigkeit kein Grund zur Scham ist – weder für das Kind selbst noch für seine Mutter oder seinen Vater.

Ein Kind ist eine unglaubliche Bereicherung für das eigene Leben, aber es bringt auch unglaublich viel Verantwortung mit sich. Es stellt das ganze Leben auf den Kopf. Plötzlich muss alles Planen einen weiteren Menschen einschließen. In der Theorie mag dies leicht erscheinen, in der Praxis ist es immer wieder einmal eine Zerreißprobe für das eigene Selbst, aber auch für eine Beziehung. Diese gemeinsam und positiv zu gestalten und zu meistern kann nur gelingen, wenn Adoptivmütter und -väter voll und ganz hinter ihrer Entscheidung stehen können.

Die Fragen im Kasten richten sich primär an Frauen und Männer nach einer erfolglosen „Kinderwunschtherapie". Selbstverständlich aber gibt es auch Frauen und Männer, die ein Kind adoptieren möchten, ohne je den Wunsch nach einem leiblichen Kind verfolgt zu haben. Oder solche, die sich bewusst beim zweiten Kind für ein Adoptivkind entscheiden.

### Meine Wünsche, meine Wege, meine Grenzen

**Ich bin bereit und in der Lage …**

- mich von meinem Wunsch nach einem leiblichen Kind zu verabschieden
- die Tatsache, dass ich kein leibliches Kind bekommen kann, nicht als Schande zu empfinden
- die Trauer darüber, dass ich kein leibliches Kind bekommen kann, abzustreifen und zu überwinden
- mir ein glückliches und erfülltes Leben ohne ein leibliches Kind vorzustellen – sei es nun mit meinem Partner oder allein
- im Zweifelsfall auch vor Dritten dazu zu stehen, keine leiblichen Kinder bekommen zu können, oder zumindest nicht darunter zu leiden, wenn diese mich danach fragen
- mich von dem alles überschattenden Wunsch, schwanger zu sein, zu verabschieden
- das Gewesene hinter mir zu lassen
- noch einmal ganz neu zu beginnen

*„Ich bin oft gefragt worden, warum ich kein eigenes Kind möchte. Die Antwort ist eigentlich ganz einfach: Ich wollte das nie. Ich sehne mich nicht danach, schwanger zu sein, und bin sicher, es auch später nicht zu vermissen. Ich liebe Kinder, aber es sind wirklich die Kinder, die ich liebe, nicht das Schwangersein. Adoption, das ist einfach der richtige Weg für mich. Dass das für Dritte schwer nachzuvollziehen ist, erlebe ich*

*regelmäßig. Auch, dass man mir daraufhin Neurosen andichten möchte, die ich aber meinem Empfinden nach nicht habe. Ich muss mich immer wieder für meine Überzeugung rechtfertigen, und weil mir das auf die Dauer zu anstrengend ist, sage ich mittlerweile oft einfach ‚Ja', wenn man mich fragt, ob ich adoptiert habe, weil ich keine eigenen Kinder bekommen kann. Trotzdem habe und hatte ich nie eine bessere Erklärung für meinen Adoptionswunsch als diese: Es ist einfach so.*

*Es hat lange Jahre gedauert, bis ich einen Partner gefunden habe, der bereit war, meinen Wunsch nach einem Adoptivkind zu unterstützen. Ich bin sehr froh, einen solchen Partner wirklich gefunden zu haben, denn für viele meiner früheren Beziehungspartner war der Gedanke an ein Adoptivkind undenkbar oder sogar absurd."*

*Nika (35)*

Adoptivmütter und -väter können ein Lied davon singen: Wer adoptiert hat, den wird dieser Schritt ein Leben lang begleiten. Immer wieder wird es zum öffentlichen Gesprächsstoff, fragen Dritte nach und wollen es genauer wissen. Immer wieder führt man das Gespräch über Herkunftseltern, und immer wieder kommt früher oder später die Frage: „Wollt ihr denn keine eigenen Kinder bekommen?"

*„Als Kira zu uns kam, war sie zwei Monate alt, ein winziges, sehr hübsches und lebendiges Baby mit sturmblauen Augen und sehr heller Haut. Meine Frau und ich sind dunkelhaarig, braunäugig, sehr groß und haben auch einen völlig anderen Hauttyp. Alles an Kira sieht einfach vollkommen anders aus als wir. Sie hat ein sehr markantes Gesicht, fast etwas spitzbübisch, und ihre Augenbrauen haben einen ganz eigenen Schwung.*

*Die Kleine hat viele Blicke auf sich gezogen, im Supermarkt, im Park, überall, gerade weil sie so hübsch und lebendig ist. Ich kenne diesen Blick Dritter in- und auswendig. Die Augen wandern zu Kira, zu mir und meiner Frau, wieder zu Kira, und in den Augen unseres Gegenüber steht die unausgesprochene Frage: ‚Ist das wirklich Ihr Kind?'*

*Die Leute fragen das natürlich nicht direkt. Meistens sagen sie: ‚Das Mädchen hat aber schöne blaue Augen?', und dann machen sie eine Pause und warten auf eine Antwort. Sagen wir dann, dass Kira adoptiert ist, sieht man richtig, wie ihnen ein*

*Stein vom Herzen fällt. Sie haben sich nicht geirrt, die Irritation ist aufgehoben und hat eine Erklärung gefunden.*
*Kira ist heute drei Jahre alt, sie ist noch immer sehr klein, hübsch und zart, honigblond und blauäugig, und diese fragenden Blicke haben nie aufgehört. Allerdings habe ich mich heute an sie gewöhnt."*

*Gordian (31)*

Die Frage danach, warum man ein fremdes Kind bei sich aufnimmt, ist durchaus gerechtfertigt. Vielen Menschen ist der Gedanke fremd, und wenn sie Adoptiveltern treffen, betrachten sie diese mit einer Mischung aus Interesse und Faszination. Und so werden Adoptiveltern oft ein Leben lang damit konfrontiert, auch mit wildfremden Menschen nach wenigen Minuten sehr persönliche Gespräche zu führen – wenn sie das Gespräch nicht von sich aus abbrechen. Aber angehende Adoptivbewerber sollten sich im Vorfeld damit auseinandersetzen, ob und wie sie damit umgehen, dass ihre Familie immer anders sein – und auch so wahrgenommen werden wird.

Nicht für alle Menschen ist die Adoption der richtige Weg. Viele wünschen sich ein leibliches Kind, und wenn sich dieser Wunsch nicht erfüllen lässt, gibt es für sie keine Alternative. Sie verabschieden sich – oft schweren Herzens – von ihrem Kinderwunsch und beginnen ein neues Leben. Dieser Schritt ist nicht

### Meine Wünsche, meine Wege, meine Grenzen

**Ich kann mir vorstellen, dass ...**

- mein Kind mir optisch nicht ähnlich ist
- mein Kind vielleicht keines meiner Hobbys oder Talente besitzt
- mein Kind vielleicht in seinen intellektuellen Fähigkeiten hinter den meinigen zurückbleibt – oder mich weit überflügelt
- mein Kind Interessen entwickelt, die mir und meinem Wesen vollkommen fremd sind
- mein Kind deutlich größer oder kleiner als ich oder mein Partner wird
- mein Kind eine Erbkrankheit hat, die in unserer Familie nicht vorkommt und mit deren Ausbruch ich daher nie rechnen würde
- mein Kind im Älterwerden Charaktereigenschaften entwickelt, die mir vollkommen fremd sind
- ich niemals das Gefühl leiblicher Eltern beim Anblick meines Kindes haben werde: mich selbst in meinem Kind wiederzuerkennen
- ich die Fremdartigkeit meines Kindes mit all seinen Konsequenzen unterstütze und akzeptiere

leicht, aber in letzter Konsequenz ist er ehrlich. Und nicht wenige Menschen blicken am Ende eines langen Weges ohne Gram zurück.

*„Schon als junges Mädchen wünschte ich mir eine kinderreiche Familie, meinem Mann ging es ebenso. Mit den Jahren wurde uns dann klar, dass irgendetwas nicht stimmt. Warum nur wurde ich nicht schwanger?*
*Damals war die medizinische Entwicklung noch nicht so weit wie heute. Zu einem Arzt zu gehen und zu fragen, warum man nicht schwanger wird, der Gedanke kam mir nicht. Wir leben hier auf dem Land, die Höfe werden von Generation zu Generation weitervererbt. Kinder kommen einfach, danach fragt man nicht.*
*Mit Mitte 20 begann dann der Vater meines Mannes, schlecht über mich zu sprechen. Ich weiß, er legte ihm nahe, sich eine neue Frau zu suchen. Mein Mann lehnte dies rigoros ab. Letzten Endes brach er mit seinem Vater. Kurz darauf zogen wir fort. Mich hat diese Zeit sehr verletzt, aber auch traurig gemacht. Die Familie war mir immer heilig. Nun aber hatte ich die Familie meines Mannes zerstört.*
*Wir haben uns zu zweit auf ein Leben ohne Kinder eingerichtet. Vor einigen Jahren las ich in einer Illustrierten einen Artikel über ungewollte Kinderlosigkeit und die vielen Möglichkeiten, die es heute gibt. Ich erfuhr auch, dass gar nicht stimmen muss, wovon ich stets ausgegangen war, dass ich schuld daran bin, dass wir kinderlos geblieben sind. Das hat mir einen gewissen inneren Frieden verschafft.*
*Ich kann nicht sagen, dass ich nicht gern Kinder gehabt hätte. Ich wäre jetzt gern Großmutter. Aber mein Leben ist auch so erfüllt. Mein Mann und ich engagieren uns heute als Rentner beim Roten Kreuz und in der Gemeinde. Wir haben immer viele Kinder mit ihren kleinen und großen Sorgen um uns. Und wenn die Bastelnachmittage und Kinderfeste vorbei sind, genieße ich auch die Ruhe in unserem kleinen Haus bei einem guten Buch und einem guten Glas Tee."*

*Margarethe (64)*

## Ich und mein Umfeld

### Ich und mein Partner

Nur eine solide Partnerschaft kann ein Kind für alle Seiten gewinnbringend „stehen" und (glücklich) überleben. Das gilt umso mehr für die Aufnahme eines fremden Kindes. Auch wenn man sich selbst für ein Adoptiv- oder Pflegekind entschieden hat, sollte man an das Gespräch mit dem Partner noch einmal so unvoreingenommen wie möglich herangehen. Fällt der Partner die Entscheidung nicht hundertprozentig mit, wird er sie später auch nicht hundertprozentig mittragen. Und ist er sich der Chancen und Risiken der Aufnahme eines fremden Kindes nicht hundertprozentig bewusst, wird er später vielleicht Vorwürfe äußern oder sich hintergangen und missbraucht fühlen.

Weil jedes Kind, wenn es einmal da ist, die Beziehung immer neu definiert, verändert und auf die Probe stellt, ist es mehr als ratsam, den Schritt zu Adoptiv- oder Pflegekind so gründlich und ehrlich wie möglich im Vorfeld zu besprechen. Denn wenn das Kind einmal da ist, bleibt für Grundsatzdiskussionen darüber, ob es nun klug oder unklug war, das Kind aufzunehmen, kaum mehr Zeit.

Über die im vorherigen Kapitel genannten Fragen hinaus gibt es ein paar weitere, die Paare gemeinsam besprechen und idealerweise vor Beginn des Adoptiv- oder Pflegekindbewerberverfahrens klären sollten.

Natürlich hat die Aufnahme eines fremden Kindes nichts mit „Wünsch dir was" oder „Kindershopping" zu tun. Dennoch ist es legitim und auch wichtig, sich im Vorfeld zu überlegen, was für ein Kind man sich wünscht – und mit was für einem Kind man unter gar keinen Umständen zurechtkommen könnte. Viele Bewerber für ein Adoptiv- oder Pflegekind haben Angst, dass sie, wenn sie bestimmte Kinder für sich ausschließen, als mäkelig oder hochnäsig empfunden werden könnten und so vielleicht von vornherein abgelehnt werden.

### Unsere Wünsche, unsere Wege, unsere Grenzen

**Wir ...**

- leben in einer stabilen Partnerschaft
- lösen und bereinigen auch extreme Stresssituationen gemeinsam
- können offen miteinander über unsere Ängste und Hoffnungen sprechen und respektieren die Grenzen und Wünsche des jeweils anderen
- sind tolerant und offen Neuem gegenüber
- würden auch ohne ein Kind einen Weg finden, unser Leben gemeinsam zu verbringen
- stören uns nicht daran, wenn „die Leute reden"
- wollen beide aus freien Stücken den Weg zu einem Adoptiv- oder Pflegekind einschlagen
- wollen beide aus freien Stücken die volle und lebenslange Verantwortung für ein fremdes Kind übernehmen

Diese Angst ist unbegründet. Auch der Vermittler weiß, dass Paare oder Einzelpersonen nur dann mit dem Kind „zusammenwachsen" können, wenn sie sich dieses Kind zutrauen und nicht von vornherein bewusste oder unbewusste Hürden und Bedenken zu überwinden sind. Auch wenn es nicht „politisch korrekt" ist, ein farbiges Kind, Zwillinge, das Kind von Alkoholikern oder Jungen generell für sich auszuschließen: Ehrlichkeit ist der wichtigste Punkt bei der Entscheidung für oder gegen ein fremdes Kind. Natürlich wäre es mehr als wünschenswert, wenn gerade ein Aspekt wie die Hautfarbe eines Kindes für jeden Menschen der Welt vollkommen irrelevant wäre. Leider ist es in der Praxis anders, und Eltern farbiger Kinder– und farbige Menschen generell – werden in unserer Gesellschaft noch immer an vielen Stellen angefeindet und diskriminiert. Ein Kind anderer Nationalität aus geschmäcklerischen oder gar rassistischen Gründen für sich auszuschließen, ist selbstverständlich für Vermittler indiskutabel. Aber das Leben mit einem farbigen Kind stellt Anforderungen an die neuen Eltern, denen sie sich gewachsen fühlen müssen. Nur wer selbst stark genug ist, sich gegen Anfeindungen Dritter zu behaupten, wird auch sein Kind stark genug machen können, um den Problemen, die ihm seine Hautfarbe in unserem Land leider aller Voraussicht nach sein Leben lang bereiten wird, selbstsicher und adäquat zu begegnen.

*„Unser Sohn hat eine deutsche Mutter und einen afrikanischen Vater. Als wir uns damals für eine Adoption entschlossen haben, war für uns klar, dass Hautfarbe für uns keine Rolle spielt. Viele Probleme, die dann auf uns zugekommen sind, haben wir aber nicht erwartet. Simon ist ein selbstbewusstes und fröhliches Kind, aber auch er war oft wütend und hilflos. Es sind ja nicht nur die Blicke oder die rassistischen Sprüche irgendwelcher dummen und bösartigen Menschen. Simon ist mathematisch sehr begabt und nach dem Abitur möchte er eine Banklehre machen. Haben Sie schon einmal einen Farbigen in einer Bankfiliale gesehen? Wir nicht.*
*Noch haben wir ein paar Jahre Zeit, bis es so weit ist, aber wir kämpfen schon jetzt, haben hier in der Stadt alle Banken abgeklappert, erst einmal ohne Simon. Wir möchten Simon diese Enttäuschung wenn irgend möglich ersparen.*
*Natürlich sagt uns niemand offen ins Gesicht ‚Farbige Auszubildende nehmen wir nicht.' Aber es ist immer das gleiche Prozedere: Wir – beide hellhäutig – erkundigen*

*uns über die Voraussetzungen, die unser Sohn für eine Banklehre mitbringen muss. Man gibt uns freundlich Auskunft. Dann sagen wir, dass unser Sohn adoptiert und farbig ist. Dann herrscht da Schweigen, dann kommt so ein schiefes Lächeln und ein Räuspern, und dann sagt man uns, das würde nichts machen, er könne sich natürlich trotzdem bewerben. ‚Trotzdem!' – Wenn ich das schon höre! Das sagt alles. Ich könnte die Wände hochgehen vor Wut, und doch sind uns die Hände gebunden. Später wird das ja ganz genauso ablaufen. Keiner wird Simon sagen, dass er aufgrund seiner Hautfarbe durchgefallen ist. Die werden es immer auf irgendwelche Qualifikationen schieben. Und nachweisen kann man das dann natürlich nicht."*

*Angela (42)*

Im Anhang findet sich ein Fragebogen an Adoptivbewerber, der wichtige Fragen rund um das Kind eingrenzt.

Aber auch unabhängig von grundsätzlichen Fragen nach Krankheit, Geschlecht oder Hautfarbe gibt es eine Reihe von Wünschen, die angehende Eltern (auch leiblicher Kinder) bewusst oder unbewusst hegen und pflegen. Vielleicht soll das Kind die eigene Firma übernehmen, oder man wünscht sich, dass es ein besonders zeitaufwändiges Hobby teilt. Vielleicht sind beide Eltern sehr sportlich und erwarten unbewusst, dass auch das Kind die Begeisterung für den Sport teilen wird. Oder beide Eltern sind sehr ordentlich und in der Wohnung steht immer alles an seinem Platz.

Die Frage ist also: Wie würde sich unser Leben mit einem Kind verändern? Und: Könnten wir mit dieser Veränderung leben? Können wir uns vorstellen, von Prinzipien abzuweichen, haben wir vielleicht mit den Jahren kleine „Macken" und „Neurosen" entwickelt, die wir hegen und pflegen, und wie schwer fiele es uns, in diesen Bereichen über unseren Schatten zu springen? Sind unsere Vorstellungen über die Erziehung eines Kindes ähnlich? Welche Schwächen hat jeder von uns und wie kann der jeweils andere sie ausgleichen? Welche Streitpunkte kommen immer wieder zwischen uns auf und wo würden sie sich verstärken, wenn ein Kind – und mit ihm mehr Druck – in unsere Beziehung käme? Unter welchen Umständen wäre ich von meinem Kind enttäuscht und wie würde ich damit umgehen? Wer von uns würde weiter arbeiten gehen, wer zunächst einmal aussetzen?

Diese und viele Fragen mehr erscheinen auf den ersten Blick übereilt. Das Kind ist ja schließlich noch gar nicht da, es ist unsicher, ob es jemals kommt, und andere Eltern werden ja schließlich auch „einfach so" schwanger, ohne sich vorher bis zum Exzess damit auseinandergesetzt zu haben.

Nur: „Andere Eltern" haben neun Monate Zeit zwischen dem Zeitpunkt, wo sie erfahren, dass sie ein Baby bekommen, und dem Tag seiner tatsächlichen Ankunft. Bei Eltern, die ein fremdes Kind aus dem Inland bei sich aufnehmen, vergehen in der Regel zwischen dem Anruf der Vermittlungsstelle und der Ankunft des Kindes wenige Tage. Und in diesen wenigen Tagen bleibt für theoretische Überlegungen keine Zeit. Mehr zur Ankunft und den ersten Tagen mit dem Kind findet sich im Kapitel „Der Tag X und seine Folgen".

### Wir und unser Umfeld

Wer weiß, dass er ein Kind adoptieren will, dem stellt sich die nächste Frage: Wie sage ich es meinem Umfeld? Und: Sage ich es ihm überhaupt?

Weil jeder Adoptierende neben seiner zukünftigen Eigenschaft als Mutter oder Vater ein eigenes Leben und mit diesem ein solides soziales Umfeld braucht, beantwortet sich die Frage fast von selbst: Man wird es sagen müssen.

> *„Wir wünschen uns ein Baby. Es soll hellhäutig sein und uns vielleicht sogar etwas ähnlich sehen. Es wäre uns unangenehm, wenn man gleich sehen würde, dass es nicht unser leibliches Kind ist. Die Leute reden so schnell. Unser Privatleben geht schließlich nur uns etwas an."*
>
> *Lars (41) und Daphne (37)*

Viele Paare möchten das Thema Adoption am liebsten ganz verschweigen, insbesondere aber so lange, bis das Kind auch wirklich da ist. Schließlich ist es ja gar nicht sicher, ob das Kind auch wirklich kommt – und erst recht nicht, wann es kommt. Was soll man schon jetzt die Pferde scheu machen, wenn die Vermittlungsstelle vielleicht erst in fünf Jahren ein passendes Kind gefunden hat? Macht man sich nicht selbst noch mehr verrückt, wenn man die Ankunft eines Kindes als gesichert voraussetzt, mit ihr plant und hinterher enttäuscht wird?

Diese Überlegungen sind nachvollziehbar, aber zu kurz gedacht. In dem „Was wäre, wenn ...“-Modell kann nämlich ebenso gut der Fall eintreten, dass zwischen der Anerkennung als Adoptiv- oder Pflegekindbewerber und der Vermittlung eines Kindes nur wenige Wochen oder Monate liegen. Dann müsste man plötzlich binnen weniger Tage all das klären, was man bis jetzt nicht geklärt hat – und hat doch keine Zeit dazu.

*„Wir haben unser Umfeld immer für tolerant gehalten. Als wir gesagt haben, dass wir jetzt zum Jugendamt gehen, um ein Kind zu adoptieren, waren wir bass erstaunt über die Reaktionen. […] Plötzlich kamen aus allen Ecken Leute mit weisen Ratschlägen. Ob wir das denn auch wirklich hinbekommen würden? Ob wir uns da nicht zu viel vornehmen würden? Ob wir da überhaupt das Geld dafür hätten? Ob wir da weit genug überlegt hätten? Wir wüssten ja schließlich dann gar nichts von dem Kind. Ob wir da nicht vielleicht eigennützig handeln würden? Ob, ob, ob. Wir waren sprachlos. Niemals hätten wir einem unserer Freunde so reingeredet, wenn da eine Schwangerschaft vorlag. Aber unser Umfeld fiel plötzlich wie die Hyänen über uns her, einer nach außen hin verständnisvoller als der Nächste. Um ehrlich zu sein: Wir haben uns da sehr geärgert. Auf der anderen Seite hat uns das aber auch in unserem Entschluss bestärkt, denn wir hatten auf all die Fragen unserer Freunde für uns schon eine Antwort.*
*Als unser Sohn dann vor drei Monaten kam, waren wir froh, den Ärger und die daran anschließenden klärenden Gespräche bereits hinter uns zu haben. Unser Umfeld wusste Bescheid, und dann haben auch alle mitgeholfen. Da brauchten wir Hilfe, keine Diskussionen.“*

*Raul (32) und Melissa (33)*

Weil Familie, Freunde und Bekannte für junge Eltern sehr wichtig sind, ist es ratsam, sich im Vorfeld zu überlegen, wie ein Leben mit Kind im jetzigen Umfeld aussähe. Sind die Hobbys kindkompatibel oder gäbe es Alternativen, die auch mit Kind möglich wären? Gibt es im Umfeld andere Kinder? Wie steht der Freundes- und Bekanntenkreis zu Kindern? Könnten langfristig gemeinsam geplante Urlaube oder sonstige Aktivitäten im Zweifelsfall auch kurzfristig mit einem Kind realisiert werden? Und was sagen Eltern und Familie zu einem nicht leiblichen Kind?

*„Als wir Madita adoptierten, war der Vater meines Mannes nach kurzer Skepsis begeistert. Madita war blond und ein ‚durch und durch deutsches Kind'. Stolz lief er mit ihr durch das Dorf und stellte seine Enkelin vor.*
*Als wir zwei Jahre später Thuong adoptierten, war es mit dem Frieden vorbei. Thuongs Mutter kam aus Vietnam, und das sieht man unserer Kleinen auch an. Die Kleine liebte ihren Opa abgöttisch, aber er wies sie zurück. Madita durfte ihn besuchen und auf seinem Schoß sitzen, Thuong nicht. Er hatte nur eine Enkeltochter und Punkt.*
*Nie hätten wir geglaubt, dass es so weit kommen würde."*

*Pia (30)*

Auch wenn Pias Fall sicherlich ein Extrembeispiel ist, brauchen gerade Eltern oft Zeit, um sich an den Gedanken zu gewöhnen, dass ihre Enkel nicht ihre leiblichen Enkel sind. Bei Licht betrachtet ist das auch gar nicht so erstaunlich. Auch Adoptivväter und -mütter haben schließlich eine längere Zeit gebraucht, um sich für die Annahme eines fremden Kindes zu entschließen. Sicher ist: Je früher man sein Umfeld in die Kinderpläne miteinbezieht, auf umso mehr Unterstützung wird man später bauen können. Und nicht zuletzt kann man sich mit einem frühen offenen Umgang mit dem Thema Adoptiv- und Pflegekind gemeinsam auf dessen Ankunft freuen – ganz so, wie andere Eltern es auch tun.

### Wir und das Jugendamt

Ist die Entscheidung für eine Adoption gefallen, stellt sich die Frage nach dem „Wohin". Im Folgenden wird der Weg der Adoptivbewerber direkt über das Jugendamt nachgezeichnet, der aber letzten Endes auch auf andere Erstkontaktstellen übertragbar ist. Ohnedies lässt sich ein Kontakt zum Jugendamt nie ganz vermeiden, denn nur die Jugendämter dürfen einer Adoption oder anderweitigen Inobhutnahme zur rechtlichen Absegnung verhelfen.

*„Mein erster Weg zum Jugendamt hat mich sehr viel Überwindung gekostet. Ich bin selbstständig, nicht reich und nicht verheiratet. Die Anforderungen, die das Jugendamt an Adoptivbewerber stellt, kannte ich von befreundeten Paaren, die Kinder adoptiert hatten oder seit Jahren vergeblich warteten: verheiratet, gesicherte Verhältnisse,*

*Haus im Grünen und so weiter. Es hat vieler Ermutigungen von zwei befreundeten Adoptivmüttern bedurft, bis ich mich getraut und einen Termin vereinbart habe.*
*Vor der Tür der Sozialarbeiterin habe ich tief durchgeatmet. Ich wollte ehrlich sein, von Anfang an. Besser gleich eine Generalabsage als später. Noch in der Tür habe ich meinen Spruch heruntergerasselt: ‚Ich bin nicht verheiratet, nicht reich, dafür aber selbstständig, habe kein Haus im Grünen und wohne in einer Wohngemeinschaft. Ich weiß, dass ich keinen Säugling vermittelt bekommen würde, aber das ist nicht schlimm. Ich würde auch ein älteres und sowieso ein farbiges Kind nehmen und ich habe mich auch schon über Auslandsadoption informiert. Aber weil ich dafür auch Ihr Okay brauche, bin ich jetzt hier.‘*
*Die Sozialarbeiterin hat mich mit großen Augen angesehen und gesagt ‚Sie sehen doch eigentlich ganz nett aus, kommen Sie doch erst einmal rein.‘*
*Da war das Eis gebrochen und meine Angst erst einmal wie weggewischt. Sie hatte mich nicht sofort weggeschickt und auch nicht ausgelacht. Das war sehr viel mehr, als ich erwartet hatte.“*

*Tatjana (33)*

Das erste Treffen mit dem Adoptionsvermittler ist für viele Adoptivwillige angstbesetzt. Was, wenn man abgelehnt wird? Was, wenn der Wunsch nach einem Kind sich auch hier nicht erfüllen lässt?

Besonders belastend ist, dass die Adoptionsvermittler den Adoptivwilligen in Gänze unter die Lupe nehmen, alles durchleuchten: seine Finanzen, sein Leben, vor allem aber seine Persönlichkeit, ihn selbst.

Der Gedanke, sich einem wildfremden Menschen zu öffnen, der über das eigene Leben und – noch schlimmer – die eigene Persönlichkeit richten wird, ist für viele angehende Adoptivbewerber schwer zu ertragen; manche lässt er auch ganz von einem (zweiten) Gang zum Jugendamt oder einer vergleichbaren Einrichtung Abstand nehmen. Was ein Adoptionsvermittler will, nach welchen Kriterien er urteilt, was seine Aufgabe ist und wessen Position er vertritt, wird im Kapitel „Der Weg zum Kind“ ab Seite 53 ausführlich behandelt.

Zunächst einmal aber geben viele Adoptionsvermittler den zukünftigen Bewerbern Fragebögen und eventuell Informationsbroschüren mit. Diese Fragebögen können nicht nur helfen, die eigenen Gedanken und Wünsche zu ordnen und vielleicht auch erstmals konkret zu benennen, sondern auch das Thema Adoption gemeinsam von einer theoretischen auf eine praktische(re) Ebene holen.

Auch wenn das Ende des Weges nicht morgen und auch nicht übermorgen erreicht sein wird, so geht man doch den bedeutenden ersten Schritt. Ein exemplarischer Fragebogen findet sich im Anhang ab S. 314.

Selbstverständlich gehen nicht alle Adoptionsvermittler gleich vor, und auch der Fragebogen kann von Stadt zu Stadt und von Vermittler zu Vermittler variieren. Die Grundfragen aber sind die gleichen.

Viele angehende Adoptivbewerber haben Angst davor, diese Fragebögen auszufüllen. Sie wissen nicht, was von ihnen erwartet wird, was dem Adoptionsvermittler wichtig ist oder mit welchen Aussagen sie sich – vielleicht ohne es zu wissen – im schlimmsten Fall disqualifizieren könnten. Auch erfragen die Bögen viele intime Einzelheiten, die viele Menschen nicht gern mit unbekannten Dritten teilen.

Die Situation als angehender Adoptivbewerber ist ohne Frage eine Ausnahmesituation. Sie erfordert viel Mut und Vertrauen – in das Gegenüber, in sich selbst und, so vorhanden, in die Partnerschaft. Manche der abgefragten Themen haben vielleicht selbst Partner untereinander noch nie besprochen und fühlen sich nun „nackt", sind vielleicht sogar wütend, weil die Umstände sie zwingen, ihr Leben und Sein auf diese Weise auszubreiten.

*„Diese Sozialmasche liegt mir gar nicht. Wir wünschen uns keinen Psychologen, wir wünschen uns ein Kind. Man muss da eben mitspielen. Die Frauen vom Amt tun zwar immer alle so, als wenn man eine freie Wahl hätte, aber das stimmt ja nicht. Wer nicht mitspielt, fällt durch. Gute Miene machen zum bösen Spiel, würde ich da sagen. Das ist wie bei Präsentationen im Job: gut vorbereiten, lächeln, durchziehen."*

*Aaron (40)*

Auch wenn es schwer fällt und Überwindung kostet, ist der beste Weg, den angehende Adoptivbewerber einschlagen können, auch auf dem Amt der Weg der Ehrlichkeit. Adoptionsvermittler sind im Sozialbereich ausgebildet, sie haben viel Erfahrung und ein gutes Gespür im Umgang mit Menschen. Die strahlende Fassade interessiert sie nicht, viel wichtiger ist der Blick auf das, was dahinter liegt. Wie geht mein Gegenüber mit Extremsituationen um? Ist er der Belastung, die ein (Adoptiv- oder Pflege-) Kind mit sich bringen kann, gewachsen? Ist er bereit und in der Lage, das Kind um des Kindes Willen annehmen zu wollen? Ist die Beziehung, oft durch jahrelangen unerfüllten Kinderwunsch auf eine harte Probe gestellt, wirklich noch stabil genug, um das Zusammenwachsen einer neuen Familie zu ermöglichen? Diese und weitere Fragen stellen die Adoptionsvermittler nicht ohne Grund – und es ist wichtig, sich damit auseinanderzusetzen.

*„Andere Eltern kriegen einfach so Kinder. Wir können keine Kinder bekommen und müssen alle Hüllen fallen lassen. Erst bei der Kinderwunschbehandlung, jetzt hier bei der Adoptionsvermittlung. Gerecht ist das nicht."*

*Liza (26)*

Tatsächlich besteht mehr als ein großer Unterschied zwischen leiblichen und Pflege- oder Adoptivkindern. Wo leibliche Kinder „einfach so" in eine Familie hineingeboren werden und mit dieser zusammenleben können, haben Adoptiv- und Pflegekinder bereits einen Verlust hinter sich: den Verlust ihrer Eltern. Diese Kinder Menschen anzuvertrauen, die ihnen neue Väter oder Mütter werden können, ist letzten Endes immer auch mit einem hohen Risiko verbunden und bringt eine unendlich hohe Verantwortung mit sich. Wenn Adoptivbewerbern oder Pflegeeltern ein Kind anvertraut wird, ist es seinen neuen Eltern auf Gedeih und Verderb ausgeliefert. Wenn sich bei diesen neuen Eltern herausstellt, dass sie mit der Situation überfordert sind, wäre der Weg zurück im besten Fall ein neuerlicher Bruch für das Kind – und eine Narbe mehr auf seiner Seele.

*„Thiago wurde von seiner Adoptivmutter gequält, gefoltert und brutal misshandelt. Vor fünf Jahren starb der damals vierjährige Brasilianerjunge. Arzt, Vormund, Bezirksanwalt und Fürsorgesekretär sollen von den schweren Misshandlungen gewusst haben und unternahmen dennoch nichts. Nun müssen sie sich vor Gericht verantworten."*

*Quelle: Schweizer Fernsehen DRS vom 27.08.2001*

Das Jugendamt im Speziellen und soziale Berufe im Allgemeinen stehen immer wieder einmal in der Schusslinie der Medien, eben weil sie Verantwortung für das Leben und Wohlergehen von Menschen tragen, und das mit einer nicht gerade dicht zu nennenden Personaldecke und fernab einer Bezahlung, die der Verantwortung, die sie tragen, gerecht wird. Ämter, die sich die Zeit zu einer eingängigen und möglichst umfassenden Prüfung der Bewerber nehmen können und dürfen, sind längst nicht in jeder Stadt anzutreffen. In diesem Licht betrachtet verlieren das Adoptions- und auch das noch viel umfassendere Pflegekindprozedere an Schrecken und Willkür. Ein offener und kooperativer Umgang mit Jugendamt, Adoptionsvermittlern und Pflegekinderdiensten generell dient nicht der Qual der Eltern, sondern dem Schutz des Kindes.

> *„Mehmets Kindheit und Jugend verliefen nicht gerade rosig, und ich habe in meiner Pubertät ziemlich aufgedreht. Aber wir sind ja an unseren Erfahrungen gewachsen und wären ohne unsere Vergangenheit heute andere Menschen. Wir glauben, eine unserer Stärken liegt darin, dass wir unserem Kind auch in schwierigen Situationen beistehen können, weil wir sie selbst durchlebt und gemeistert haben."*
>
> *Lena (31) und Mehmet (30)*

Ehrlichkeit ist mit Sicherheit der beste Weg im Umgang mit dem Adoptionsvermittler, auch bei als schwierig empfundenen Themen. Selbstverständlich aber sind auch Adoptionsvermittler nur Menschen. Wenn die Chemie zwischen Adoptionsvermittler und angehenden Adoptivbewerbern nicht stimmt, wenn der Eindruck entsteht, dass die Zusammenarbeit trotz beiderseitigem Bemühen nicht fruchtbar verläuft, kann das Bewerbungsverfahren abgebrochen und an anderer Stelle neu begonnen werden.

## Schattenmutter, Schattenvater, Schattenkind

Bei allen Gedanken, die um das eigene, zukünftige Kind kreisen, werden zwei Personen allzu oft vergessen: die abgebenden Eltern. „Wie kann man nur sein eigenes Kind fortgeben?", ist eine Frage, die häufig gestellt, aber selten beantwortet wird. Dabei gibt es viele Antworten. Viele Frauen, Männer oder Paare geben ihre Kinder fort, weil sie sich in einer Notlage befinden und sich keinen Rat mehr wissen. Andere sind selbst noch Kinder, und ihre Eltern möchten ihrem eigenen Kind die frühe Elternschaft ersparen, können ihm selbst nicht zur Genüge helfen. Wiederum andere sind krank, sozial nicht abgesichert oder auch schlicht vollkommen überfordert. Obwohl das Jugendamt und andere Träger Eltern in Not Hilfestellungen anbieten, können manche Probleme und Notsituationen nicht zufriedenstellend gelöst werden.

Während Adoptivbewerber sich Gedanken darüber machen, ob und was für ein Kind sie aufnehmen würden, während sie Bewerberseminare absolvieren, mit Adoptionsvermittlern sprechen und sich zaghaft und vorsichtig auf das Leben mit einem Kind vorbereiten, geht vielleicht eben jene Mutter oder jener Vater ihres zukünftigen leiblichen Kindes den umgekehrten Weg. Soll er sein Kind zur Adoption freigeben? Soll sie ihr Kind abtreiben oder austragen? Können beide es schaffen, ihre Ausbildung mit einem Kind zu beenden? Wird ihre Familie es ihr verzeihen, dass sie unverheiratet schwanger wurde? Wird ihr Mann ihr verzeihen, dass sie das Kind eines One-Night-Stands unter dem Herzen trägt? Wird er nach dem Tod seiner Frau allein für seine vier Kinder sorgen können? Diese und viele Fragen mehr fordern eine Antwort, und im Gegensatz zu den zukünftigen Adoptiveltern sind die Herkunftseltern mit ihren Sorgen in den meisten Fällen allein.

Selbstverständlich gibt es auch unter den Schatteneltern – genauso wie überall auf der Welt – „schlechte Menschen", deren Verhalten – genauso wie bei allen derartigen Menschen – keinesfalls pauschal und entschuldigend mit einer „schlechten Kindheit" beiseite gewischt werden soll. Schwerst misshandelte Kinder, die in desaströsem Zustand per Amtsbeschluss aus ihren Familien herausgenommen werden, sind keine Einzelfälle, und auch wenn es sicherlich Gründe für das Verhalten dieser Väter und Mütter gibt, so sind ihre Taten doch nicht entschuldbar. Doch diese Eltern sind es meist nicht, die einer Adoptionsfreigabe ihrer Kinder zustimmen, denn einer Freigabe des Kindes geht ein (meist schmerzhafter) Prozess der Reflexion voraus. Daher ist der erste Schritt, mit denen man Schattenmüttern und -vätern, die sich für eine Adoptionsfreigabe entschlossen haben, begegnen sollte, Respekt.

Kinder, die nicht in ihre Herkunftsfamilien zurückkehren können, aber von ihren Eltern auch nicht zur Adoption freigegeben werden, werden zu Pflegekindern. Das Jugendamt kann – so entsprechende Kapazitäten vorhanden sind – hier nur versuchen, bei den Herkunftseltern auf eine Adoptionseinwilligung hinzuwirken, aber für diesen Prozess braucht es Zeit und Geduld, und er ist nicht immer von Erfolg gekrönt. Was viele Adoptivbewerber nicht wissen und was in den Medienberichten zum Thema oft nicht erwähnt wird: Pflegekind ist nicht gleich Pflegekind. Und eine Dauerpflege durchaus eine überdenkenswerte Alternative zur Adoption (siehe Kapitel „Dauerpflege" ab Seite 116).

Wer sein Kind aber bewusst zur Adoption freigibt, geht einen sehr mutigen Schritt. Er ist zu der Überzeugung gelangt, dass es dem Kind an anderer Stelle besser gehen wird. Und weil er zu diesem Entschluss steht, lässt er sein Kind gehen. Wie schwer dieser Entschluss ist, kann sicherlich nur ansatzweise verstehen, wer selbst ein Kind hat. Und wer selbst ein Kind hat, weiß: Es wird immer Teil des eigenen Lebens sein. Auch wenn man es fortgegeben hat.

*„Über die Geburt will ich nichts schreiben. Sie war schlimm. Wie macht man das, dass keiner was merkt? Ich habe in meinem Kalender ein Kreuz gemacht, wann es so weit sein soll. War selbst ganz erschrocken, als ich das Kreuz wiedergefunden habe. Eine Woche davor habe ich gesagt, ich fahre weg. War aber zu Hause in meiner Wohnung. Es ist gleich in der ersten Nacht passiert. Dann: Babyklappe. Sofort danach.*

*Vor zwei Jahren habe ich mit einer Therapie begonnen. Vielleicht habe ich irgendwann die Kraft, zu dem Krankenhaus zu gehen und nachzufragen. Aber die Angst ist riesig groß. Eine Mutter, die ihr Kind in der Nacht in einen Kasten legt und einfach weggeht, da denkt man doch, die ist ein Monster. Aber ich bin kein Monster!"*

*Tina (25, Alter geändert)*

Mit der Einwilligung in die Adoption endet rechtlich der „Anspruch" der Eltern auf ihr Kind. Und dieser Schritt kann niemals rückgängig gemacht werden.

Wer sich die Frage stellt, wer sein Kind „einfach so" abgeben kann, sollte auch Raum für die folgenden Fragen lassen:

– Kann man sein eigenes Kind jemals vergessen?
– Wie viel Kraft oder Verzweiflung erfordert es, das eigene Kind fortzugeben?
– Und nicht zuletzt: Wie lebt man mit einer Entscheidung, über die man mit kaum jemandem sprechen kann, weil das eigene Verhalten nahezu ausnahmslos von der Restbevölkerung stigmatisiert wird?

> *„Es war fürchterlich für mich, mein Kind weggeben zu müssen. Doch ich sah damals keine andere Möglichkeit. [...] Ich war 18 Jahre alt und Volontärin bei der schwedischen Vimmerby-Zeitung. Ein älterer Redakteur machte mir den Hof. Am Schluss gab ich nach – und wurde schwanger. [...] Ich liebte ihn nicht. Überhaupt nicht. Natürlich haben meine Eltern mich bedrängt. Aber diesen Mann heiraten? Lieber wäre ich gestorben ...“*
>
> *Kinder- und Jugendbuchautorin Astrid Lindgren (1907–2002)*

Astrid Lindgren arbeitete als 18-Jährige bei einer Zeitung in Vimmerby. Sie hatte eine Affäre mit dem Chefredakteur des Blattes und wurde schwanger. Weil derlei für Ledige über die Maßen ungebührlich war, musste sie ihr Kind in Dänemark zur Welt bringen. Lasse wurde in Kopenhagen in einer Pflegefamilie untergebracht. Als seine Pflegemutter 1929 krank wurde, holte Astrid ihr Kind zu sich nach Stockholm.

Wo Astrid Lindgren dieser „Fehltritt“ verziehen wird, sieht dies bei anderen Müttern und Vätern anders aus. Das eigene Kind abzugeben, das ist für viele nicht nur undenkbar, sondern auch durch und durch verachtenswert. Wie es aber den Herkunftsmüttern und -vätern, die mit ihrer Entscheidung leben müssen, wirklich geht, danach wird kaum gefragt.

> *„Die Mutter meiner Kinder ist seit dem 16. Lebensjahr alkoholkrank. Da sowohl meine Frau als auch ihre Familie das Problem strikt leugneten, war ich mir selber lange Zeit sehr unsicher. Nach Anjas Geburt weigerte sie sich, das Kind zu sehen. Ich war täglich nach der Arbeit für einige Stunden im Krankenhaus und habe Anja gefüttert, gebadet und spazieren gefahren. Bei Anja sind eine Alkoholembryopathie, ein Ventrikelseptumdefekt sowie zwei laterale Halszysten und Hepatitis-B-*

*Antikörper diagnostiziert worden. Außerdem bestand der Verdacht auf Nierenblutungen beziehungsweise einen Nebennierentumor.*

*Als Anja sechs Wochen alt war, verweigerte der Chefarzt der Kinderabteilung die Entlassung von Anja in die mütterliche Obhut. Einer Sozialarbeiterin, an die ich mich gewandt hatte, erklärte er: ‚Eine Entlassung in die väterliche Obhut jederzeit, nur was soll das, der Vater muss arbeiten. Voraussetzung für eine Entlassung von Anja ist, dass die Mutter zuvor eine Entziehungskur macht.'*

*Unter diesem Druck erklärte sich meine Frau bereit, eine Entziehungskur zu machen. Die Entziehungskur dauerte sechs Wochen.*

*Eines Abends kam ich von der Arbeit nach Hause. Meine Frau stand betrunken in der Wohnungstür, das weinende Baby auf dem Arm, und schrie mich an: ‚Hier, deine Tochter. Den ganzen Tag hat sie geschrien. Das lasse ich mir nicht bieten.' Ich habe das Kind genommen, neben seinem Bettchen gesessen, sie getröstet und gesagt: ‚Keine Angst, Mäuschen, ich bin bei dir.'*

*Am folgenden Morgen bin ich todmüde zur Arbeit gewankt und habe die Sozialarbeiterin gebeten, mir behilflich zu sein, Anja so schnell wie möglich anderswo unterzubringen. Zwei Tage später kam meine Frau als Notfall wieder zur Entgiftung in die Suchtklinik. […]*

*Kurz darauf habe ich dann die Einwilligung unterschrieben, Anja in eine anonyme Dauerpflege zu geben. Die Notwendigkeit der anonymen Dauerpflege wurde mit dem Schutz Anjas vor ihrer Mutter begründet.*

*Anja habe ich zuletzt gesehen, als sie acht Monate alt war. Bis dahin war ich jeden Samstag für einige Stunden bei ihr und habe sie spazieren gefahren. Dann wurde ich gebeten, auf weitere Besuche zu verzichten, um den Aufbau der Beziehung zu der künftigen Pflegemutter nicht zu stören.*

*Geblieben sind mir einige Bilder von Anja. Als Anja ein Jahr alt wurde, habe ich über das Jugendamt ein Geschenk, ein wunderschönes Lama aus echter Lamawolle, an Anja weiterleiten lassen. Dieses Geschenk hat bei den Pflegeeltern massive Ängste ausgelöst, dass ich ihnen Anja wieder wegnehmen wolle. Aus diesem Grund wurde ich gebeten, auch auf derartige Kontakte zu verzichten. Als ich fünf Jahre später, vor der Einschulung, die Einwilligung in die Adoption unterschrieben habe, bekam ich einen kurzen Bericht über Anjas Ergehen. Zugleich bekam ich*

*die Möglichkeit, einige Fotografien von mir und den Geschwistern weiterleiten zu lassen.*
*Ich habe in den ganzen vergangenen Jahren meine Verdrängungstechniken entwickelt, aber zu bestimmten Zeiten oder in bestimmten Situationen versagen diese Techniken. In den ersten Jahren nach Anjas Verlust habe ich auf den Anblick von Säuglingen und später von Kleinkindern hysterisch reagiert. Es hat lange gedauert, bis ich wieder in der Lage war, ein Baby auf die Arme zu nehmen.*
*Inzwischen ist Anja 18 Jahre alt, und somit volljährig geworden. Nun kann ich mich auf die Suche nach meiner Tochter machen.*
*Ich könnte stundenlang von meiner Zeit mit Anja reden. Aber das ist schwierig. Ich verliere dann leicht die Fassung, andere aber wollen es gar nicht so genau wissen."*

*Friedhelm (*1943), geschrieben 2006*

In heutigen Vorbereitungskursen für Adoptivbewerber wird verstärkt auf die Seite der abgebenden Eltern, vor allem die der abgebenden Mütter, hingewiesen. Der Begriff „Bauchmama" fällt in diesem Zusammenhang oft als Empfehlung an die Adoptiveltern, die Herkunftsmutter vor dem eigenen Adoptivkind zu benennen. Für den Herkunftsvater gibt es kein uns bekanntes Wort.

Obwohl aber die Herkunftseltern thematisiert werden, geht das Interesse vieler Adoptiveltern für die leiblichen Mütter oder Väter ihrer Adoptivkinder nicht sehr weit. Spätestens wenn das Kind einmal da ist, möchten viele Adoptiv- und Pflegeeltern (gerade bei geschlossenen Inobhutnahmen) gern vergessen. Das Kind ist ja noch jung, es erinnert sich vielleicht nicht mehr, und warum soll man es mit allzu viel Altem belasten, wo man ihm doch im Hier und Jetzt, in seiner neuen Familie, Sicherheit und Geborgenheit geben will? Hinzu kommt – insbesondere bei Pflegeeltern – die Angst davor, dass man ihnen ihr Kind wieder fortnehmen könnte.

So verständlich diese Ängste sind und so sehr es nachvollziehbar ist, dass nach Annahme eines Adoptiv- oder Pflegekindes zunächst das Kind im Vordergrund steht – und auch stehen muss –, damit Adoptiv- oder Pflegeltern und ihre Kinder zu einer Familie zusammenwachsen können, so wichtig ist es doch, immer auch die Herkunftseltern anzuerkennen, die die Stärke besaßen, ihr Kind sehenden Auges und verzweifelten Herzens fortzugeben. Und mit dieser Entscheidung zu leben.

*„[…] Leider ist der Schritt, das eigene Kind zur Adoption freizugeben, in unserer Gesellschaft häufig noch mit Vorurteilen besetzt. Da fallen Begriffe wie ‚Rabenmutter' und ‚Wie kann sie nur, es ist doch ihr Kind!'*
*Wir teilen diese Ansicht nicht. Unserer Ansicht nach ist es so ziemlich der verantwortungsbewussteste Schritt, den man gehen kann. Die Stärke zu besitzen – allen Gefühlen zum Trotz – zu sagen: ‚Ich kann das jetzt nicht. Ich schaffe das nicht. Es geht nicht.' Und die Weitsicht und den Mut zu besitzen, zu sagen: ‚Dann suche ich eine Alternative, mit der wir beide leben können: ich und mein Kind.'*
*Die vielen Gedanken, die Zweifel, vielleicht sogar die Gespräche beim Jugendamt, das erfordert viel. Und wenn Adoption nicht so ein Tabuthema wäre, dann würde es bestimmt ungleich leichter sein, könnte man in all dieser Zeit viel ruhiger leben, könnte die Schwangerschaft vielleicht sogar in gewisser Weise genießen und müsste sie nicht im schlimmsten Fall zu verstecken suchen.*
*Allen Entschlüssen zum Trotz bleibt – so vermuten wir – für Sie eine Angst bestehen: Wird das Kind mich vergessen? Werde ich es nie wiedersehen? Werde ich in seinem Leben überhaupt jemals eine Rolle spielen?*
*[…] Mit Sicherheit wird die Zeit kommen, in der Ihr Kind fragen wird, warum Sie es fortgegeben haben. Wir werden unser Bestes tun, ihm jene Achtung Ihnen gegenüber mit auf den Weg zu geben, die auch wir vor Ihnen empfinden. Sie werden Ihr Kind niemals vergessen. Sie werden gewiss immer wieder einmal an es denken, werden sich fragen, wie es ihm geht, wie es aussieht, was es tut.*
*Und auch Ihr Kind wird Sie niemals vergessen.*
*Denn es gibt Dinge, die nur Sie und Ihr Kind miteinander teilen: Manierismen, die – wie man immer so schön sagt – ‚in der Familie liegen'. Oder Charakterzüge. Besondere Eigenarten. Und natürlich das Äußere; dieses Gefühl, einen anderen Menschen anzusehen und einen Teil von sich selbst zu sehen.*
*All diese Dinge werden Adoptiveltern niemals mit Ihrem Kind teilen können. Sie gehören nur Ihnen und Ihrem Kind.*
*Wir neiden Ihnen diese Teile nicht. Vielmehr würden wir uns für unser Kind wünschen, dass es auf diese Teile nicht sein Leben lang zu verzichten braucht.*
*Mit großer Sicherheit wird Ihr Kind Sie eines Tages suchen, wird Sie sehen, wird Sie kennenlernen wollen. Und in unserem Wunschbild wird der Tag kommen, in*

*dem Sie, Ihr Partner, wir und unser Kind gemeinsam in einem Café sitzen und über alte und neue Zeiten reden können. Und wer weiß: Vielleicht hat unser Kind dann ja auch bereits Geschwister, vielleicht von Ihrer Seite, vielleicht von unserer Seite, vielleicht sogar von beiden Seiten aus.*

*Wir schreiben ‚eines Tages'. Das klingt nach einer langen Zeit, und wir denken, dass es diese auch braucht. Denn wo Sie automatisch die Mutter unseres Kindes sind, müssen wir uns diesen Platz in seinem Leben erst ‚verdienen'. Wir müssen ihm erst Mutter und Vater werden – und um dies zu ermöglichen, brauchen wir Zeit.*

*Wir werden Ihr Kind von Herzen und bedingungslos lieben – aber bedingungslose Liebe macht auch verletzlich. Erst recht die Liebe, die man einem Kind entgegenbringt. Sie werden immer ein Teil seines Lebens sein. Das Gleiche wünschen wir uns für uns – immer ein Teil seines Lebens sein zu können. Wo Sie die leibliche Mutter unseres Kindes sind, werden wir unser Bestes geben, ihm gute soziale Eltern zu sein. Dies ist unser Beitrag zu seinem Leben.*

*Und das ist – so vermuten wir – der Schritt, der daran, sein Kind zur Adoption freizugeben, wohl der Schwierigste ist: loszulassen.*

*[…] Nehmen Sie sich noch eine Nacht Zeit. Denken Sie noch einmal darüber nach, ob die Freigabe zur Adoption der Weg ist, den Sie gehen wollen.*

*Und wenn die Antwort ‚Ja' lautet, dann stehen Sie dazu.*

*Lassen Sie sich nicht entmutigen; lassen Sie sich nicht in eine Ecke drängen, in die Sie nicht gehören – heute nicht, und auch später nicht.*

*Keiner der Menschen, der Sie vielleicht eines Tages verurteilen mag, hat je vor der Entscheidung gestanden, vor der Sie jetzt stehen.*

*Es ist so leicht, zu hadern und zu kritisieren, theoretische Floskeln zu schwingen und zu sagen: ‚Ich hätte aber'.*

*Was einen Menschen ausmacht, sind seine Taten, nicht seine Worte.*

*Und seine Taten sind es auch, für die ein Mensch Anerkennung verdient.*

*Wie auch immer Sie sich entscheiden: Sie haben unsere Anerkennung.*

*Wir wünschen Ihnen von Herzen alles erdenklich Gute und mindestens drei Tonnen Glück und Kraft auf Ihrem Weg."*

*aus einem Brief zweier Adoptivbewerber an die abgebende Mutter*

Nicht nur in diesem Buch verläuft der Weg der Herkunftseltern parallel zum Weg der Adoptiveltern und ihres Kindes. Mehr zum Thema „Aufklärung" und den Gesprächen mit Adoptiv- oder Pflegekindern über seine leiblichen Eltern und Geschwister gibt es im Kapitel „Unsere Familie".

**Weiterführende Informationen**

**Erzählendes Jugendbuch:**
Frey, Jana: Rückwärts ist kein Weg. Lilli, 14, schwanger, Fischer, 8. Aufl. 2005.
Ohne Vorurteile und Wertung beschreibt Frey, wie ihre Protagonistin an ihrer Entscheidung, ihr Kind zu behalten, fast verzweifelt und ihr Kind schließlich zu Pflegeltern gibt.

**Internet:**
www.umstaendehalber.com
Hilfs- und Informationsangebot des gleichnamigen Erlangener Vereins für Mütter, die in der Schwangerschaft allein (gelassen) sind.

**Internet:**
www.aerztinnenbund.de/Anonyme-Geburt-und-Babyklappen-F-r-die.358.0.2.html
Ein Informationsangebot des Deutschen Ärztinnenbundes zu anonymer Geburt und Babyklappe/Kindernest.

**Internet:**
www.donumvitae.org
Eine kirchliche Organisation, die Schwangeren hilft und in Bayern auch das Mosesprojekt (www.moses-projekt.de) betreibt, in dem anonyme Geburt, anonyme Inobhutnahme, Beratung, Untersuchung und Unterbringung der Mutter während der Schwangerschaft möglich sind.

**Internet:**
www.elternimnetz.de
Informationsangebot des Bayrischen Landesjugendamtes für Schwangere, die Hilfe suchen oder wissen, dass sie ihr Kind nicht behalten können oder wollen.

# 2 Adoption in Deutschland gestern und heute

**„Mancher Mensch hat ein großes Feuer in seiner Seele, und niemand kommt, um sich daran zu wärmen."**

Vincent van Gogh

## Die Geschichte der Adoption

Adoptionen gibt es seit vielen Jahrhunderten und in vielen Kulturen. Das Wort „adoptieren" kommt aus dem Lateinischen und bedeutet „hinzuerwählen". Früher wurden Kinder oft an Kindes statt angenommen, um einen Nachfolger oder Erben zu bekommen. Heute wählen in weiten Teilen der Welt Adoptionsvermittler im Rahmen klarer gesetzlicher Bestimmungen Adoptiveltern für ein Kind aus.

Die wohl bekanntesten frühgeschichtlichen Adoptierten sind Moses, der von der Tochter des Pharao von Ägypten adoptiert wurde, und der aus der griechischen Mythologie bekannte Ödipus, der später, ohne es zu wissen, seinen leiblichen Vater erschlug und seine Mutter heiratete.

Aus dieser Zeit stammen auch die ersten gesetzesähnlichen Regelungen, die der Adoption eine legale Basis gaben und den Fortbestand der Familie, des Namens und der Macht sicherten. In der antiken römischen Gesellschaft besaß die Adoption einen hohen Stellenwert. Sämtliche Formen der römischen Adoption dienten fast ausschließlich den Interessen der „Adoptiveltern". Die Schaffung eines Eltern-Kind-Verhältnisses stand nach heutigem Kenntnisstand damals nicht im Vordergrund des Adoptionsprozesses.

Viele Jahrhunderte später stellte hierzulande das Bürgerliche Gesetzbuch, das am 1. Januar 1900 in Kraft trat, im Adoptionsrecht das Kind ebenfalls nicht in den Mittelpunkt, sondern behandelte es aus heutiger Sicht mehr als Objekt. Die Adoption kam durch einen bürgerlich-rechtlichen Vertrag zwischen Annehmenden und Angenommenen zustande. Der Annehmende musste das 50. Lebensjahr vollendet haben, um die Geburt eigener Kinder auszuschließen. Das Ehepaar, das ein Kind adoptieren wollte, musste kinderlos sein. Nicht das Wohl des Kindes stand im Vordergrund, sondern der Gesetzgeber wollte dem Annehmenden einen Erben und Namensträger verschaffen.

Zur Zeit des Nationalsozialismus kam es zu einer Reihe von Rechtsänderungen, die vor allem der Durchsetzung von bevölkerungs- und rassenpolitischen Zielsetzungen dienten und die Durchführung einer Adoption erschwerten. Es waren die Gesetze gegen „Missbrauch bei der Eheschließung“ und der „Annahme an Kindes statt“ vom 23. November 1933 und das „Familienrechtsänderungsgesetz“ vom 12. April 1938. Zwar gab es für einzelne Bestimmungen Ausnahmeregelungen, aber zu einer Erleichterung der Adoption kam es erst nach dem Zweiten Weltkrieg durch das „Erleichterungsgesetz“ von 1950.

In den Jahren nach dem Zweiten Weltkrieg gab es viele elternlose Kinder, die in Heimen lebten, aber auch bei Adoptiv- oder Pflegeeltern ein neues Zuhause fanden. Auch viele nichtehelich geborene Kinder wurden vermittelt. Erhebliche gesellschaftliche Vorbehalte gegen ledige Mütter zwangen diese, ihre Kinder zur Adoption freizugeben. In den 50er- und 60er-Jahren wurden zahlreiche deutsche Kinder ins Ausland vermittelt, insbesondere nach Amerika. Schwierig wurde es, wenn der leibliche Vater ein Besatzungssoldat mit dunkler Hautfarbe war. Diese Kinder wurden vorzugsweise zu Eltern nach Skandinavien vermittelt.

Im geteilten Deutschland trennten sich mit den Jahren auch die Wege zur Adoption. Das Familiengesetzbuch (FGB) der Deutschen Demokratischen Republik (DDR) wurde am 20. Dezember 1965 durch die Volkskammer beschlossen. In den §§ 66-78 des FGB waren die gesetzlichen Grundlagen zur Adoption verankert. Zuständig für die Adoptionsvermittlung waren die „Organe der Jugendhilfe“. Eine aus heutiger Zeit bekannte Acht-Wochen-Frist bei Neugeborenen gab es nicht, die Adoptionseinwilligung der leiblichen Eltern konnte direkt beim Referat

Jugendhilfe unterschrieben werden. Dort wurde nach etwa einem Jahr Adoptivpflege nach Anhörung der Adoptiveltern und – so möglich – des Kindes vor der Jugendhilfekommission die Adoption vollzogen. Problematisch zeigte sich nach der Wiedervereinigung Deutschlands der §70(2) FGB, da eine Adoption auch vollzogen werden konnte, wenn den leiblichen Eltern das Erziehungsrecht vom Staat entzogen worden war. Eine Einwilligungserklärung beziehungsweise gerichtliche Entscheidung war nicht notwendig.

Nach der Wende gab es viel Unruhe und Verdächtigungen, dass einige dieser Adoptionen politisch motiviert waren, auch wenn sich der Verdacht der Zwangsadoption nur in wenigen Fällen bewahrheitete. Für die betroffenen leiblichen Mütter und Väter, leibliche Geschwister und Großeltern, Adoptiveltern und Adoptierte eine traurige Erfahrung, mit zum Teil bitteren Folgen.

Alle anderen Annahmeverhältnisse, die bis zum „Wirksamwerden des Beitritts" (also dem „Aufgehen" der DDR im wiedervereinigten Gesamtdeutschland) begründet wurden, sind nach dem Einigungsvertrag Artikel 234 §13 rechtskräftig. Schwierig gestaltet sich bis heute, dass die Aufklärung eines Kindes über seine Adoption in den Adoptivfamilien in der DDR kaum ein Thema war. Da Abstammungsurkunden bei Eheschließungen nicht vorzulegen waren, musste eine späte Aufdeckung der Adoption auch nicht befürchtet werden.

In der Bundesrepublik Deutschland erfuhr das Adoptionsrecht durch das „Familienänderungsgesetz" vom 1. August 1961 eine Änderung im größeren Umfang. Unter anderem wurde die Altersgrenze der Annehmenden von 50 Jahren auf 35 Jahre herabgesetzt. In der Praxis wurde so die Annahme minderjähriger Kinder zusehends die Regel, die Annahme Volljähriger die Ausnahme. Diese Änderungen rückten die Interessen und Bedürfnisse der Kinder mehr in den Mittelpunkt.

In den darauf folgenden Jahren wurde im Zusammenhang mit der Reformdiskussion um die Heimerziehung auch eine Verbesserung der Adoptionsgesetze gefordert. In den Vordergrund rückte mehr und mehr das Wohl alleinstehender (also aus ihrer Familie „gelöster") und gefährdeter Kinder. Von einer grundlegenden Änderung des Adoptionsrechts versprach man sich eine Erleichterung und damit eine zahlenmäßige Erhöhung von Adoptionen. Um die Benachteiligung elternloser Kleinkinder zu verhindern, sollte insbesondere die Frühadoption gefördert werden. Es dauerte jedoch noch bis zum 1. Januar 1977, bis das neue Adoptionsgesetz und Adoptionsvermittlungsgesetz in Kraft trat. Diese Gesetze haben in großen Teilen bis zum heutigen Tage unverändert Gültigkeit und werden auszugsweise im Kapitel „Inlandsadoption" ab Seite 66 näher erklärt.

Durch die Kindschaftsreform 1998 wurden nichteheliche und eheliche Kinder weiter gleichgestellt. Seitdem muss grundsätzlich auch der nichteheliche

## Auslandsadoption und das Haager Übereinkommen

Während in den zwei Jahrzehnten nach dem Zweiten Weltkrieg die Adoption von deutschen Kindern durch ausländische Adoptiveltern deutlich im Vordergrund stand, nimmt seit den 70er-Jahren die Adoption ausländischer Kinder durch deutsche Adoptiveltern zu. Diese Entwicklung hat mehrere Ursachen. Wesentliche Gründe sind wohl, dass die Diskriminierung der nichtehelichen Kinder abgenommen hat und legale Schwangerschaftsabbrüche möglich sind. Dadurch ist die Zahl der zu vermittelnden Kinder in Deutschland stark zurückgegangen. In der so genannten Dritten Welt ist das Gegenteil der Fall. Mangelnde Möglichkeiten der Geburtenkontrolle, Verbot des Schwangerschaftsabbruches und in manchen Ländern die Diskriminierung nichtehelicher Geburten führten etwa in Teilen von Asien und Südamerika dazu, dass zahlreiche Kinder nicht in ihren Familien aufwachsen können. Die deutschen anerkannten Adoptionsvermittlungsstellen standen und stehen dieser Entwicklung sehr skeptisch gegenüber. Man befürchtet unter anderem, dass die „fremdartig" aussehenden Kinder Integrationsprobleme haben und die Adoptiveltern mit ihrer Erziehung überfordert sein könnten. Adoptivkinder aus Ost- und Südosteuropa sind mittlerweile „begehrter" als Kinder aus anderen Regionen der Welt. Aufgrund ihrer hellen Haut gibt es, so heißt es, voraussichtlich keine Probleme mit der Umwelt der Adoptivfamilie.

Seit Jahren existiert neben den offiziellen und anerkannten Adoptionsvermittlungsstellen ein illegaler und krimineller Handel mit Adoptivkindern.

Manche Adoptionsbewerber sind bereit, sich mit viel Geld ein Kind zu kaufen. Der deutsche Gesetzgeber hat sich in den letzten Jahren bemüht, durch Strafvorschriften gegen den Kinderhandel vorzugehen.

Am 1. März 2002 trat für die Bundesrepublik Deutschland das „Haager Übereinkommen über den Schutz von Kindern und die Zusammenarbeit auf dem Gebiet der internationalen Adoption" (HAÜ) in Kraft. Auf Bundesebene wurde in diesem Zusammenhang die „Bundeszentrale für Auslandsadoption" (BZAA) eingerichtet. Zur internationalen Adoption sind aber nur die Zentralen Adoptionsvermittlungsstellen der Landesjugendämter und die staatlich anerkannten Auslandsvermittlungsstellen bei freien Trägern und örtlichen Jugendämtern zugelassen.

Mehr zum Thema Auslandsadoption gibt es im Kapitel „Auslandsadoption" ab Seite 145.

Vater in das Adoptionsverfahren einbezogen werden und auch in die Adoption seines nichtehelichen Kindes einwilligen.

Betrachtet man rückblickend die Entwicklung des Adoptionsrechts, sticht ins Auge, dass die „abgebende Seite" kaum Beachtung fand. Doch die gesellschaftlichen Veränderungen der letzten zwanzig Jahre haben vielerorts dazu geführt, dass traditionelle Werte und Normen bezüglich der Familie hinterfragt werden. Dabei änderten sich Einstellungen und Bewertungen, was auch dazu führte, dass der Bereich der Adoptionsvermittlung neu überdacht wurde. Die Praxis ist inzwischen der Adoptionsgesetzgebung vorausgeeilt und trägt sozialpädagogischen Erkenntnissen Rechnung. Offene Formen der Adoptionsvermittlung (in denen Herkunfts- und Adoptiveltern einander über Bilder oder von Angesicht zu Angesicht kennenlernen) sind heute zum Beispiel eher die Regel als reine Inkognito-Adoptionen (in denen Herkunftseltern und Adoptiveltern nichts voneinander wissen).

### Empfehlungen der Landesjugendämter

Als sehr hilfreich in der Praxis haben sich die „Empfehlungen zur Adoptionsvermittlung" der Bundesarbeitsgemeinschaft der Landesjugendämter erwiesen. Diese werden seit 1983 in größeren Abständen den neuen Entwicklungen in der Gesellschaft und im Adoptionsprozess angepasst. Die Bundesarbeitsgemeinschaft ist ein Gremium der 17 Landesjugendämter und überörtlichen Träger der Jugendhilfe im gesamten Bundesgebiet.

Die „Empfehlungen zur Adoptionsvermittlung" geben Handlungsempfehlungen für Fachstellen, sind jedoch keine Verwaltungsvorschriften oder -richtlinien. Diesen Empfehlungen zur Folge soll es den abgebenden Eltern ermöglicht werden, ohne Druck und unter Berücksichtigung alternativer Möglichkeiten eine freie Entscheidung über die Zukunft ihres Kindes zu treffen. Auch eine nachgehende Beratung der Herkunftseltern durch den Adoptionsvermittler soll und muss nach Abschluss der Adoption angeboten werden, damit Familien psychologische Probleme besser bewältigen können.

Die Suche des Adoptierten nach seiner wahren Identität ist ein Grundproblem in der Adoptionsgeschichte. Es beginnt mit der ersten schriftlichen Überlieferung – wenn etwa Ödipus sagt: „Ich muss diesen Pfad bis zum Ende gehen, bis ich das Geheimnis meiner Geburt gelöst habe" – und reicht bis zum Adoptivkind der heutigen Zeit, das sich an sein Jugendamt wendet, in der Hoffnung, seine biologischen Eltern zu finden. Das Recht auf Kenntnis der eigenen Abstammung ist so elementar, dass es in mehreren Vorschriften ausdrücklich festgelegt wurde. Die Suche der Adoptierten nach ihren Wurzeln nimmt oft viel Zeit in Anspruch und ist psychisch belastend. Wichtig sind dabei verständnisvolle Adoptiveltern und kooperative Adoptionsvermittler. Mehr zum Thema Aufklärung von Adoptierten und Suche nach sowie erstes Treffen mit den Herkunftseltern findet sich im Kapitel „Unsere Familie".

**Babyklappen und anonyme Geburten**

Am 8. April 2000 eröffnete der Hamburger Verein SterniPark e.V. die erste Babyklappe Deutschlands. In der Zwischenzeit gibt es etwa 70 Babyklappen. Damit wurde eine Lawine ausgelöst, die trotz fehlender gesetzlicher Grundlagen rollt. Es gab und gibt bis heute viele Diskussionen über Babyklappen, auch Babynest oder Babyfenster genannt, und anonyme Geburten. Der größere Teil der Bevölkerung befürwortet die Möglichkeit, ein Kind anonym abzugeben, um dessen Leben zu retten. Vor allem Adoptionsfachleute, Ärzte und Psychologen sehen die Entwicklung eher kritisch. Auch erwachsene Adoptierte, abgebende Eltern und sogar Adoptivfamilien üben Kritik an dieser Entwicklung, da mit diesen Angeboten auch ein Missbrauch möglich ist. Auch ist nicht wirklich überprüfbar, ob (wie von Babyklappen-Befürwortern behauptet) das Töten von Säuglingen durch die Einführung der Babyklappen abgenommen hat. Nicht zuletzt sind die Mütter, vor allem bei dem Gebrauch der Babyklappe, während der Geburt und danach meist völlig ohne medizinische und psychologische Hilfe sich selbst überlassen. Die abgegebenen Säuglinge sind ebenfalls oft gesundheitlich gefährdet und wachsen auf, ohne je eine Chance zu haben, ihre Herkunft klären zu können. Mehr zum Thema Babyklappen findet sich unter „Babynestkinder und anonyme Geburten" ab Seite 280.

## Das Adoptionsviereck

Bis in die 80er-Jahre des letzten Jahrhunderts hinein standen die Adoptiveltern und darüber hinaus vielleicht noch das Kind im Mittelpunkt des Adoptionsgeschehens. Erst in den letzten Jahren rückten langsam die leiblichen Eltern nach, so dass man früher von einem Adoptionsdreieck sprach.

In der Praxis der Adoptionsvermittlung spricht man heute jedoch von einem Adoptionsviereck. Gemeint sind Mutter und/oder Vater, die ihr Kind zur Adoption freigegeben haben, die Adoptivkinder, die Adoptiveltern sowie die Adoptionsvermittler. Im Mittelpunkt des Adoptionsverfahrens steht das anzunehmende Kind. Nach dem Bürgerlichen Gesetzbuch (§1741 BGB) ist die Annahme als Kind zulässig, wenn sie dem Wohl des Kindes dient. Praktisch bedeutet das, es liegt in den Händen des Adoptionsvermittlers, den „richtigen" Adoptivvater und/oder die „richtige" Adoptivmutter für ein Kind zu finden. Und der Adoptionsvermittler übernimmt auch die Verantwortung für diese Entscheidung. Hierbei fühlt er sich nicht nur moralisch verpflichtet, für ein Kind die bestmöglichen Weichen für das Leben zu stellen, sondern könnte sicher auch beruflich und rechtlich zur Verantwortung gezogen werden, wenn er seine Aufgaben nicht korrekt erfüllt (er etwa kein aktuelles Führungszeugnis der Adoptivbewerber verlangt, Fehler bei der Einwilligungserklärung macht, eine Mutter zur Einwilligung überredet, Misshandlungen des Kindes übersieht, bestechlich ist oder Ähnliches). Stößt dem Kind in der Zeit der Adoptivpflege (also in der Zeit von der Einleitung des Adoptionsprozesses bis zur Umsetzung der Adoption) etwas Bedenkliches zu, muss das Kind sofort aus der Adoptivpflege herausgenommen werden. Der Adoptionsvermittler hat hier ein „Wächteramt" inne, ist insofern für das leibliche und seelische Wohl des Kindes mitverantwortlich und kann hier in Extremsituationen auch unter Umständen mit zur Rechenschaft gezogen werden.

*„Wir fragen uns manchmal im Team, was wäre, wenn einem ‚unserer' Kinder bei seinen neuen Eltern etwas geschieht. Manchmal liest man von solchen Extremfällen in der Zeitung und wieder fragt man sich: ‚Was haben die Kollegen da übersehen? Wo war der Punkt, an dem sie hätten aufhorchen müssen?' Ich bin über zwanzig Jahre in der Adoptionsvermittlung tätig und ich kenne keinen solchen Fall – die wenigen Fälle aus den Zeitungen ausgenommen.*
*Wir befragen die Bewerber sehr intensiv, machen Hausbesuche und suchen auch auf persönlicher Ebene das Gespräch, soweit die Bewerber uns dies gewähren. Wir wissen, dass viele Bewerber uns gegenüber zu Anfang skeptisch sind, aber zum Glück fassen sie nach ein paar Gesprächen doch meist Vertrauen zu uns – vor allem dann, wenn sie verstanden haben, dass die intensive Prüfung nicht zu ihrer Schikane, sondern zum Wohle des Kindes geschieht. Trotzdem: Den Menschen aufklap-*

*pen und hineinschauen, um zu erfahren, ob das, was er sagt, auch wirklich ehrlich ist, das können wir nicht. Auch wir sind keine Propheten, die in die Zukunft blicken können. Wir können uns nur auf unser Fachwissen und unsere mit den Jahren geschulte Menschenkenntnis verlassen. Und die Bewerber immer wieder zur Kooperation ermutigen. Jemandem ein schutzloses Kind anzuvertrauen, das schon keinen guten Start ins Leben hatte, ist schwierig genug. Meiner Ansicht nach kann ein Kind erwarten, dass seine zukünftigen Eltern alles tun, was es einem Vermittler – wo möglich gemeinsam mit den leiblichen Eltern – ermöglicht, den bestmöglichen Weg für das Kind zu wählen. Eine andere Prüfinstanz hat es ja nicht. Und nur darum geht es bei der Bewerberprüfung letzten Endes: um das Kind.“*

*Silke N., Fachkraft in der Adoptionsvermittlung*

Das Ziel der Adoptionsvermittler ist, dass das Kind bei seinen Adoptivmüttern und -vätern nicht nur versorgt wird, sondern eine neue Familie findet. Adoptionsvermittler sind stets ausgebildete Fachkräfte (meist Sozialarbeiter, oft mit einer entsprechenden Zusatzausbildung), die als Teil einer Organisation arbeiten (Jugendamt oder freier Träger). Die Prüfung der Adoptivbewerber und das Fällen der Entscheidung, bei welchen Eltern ein Adoptivkind aufwachsen darf, finden im gesetzlichen Auftrag statt. Bei der offenen oder halboffenen Vermittlung, aber auf Wunsch auch bei Inkognitoadoptionen, entscheiden leibliche Eltern mit, zu welchem Bewerberpaar ihr Kind vermittelt werden soll. Ein neuer Lebensabschnitt beginnt nicht nur für die Adoptiveltern und das Kind, sondern auch für die Mütter und/oder Väter, die ihr Kind zur Adoption freigegeben haben. Die Adoptionsvermittler spielen somit eine zentrale Rolle im Vermittlungsprozess.

Bei der **Inkognitoadoption** (auch: geschlossene Adoption) lernen sich die leiblichen Eltern und Adoptivbewerber nicht kennen. Eine Auswahl der zukünftigen Adoptiveltern ist mittels anonymisierter Unterlagen trotzdem möglich, auch Briefe und Bilder können unter Wahrung des Inkognitos ausgetauscht werden.
Bei der **halboffenen Adoption** lernen sich die Beteiligten vor, während oder nach dem Vermittlungsprozess persönlich unter Wahrung des Inkognitos kennen.
Bei der **offenen Adoption** sind den Beteiligten Namen und Adressen des jeweils anderen bekannt.
Mehr zum Thema Adoptionsformen findet sich im Kapitel „Inlandsadoption“ ab Seite 99.

Meist lernen die Beteiligten einander vor der Vermittlung des

Kindes kennen. Die Adoptivpflegezeit beginnt mit dem Tag der „Aufnahme des Kindes im Haushalt" seiner neuen Familie. Nach Einhaltung der gesetzlichen Frist (bei Vermittlung eines Neugeborenen besteht die Schutzfrist für die leibliche Mutter acht Wochen, bei älteren Kindern gibt es keine Schutzfrist) erfolgt die notarielle Einwilligung zur Adoption durch die leibliche Mutter und/oder den leiblichen Vater sowie – nach angemessener Adoptivpflegezeit – der notarielle Adoptionsantrag der Adoptiveltern. In diesem Zeitraum spricht der Adoptions-

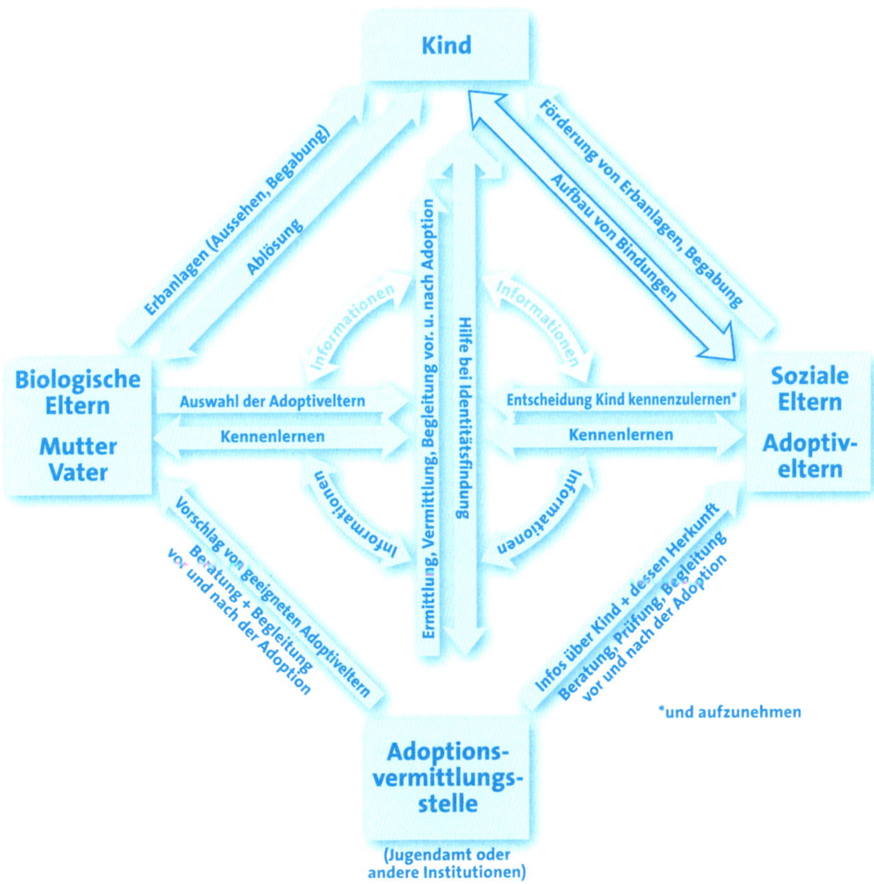


▲ Das Adoptionsviereck

vermittler mehrfach mit der Adoptivpflegefamilie und – wo möglich – mit der Herkunftsfamilie. Aber auch nach Ausspruch der Adoption durch das Familiengericht bleibt der Vermittler weiterhin Ansprechpartner für alle Beteiligten, wenn diese dies wünschen (§§9a und 9 des Adoptionsvermittlungsgesetzes).

# 3 Der Weg zum Kind

**„Zwei Dinge sollten Kinder von ihren Eltern bekommen: Wurzeln und Flügel.“**
Johann Wolfgang von Goethe

Wirft man einen Blick auf die Zahlen von Inlandsadoptionen in Deutschland, stellt man fest, dass diese seit Jahrzehnten rückläufig sind. Im Jahr 1978 hatte die Zahl der Adoptionen mit 11 224 Fällen den Höchststand erreicht. Im Jahr 2012 wurden 3886 Kinder und Jugendliche adoptiert, davon allerdings rund 60 % von einem Stiefelternteil oder Verwandten. Nur 40% waren Minderjährige, die durch eine so genannte „Fremdadoption“ (eine Adoption durch von Adoptionsvermittlern vermittelte Adoptivbewerber) eine neue Familie fanden. Am Jahresende 2012 waren in Deutschland 959 Kinder für eine Adoption vorgemerkt, 12 % mehr als im Jahr 2011. Demgegenüber lagen den hiesigen Adoptionsvermittlungsstellen insgesamt 5671 Adoptionsbewerbungen vor. Rein rechnerisch standen damit einem zur Adoption vorgemerkten Minderjährigen sechs mögliche Adoptiveltern gegenüber. Unter den „vorgemerkten“ Minderjährigen befinden sich auch schwer vermittelbare Kinder; Kinder also, die körperlich, geistig oder seelisch schwer beeinträchtigt sind.

Die Anzahl der zur Adoption freigegebenen Kinder und der registrierten Adoptivbewerber schwankt von Region zu Region. Wie nicht anders zu erwarten, ist die Anzahl zur Adoption freigegebener Kinder in sozialen Brennpunkten höher, während die Anzahl der Adoptivbewerber in sozial stabilen Regionen die Zahl der potenziellen Adoptivkinder deutlich übersteigt. Dass soziale Unsicherheit und Armut zu vermehrter Adoptionsfreigabe führen, ist sicherlich nicht begrüßenswert.

Die rückläufige Zahl der Inlandsadoptionen mag mehrere Ursachen haben, die jedoch nicht statistisch belegt sind. Sicher ist, dass die Auslandsadoption in den vergangenen Jahren an Popularität gewonnen hat, und sicher ist auch, dass die Anzahl der städtischen hauptberuflichen Adoptionsvermittler eher sinkt als steigt. Oft ist die Adoptionsvermittlung nur ein Gebiet unter vielen, das ein Sozialarbeiter beim Jugendamt zu bearbeiten hat, und nicht selten vermittelt er – gerade in sozial abgesicherten Gebieten – in seinem gesamten Berufsleben nur sehr wenige Kinder – wenn überhaupt. Daher werden und wurden Adoptionsvermittlungsstellen zusammengelegt. Die Adoptionsvermittler sind so für eine größere Region zuständig, können sich dabei aber wirklich auf die Tätigkeit als Adoptionsvermittler (und/oder im Pflegekinderdienst) konzentrieren.

Adoptionselternschaft ist eine besondere Lebensform. Adoptiveltern müssen besonders viel Einfühlungsvermögen und Toleranz besitzen und über das normale Maß hinaus belastbar sein. Wer aber diese Eigenschaften besitzt, kann mutig und zuversichtlich die nächsten Schritte in Angriff nehmen.

**Es gibt im Wesentlichen drei Möglichkeiten, ein Kind aufzunehmen:**

- die Adoption eines Kindes mit deutscher Staatsangehörigkeit
- die Adoption eines Kindes mit einer anderen Staatsangehörigkeit
- die Aufnahme eines Pflegekindes

Gemeinsam ist jedem der drei Wege, dass „Bewerber" bestimmte Voraussetzungen erfüllen und sich in jedem Fall einem mehr oder weniger aufwändigen Bewerberverfahren stellen müssen. Dieses wird ausführlich ab Seite 84 beschrieben.

Die rechtlichen Grundlagen und einige Randbedingungen jedoch sind zum Teil sehr unterschiedlich und lassen sich in Kürze wie folgt zusammenfassen:

### Adoption

Die leiblichen Eltern des Kindes müssen grundsätzlich mit der Adoption einverstanden sein. Das Kind wird durch den Adoptionsbeschluss rechtlich aus seiner Ursprungsfamilie „herausgelöst" und in die Adoptivfamilie unauflösbar „eingebunden".

### Auslandsadoption

Diese ähnelt im Grundsatz der oben beschriebenen Adoption. Der Weg zum Kind ist aber in jeder Beziehung komplizierter, teurer und in Teilen auch risikoreicher, da der Erkenntnisstand über die Herkunft, den körperlichen und seelischen Gesundheitszustand der Kinder häufig nicht umfassend einsehbar ist.

### Aufnahme eines Pflegekindes

Das Kind bleibt „Mitglied" seiner Herkunftsfamilie. Die Pflegschaft wird meist als vorübergehende „Maßnahme" verstanden, da geplant ist, dass das Kind in seine leibliche Familie zurückkehrt, wenn sich diese stabilisiert hat. Es gibt allerdings verschiedene Formen der Pflege, die auf der nächsten Seite erläutert werden.

**Inlandsadoption, Auslandsadoption, Dauerpflege – Unterschiede und Gemeinsamkeiten**

Die Grundzüge des Bewerberverfahrens sind bei allen Wegen zum Kind gleich; bei der Bewerbung für ein (Dauer-)Pflegekind oder dem Weg über eine Auslandsadoption ergeben sich aber einige Besonderheiten, die in den entsprechenden Kapiteln dargelegt werden.
Der wichtigste Unterschied bei Bewerbern für Auslandsadoptionen ist sicherlich: Im Gegensatz zu Inlandsadoptionsbewerbern und Pflegeeltern haben sie nach §7 Abs. 3 Satz 1 des Adoptionsvermittlungsgesetzes einen *Anspruch* auf eine Eignungsprüfung. Die örtlichen Jugendämter beraten bei einer Auslandsadoption über alle Aspekte und generellen Fragen rund um die Adoption. Sie führen in der Regel die Eignungsprüfung durch, zu der in diesem Fall auch rechtliche Aspekte und die Frage, ob die Bewerber der Verantwortung einer internationalen Adoption gewachsen sind, gehören. Außerdem erstellen sie auch den Sozialbericht (auch: Bericht, Eignungsfeststellung, Eignungsbericht; bei Auslandsbewerberverfahren auch: Home Study), verweisen aber für weitere Gespräche, die eventuelle Teilnahme an weiteren Seminaren und die konkrete Vermittlung an die anerkannten Vermittlungsstellen. Diese können über die Unterlagen des Amtes hinaus weitere „Ermittlungen" über den Bewerber anstellen und sich vorbehalten, den Sozialbericht gegebenenfalls zu ergänzen oder selbst (neu) zu erstellen.
Die Prüfungen für angehende Pflegeltern führt meist das Jugendamt durch, oder – so vorhanden – Pflegekinderdienste freier Träger in Absprache mit dem Jugendamt.
Auch gelten für Auslandsadoptionen und Dauerpflege ergänzende Gesetze: für Auslandsadoptionen etwa das Adoptionsübereinkommens-Ausführungsgesetz (AdÜbAG) oder das Adoptionswirkungsgesetz (AdWirkG). Details zur rechtlich komplexen Dauerpflege sind im gleichnamigen Kapitel angeführt.
Im Anhang des Buches finden sich die wichtigsten gesetzlichen Grundlagen in ihrem Wortlaut.

- Kurzzeitpflege/Bereitschaftspflege: Die Kinder werden nur kurze Zeit (in der Regel etwa sechs Monate) in einer Pflegefamilie untergebracht, da in ihrer leiblichen Familie eine Notlage oder Krise eingetreten ist.
- Dauerpflege/Langzeitpflege: Die Kinder bleiben längerfristig in der Pflegefamilie; oft bis zur Volljährigkeit des Kindes. Eine Adoption des Kindes ist dennoch nur mit Einverständnis der Herkunftseltern oder als Volljähriger möglich.

Besondere Formen der Adoption sind die **Stiefkindadoption** und die **Erwachsenenadoption**, auf die im Kapitel „Die rechtliche Seite einer Adoption" ab Seite 106 gesondert eingegangen wird.

Viele Menschen legen sich von vornherein auf eine der drei Möglichkeiten (Inlandsadoption, Auslandsadoption, Pflegekind) fest und lehnen die anderen – und dabei insbesondere die Variante des Pflegekindes – für sich vehement ab. Dies liegt sicherlich zu großen Teilen an der Berichterstattung in den Medien. Dass es Unterschiede zwischen Pflege und Dauerpflege gibt und ein Dauerpflegekind einem Adoptivkind zwar rechtlich nicht in allen Bereichen gleichgestellt ist, das Kind aber die gleichen Bedürfnisse (und somit auch Chancen) in seiner neuen Familie hat wie ein Adoptivkind, zeigt vertiefend das Kapitel „Dauerpflege".

Mit Sicherheit ist es empfehlenswert, sich als angehender Adoptivbewerber alle drei Wege offen anzusehen und Aversionen gegen den einen oder anderen von ihnen erst einmal abzubauen. Ein Kind ist ein Kind – ganz gleich, unter welchem „Stempel" es läuft und unter welcher Art „Vorgang" es behördlich abgeheftet wird. Und jedes dieser Kinder hat die bestmögliche Mutter und den bestmöglichen Vater verdient, den (ein Vermittler für) es finden kann.

> Aufgrund der vielen Gemeinsamkeiten – nicht nur im **Bewerberverfahren** – bauen die Kapitel „Auslandsadoption" und (in geringerem Umfang) „Dauerpflege" auf der Lektüre des Kapitels „Inlandsadoption" auf und ergänzen dieses.

## Vorbereitung auf die Adoption

Wer ein Adoptiv- oder Pflegekind aufnehmen möchte, wendet sich an das für ihn zuständige Jugendamt oder eine andere offizielle Vermittlungsstelle, die es in einigen Regionen beim Diakonischen Werk, beim Caritasverband oder anderen Wohlfahrtsverbänden gibt. Eine Liste der Landesjugendämter, die in jedem Fall eine gute diesbezügliche Anlaufstelle für die Suche nach dem richtigen Ansprechpartner sind, findet sich im Anhang.

Insgesamt vermitteln die Adoptionsvorschriften den Eindruck, dass formale Erfordernisse wie etwa Alter der Annehmenden oder familiärer Status im Vordergrund der Prüfungen stehen. Zwar wird in den (erstaunlich wenigen) Gesetzesbegründungen wiederholt von Erziehungsfähigkeit, Reife und Stabilität des Annehmenden gesprochen, in den einzelnen Adoptionsbestimmungen jedoch ist davon nichts zu finden. Aus diesem Grund halten sich viele Interessierte für geeignet, wenn sie über finanzielle Mittel verfügen oder eine gesellschaftlich oder beruflich anerkannte Position innehaben. In der Praxis aber geht die Überprüfung der Eignung von Adoptionsbewerbern viel mehr in die Tiefe.

Das Bewerberverfahren (auch: Auswahlverfahren, Eignungsüberprüfung) ist in zwei Phasen unterteilt: die Überprüfung der allgemeinen Adoptionseignung und die Überprüfung der speziellen Eignung für ein bestimmtes Kind. Eine Übersicht über den Ablauf des Bewerberverfahrens, angelehnt an die „Empfehlungen zur Adoptionsvermittlung der Bundesarbeitsgemeinschaft der Landesjugendämter", an denen sich Vermittler in der Regel orientieren, findet sich ab Seite 84 unter dem Punkt „Das Bewerberverfahren und seine Stationen".

## Eignungskriterien

Wie von vielen Bewerbern gefürchtet, aber dennoch notwendig, machen die Vermittler sich zunächst einen Eindruck von der **Persönlichkeit** der Bewerber, etwa persönlichen Einstellungen, Selbstwahrnehmung oder Verhaltensweisen in bestimmten Situationen. Ein besonderes Augenmerk liegt auf dem Umgang mit ungewollter Kinderlosigkeit oder dem Verlust eines Kindes sowie der Fähigkeit, sich flexibel auf die Bedürfnisse eines heranwachsenden Kindes einzustellen und das richtige Maß zwischen dem Setzen von Grenzen und dem Gewähren von Freiheiten zu finden. Auch Belastbarkeit und Frustrationstoleranz, Problemlösungsstrategien und Selbstkonzepte, das Feingefühl und Einfühlungsvermögen (vor allem für das Kind), Toleranz, emotionale Ausdrucksfähigkeit und Offenheit,

Akzeptanz den Herkunftseltern gegenüber sowie die Bereitschaft zur Aufklärung des Kindes über seine Abstammung und zu einem offenen Umgang mit der Vorgeschichte des Kindes sind wichtig.

Das **Mindestalter** der Bewerber wird durch §1743 BGB bestimmt: Einer der Partner muss das 25. und der andere das 21. Lebensjahr vollendet haben; ein Einzelbewerber entsprechend das 25. Lebensjahr. Ausnahmen sind nicht möglich, werden aber auch fast nie eingefordert, da sich jüngere Menschen kaum je mit dem Thema Adoption beschäftigen. In der Regel sind Adoptionsbewerber zwischen 30 und 40 Jahre alt und haben einige Jahre versucht, auf natürlichem Wege oder mit Hilfe der Reproduktionsmedizin ein Kind zu bekommen. Wenn sie sich schließlich für das Thema Adoption interessieren, sind sie oft eher zu alt für diesen Schritt. Natürlich gibt es unter den Bewerbern jung gebliebene sportliche Vierzigjährige und gemütliche, älter wirkende Dreißigjährige. Hier gilt es sehr differenziert zu prüfen, wie es um Lebenserfahrung, Belastbarkeit und Flexibilität der Adoptionsbewerber bestellt ist.

In der Regel sollte der Altersabstand zwischen Annehmenden und Kind nicht größer als 40 Jahre sein. Ausnahmen gibt es in Deutschland nur selten, da genügend Bewerber „zur Verfügung stehen“, die die gewünschten Kriterin erfüllen. Bei einer Auslandsadoption allerdings gelten hier – je nach Land – oft andere Kriterien.

Ältere Bewerber führen oft ins Feld, dass Schauspielerin XY mit 43 Jahren ihr erstes Kind bekommen und ein bekannter Politiker mit fast 60 Jahren zwei kleine Kinder adoptiert hat. In der Praxis aber stoßen insbesondere ältere Adoptiveltern an die Grenzen ihrer Belastbarkeit, wenn ihr Kind in die Pubertät kommt und sich mit seiner eigenen Identität auseinanderzusetzen beginnt. Nicht zuletzt hat das Kind bereits einmal Eltern verloren. Mit seiner neuen Familie sollte ihm so viel Lebenszeit wie irgend möglich gegeben sein.

Auch die **Gesundheit** der Bewerber ist ein wichtiges Thema. Sind sie über einen längeren Zeitraum hinweg physisch und psychisch in der Lage, ihr Kind zu erziehen und zu pflegen, kommen auch Bewerber mit Behinderungen oder chronischen Erkrankungen in Frage. Erwartet wird hier ein größtmögliches Maß an Ehrlichkeit sowie eine amtsärztliche Untersuchung – das Gleiche gilt für andere im Haushalt lebende Personen. Es werden unterschiedlich umfangreiche Untersuchungen eingefordert, erfasst werden aber in jedem Fall Suchterkrankungen, ansteckende und lebensverkürzende Krankheiten oder solche, die zu schweren körperlichen Beeinträchtigungen führen können, schwerwiegende psychische und psychosomatische Beeinträchtigungen und Krankheiten und Behinderungen, die die Erziehungsfähigkeit wesentlich herabsetzen können. Die Kosten für diese Untersuchungen tragen die Bewerber.

**Lebensziele** hat wohl jeder Mensch. Wie er diese jedoch erreicht und welche Werte für ihn wichtig sind, sind Anhaltspunkte für seine Handlungsmotivation und **„Lebenszufriedenheit"**. Besonders wichtig ist natürlich, welche Rolle ein Kind im Leben des Bewerbers spielt – und deshalb ist dies auch in mehreren Gesprächen Thema. Traumvorstellungen oder irreale Wünsche gegebenenfalls herauszufinden und zu korrigieren, ist hier Aufgabe des Vermittlers. Wichtig ist auch, Ressourcen und Grenzen der Bewerber auszuloten, etwa in Bezug auf Vermittlung von Geschwistern oder älterer, behinderter, traumatisierter und verhaltensauffälliger Kinder. Gerade hier werden Eltern benötigt, die belastbar und der Aufgabe emotional und pädagogisch gewachsen sind.

Für ein Kind ist es wichtig, dass es in einer Familie aufwächst, in der die Eltern eine **stabile und lebendige Partnerschaft** pflegen. Adoptionsbewerber sollten ihre Beziehung ehrlich und kritisch reflektieren können und bereits gemeinsam Krisen bewältigt haben. Die Qualität der Partnerschaft prägt auch das „familiäre Klima" und hat Modellfunktion für die spätere Beziehungsfähigkeit des Kindes.

**Wertvorstellungen**, persönliche Erfahrungen und Vorstellungen über den **Erziehungsstil** sollten den besonderen Bedürfnissen eines Adoptivkindes entsprechen und eine gesunde Persönlichkeitsentwicklung ermöglichen. Durch eine intensive Auseinandersetzung mit den Bewerbern versuchen die Vermittler, das künftige Erziehungsverhalten so gut wie möglich vorhersagen zu können.

**Leibliche Kinder der Bewerber** werden in die Beurteilung miteinbezogen. In der Regel wird nur ein Kind in die Familie vermittelt, welches jünger als das jüngste vorhandene Kind ist. Zu prüfen ist, ob ein weiteres Geschwisterkind das Familiensystem ins Wanken bringen oder ein angenommenes Kind problematisch für bereits vorhandene Kinder sein könnte. In der Praxis haben Adoptivbewerber mit einem schon vorhandenen *Adoptiv- oder Pflegekind* größere Chancen, für ein weiteres Kind ausgewählt zu werden – nicht zuletzt, weil die Vermittlerin die Bewerber eventuell schon kennt und weiß, dass diese sich mit der Thematik bereits intensiv beschäftigt und sich als annehmende Eltern bewährt haben. Auch leibliche Eltern entscheiden sich erfahrungsgemäß – so sie die Möglichkeit der Auswahl der zukünftigen Eltern für ihr Kind nutzen – eher für ein solches Bewerberpaar als für eines mit einem leiblichen Kind. Häufig schwingt hier die Angst mit, dass ihr Kind anders als das leibliche Kind behandelt werden könnte.

Auch das **soziale Umfeld** der Bewerber muss das Kind annehmen. Freunde, Verwandte oder Nachbarn sind auch in Krisen und bei besonderer Belastung wichtig, um den Eltern – und somit auch dem Kind – beistehen zu können.

Es gibt keine verbindlichen Angaben über die Größe des **Wohnraums** der Adoptivbewerber. Sicherlich aber sind ein Haus mit Pool oder eine Wohnung mit Stuckdecken keine ausschlaggebenden Kriterien. Wichtig ist, dass das Kind ein eigenes, kindgerecht eingerichtetes Zimmer bewohnen kann und das Umfeld möglichst kinderfreundlich ist, also etwa in der Nähe eines Spielplatzes oder Parks liegt oder vielleicht sogar ein eigener Garten vorhanden ist. Kindergarten und Schule sollten relativ leicht erreichbar sein.

Die Vermittler legen viel Wert darauf, dass sich zumindest eine Person in den ersten Jahren der Kindererziehung widmet. **Berufstätige Adoptionsbewerber** können Elternzeit und Elterngeld in Anspruch nehmen.

Ein Adoptivkind benötigt eine liebevolle und konstante Betreuung und zudem oft einige Monate oder auch Jahre, um die Trennung von seinen bisherigen Bezugspersonen zu verarbeiten und neue Bindungen aufzubauen. Gerade das Einleben in die neue Familie ist die wichtigste Zeit für Adoptiveltern und Kind und legt den Grundstein für die künftige Beziehung. Je intensiver die Zeit des Kennenlernens und Vertrauenschöpfens genutzt wird, desto gefestigter wird die Beziehung zueinander werden. Damit auch der berufstätige Partner für das Kind eine sichere Bezugsperson wird, sollte er unbedingt seine wenige Freizeit vorrangig mit dem Kind verbringen. Wer nicht bereit oder in der Lage ist, die berufliche Tätigkeit den Bedürfnissen eines Kindes anzupassen, ist nicht geeignet, ein Kind aufzunehmen.

Ausreichende **finanzielle Mittel** garantieren, dass das Kind in ökonomisch gesicherten Verhältnissen aufwachsen kann. Das Vorlegen einer Verdienstbescheinigung und die Schufa-Auskunft sind daher Pflicht. Einigen Bewerbern stößt dies bitter auf, da Eltern mit leiblichen Kindern schließlich auch nicht nach ihrem Einkommen befragt werden. Aus Sicht des Staates aber ist es nicht sinnvoll, ein Kind in eine Familie zu vermitteln, die durch die Aufnahme des Kindes eventuell in finanzielle Schwierigkeiten gerät. Hinzu kommt, dass ein Adoptivelternteil vorübergehend seine Berufstätigkeit aufgeben sollte und damit ein Verdienst entfällt – und auch hierdurch sollten Adoptivbewerber nicht zum Sozialfall werden.

Dass keine **Vorstrafen** des Annehmenden bestehen, wird durch Vorlage eines erweiterten polizeilichen Führungszeugnisses nachgewiesen. Ergänzend kann das Familiengericht eine unbeschränkte Auskunft aus dem Strafregister anfordern. Vorstrafen sind nicht in jedem Fall ein Hindernis für eine Adoption, gänzlich indiskutabel sind allerdings etwa Misshandlung Schutzbefohlener, Körperverletzung, sexueller Missbrauch oder Gewaltverbrechen. Entscheidend für Adoptiv- und

### Die Auswahl von Bewerbern

**Die Gemeinsame Zentrale Adoptionsstelle (GZA) Hamburg hat auf Basis langjähriger Vermittlungstätigkeit den folgenden Katalog für die Auswahl von Bewerbern entwickelt:**

**Soziales Engagement:** Verständnis und Aufgeschlossenheit für die Lebensbedingungen von sozial benachteiligten und ausgegrenzten Menschen, Interesse und Engagement zur Veränderung dieser Ursachen (Beispiel: Integration von Behinderten)

**Kindzentriertheit:** Einfühlungsvermögen und Sensibilität für die individuellen Bedürfnisse und Verhaltensmuster des Kindes, Eigenständigkeit und Anders-Sein von Kind/Jugendlichen akzeptieren und annehmen können

**Toleranz und Akzeptanz:** Abweichung von der üblichen Familie(nvorstellung) bewusst leben können: mit Behinderung, doppelter Elternschaft, Vorgeschichte des Kindes

**Selbstreflexion und Offenheit:** Fähigkeit zur selbstkritischen Reflexion, mit anderen über Gefühle und Probleme reden können, Kenntnis von und Wissen um „Lebenskrisen" und verschiedene Bewältigungsstrategien

**Belastbarkeit und Risikobereitschaft:** Wissen und Kenntnis um schwierige Phasen des Zusammenlebens mit Rückschlägen und Zerreißproben, hohe Frustrationstoleranz und Geduld, Konfliktfähigkeit

**Akzeptierendes Umfeld:** Sozial anerkannter Status im örtlichen Umfeld, Akzeptanz und anteilnehmende Solidarität mit dem Kind durch das Umfeld (Familie, Freunde, Nachbarn, Kindergarten und Schule)

Pflegeeltern sind Eigenschaften wie Zuverlässigkeit, Ehrlichkeit, Vertrauen oder Offenheit, und um diese geht es auch bei der Beurteilung des Führungszeugnisses.

Wie bereits erwähnt, werden auch **Eltern für Kinder mit besonderen Bedürfnissen** gesucht, die meist schwer vermittelbar sind und starke und umsichtige Eltern brauchen, die im Bewerberverfahren besonders gut vorbereitet und als Familie gut betreut werden müssen. Wer sich die Aufnahme eines schwierigen Kindes vorstellen kann, erhöht seine Chancen auf eine Vermittlung.

## Alleinerziehende, nicht verheiratete und gleichgeschlechtliche Paare

Sinnvoll erscheint den Empfehlungen der Bundesarbeitsgemeinschaft der Landesjugendämter zur Folge eine Vermittlung an **alleinstehende Personen** nur, wenn bereits eine länger währende, für das Kind bedeutsame Beziehung besteht, die einem Eltern-Kind-Verhältnis entspricht, das aufzunehmende Kind mit dem Aufnehmenden verwandt ist, für das Kind aufgrund seiner bisherigen Erfahrungen die Vermittlung in eine Familie nicht förderlich ist oder leibliche Eltern sich ausdrücklich alleinstehende Personen gewünscht haben (soweit dieser Wunsch keinen Rechtsmissbrauch darstellt).

Gerade bei berufstätigen Alleinerziehenden muss sichergestellt sein, dass die Bewerberin oder der Bewerber die Hauptbezugsperson ist und das Kind in stabilen sozialen Verhältnissen aufwachsen kann. Familienpolitische Leistungen wie etwa Elterngeld können beantragt werden.

Bei **nichtehelichen Lebensgemeinschaften – gleichgültig, ob gleichgeschlechtlich oder nicht** – kann immer nur einer der Partner adoptieren. Dies gilt auch bei gleichgeschlechtlichen Lebensgemeinschaften unabhängig von deren Eintrag (Lebenspartnerschaftsgesetz). Diese Bewerber werden rechtlich wie Alleinstehende behandelt, aber dennoch gemeinsam mit ihrem Partner geprüft.

Bei eingetragenen Lebenspartnerschaften können auch die leiblichen Kinder des Partners oder der Partnerin adoptiert werden (§9 Abs. 7 Lebenspartnerschaftsgesetz). Das Bundesverfassungsgericht hat im Februar 2013 die Sukzessivadoption erlaubt. Kinder, die bereits durch einen der Lebenspartner adoptiert wurden, können also durch den gleichgeschlechtlichen Stiefelternteil nachadoptiert werden. Ein Beispiel: Susanne und Anja sind ein Paar. Anja hat ihre lesbische Neigung erst spät ausgelebt und war vorher mit Jens liiert, mit dem sie ein Kind hat: Kevin. Das Kind lebt bei Anja; Jens stimmt der Adoption zu. In diesem Fall könnte Susanne Kevin als Stiefkind adoptieren. Auch wenn Anja Kevin nicht selbst geboren, sondern adoptiert hätte, dürfte Susanne ihn als Stiefkind adoptieren.

In einer Ehe kann ebenfalls ein adoptiertes Kind als Stiefkind adoptiert werden. Wenn Anja also Peggy adoptiert und erst danach Jens kennenlernt und ihn heiratet, kann Jens Peggy als Stiefkind adoptieren. Wenn Anja Peggy gemeinsam mit ihrem nun verstorbenen Mann adoptierte und neu heiratet, kann der zweite Ehemann Peggy adoptieren. Ist Anja aber geschieden und heiratet wieder, kann ihr neuer Mann Peggy nur adoptieren, wenn der Adoptivvater zustimmt.

Leider sind die Chancen von Alleinerziehenden und gleichgeschlechtlichen Paaren auf die Vermittlung eines Kindes noch geringer als die von – möglichst verheirateten – gemischtgeschlechtlichen Paaren. Das liegt weniger an den zuständigen Vermittlern als vielmehr an den leiblichen Eltern selbst, die ja in vielen Fällen die neue Familie ihres Kindes mitauswählen. Diese sind nicht selten selbst alleinerziehend, fühlen sich mit Erziehung und Versorgung des Kindes überfordert und können sich kaum vorstellen, dass ein anderer Mensch in ihrer Situation sich freiwillig in eine (in den Augen der abgebenden Väter oder Mütter) vergleichbare Lage begeben sollte. Das Klischee vom glücklichen Ehepaar, dem Bauernhof auf dem Land und vielem mehr sind Visionen von einer wunderschönen Kindheit, die die leiblichen Eltern sich für ihre Kinder erträumen. Und weil es so viel mehr Adoptionsbewerber als zu vermittelnde Kinder gibt, wird es auch immer genug Auswahl an „Klischee-Traumbewerbern“ geben, mit denen nun einmal schwierig zu konkurrieren ist. Eine besonders liebevoll gestaltete Mappe (siehe auch Seite 89), die den leiblichen Eltern vorgelegt wird, mag hier helfen können, wenn auch sicherlich sehr, sehr selten.

Es geschieht durchaus, dass Einzelbewerber oder gleichgeschlechtliche Paare auf den Vermittler einen guten Eindruck machen. Obwohl in der Erziehung sowohl ein weiblicher als auch ein männlicher Part präsent sein sollte, können Einzelbewerber oder gleichgeschlechtliche Paare ihr „Defizit“ ausgleichen, wenn ein Familienangehöriger oder ein sehr enger und langjähriger Freund zuverlässig den weiblichen oder männlichen Part übernimmt. Und auch wenn Einzelbewerber einem Kind eben auch nur eine einfache Sicherheit bieten können (wenn der Einzelbewerber sterben würde, wäre das Kind wieder allein), kann auch dieser Part von Familienangehörigen oder sehr engen und langjährigen Freunden unter Umständen zuverlässig ausgefüllt werden – wenngleich auch diese im Falle eines Unfalls der Adoptivmutter oder des Adoptivvaters kein Sorgerecht für das Kind hätten.

Allerdings haben vor allen Dingen gleichgeschlechtliche Paare immer noch eine Sonderstellung in der Gesellschaft. Sie und ihre Art zu leben werden von vielen Menschen ausgegrenzt oder gar abgelehnt. Auch wenn ein Vermittler diese Vorurteile weder teilt noch befürwortet, haben diese doch greifbare Konsequenzen für das Kind. Es wurde nicht nur von seinen leiblichen Eltern getrennt und hat als Adoptiv- oder Pflegekind eine besondere Stellung, sondern muss auch mit Eltern leben, die viele Menschen um es herum ablehnen. Die schwierigen Chancen gleichgeschlechtlicher Paare liegen demnach – so erbitternd dies auch sein mag – weniger in einer generellen mangelnden Eignung als vielmehr an dem Umgang der Gesellschaft mit ihnen, unter dem das Kind zu leiden hat.

In der Praxis sind es daher letzten Endes oft die schwer vermittelbaren Kinder oder Kinder, deren Eltern nicht am Entscheidungsprozess beteiligt sind, die zu Alleinstehenden oder gleichgeschlechtlichen Paaren vermittelt werden. Ein AIDS-krankes Kind bis in den Tod zu pflegen, ist eine Aufgabe, der sicherlich nicht jeder gewachsen ist. Ein behindertes Kind hingegen mag zwar in Teilen seines Lebens eingeschränkt sein, kann aber dennoch ein langes, glückliches Leben an der Seite seiner Adoptiv- oder Pflegeeltern führen. Nur sehr selten geschieht es, dass leibliche Eltern wissentlich einen Alleinerziehenden oder ein gleichgeschlechtliches Paar für ihr Kind auswählen – und nur sehr selten ziehen auch die Vermittler solche Personen einem anderen Paar aus der Fülle von Bewerbern vor. Dennoch gibt es bei Kindern aus dem In- und Ausland beides, alleinerziehende und gleichgeschlechtliche Adpotiv- und Pflegemütter und -väter. Eine Bewerbung ist also nicht hoffnungslos, aber leider (und erst recht bei der Bewerbung um ein Adoptivkind) sehr, sehr schwierig.

*„Rasmus liegt in seinem Bett und singt sich in den Schlaf. Von seinen zwei Lebensjahren durften wir eines nun schon gemeinsam mit ihm verbringen. Eine Familie zu gründen war unser gemeinsamer Wunsch. In den Jahren nach der Schließung unserer Lebenspartnerschaft war dies immer wieder Teil unserer Gespräche, auch wenn die Vorstellung zunächst nicht sehr naheliegend war. In der Realität war unsere Konstellation doch noch recht selten. Dachten wir.*

*Unsere Entscheidung für den Weg der Pflege und Adoption führte uns zum Jugendamt. Wie selbstverständlich wurden wir in das Prüfverfahren aufgenommen. Das hat uns erstaunt. Denn neben Zustimmung hatten wir im Vorfeld unseres Ganges zum Jugendamt auch Ablehnung unseren Kinderplänen gegenüber erfahren. Wir sollten uns der zukünftigen Konflikte bewusst sein, die unsere Familie möglicherweise würde ertragen müssen.*

*Im Laufe des Bewerbungsverfahrens bekamen wir ein Gespür für das, was uns, unser zukünftiges Kind und seine Herkunftsfamilie erwarten kann – und wie gut es dennoch funktionieren kann, wenn menschliche Sorgfalt und ein stabiles Umfeld den Alltag bestimmen. Wir wuchsen hinein in die Welt jener Kinder, deren besonderes Schicksal sie von den wichtigsten Menschen in ihrem Leben entfernt hat – ihren Eltern. Im Prüfverfahren erfuhren wir überdies nicht nur viel über uns selbst, sondern erlebten in einem gemeinsamen Abschlussseminar andere (zweigeschlechtliche) Paare, deren Kinderwunsch zu Konflikten und Krisen in der Beziehung geführt hatte, die über unsere weit hinausgingen. Dies berührte und erstaunte uns, stärkte uns aber auch in unserer Überzeugung, dass wir selbst – als gleichgeschlechtliches Paar – gute Eltern für ein Kind würden sein können.*

*Wenig später bekamen wir die Chance, in das Leben unseres gemeinsamen Kindes einzutauchen. Unsere vorsichtige Annäherung wurde mit erstem Vertrauen unseres Kindes belohnt – eine unfassbare, zutiefst berührende Erfahrung für uns. Mit unserem Sohn waren wir uns von Anfang an sicher und glücklich mit ihm. Die Unsicherheit Dritten gegenüber hingegen blieb. Immer wieder schauten wir forschend in die Gesichter von Passanten und bildeten uns ein, diese fänden das Bild von zwei Männern mit Kinderwagen ungewöhnlich. Wahrscheinlich wurden wir nicht einmal wahrgenommen. Uns wurde klar, dass die Sorge, als gleichgeschlechtliche Eltern abgelehnt zu werden (und vor allem: dieses auf unseren Sohn über-*

*tragen zu wissen), wohl auch ohne reale Konfliktsituation noch lange unsere Gedanken bestimmen würde.*

*Rasch entstand der Kontakt zur leiblichen Familie unseres Sohnes. Dieser war und bleibt vergleichsweise unkompliziert und spärlich. Die Perspektive der sukzessiven Adoption und damit auch der formal gemeinsamen Elternschaft wird für unsere Familie realistisch.*

*Unsere Familie hat ihren Weg mit vielen Zweifeln begonnen. Diese können wir erst am Ende des Weges ausräumen – wenn wir mit unserem Sohn zusammensitzen und über unser gemeinsames Leben sprechen werden: über die Höhen und Tiefen, die Ängste und Chancen und wie wir alle drei sie erlebt und gemeistert haben. Durch unseren Sohn haben wir die Macht des Vertrauens erlebt. Wir danken ihm schon heute hierfür."*

*Peter (42) und Sören (39)*

## Inlandsadoption

In Deutschland ist die Adoptionsvermittlung (laut § 2 Abs. 1 Satz 1 des Adoptionsvermittlungsgesetzes) Aufgabe des Jugendamtes und des Landesjugendamtes. Ein Jugendamt darf allerdings nur dann eine Adoptionsvermittlung durchführen, wenn es eine Adoptionsvermittlungsstelle eingerichtet hat. Zusätzlich muss das Landesjugendamt eine zentrale Adoptionsstelle einrichten. Gleichfalls zur Adoptionsvermittlung berechtigt sind örtliche und zentrale Stellen des Diakonischen Werks, des Deutschen Caritasverbandes, der Arbeiterwohlfahrt und diesen Verbänden angeschlossener Fachverbände sowie Organisationen mit Sitz im Inland – allerdings nur dann, wenn diese Stellen von der zentralen Adoptionsstelle des Landesjugendamtes als Adoptionsvermittlungsstellen anerkannt worden sind. Adoptionsbewerber können sich jederzeit bei ihrer zentralen Adoptionsstelle des Landesjugendamtes erkundigen, ob die von ihnen ausgewählte Stelle anerkannt ist, welche Arbeitsschwerpunkte sie bearbeitet, welche Vermittlungschancen bestehen und wie groß das Erfahrungswissen ist. Eine Adressliste der Landesjugendämter findet sich auf Seite 327. Mehr über die freien Träger und ihre Arbeit gibt es im Kapitel „Auslandsadoption" zu lesen.

Weil in Deutschland immer weniger Inlandsadoptionen durchgeführt werden, übernehmen Adoptionsvermittler – gerade im Jugendamt – heute vielfach ergänzende Aufgaben, etwa die Vermittlung von Pflegekindern, die Organisation von Tagespflegestellen oder die Beratung im Allgemeinen Sozialen Dienst. Problematisch daran ist, dass den Adoptionsvermittlern so mit der Zeit Erfahrungswissen, Routine und Fachkenntnisse abhanden kommen. Um dies zu verhindern, richten Jugendämter mehr und mehr gemeinsame Adoptionsvermittlungsstellen ein, die dann größere Flächen abdecken.

Die anerkannten Stellen und die Jugendämter oder Landesjugendämter arbeiten bei einer Adoption oft Hand in Hand, so etwa, wenn ein Kind in den Bereich einer anderen Stelle vermittelt werden soll. Selbiges gilt bei anerkannten Vermittlungsstellen freier Träger. Einrichtungen, die eine Babyklappe betreiben oder anonyme Geburten anbieten, dürfen nicht als Adoptionsvermittlungsstelle fungieren (Stand: Juli 2013).

Die zentrale Adoptionsstelle des Landesjugendamtes berät und unterstützt die Adoptionsvermittlungsstellen, etwa bei schwer vermittelbaren Kindern, für die überregional geeignete Bewerber gesucht werden. Außerdem ist sie verantwortlich für Auslandsadoptionen (siehe auch Kapitel „Auslandsadoption" ab Seite 145).

Wichtig ist auch, dass die „Chemie" zwischen allen Beteiligten stimmt. Leider ist das nicht immer so. Nicht selten sind gerade Adoptionsbewerber frustriert und wütend, weil sie sich einem willkürlich agierenden „Kindervermittlungsapparat" hilflos ausgeliefert fühlen und Angst haben, ihre Hoffnungen auf ein Kind auf Sand zu bauen. Nicht selten projizieren sie ihren Ärger darüber auf den Vermittler.

Derzeit stagniert die Zahl der Adoptionsinteressenten. Dennoch werden auch heute noch Hunderte von Adoptionsbewerbern geprüft, ohne eine Chance auf ein Kind zu haben. Natürlich aber erwarten Bewerber, die zahlreiche amtliche Dokumente beigebracht und sich intensiven Gesprächen unterzogen haben, dass ihre Hoffnungen nicht vergeblich waren.

Für Adoptionsvermittler ist es frustrierend, Eignungsgespräche mit Adoptivbewerbern zu führen und zugleich zu wissen, dass sie nicht allen Hoffnungen und Wünschen gerecht werden können. Manche Vermittler gehen irgendwann dazu über, Adoptionsbewerber abzuwimmeln und darauf hinzuweisen, dass eine Eignungsprüfung aufgrund mangelnder zu vermittelnder Kinder keinen Zweck hat – auch das ist eine frustrierende Erfahrung für alle Beteiligten.

Sicherlich haben Bewerber in einem Bundesland oder einer Stadt mit großen sozialen Brennpunkten mehr Chancen auf die Vermittlung eines Kindes, denn in diesen werden – leider – mehr Kinder zur Adoption frei- oder in Pflege gegeben als andernorts. Menschen, die in einer reichen und sozial starken Region leben, könnten nun auf die Idee kommen, sich bei einem Jugendamt oder einem freien Träger in einer bekanntermaßen armen und sozial schwachen Region zu bewerben, um so die Chancen auf ein Kind zu erhöhen. Welche Regionen dies in Deutschland sind, ist schließlich kein Geheimnis. Und dass ein Vermittler in der Regel eher an Bewerber vermittelt, die er auch tatsächlich persönlich kennt, liegt auch auf der Hand – er kann sie einfach besser einschätzen. Leider aber ist diese Idee in der Praxis nicht umsetzbar. Denn Teil des Adoptionsverfahrens – und der Pflege ohnedies – sind Hausbesuche. Und keine Dienststelle hat Geld oder Ressourcen zur Verfügung, um ihre Mitarbeiter quer durch Deutschland in das traute Heim von Adoptionsbewerbern auszusenden (und gleichfalls gibt es keine Stelle, die Geld von den Bewerbern annehmen würde, um es doch zu tun). Daher ist eine Bewerberprüfung letzten Endes nur an einem Ort sinnvoll, an dem die Bewerber auch ihren Hauptwohnsitz haben.

Tatsächlich besteht bei Inlandsbewerbungen – im Gegensatz zu Bewerbern, die ein Kind aus dem Ausland aufnehmen möchten – kein ausdrücklicher Rechtsanspruch auf Prüfung einer Adoptionseignung. Und sowohl für Auslands- als auch für Inlandsbewerber besteht verständlicherweise kein Rechtsanspruch, auch ein Kind vermittelt zu bekommen.

Es gibt Adoptionsbewerber, die nicht verstehen, dass es so wenige Kinder zur Vermittlung gibt. Schließlich haben sie doch gehört, dass viele Kinder in Heimen leben. Eines von diesen Kindern würden sie sofort zu sich nehmen. Dabei bedenken oder wissen diese Bewerber nicht, dass Heimkinder meist nur vorübergehend dort leben und eigentlich noch Teil ihrer Familie sind, zu der sie eventuell auch wieder zurückkehren. Nur für sehr wenige Kinder in Heimen werden also neue Adoptiveltern gesucht; für einige hingegen aber tatsächlich (Dauer-)Pflegeeltern. Andere wiederum können zu ihren leiblichen Eltern zurück; ältere Jugendliche wechseln meist in eine betreute Wohnform. Genaueres zum Thema Dauerpflege findet sich im entsprechenden Kapitel ab Seite 116.

Was aber geschieht, wenn sich Bewerber von ihrem zuständigen Adoptionsvermittler nicht gut beraten fühlen? Oder wenn sie nach reiflicher Überlegung den Eindruck haben, dass die „Chemie" überhaupt nicht stimmt, der Adoptionsvermittler sie falsch einschätzt oder vielleicht aus subjektiven Gründen ablehnt? Theoretisch ist es möglich, zu einem anderen Betreuer innerhalb der gleichen Vermittlungsstelle zu wechseln. Wenn diese Bitte ruhig und sachlich vorgetragen wird, sollte einem Wechsel nichts im Wege stehen. Sollte das Vertrauensverhältnis zwischen Bewerber und Adoptionsvermittler oder gar der Vermittlungsstelle generell so stark gestört sein, dass auch ein Wechsel in den Augen der Bewerber nichts nutzen würde, bleibt nur die Möglichkeit, in ein anderes Jugendamt in der Nähe zu wechseln. Zum Glück passiert dies sehr selten.

Verläuft das Bewerberverfahren positiv, teilt der Vermittler den Bewerbern dies mündlich mit und liest ihnen den Inhalt ihres Sozialberichtes vor – händigt ihnen diesen allerdings nicht aus. Sollten die Bewerber sich in dem Sozialbericht falsch dargestellt finden, können sie dies anmerken. Sachlich Falsches wird dann abgeändert. Nun haben Bewerber die Möglichkeit, sich in Absprache mit dem für sie zuständigen Jugendamt bundesweit auch in anderen Adoptionsvermittlungsstellen zu bewerben.

Adoptionsvermittler sind auch nur Menschen. Deshalb fällt es ihnen nicht leicht, ungeeignete Bewerber abzulehnen. Gründe, die zu einer solchen Ablehnung führen, sind etwa eine Suchterkrankung oder Vorstrafen. Sollte dem Vermittler erst nach Durchlaufen des Bewerberverfahrens (etwa bei dem Vorbereitungskurs, wo er die Bewerber zum ersten Mal zusammen mit Dritten erlebt) bewusst werden, dass er berechtigte Zweifel an der Eignung der Bewerber hegt, muss er diese in einem persönlichen Gespräch darüber informieren. Auf Wunsch muss er die Ablehnung zusätzlich schriftlich mitteilen und die Gründe in dem Bescheid erläutern. Allerdings erfolgt eine Ablehnung nach Abschluss der Eignungsüberprüfung nur sehr selten.

## Adoptionsvermittler und ihre Aufgaben: Ansprechpartner rund um das Kind

Zugelassene Fachkräfte in den Adoptionsvermittlungsstellen haben in der Regel einen staatlich anerkannten Abschluss in Sozialarbeit oder Sozialpädagogik und Berufserfahrung. Berufsanfänger dürfen nur unter Anleitung einer erfahrenen Fachkraft arbeiten. Insbesondere in der internationalen Vermittlung von Kindern sind noch zusätzliche Qualifikationen erforderlich, so etwa das Wissen um die Rechtssituation des Landes, aus dem vermittelt wird.

Die Vermittlung eines Kindes in eine neue Familie, in der es auf Dauer leben kann und wie ein eigenes Kind aufwachsen soll, gehört zu den schwierigeren und verantwortungsvollsten sozialpädagogischen Aufgabenfeldern. Neben langjähriger Erfahrung, die das Adoptionsvermittlungsgesetz ohnehin von den Adoptionsvermittlern fordert, sind auch psychologisches Fingerspitzengefühl und instinktive Empathie unerlässlich. Handwerklich-methodisches Wissen rund um die Arbeit mit Menschen hilft überdies, um im Interesse des Kindes die bestmögliche Entscheidung treffen zu können.

Weil der Vermittlungsschritt – gerade bei einer einmal durchgeführten Adoption – im Regelfall nicht rückgängig gemacht werden kann, ist die moralische Verantwortung des Vermittlers immens hoch. Deshalb ist die Arbeit im Team eine Erleichterung und große Hilfe für alle Seiten des Adoptionsvierecks. Im Team können Pro- und Contra-Aspekte vielschichtiger durchdacht und Hilfsangebote (auch und gerade im Vorfeld für die Herkunftseltern) vertiefender diskutiert werden. Auch lassen sich im Team besser passende Adoptivbewerber finden, denn auch ein Sozialarbeiter ist trotz aller Professionalität nicht hundertprozentig vor persönlicher Sympathie oder Antipathie geschützt.

Die Adoptionsvermittler sind für den Vermittlungsprozess verantwortlich: von Prüfung und Auswahl der Bewerber über die Beratung der leiblichen Eltern, die Beurteilung der Adoptionsmöglichkeit für die Kinder, Vermittlung und Begleitung während der Adoptivpflegezeit, Vorbereitung des Adoptionsabschlusses bis hin zur Beratung und Unterstützung nach Abschluss der Adoption.

Viele Augen sehen besser als zwei. Daher wäre es wünschenswert, dass nicht nur ein einzelner Adoptionsvermittler eine Entscheidung fällt und gleichzeitig die abgebende Mutter und/oder den Vater berät und kinderlose Ehepaare auf ihre Eignung als Adoptivbewerber hin prüft, der Vergangenheit angehört. Leider ist dies in der Praxis noch nicht immer der Fall.

*„Als ich vor 15 Jahren in dem Bereich Adoptionsvermittlung/Pflegekinderdienst zu arbeiten begann, war ich aus heutiger Sicht naiv und blauäugig. Da ich vorher in verschiedenen schwierigen sozialpädagogischen Arbeitsfeldern beschäftigt war, dachte ich, dass diese neue Tätigkeit nun etwas ruhiger und nicht so belastend werden würde. Wie hatte ich mich da geirrt!*
*Die Arbeit in der Adoptionsvermittlung erfordert nicht nur ein solides Fachwissen, sie ist auch von hoher Emotionalität geprägt. Freud und Leid liegen nahe beieinander. Eben habe ich vielleicht noch eine abgebende Mutter beraten oder getröstet und eine Stunde später übergebe ich das Kind eben dieser Mutter überglücklichen Adoptiveltern. Damit musste ich erst einmal lernen, umzugehen. Es wurde mir zunehmend bewusst, dass sich durch meine Beratungen und Entscheidungen Lebenswege verändern. Mutter oder Vater, die schwanken, ob sie ihr Kind behalten oder nicht, werden sich vielleicht durch ein Wort oder einen Satz von mir in die eine oder andere Richtung entscheiden und es eventuell später bereuen. Adoptivbewerber werden durch mich beraten und geprüft, und ich habe vielleicht wesentliche Aspekte mit ihnen nicht besprochen. Vielleicht habe ich nicht erkannt, dass sie doch nicht geeignet sind, ein fremdes Kind von Herzen anzunehmen und zu erziehen. Bei der Vermittlung des Kindes habe ich vielleicht einen Fehler in der Auswahl der Adoptiveltern gemacht und das Kind konnte in dieser Familie unglücklich aufwachsen.*
*Mir wurde sehr intensiv bewusst, welche schicksalhafte Rolle ich in dem Prozess innehabe. Und doch bin ich nicht geflüchtet, sondern habe mich mit zunehmender Erfahrung bemüht, meinen ‚Klienten', von denen ich sehr viel gelernt habe, gleich auf welcher Seite sie standen, eine einfühlsame und neutrale Beraterin zu sein."*

*Dagmar T. (51), Sozialarbeiterin in der Adoptionsvermittlung*

Die Vermittlung eines Kindes ist von Amts wegen ein Rechtsakt. Natürlich aber ist dies nur der formale Vorgang. Essenziell ist das, was dahinterliegt: die bestmögliche Beratung für abgebende Väter und Mütter, und – falls sich hier kein gemeinsamer Weg mit dem Kind finden lässt – die Möglichkeit zum Aufbau eines harmonischen neuen Eltern-Kind-Verhältnisses zu den Adoptiv- oder Pflegeeltern. Ein solcher Schritt kann nur gelingen, wenn alle Beteiligten offen und ehrlich im Umgang miteinander sind. Letztendlich profitiert das schwächste Glied der Kette sein Leben lang davon: das Kind.

## Die Herkunftsfamilie

Auch bei Müttern oder Vätern, die ihr Kind fortgeben, gehen einer Entscheidung viele Gespräche mit dem Vermittler voraus.

Das eigene Kind zu fremden Eltern zu geben, es vielleicht sogar für immer zu verlieren, ist ein unvorstellbar schwerer Schritt, der mit Sicherheit kaum jemals leichtfertig gegangen wird. Selbst in schweren Fällen versuchen die Sozialarbeiter stets, eine gemeinsame Lösung für die Herkunftsfamilie zu finden. Nur wenn eine wirkliche Gefahr für das Kind ersichtlich ist, wird es gegen den Willen der Eltern aus seiner ursprünglichen Familie genommen.

Das Jugendamt und die Gerichte wandern hier auf einem schmalen Grat. Handeln sie zu spät, trägt das Kind im besten Fall körperliche und seelische Schäden davon, die vielleicht nie mehr heilen. Handeln sie zu früh oder lassen sich unwissentlich von falsch abgelegtem Zeugnis leiten, zerstören sie vielleicht eine Familie, der eine gemeinsame Zukunft gegeben wäre. Das Jugendamt (die Sozialarbeiter des Allgemeinen Sozialen Dienstes) übernimmt hier eine so genannte Wächterposition, der es nach bestem Wissen und Gewissen nachkommt. Doch je größer die Zahl der zu betreuenden Familien, je höher also die „Arbeitsbelastung" wird, desto größer wird auch die Gefahr einer Fehlentscheidung. Mit Sicherheit soll den Sozialarbeitern hiermit kein Generalfreischein ausgestellt werden. Den Blick für die Stellung des Amtes zu schärfen, kann jedoch auch Adoptionsbewerbern im Umgang mit den Ämtern und deren Entscheidungen helfen und einen Grundstein zu dem so wichtigen gegenseitigen Vertrauen legen.

Eine Abtreibung ermöglicht – so scheint es – die heimliche Lösung eines Schwangerschaftskonfliktes, während die Freigabe zur Adoption jahrelange Rechtfertigungen vor sich selbst und der Umwelt erfordert. Nach einer Abtreibung jedoch zahlen die betroffenen Frauen häufig einen hohen Preis, da viele von ihnen anschließend psychosomatische Beschwerden haben. Eine Frau, die vielleicht eine Schwangerschaft und Geburt unglücklich erlebt, aber anschließend in der Lage ist, Hilfe in jeglicher Form anzunehmen, wird seelisch vielleicht eher gesund bleiben. Sollte sie sich entscheiden, ihr Kind anderen Eltern anzuvertrauen, kann eine geöffnete Form der Adoption eine gute Grundlage sein, um mit der Trauer um den Verlust des Kindes leben zu lernen.

In der Praxis kommen vor allem Frauen mit dem Adoptionsanliegen zur Beratung. Viele geben an, dass die Väter die Familie verlassen haben. Tatsächlich wird dies moralisch eher von der Gesellschaft akzeptiert, als wenn eine Mutter, die in einer Beziehung lebt, ihr Kind zur Adoption freigibt. Doch welche Gründe auch immer hinter der Entscheidung stehen mögen – die Akzeptanz der Gesellschaft gegenüber dem Schritt einer Herkunftsmutter oder eines Herkunftsvaters ist bei Familie, Nachbarn, Freunden und Medien häufig mehr als gering. Herkunftseltern werden als egoistisch, gefühlskalt und verantwortungslos dargestellt. Für die Mütter ist der Begriff der „Rabenmutter" zum geflügelten Wort geworden und auch das Bild des Vaters bewegt sich zwischen „verantwortungslos" und „asozial". Aus Angst vor Diskriminierung verheimlichen insbesondere Frauen häufig ihre Entscheidung. Damit nehmen sie sich jedoch die Möglichkeit, über ihre Trauer und Gefühle zu sprechen. Häufig ist der Adoptionsvermittler hier der einzige Ansprechpartner.

Das Bild, das wir von den abgebenden Müttern und Vätern haben, wird von der Gesellschaft geprägt – und nur ein Umdenken in der Gesellschaft kann das geschaffene Feindbild relativieren. Adoptiveltern tragen hier eine ganz besondere Verantwortung: Sie prägen nicht nur das Bild der Herkunftseltern aktiv mit, sie prägen ihrem Kind gegenüber auch das Bild seiner leiblichen Eltern, das Bild seiner eigenen Wurzeln.

So erschreckend es ist: Am häufigsten geben wirtschaftliche Gründe den Ausschlag, das eigene Kind in fremde Obhut zu geben: Fehlender Schul- oder Berufsabschluss, Arbeitslosigkeit, Angst vor Arbeitsplatzverlust, zu kleiner Wohnraum, finanzielle Sorgen, Armut oder Schuldverpflichtungen oder Krankheit schaffen Berge aus Angst und Not, die auch ein Vermittler im Rahmen seiner Möglichkeiten nicht immer lösen kann.

Familiäre Gründe stehen an Punkt zwei der Häufigkeitsskala: ungewollte oder zu spät bemerkte Schwangerschaft, vom Vater des Kindes verlassen, Scheinvaterschaft (wenn ein Kind etwa innerhalb einer bestehenden Ehe geboren wurde, jedoch von einem anderen Mann stammt), Vater des Kindes unbekannt, abgebende Mutter/Vater sind minderjährig, zukünftige Großeltern lehnen Hilfe ab, Überforderung durch vorhandene Kinder, Schwangerschaft als Schande für die Familie (besonders bei Frauen aus anderen Kulturkreisen), ursprüngliche Lebensplanung in Gefahr, Familienplanung abgeschlossen, Zwillingsschwangerschaft, das zu erwartende Kind ist behindert.

An dritthäufigster Stelle rangieren die so genannten „besonderen Lebenssituationen“: Suchterkrankung (Drogen, Alkohol), Vergewaltigung, durch die eigene Lebensgeschichte psychische Probleme wie etwa Bindungsunfähigkeit, Erfahrungen mit Misshandlungen, Missbrauch, Heimaufenthalte oder Verwahrlosung.

Sehr oft sind gerade die letztgenannten Probleme jahrelang verdrängt und nicht aufgearbeitet worden. Sie lassen sich nicht kurzfristig lösen, indem Mutter oder Vater auf ein Leben mit dem Kind vorbereitet werden. Eigentlich brauchen sie Hilfe für sich selbst, für das Aufarbeiten ihres persönlichen Schicksals – und Zeit und Raum für diesen Prozess. Ein Kind aber nimmt die Eltern ganz in Anspruch und lässt sich nicht mit seinen Bedürfnissen und seiner Entwicklung „auf Eis legen“, bis die eigenen Probleme gelöst sind. Menschen, die ihr Kind zur Adoption geben, spüren dies und möchten ihrem Kind das geben, was es braucht, auch wenn es dann in einer anderen Familie aufwächst. „Es soll meinem Kind besser gehen als mir!“ – dies ist ein häufig geäußerter Wunsch gerade bei abgebenden Müttern.

Meist sind es mehrere Abgabegründe, die von den Herkunftseltern angegeben und/oder durch den Adoptionsvermittler wahrgenommen werden.

Natürlich gibt es auch Herkunftseltern, die ihre eigenen Probleme nicht erkennen (können) und trotz mehrerer Verfehlungen ihr Kind unbedingt behalten oder nach einem Sorgerechtsentzug (gemäß § 1666 BGB) zurückholen wollen. Dieser Aspekt wird im Kapitel „Dauerpflege“ ab Seite 116 noch einmal gesondert behandelt. An dieser Stelle geht es daher zunächst um die Beratung von Frauen oder Männern, die sich mit der Adoptionsfreigabe ihres Kindes beschäftigen.

Der Entschluss der abgebenden Eltern ist in diesem Fall endgültig und sollte daher möglichst ohne Zeitdruck und in größtmöglicher Ruhe gefällt werden. Leider ist dies nicht immer möglich, da etwa durch die nahende Geburt eines Kindes automatisch Zeitdruck entsteht. Dennoch ist es wichtig, den abgebenden Eltern so viele Denkanstöße und Informationen wie möglich mit auf den Weg zu geben. Im Notfall muss das Kind in einer Bereitschaftspflegefamilie untergebracht werden, um der jungen Mutter und/oder dem jungen Vater Zeit zu geben.

Doch die Unterbringung eines Säuglings in einer Bereitschaftspflegefamilie ist gerade bei einem Neugeborenen nicht unbedenklich. Wo die Trennung von den Eltern, insbesondere der Mutter, schon das erste Trauma im Leben dieses kleinen Menschen bedeutet, schließt sich mit der Übergabe des Kindes von der Bereitschaftspflegefamilie an die Adoptivpflegefamilie bereits ein zweiter schwerer Schnitt und Verlust in seinem erst so kurzen Leben an.

Auf der anderen Seite können leibliche Mütter bei einem Neugeborenen rein rechtlich ihre notarielle Einwilligung zur Adoption erst nach einer Frist von acht Wochen erteilen. (Diese Zeit ist explizit als Schonfrist für die Mutter gedacht. Für nicht verheiratete und nicht sorgeberechtigte Väter gibt es Sonderregelungen, da diese schon vor der Geburt in eine Adoption einwilligen können.)

Für Adoptivbewerber, die einem Neugeborenen ein neues Zuhause geben möchten, bedeutet das: Sie müssen trotz der Angst, das Kind nicht behalten zu können, in der Lage sein, es nach der Geburt bei sich aufzunehmen. Wenn sich Mutter oder Vater dann doch umentscheiden (was in der Praxis überaus selten geschieht), ist diese Situation natürlich ein Albtraum für jeden Adoptivbewerber. Ein Erfahrungsbericht eines Bewerberpaares, das sein Kind nach Ablauf der acht Wochen an die leibliche Mutter zurückgab, findet sich auf Seite 238.

In der Praxis zeigt sich, dass viele Eltern nicht genau wissen, welche Unterstützungen ihnen zustehen. Manchmal zeichnet sich schon bei kleinen Hinweisen eine Problemlösung ab, so dass die Eltern ihr Kind doch bei sich behalten können. Auch Einrichtungen wie eine Schwangerenkonfliktberatungsstelle sind hier sehr empfehlenswert, da man dort unter Umständen auch einen Antrag bei der „Bundesstiftung für Mutter und Kind“ (www.bmfsfj.de/BMFSFJ/familie,did=26446.html) auf eine einmalige finanzielle Hilfe stellen kann.

Manchmal, so etwa bei selbst erwarteter oder befürchteter Überforderung der leiblichen Eltern, können ambulante Lösungen wie Krippen- beziehungsweise Kindergartenplätze für vorhandene Kinder Hilfe und Entlastung bringen. Auch eine sozialpädagogische Familienhilfe kann helfen, das Leben besser zu organisieren. Für sehr junge oder (noch) unselbstständige Frauen ohne sichere Familienanbindung könnte das Leben in einem Mutter-Kind-Heim zunächst eine Lösung sein. Hier kann sie mit ihrem Kind zusammenleben und sich unter professioneller Begleitung auf ein selbstständiges Leben mit dem Kind vorbereiten sowie ihre Schule oder Ausbildung abschließen. Eine Unterbringung des Kindes in einer Pflegefamilie sollte in einem solchen Fall als Hilfe nur für relativ kurze Zeit in Erwägung gezogen werden, damit das Kind zu den Pflegeeltern keine enge Bindung aufbaut und so im schlimmsten Fall unter dem Verlust leidet, wenn es zur Mutter zurückkehrt.

Bei Vermittlung von älteren Kindern ist der Erfahrung nach eine vorübergehende Unterbringung des Kindes bei Pflegeeltern oder im Kinderheim wichtig. Die Mutter hat durch die Trennung noch einmal die Gelegenheit, über ihre Situation nachzudenken. Sollte sie dann bei ihrer Entscheidung bleiben, ist sie selbst in der Lage, ihrem Kind (seinem Alter entsprechend) zu erklären, warum es fortan in einer anderen Familie leben soll. So schmerzlich dieses Gespräch auch sein wird, für die weitere Entwicklung und Integration des Kindes in die neue Familie ist die Wahrheit ungeheuer wichtig. Dieses Gespräch, zu dem Vermittler die leiblichen Eltern oft deutlich überzeugen müssen, kann nur in seltenen Ausnahmefällen von einer dem Kind fremden Person geführt werden. Es gibt leibliche Mütter und Väter, die hier über sich hinauswachsen.

*„Der Vater von Patrick hat uns wegen einer anderen verlassen. Weil ich falsche Freunde hatte, habe ich dann viel Mist gebaut und musste in den Knast. Nun sollte Patrick in eine Pflegefamilie, da ich keine Angehörigen habe. Ich selbst habe viele Jahre im Heim gelebt und meine Mutter ist inzwischen an ihrem Alkohol gestorben. Ich habe geheult wie ein Schlosshund und wusste, dass das schiefgeht und ich Patrick verliere. Ich werde für ihn eine Fremde sein, wenn ich wieder da bin. Und er soll es eigentlich mal besser haben als ich. Da habe ich einen Entschluss gefasst. Er soll von netten Leuten adoptiert werden, damit er es mal besser hat als ich.*

*Als ich das meiner Sozialarbeiterin sagte, war sie erst einmal überrascht. Dann hat sie mich mächtig mit vielen Gesprächen genervt, denn ich dachte, dass es nun schneller gehen würde. Eigentlich wollte ich nur meine Ruhe, aber dann merkte ich, dass ich vieles nicht bedacht hatte. Da ich zu dieser Zeit nur noch Kontakt zu einer älteren Nachbarin hatte, besprach ich alles mit der.*
*Weil ich dabei blieb, sollte Patrick übergangsweise in ein Kinderheim. Als ich seine Sachen zusammenpackte und ihm erklärte, dass er auf Kinderurlaub in das Heim geht, habe ich Rotz und Wasser geheult. Er selber war eigentlich ganz fröhlich. Ich besuchte ihn dort ein paar Mal und musste immer wieder zu der Sozialarbeiterin zum Gespräch. Nach 14 Tagen war ich fest entschlossen, ihn adoptieren zu lassen.*
*Das Schlimmste war aber, dass die Sozialarbeiterin mir erklärte, dass ich Patrick im Heim nun selbst sagen sollte, dass er nicht mehr zu mir zurück kann und andere Eltern bekommt. Da bin ich fast gestorben.*
*[...] Bei dem Gespräch im Heim war ich total aufgeregt, habe es aber Patrick gesagt. Der war ganz lieb und hat mich nur gestreichelt und freute sich über den Abschiedshasen. Die Sozialarbeiterin war vor und nach dem Gespräch da und wir saßen noch lange danach in einem Raum, bis ich mich beruhigt hatte. Patrick war mit seiner Lieblingserzieherin zum Eisessen gegangen.*
*[...] Patrick ist jetzt neun Jahre alt und ist adoptiert worden. Seine Adoptiveltern schicken zweimal im Jahr Berichte und Bilder von ihm. Er hat mir auch schon kleine Briefe geschrieben und Zeichnungen gemalt. Er ist ein richtig hübscher und gesunder Junge. Wenn ich Post bekomme, bin ich meistens erst traurig. Dann sehe ich, wie gut es ihm geht, und dann bin ich wieder über meine Entscheidung froh. Mein Mann tröstet mich dann lieb, denn ihm habe ich alles erzählt.*
*Wenn Patrick groß ist und er mich sehen will, dann bin ich dazu bereit. Bis dahin muss ich geduldig sein.“*

*Anja (30)*

Nicht nur bei älteren Kindern ist der Abschied schwierig. Wichtig ist auch, mit werdenden Müttern zu besprechen, wie sie sich unmittelbar nach der Geburt verhalten könnten und wie der Abschied vom Neugeborenen aussehen könnte. Dieser Abschiedsblick, das Streicheln oder Auf-den-Arm-Nehmen des Kindes, ist in der Regel ungeheuer wichtig – selbst dann, wenn die „Gefahr“ besteht, dass die Frau in diesem Moment von ihrem Entschluss, das Kind fortzugeben, abweicht.

Ein weiterer Punkt ist der Umgang mit dem Umfeld, das auf die Entscheidung der abgebenden Eltern vermutlich ablehnend reagieren wird. Vermittler versuchen, die leiblichen Eltern zu ermutigen, auf nahe Familienmitglieder und Freunde zuzugehen, um vielleicht von diesen konkrete Hilfe zu erbitten und im Idealfall auch zu erhalten. Manchmal eröffnen sich so bereits neue Wege, um das Zusammenbleiben von Kind und leiblichen Eltern wahrscheinlicher zu machen.

Wenn die Eltern bei ihrem Entschluss bleiben und den Weg der Adoptionsfreigabe gehen wollen, werden sie zunächst einmal theoretisch über die weiteren Schritte detailliert informiert. Insbesondere die rechtlichen Konsequenzen ihrer Entscheidung werden noch einmal betont: Wenn die notarielle Einwilligung zur Adoption unterschrieben wurde, können die leiblichen Eltern das Kind nicht mehr „zurückfordern“. Die Adoption selbst ist allerdings erst mit dem Beschluss durch das Familiengericht abgeschlossen. Eheliche, nichteheliche oder Scheinväter müssen grundsätzlich in die Beratung einbezogen werden. Bei bestehenden Zweifeln an der Vaterschaft müssen diese gerichtlich geprüft und der leibliche Vater festgestellt werden. Feststehende Väter müssen ihre Einwilligung zur Adoption geben.

Die Formen der Adoption (offen, halboffen, geschlossen; siehe Kapitel „Adoptionsformen“ ab Seite 99) werden den leiblichen Eltern erläutert und ihnen wird angeboten, die Adoptiveltern (unter Wahrung des Inkognito) selbst mit auszusuchen. Nicht zuletzt haben leibliche werdende Eltern das Recht, ihrem neugeborenen Kind einen Namen zu geben, der dem Kind auch nach erfolgter Adoption, mindestens als Zweitname, erhalten bleibt.

In einem Auskunftsbogen hält der Vermittler für die Adoptiveltern und das Kind Wissenswertes über dessen leibliche Familie sowie aufgetretene Erkrankungen, Schul- und Berufsabschlüsse, Talente und vieles mehr fest. Diese Informationen sind für das Kind und dessen Identitätsentwicklung sehr wichtig. Später werden sie den neuen Eltern des Kindes weitergegeben.

Da die Vermittler allen Adoptiveltern empfehlen, das Kind über seine Geschichte nicht im Unklaren zu lassen (die Adoption also nicht zu verschweigen), ist es durchaus wahrscheinlich, dass die Kinder spätestens als Erwachsene nach ihren Wurzeln suchen und ihre leibliche Familie kennenlernen wollen. Erfahrungsgemäß machen sich die abgebenden Eltern zur Zeit der Abgabe darüber kaum Gedanken, wenn das Thema nicht explizit angesprochen wird. Informieren abgebende Eltern ihr Umfeld nicht, kann dies für beide Seiten sehr belastende Konsequenzen nach sich ziehen.

*„Irgendwann war es dann so weit: Ich wollte meine leibliche Mutter kennenlernen. Der Schritt hat mich Überwindung gekostet. […] Ich schrieb ihr. Ein großer Moment; ich habe den Brief mehrfach gelöscht und neu angesetzt.*
*Dann kam die Antwort, und sie berührte und erschütterte mich zugleich. Was ich zwischen den Zeilen herauslas (und was sich mir später bestätigte) war: Meine leibliche Mutter hatte ihrer Familie gesagt, ich sei … tot geboren worden. Ich hätte die Geburt nicht überlebt. Ich sei gar nicht existent.*
*Ich hatte Geschwister, und meine leibliche Mutter lebte mit einem neuen Mann in einem Haus und schien glücklich zu sein. Sie hätte mich auch gern allen vorgestellt, aber das ging natürlich nicht. Ich war ja* tot.
*Das hat mich vollkommen aus der Bahn geworfen. Wann immer ich daran denke, wird mir übel. Und die Situation hat sich bis heute nicht aufgelöst. Vielleicht tut sie dies nie, und meine leibliche Mutter nimmt ihr Geheimnis mit ins Grab: mich.*
*Seitdem ist mein Leben ein anderes geworden. Ich weiß, wie sehr auch sie unter der Situation leidet. Wenn ich mir große Mühe gebe, verstehe ich sie sogar. Ich verstehe, weshalb sie* damals *so gehandelt hat. Aber* heute *könnte sie doch ehrlich sein! Ist sie aber nicht. Heute wünschte ich, ich hätte ihr niemals geschrieben.“*

*Rabea (27)*

Um dem Kind möglichst viele Anknüpfungspunkte an seine leibliche Familie zu geben, werden die leiblichen Eltern um Fotos von sich und Familienmitgliedern gebeten, die später vom Kind eingefordert werden können oder den Adoptiveltern direkt übergeben werden. Eine weitere Anregung ist der so genannte Lebensbrief. Hier haben abgebende Eltern die Chance, dem Kind ihre Lebensumstände und Motive zum Zeitpunkt der Entscheidung schriftlich mitzuteilen. Einige Mütter und Väter nehmen das Angebot an und übergeben einen solchen Brief – manchmal erst nach Monaten oder Jahren – der Adoptionsvermittlungsstelle.

Kaum ein leibliches Elternteil steckt eine Adoption „einfach so“ weg. Das Fortgeben des eigenen Kindes wird für viele leibliche Eltern zum Trauma, äußert sich bei Frauen und Männern gleichermaßen in Depressionen oder Bindungsstörungen, bei Männern auch in vorübergehender Impotenz und bei Frauen manchmal in genereller Abneigung gegenüber Sexualität. Trotz aller aufklärerischen Arbeit der Vermittler und trotz der Erleichterung der abgebenden Eltern am Anfang kommen manche Gefühle erst später, manchmal auch erst viele Jahre später, an die Oberfläche. Deswegen halten die Vermittler auch nach Abschluss der Adoption den Kontakt mit den leiblichen Eltern, um ihnen, so nötig, mit Rat und Tat zur Seite stehen zu können.

Auch kleine Geschenke (Bilder, Kastanienmännchen etc.) können helfen, die Trauer zu lindern. Bei diesem Prozess spielt die Kooperationsbereitschaft der Adoptiveltern und ihre Einstellung zu den leiblichen Eltern eine wichtige Rolle.

### Das Kind

Adoptionsvermittler suchen Eltern für die unterschiedlichsten Kinder: das gesunde Neugeborene, das in der Babyklappe abgelegt wurde, den verhaltensauffälligen traumatisierten Fünfjährigen, dessen leiblichen Eltern das Sorgerecht durch richterliche Entscheidung entzogen wurde, oder für Zwillinge mit einem Herzfehler und Gehörproblemen, deren eigene lernbehinderte Mutter die Situation nicht bewältigt. Und diese Beispiele sind nur ein kleiner Bruchteil der Menschen und Schicksale, die Adoptionsvermittlern im Laufe ihres Berufslebens begegnen.

Um das Verhalten des Kindes und somit sein Wesen so gut wie möglich verstehen und deuten zu können, müssen Vermittler die bisherige Biografie sowie einschneidende Ereignisse im Leben des Kindes so detailliert wie möglich herausfinden und für das Kind (und die eigene Vermittlungstätigkeit) schriftlich festhalten. Welche Bezugspersonen hatte das Kind bisher? Welche Rolle spielten diese im Leben des Kindes? Fragen wie diese sind wichtig, weil diese Bindungen womöglich Auswirkungen auf die Persönlichkeitsentwicklung des Kindes haben. Neben jedem noch so kleinen Fitzelchen Information können auch Fotos, Briefe und Erinnerungsstücke für das Kind zu einem späteren Zeitpunkt sehr wichtig für seine eigenen Entwicklung werden.

*„Als ich den Auftrag bekam, für Diana Eltern zu suchen, war sie fünf Jahre alt. Sie lebte seit zwei Jahren in einem Kinderheim und die Mutter hatte sich entschlossen, dass ihre Tochter zu Adoptiveltern vermittelt werden konnte. Ich besuchte Diana und bat ihre Lieblingserzieherin, bei dem Gespräch dabei zu sein. Diana hatte bereits erfahren, dass ich die Frau bin, die für sie eine Mama und einen Papa suchen sollte. Diana hatte sich schon recht konkret Gedanken gemacht, wie die neuen Eltern aussehen sollten. Sie hatte mir ein Bild gemalt, auf dem beide abgebildet waren. Die neue Mama sollte so blond sein wie ihre Erzieherin und vielleicht eine Krone tragen. Der Papa sollte ganz lieb sein, sie nicht anschreien und schlagen. Diana wünschte sich einen Hund oder eine Katze zum Streicheln. Ihr größter Wunsch war aber ein Prinzessinnenkleid und Marienkäferbettwäsche.*
*Ihre Wünsche konnten alle erfüllt werden – einschließlich einer Adoptivmutter mit einer Pappkrone auf dem blonden Haar. Diese Krone und das Abschiedsgeschenk ihrer Erzieherin sind neben dem kleinen Stoffhasen von ihrer leiblichen Mutter bis heute das Wichtigste, was nicht verloren gehen darf."*

*Dagmar T. (51), Adoptionsvermittlerin*

Der Vermittler versucht, das Kind in seiner jetzigen Umgebung kennenzulernen. Er will verstehen, wie es sich dort verhält, will wissen, wie sein Entwicklungsstand ist, und sich mit Hilfe der Betreuenden (Heimerzieher, Bereitschaftspflegefamilie) ein Bild von seiner Befindlichkeit machen. Parallel werden unter Umständen die rechtlichen Voraussetzungen einer Adoption geklärt. Falls nötig, wird eine psychologische Diagnose durchgeführt, damit eine Entwicklungsprognose erstellt und gegebenenfalls bereits therapeutische Hilfe gesucht werden kann.

Werden für „schwierige" Kinder keine Adoptiv- und Pflegekindbewerber gefunden, kooperieren die Vermittlungsstellen auch mit Dritten, etwa dem Landesjugendamt, oder suchen im Ausnahmefall auch mittels Öffentlichkeitsarbeit etc.

### Die Adoptionsbewerber

Die Arbeit der Vermittler mit den Adoptionsbewerbern beginnt mit einer umfassenden Vorbereitung der Bewerber und kann sich bis zu einer Begleitung der Adoptivfamilie über den Adoptionsbeschluss hinaus erstrecken.

Die wichtigsten Eckpunkte der Empfehlungen der Bundesarbeitsgemeinschaft der Landesjugendämter für die Arbeit mit den angehenden Adoptiveltern sind:

- Es werden Eltern für Kinder gesucht, nicht Kinder für Bewerber.
- Adoptivfamilien leben in einer psychosozialen Sondersituation.
- Die Herkunftsfamilie bleibt auch nach dem Einleben des Kindes in die neue Familie für die weitere Entwicklung des Kindes bedeutsam.
- Auch für die leiblichen Eltern ist das weitere Schicksal und Wohlergehen ihres leiblichen Kindes von Bedeutung.
- Die Vermittlungsstelle trägt die Verantwortung für die Auswahl der geeigneten Eltern.
- Die leiblichen Eltern müssen mit der Auswahl der Adpotivbewerber einverstanden sein.
- Das Verfahren, das aus Sicht der Bewerber langwierig erscheinen mag, verlangt von den Bewerbern dennoch viel Geduld und Einfühlungsvermögen.
- Jedem zu vermittelnden gesunden Kind steht eine Vielzahl von Bewerbern gegenüber.
- Bei zunehmender Wartezeit erhöht sich die Aussicht auf die Vermittlung eines Kindes nicht.
- Die Fachkräfte treffen nach bestem Wissen und Gewissen gemeinsam Entscheidungen, möglichst im Team.

Wichtig: Wenn Adoptivväter und/oder -mütter ihre Meinung zu einer Adoption durch die vielen Gespräche und Beschäftigung mit dem Thema geändert haben, sollten sie ihren Sinneswandel kritisch hinterfragen, ihn aber so schnell wie möglich dem Vermittler mitteilen. So schwer die Entscheidung auch sein wird, die Adoptionsbewerbung zurückzuziehen: Es gibt auch ein erfülltes Leben ohne Kind.

## Der Sprung ins kalte Wasser: das Erstgespräch mit dem Adoptionsvermittler

Die Adoption eines fremden Kindes ist ein Schritt für das ganze Leben – und man sollte sich hundertprozentig sicher sein und eine solche Entscheidung mit Herz *und* Verstand fällen. Dazu gehört auch, sich bereits vor dem ersten Termin mit der

Adoptionsvermittlungsstelle mit den theoretischen Aspekten einer Adoption auseinanderzusetzen.

Eine gute Vorbereitung auf das erste Gespräch sind zum Beispiel Ratgeberbücher, Gespräche – wenn möglich mit Betroffenen wie zum Beispiel Adoptivfamilien –, Fernsehsendungen oder Filme zum Thema. Auch Adoptionsforen im Internet können Gedankenanstöße liefern, das Teilnehmen an Fortbildungsveranstaltungen für Pflege- und Adoptivfamilien oder das Kontaktieren von PFAD, dem Bundesverband für Pflege- und Adoptiveltern e.V., oder ähnlichen Organisationen. Im Erstgespräch sind sicherlich nicht alle geäußerten Gedanken ausgereift. Dennoch erkennt ein einfühlsamer Vermittler sofort, wenn Bewerber sich bereits mit dem Thema beschäftigt haben.

Es ist sehr schmerzlich, akzeptieren zu müssen, kein leibliches Kind bekommen zu können, und deshalb umso wichtiger, eine angemessene Trauerphase zu durchlaufen, ehe man sich konkret mit dem Gedanken an eine Adoption auseinandersetzt. Diese Trauerzeit ist wichtig – auch wenn sich das Paar schon in der Nähe der Altersgrenzen befinden sollte. Die Altersgrenze ist kein Gesetz, sondern eine Empfehlung. Und Kinder werden nicht nach Warteliste vergeben, sondern an das Paar, das Vermittlern und – so vorhanden – leiblichen Eltern am besten geeignet erscheint. Die letzten bestätigten Bewerber werden die ersten sein, die ein Kind bekommen, wenn gerade sie die richtigen Eltern für dieses Kind sind. Erfahrungsgemäß überfordern sich Bewerber überdies, wenn sie Kinderwunschbehandlung und Bewerberverfahren parallel betreiben. Arzttermine und Hormonbehandlungen wahrzunehmen, auf ein leibliches Kind zu hoffen und sich parallel auf Gespräche einzulassen, die sich um die Annahme eines fremden Kindes drehen: Kein Mensch ist in der Lage, zwei so wesentliche Lebensabschnitte gleichzeitig zu bewältigen. Außerdem kann das Adoptivkind nicht das ungeborene leibliche Kind ersetzen. Es sieht anders aus, es hat leibliche Eltern, es hat eine eigene Vorgeschichte und manchmal braucht es mehr Betreuung. Darauf sollte und muss man sich voll und ganz einlassen können. Deshalb lehnen Adoptionsvermittler Gespräche mit Bewerbern in Kinderwunschbehandlung zunächst ab und raten, sich erst dann wieder zu melden, wenn die Behandlung erfolglos abgebrochen und der Verarbeitungsprozess – eventuell im Dialog mit Psychologen oder anderen Betroffenen – durchgestanden wurde. Es ist generell problematisch, wenn Bewerber im Gespräch über den leiblichen Kinderwunsch allzu emotional reagieren. So könnte beim Vermittler der Eindruck entstehen, der unerfüllte Kinderwunsch sei noch nicht verarbeitet und Kopf und Herz seien noch nicht bereit für ein fremdes Kind.

Gefühlsausbrüche in Bewerbergesprächen können natürlich mehrere Gründe haben. Schon die Aufregung vor und während des ersten Gesprächs kann einen Tränenstrom auslösen. Nicht selten hören Bewerber im Vorfeld schreckliche Dinge über den Ablauf des Bewerberverfahrens. Und dann sitzt man plötzlich einer wildfremden Person gegenüber und glaubt, das eigene Schicksal hänge von ihr ab. Man möchte natürlich den besten Eindruck hinterlassen und ist dabei völlig verkrampft. Wichtig ist es auch hier, offen zu sein. Wenn man weint, sollte man den Grund dafür nennen. Ein einfühlsamer Vermittler wird dafür Verständnis haben und entsprechend darauf eingehen. Kein Vermittler hat allerdings den Auftrag – und vor allen Dingen nicht die Zeit –, bei der Bewältigung von psychischen Problemen behilflich zu sein.

## Das Bewerberverfahren und seine Stationen

Das Bewerberverfahren (auch „Eignungsprüfung" genannt) ist ein großer Meilenstein auf dem Weg zum Adoptiv- oder Pflegekind und in zwei Phasen gegliedert: die Überprüfung der allgemeinen Adoptionseignung und die Überprüfung der speziellen Eignung für ein bestimmtes Kind.

Für die Eignungsprüfung gibt es keine einheitlichen Standards. Die Prüfungskriterien sind in den Adoptionsvermittlungsstellen dennoch in etwa gleich und variieren lediglich in der Vorgehensweise. So können sich beispielsweise Fragebögen, nötige Unterlagen oder Gesprächsmethoden unterscheiden. Manche Jugendämter erwarten schon vor dem ersten persönlichen Gespräch einen persönlichen Lebensbericht oder dass Bewerber schon ein erstes Informationsseminar absolviert haben. Was genau Vermittler sich von ihren Bewerbern wünschen, erfährt man am besten durch einen kurzen Anruf beim zuständigen Jugendamt.

Das Bewerberverfahren dauert in der Regel insgesamt etwa acht bis zehn Monate. Es ist ratsam, dass die Bewerber einen leichten (Zeit-)Druck ausüben und immer wieder um einen neuen Termin bitten – es sei denn, sie wollen selbst eine kleine Pause einlegen. Manchmal bringt eine Auszeit auch Klarheit für die Bewerber. Sollte diese Pause durch Unvorhergesehenes – etwa plötzlichen Umzug, Arbeitsplatzwechsel, Krankheit, Fortsetzung der Kinderwunschbehandlung, familiäre Probleme oder Ähnliches – absehbar länger ausfallen, ist es empfehlenswert, den Vermittler darüber zu informieren.

Ehe wichtige Punkte der „Eignungsprüfung" im Detail besprochen werden, folgt für den optimalen Überblick vorab das gesamte Bewerberverfahren im Schnelldurchlauf.

Auch wenn es regionale Unterschiede gibt und die Bewerberverfahren nicht bundesweit die gleiche Aussicht auf Erfolg haben, sind die Grundstrukturen gleich und gliedern sich wie folgt:

### Das Erstgespräch

Beim individuell vereinbarten Erstgespräch sollten beide Bewerber anwesend sein. Hier gibt es erste Informationen über den Bewerbungs- und Adoptionsablauf, Zeit für Fragen und den Bewerberfragebogen sowie eine Liste der zu erledigenden Formalitäten.

### Die Informationsveranstaltungen

In einigen Pflegekinderdiensten/Adoptionsvermittlungsstellen bietet man heute regelmäßig Informationsveranstaltungen an, die Pflegschafts- oder Adoptionsinteressenten einen ersten Einblick in das Thema liefern und Raum für Fragen lassen. Auf Adoptionsinteressenten wirken diese Veranstaltungen häufig abschreckend. Dieser Eindruck ist nicht selten gewollt: Es gibt genug Adoptionsinteressierte, so dass hier – so hart dies auch klingt – oft „halbherzig" Interessierte ausgesiebt werden.

### Der Fragebogen

Der Fragebogen wird meist zu Beginn der Gespräche ausgehändigt, sollte bald darauf ausgefüllt wieder abgegeben werden und dient als Diskussionsgrundlage in den Gesprächen mit dem Vermittler. Bei Paaren sollten beide Bewerber den

Fragebogen getrennt ausfüllen, da sie eventuell in der einen oder anderen Frage unterschiedliche Meinungen haben. Das ist nicht zwingend nachteilig – und nur wenn der Vermittler um die Differenzen weiß, kann er auch auf diese eingehen. Wenn die Bewerberin sich zum Beispiel nur vorstellen kann, ein Kind bis zu einem Jahr aufzunehmen, der Bewerber aber auch mit einem Fünfjährigen zurechtkäme, würde der Vermittler auf keinen Fall ein fünfjähriges Kind in diese Familie vermitteln, da damit die Bewerberin unglücklich wäre.

Manche Bewerber gehen in ihren Altersangaben des Kindes viel höher, als sie es sich eigentlich wünschen und zutrauen. Sie hoffen, dass sie vielleicht doch ein jüngeres Kind angeboten bekommen. Der Bogen muss aber ehrlich beantwortet werden, da der Vermittler sonst von ganz falschen Voraussetzungen ausginge, was weder für das Kind noch die Bewerber ratsam wäre (von der auf ärgerliche Weise vergeudeten Zeit des Vermittlers ganz zu schweigen).

Die Fragen in den Fragebögen bezeichnen Bewerber häufig als schwierig oder gar irritierend. Hier hilft es zu wissen, dass die Fragebögen „nur" eine Diskussionsgrundlage darstellen und Bewerber motivieren sollen, über das Thema Adoption – oder Pflege – nachzudenken, zu diskutieren und Fragen zu formulieren, die sie dann mit dem Vermittler besprechen können. So mag es sein, dass die Antworten auf die Fragen am Ende des Bewerberverfahrens ganz andere sind als zu Beginn – was in keiner Weise von Nachteil ist. Ein exemplarischer Adoptionsfragebogen findet sich auf Seite 314; ergänzende Fragen des Dauerpflegebogens auf Seite 318.

### Die Gespräche

Die ersten Gespräche sollen klären, ob Bewerber sich grundsätzlich eignen, ein Kind in ihre Familie aufzunehmen. Später soll dann herausgefunden werden, für welches Kind die Bewerber sich eignen. Für gewöhnlich führt *ein* Vermittler das Gespräch, bei besonderen Themen kann aber auch ein Kollege hinzugezogen werden. Bei Paaren sind zu bestimmten Themen Einzelgespräche denkbar. Inhaltlich geht es um Fragen rund um die Annahme eines Kindes sowie die persönlichen Voraussetzungen der Bewerber.

Falls der Vermittler eine entsprechende Ausbildung absolviert hat, nutzt er oft analytische Methoden, um den Bewerbern näher zu kommen, zum Beispiel:

- **Genogramm- und Soziogrammarbeit:** Mit einem **Genogramm** wird eine Familie systematisch dargestellt, ähnlich einem Familienstammbaum. Neben der Sammlung familienspezifischer Daten (Geburts- und Todesdaten, Beruf, Eheschließung/Scheidungen) spielen die Eigenschaften von Personen sowie deren Beziehungen untereinander eine wesentliche Rolle. Durch die dargestellte Familiengeschichte und die Familienbeziehungen entsteht ein Bild dieser Familie. Es veranschaulicht Ressourcen, aber auch Grenzen, erfolgreiche Lebensgestaltung und Schwierigkeiten und bestimmte Familienmuster. Ein **Soziogramm** ermöglicht die Einbeziehung von anderen wichtigen Personen oder Sachinformationen und die Beziehungen der Personen untereinander.
- **Familienbrettarbeit:** Auf einem Brett wird mittels einfacher Figuren die momentan erlebte Familienbeziehung aufgestellt – mit einem besonderen Augenmerk auf Nähe und Distanz einzelner Personen, Hierarchien, Familiendynamiken und Grenzen. Auch Veränderungen, die auf eine Familie zukommen können, wenn ein Adoptiv- oder Pflegekind und seine Herkunftseltern hinzukommen, können dargestellt werden.

### Der Lebensbericht

Dieser ähnelt einem Lebenslauf, der folgende Punkte enthalten sollte: Angaben zur eigenen Person, Kindheit und Jugend, Beruf der Eltern, Anzahl der Geschwister, Erziehung durch die Eltern, Verhältnis zu Eltern, Großeltern und Geschwistern, schulische und berufliche Entwicklung, Freizeitgestaltung, Berufsweg, Partnerschaft (frühere Partnerschaften, seit wann besteht die jetzige Partnerschaft, Heirat, Verhältnis zueinander), warum ist die Partnerschaft kinderlos, wie erfolgte die Verarbeitung, Motivation zur Adoption, Vorstellungen vom Leben mit einem Adoptivkind. Ein exemplarischer Fragebogen zum Lebensbericht findet sich auf Seite 315 im Anhang.

Auch der Lebensbericht dient dem Vermittler dazu, die Bewerber besser kennenzulernen. Überdies regt der Lebensbericht Partner an, von sich zu erzählen und mehr über den anderen zu erfahren sowie Erfahrungen auszutauschen, die man bei dem eigenen (Adoptiv-) Kind vermeiden oder anwenden will. Dieses Auseinandersetzen mit der eigenen Geschichte ist wichtig, um den richtigen Weg für die Zukunft zu finden. Auch das Formulieren des Adoptionswunsches stellt noch einmal eine Herausforderung dar.

> *„Fragebogen und Lebensbericht auszufüllen, fiel mir nicht schwer. Ich habe mich entschlossen, einfach bei der Wahrheit zu bleiben und drauflos geschrieben, als schriebe ich einer guten Freundin. Die Jugendamtsmitarbeiterin muss uns ja schließlich irgendwie kennenlernen. Insgesamt hatte ich am Ende Dutzende von Seiten voll geschrieben, die sie bestimmt nie gelesen hätte, deshalb habe ich den Text dann nochmal gestrafft. Auch Jugendsünden und Schlimmeres habe ich nicht ausgespart. Dass ich in der Pubertät mal Drogen ausprobiert habe, den jahrelangen Streit mit meiner Mutter, eine Abtreibung mit fünfzehn – und wie ich damit umgegangen bin.*
> *Mein Partner hat sich ungleich schwerer damit getan und wusste immer gar nicht, was er zu all diesen ‚Laberfragen' sagen soll. Die Sachfragen hingegen waren bei ihm schnell beantwortet.*
> *Irritiert hat mich keine der Fragen, nur nachdenklich gemacht. Zum Beispiel das Thema Inzest. Ich hatte mir nie zuvor Gedanken darüber gemacht. Würde ich ein Inzestkind aufnehmen? Was bedeutet das überhaupt für das Kind? Könnte ich das – ihm das sagen, gemeinsam versuchen, ihm zu helfen, damit umzugehen? Ich war sehr froh, dass man mich klar danach gefragt hat, was ich* nicht *will – und ich habe tatsächlich einige Kinder für mich ausgeschlossen. Dabei fühlte ich mich nicht gut, denn es war schon ein wenig wie beim ‚Bestellzettel für den Kindereinkauf'. Aber es war trotzdem gut, denn aufgrund privater Gründe* könnte *ich wirklich kein geistig krankes Kind aufnehmen. Das würde ich einfach nicht schaffen. Da habe ich dann ‚Nein' angekreuzt und es begründet, und das war auch okay und wurde in keiner Weise von unserer Jugendamtsmitarbeiterin verurteilt."*
>
> *Mandy (31)*

### Die Fotos und die Bewerbermappe

Eingereichte Fotos der Bewerber sollten neueren Datums sein und die Bewerber am besten in ihrem Zuhause, im Urlaub oder in ihrer Freizeit zeigen. Wer möchte, kann eine kleine Fotomappe anfertigen, die später auch den Herkunftseltern vorgelegt wird, wenn diese passende Bewerber auswählen.

Auch Texte können dieser „Bewerbermappe“ beiliegen. Ob die Mappe (die das Inkognito gefährden könnte) den leiblichen Eltern ausgehändigt wird oder nicht, entscheiden die Adoptionsbewerber von Fall zu Fall in Absprache mit dem Vermittler. Wenn die Adoptiveltern in jedem Fall anonym bleiben wollen, können sie die Bilder von sich selbst auch weglassen oder ihre zweiten Vornamen angeben und so weiter.

Für die Bewerbermappe gilt das Gleiche wie für den Brief an die abgebenden Eltern: Sie muss zu den Adoptivbewerbern passen, sie selbst widerspiegeln – sie selbst müssen damit zufrieden sein. Die Checkliste im Kasten kann daher nur Anregungen geben, aber keine Empfehlungen aussprechen.

### Die Bewerbermappe

- hat zunächst ein Layout, eine optische Gestaltung. Hier gibt es viele Möglichkeiten: eine selbst gebastelte Mappe auf Tonpapier, vielleicht mit eingeklebten Elementen? Eine professionell gedruckte und gebundene Mappe? Vielleicht sogar ein richtiges kleines „Buch“? Farbige Seiten oder weiße? Aufwändig designt und gesetzt oder lieber mit eingeklebten Fotos? Handschriftliche Texte oder Computerausdrucke? Eher im Stil eines privaten Albums oder einer „geschäftlichen“, sachlich-informativen Präsentation? Jede Mappe ein Unikat oder lieber eine leicht für andere Jugendämter reproduzierbare Form?
- kann Bilder beinhalten: Urlaubsschnappschüsse, professionell gefertigte Bilder – bunt oder schwarzweiß – symbolische Bilder (die Bewerber am Scheideweg, die Bewerber auf einem Kinderspielplatz etc.). Interessant für die Herkunftseltern könnten sein: Bilder der Bewerber selbst, Bilder der Bewerber mit Freunden oder Familie, vielleicht sogar im Umgang mit Kindern, Bilder der Wohnung, Bilder der Bewerber bei ihrem (kindgerechten) Hobby etc.
- kann zusätzlich Texte enthalten, so zum Beispiel erläuternde Texte zu den Bildern, eine Nachricht an die abgebenden Eltern, einen kurzen Brief der zukünftigen Großeltern, aber auch im Rahmen: Gedichte, Zitate oder anderes, was den Bewerbern wichtig ist und von dem sie denken, dass die Herkunftseltern es würden erfahren wollen.
- könnte einen Tag der Bewerber im Leben mit einem Kind beschreiben.
- sollte vor allem individuell und ehrlich sein, die Bewerber widerspiegeln und zu ihnen passen.

### Die Formalitäten

Zu diesen gehören etwa: Originalauszüge aus dem Geburtsregister, Auszug aus dem Familienbuch (Standesamt), (amtsärztliches) Gesundheitszeugnis, erweitertes meldebehördliches Führungszeugnis, Aufenthaltsbescheinigung mit Nachweis der Staatsbürgerschaft (Einwohnermeldeamt), Einkommensnachweis (Gehalt/Nebeneinkünfte), Nachweise über Vermögen und Schulden, Lebenslauf/Lebensbeschreibung.

## Der Hausbesuch

Bei jedem Bewerber führt der Vermittler einen – langfristig angemeldeten (!) – Hausbesuch durch. Hier verschafft der Vermittler sich einen Eindruck davon, ob sich ein Kind in dieser Wohnung / diesem Haus wohlfühlen könnte und genügend Platz vorhanden ist. Mit Sicherheit wird kein Schrank auf Sauberkeit und Ordnung geprüft. Auch Adoptionsvermittler achten die Privatsphäre.

> *„Was haben wir uns vor dem Hausbesuch verrückt gemacht! In jeder Ecke geputzt wie die Weltmeister, Möbel hin und hergeschoben, Blumen gekauft – was wir sonst nie machen –, stundenlang gelüftet, die Speisekammer um- und umgeräumt, Kleider im Schrank neu gefaltet, sogar Teppichgrundreiniger gekauft, eine neue Klobrille und einen neuen Duschvorhang, weil der alte eben so aussah, wie Duschvorhänge nach etwas längerer Benutzung aussehen. Und was war? Die Jugendamtsmitarbeiterin hat mit uns einen Kaffee getrunken, wir sind mal sporadisch durch die Zimmer gegangen und haben ein Stündchen nett geplaudert. Das war alles! Sie war in all der Zeit noch nicht einmal im Bad! Was haben wir hinterher lachend in unserer supersauberen Wohnung gesessen!“*
>
> *Irmelin (31) und Jörg (33)*

## Die Vorbereitungsseminare

Vorbereitungsseminare werden in der Regel vom Jugendamt oder einem freien Träger organisiert und die Teilnahme an ihnen ist verpflichtend. Mancherorts bieten auch kirchliche oder weltliche Träger solche Kurse an.

Die Seminare umfassen entweder vier bis sechs Einzelveranstaltungen oder finden an einem Wochenende statt. Häufig wird ein Unkostenbeitrag erhoben. Über diesen sowie über die Qualifikation der Seminarleiter und behandelte Themen kann man sich vor der Teilnahme informieren und mit Angeboten anderer Anbieter vergleichen.

Meist leiten zwei Gruppenleiter (oft Fachkräfte der Adoptionsvermittlungsstelle) das Seminar. Häufig werden zusätzlich Referenten, erfahrene Adoptivväter oder -mütter, Herkunftseltern oder/und erwachsene Adoptierte engagiert, um Informationen aus der Praxis zu vermitteln. Etwa fünf bis acht Bewerberpaare werden zur Teilnahme eingeladen, um gemeinsam über adoptionsspezifische Themen nachzudenken und zu diskutieren. An den Vorbereitungsseminaren sollten beide Partner teilnehmen.

Die Methoden bei der Durchführung der Vorbereitungsseminare reichen vom Gespräch in der Gruppe über Kleingruppenarbeit, Vorträge, Rollenspiel bis hin zu Skulpturarbeit oder Videovorführung. Ein weiteres Ziel des Seminars ist der Austausch mit gleichermaßen Betroffenen. Die Bewerber sollen lernen, sich zu öffnen, über ihre eigenen Gefühle und Gedanken zu sprechen und andere Meinungen und Erfahrungen zu akzeptieren und zu reflektieren.

Nicht selten kommen ungewollt kinderlose Menschen hier das erste Mal mit anderen Betroffenen ins Gespräch. Sie können mit Leidensgenossen über das Erlebte und ihre Gefühle sprechen, manchmal entstehen sogar Freundschaften. Problematisch wird es dann, wenn das eine Paar ein Kind vermittelt bekommt und das andere lange warten oder sogar das Leben ohne ein Kind gestalten muss. Es gehört menschliche Größe dazu, diese Situation zu ertragen und sich mit den frisch gebackenen Adoptiveltern zu freuen.

### Der Brief an die abgebenden Eltern

Ein erster Schritt zur Offenheit ist der Brief der Adoptionsbewerber an die leibliche Mutter und/oder den leiblichen Vater. Hierbei geht es *nicht* um den Brief, in dem die Adoptiveltern über das Kind berichten. Bevor überhaupt an die Vermittlung eines Kindes zu denken ist, können die Adoptionsbewerber einen Brief an die ihnen noch unbekannten leiblichen El-

### Von der Bundesarbeitsgemeinschaft der Landesjugendämter empfohlener Inhalt der Adoptivbewerberseminare

**Die Seminare sollten folgende Themen beinhalten:**

- ungewollte Kinderlosigkeit und deren Verarbeitung
- Nachdenken über die Motivation, ein Kind zu adoptieren
- Biografie der Bewerber
- Erziehungsvorstellungen
- rechtliche Grundlagen einer Adoption
- Adoptionsformen (verschiedene Möglichkeiten der Öffnung einer Adoption)
- die Situation der leiblichen Eltern vor und nach der Adoptionsentscheidung
- Informationen über die Kinder, für die Eltern gesucht werden
- die Situation adoptierter Kinder
- Aufklärung des Kindes über die Adoption/die Identitätsfindung Adoptierter

tern verfassen, in dem sie ihre Persönlichkeit und ihre Lebensumstände sowie ihre Vorstellungen vom Leben mit dem Kind beschreiben. Auch ihre Gedanken über Menschen, die ihr Kind zur Adoption geben, und welche Möglichkeiten sie sehen, den Kontakt zur leiblichen Familie zu halten, können Thema dieses Briefes sein. Es ist für leibliche Eltern erfreulich, wenn sie die zukünftigen Eltern ihres Kindes bereits über einen solchen Brief kennenlernen können. Der Brief sollte so abgefasst sein, dass er den Herkunftseltern vor der Vermittlung und vor einem eventuellen Kennenlernen ausgehändigt werden kann.

Einen Brief zu einem derart persönlichen Thema an eine wildfremde Person zu schreiben, gehört wohl mit zu den schwierigsten Schritten im Bewerberverfahren. Nicht nur, dass der Brief essenzielle Punkte berührt, die man sonst wohl nur sehr vertrauten Menschen gegenüber ansprechen würde – er ist zudem an einen Menschen gerichtet, der in einer Notsituation ist. Und zwar in einer Notsituation, von der man selbst als Adoptivbewerber „profitieren" will.

Dieser Konflikt tritt beim Verfassen dieses Briefes besonders ans Tageslicht, und hier zeigt sich auch, dass diesen Brief nur reinen Herzens schreiben kann, wer die Herkunftseltern auch wirklich akzeptiert. Der folgende Erfahrungsbericht stammt aus der Feder jener Person, deren Brief in Auszügen auch am Ende des Kapitels „Schattenmutter, Schattenvater, Schattenkind" abgedruckt ist.

*„In unserem Adoptivbewerberseminar war der Brief an die abgebenden Eltern ein großes Thema. Wir waren alle völlig … na ja … ‚vor den Kopf gestoßen'. Dass wir einen solchen Brief schreiben würden, war keinem von uns wirklich bekannt.*
*Ich saß also zu Hause und überlegte, was ich in einen solchen Brief schreiben sollte. Schon die Anrede war ein Problem. Was schreibt man da? Liebe Unbekannte? Liebe Eltern meines Kindes? Liebe Herkunftseltern? Liebe Mutter, lieber Vater? Ich habe mich schließlich tatsächlich für ‚Liebe Unbekannte' entschieden und dann gleich den ersten Absatz dazu genutzt, den Herkunftseltern einfach das zu schreiben, was ich denke: Wie unglaublich schwer es mir fällt, diesen Brief zu schreiben.*
*Und dann gehen die Probleme gleich weiter. Klar, ich habe etwas über mich und meinen Lebenspartner geschrieben, etwas darüber, wie wir uns das Leben mit dem Kind vorstellen. Genau genommen habe ich immer ‚unser Kind' geschrieben – das Kind*

*der Herkunftseltern und das Kind meines Partners und mir. Irgendwie erschien mir das richtiger. Ich habe geschrieben, dass ich mich freuen würde, wenn uns das Kind anvertraut werden würde – und das Vertrauen sicherlich nicht enttäuschen würde. Und ich habe auch versucht, mich in die Situation der abgebenden Eltern und insbesondere die der Mutter hineinzuversetzen, habe ihr geschrieben, dass ich mich freuen würde, wenn sie auch weiterhin ein Teil des Lebens ‚unseres' Kindes wäre und dass ich an sie denke – und zwar nicht schlecht (über sie).*
*Und dann wurde es richtig schwierig. Denn wie ich da so schrieb und endlich einen Anfang gefunden hatte, wurde mir plötzlich bewusst, dass die Eltern meines Kindes sich in dem Moment, wo sie diesen Brief lesen, ja noch immer umentscheiden können. Was sollte ich jetzt tun? Sie in ihrem Entschluss bestärken? So tun, als ob ihr Entschluss schon gefallen sei? Natürlich, ich* wollte *ja, dass sie sich dafür entschieden, ihr Kind fortzugeben.* Ich *wollte* ihr *Kind!*
*Als mir das in voller Gänze bewusst wurde, war ich entsetzt über mich selbst. Entsetzt darüber, dass mir der Gedanke, ihnen zuzuraten oder das Weggeben als gegeben zu setzen, überhaupt erst gekommen war. Und letzten Endes entschloss ich mich dazu, genau das zu schreiben, was ich einem* Menschen *in dieser Situation würde schreiben wollen. Die Wahrheit nämlich: dass sie sich diesen Schritt gut überlegen sollten. Noch einmal eine Nacht darüber schlafen. Und dass sie in jedem Fall meine volle Anerkennung haben – ganz gleich, ob sie sich für oder gegen die Abgabe ihres Kindes entscheiden.*
*Als ich das geschrieben hatte, war mir wohler. Ich war ehrlich gewesen, menschlich, hatte meine Sehnsucht nach einem Kind nicht über meine moralischen Grundüberzeugungen gestellt – und war zumindest einen kleinen Schritt weit ebenso über meinen Schatten gesprungen, wie die leiblichen Eltern meines Kindes es (vielleicht) tun würden. Der erste Kontakt zu meinem Kind würde aufrichtig sein, nicht verlogen oder selbstsüchtig. Das war richtig so, das spürte ich, als ich den Brief zusammenfaltete und in ein Kuvert schob."*

*Sophia (33)*

Die leiblichen Eltern haben, wenn sie den Brief der Adoptivbewerber lesen, in der Regel bereits lange Beratungsgespräche mit einer Betreuerin hinter sich. Sie haben sich das Für und Wider und ihre Chancen und Möglichkeiten überlegt. Tatsächlich nimmt man ihnen zwar etwas, aber auf der anderen Seite gibt man denjenigen, die sich in ihrem Schritt sicher sind, auch etwas: die Erfüllung ihrer Hoffnung, dass ihr Kind ein gutes Leben bekommt. Ehrlichkeit und Aufrichtigkeit den Herkunftseltern gegenüber macht es diesen mit Sicherheit leichter, ihr Kind bei den neuen Eltern in guten Händen zu wissen.

Die folgende Checkliste kann lediglich Hinweise geben. Den rechten Ton aber muss jeder Adoptivbewerber selbst finden, denn nur dann ist der Brief ein Teil von ihm – ein Teil, den er den Eltern seines zukünftigen Kindes zum Geschenk macht.

## Checkliste

Ein Brief an die Eltern meines zukünftigen Kindes

- sollte nicht zu lang sein. Die Herkunftseltern lesen ihn in einer für sie aufwühlenden Situation und sind mit „Romanen“ vermutlich überfordert. Drei Seiten sind mehr als genug.
- sollte nicht zu „hochgestochen“ formuliert sein. Fremdworte und allzu geschraubte Formulierungen und Sprachbilder werden nicht von allen Lesern verstanden.
- sollte die Situation der Adoptiveltern beschreiben, aber nicht allzu sehr ins Detail gehen. Hilfreich sein können Fragen wie: Was würde ich selbst über jene Menschen wissen wollen, denen ich mein Kind anvertrauen möchte? Was würde mich sicherer machen, mich meine Entscheidung beruhigter fällen lassen?
- sollte in keinem Fall die Gefühle der Herkunftseltern verletzen oder über sie richten.
- sollte nicht spekulieren. Natürlich gibt es Herkunftseltern, die ihre Kinder schlecht behandelt haben und denen man am liebsten eine verbale Ohrfeige verpassen würde. Aber diese Eltern beteiligen sich nur selten an der Vermittlung ihres Kindes – und würden den Brief daher vermutlich auch nie zu Gesicht bekommen. Der Leser eines solchen Briefes ist also mit sehr großer Wahrscheinlichkeit jemand, dem das Wohl seines Kindes am Herzen liegt.
- sollte ehrlich und aufrichtig sein.
- sollte dem Wissen Rechnung tragen, dass die Adressaten dieses Briefes dem Absender vielleicht den größten Vertrauensbeweis überhaupt entgegen bringen: ihnen das Leben und Wohl des eigenen Kindes anzuvertrauen.

## Die Eignungsfeststellung

Wenn alle Formalitäten, Gespräche und Vorbereitungskurse erledigt sind, wird der Vermittler einschätzen, ob der Bewerber für die Annahme eines Kindes geeignet ist und für welche Kinder er in Frage käme. Fällt die Entscheidung für den Bewerber positiv aus, fasst der Vermittler das Ergebnis der Prüfung in einem Bericht (dem so genannten Adoptionseignungsbericht) zusammen. Bei der Erstellung eines Berichtes für Adoptionsbewerber, die eine Inlandsadoption wünschen, werden folgende Aussagen zum Bewerberpaar zu finden sein:

- persönliche Daten
- Informationen aus Fragebögen, Lebensbeschreibungen, fachärztlichen und psychologischen Gutachten etc.
- Informationen aus Gesprächen und Bewerberseminar

Ein besonderes Augenmerk bei der Erstellung des Berichtes liegt auf der Motivation zur Adoption, der Bewältigung der eigenen Kinderlosigkeit, der derzeitigen Lebenssituation, sozialen Beziehungen und Partnerschaft sowie Lebensplanung und -zufriedenheit. Hinzukommen individuelle Vorstellungen der Bewerber zum Kind, über Erziehung sowie Erfahrungen mit Kindern.

Die Bewerber werden nun in der Adoptionsliste registriert und erhalten eine Nummer. Die Adoptionsliste ist eine Urkunde und darf nicht verändert werden. Die Registriernummer der Bewerber spielt noch einmal eine Rolle, wenn die leiblichen Eltern ihre Einwilligung zur Adoption geben.

Bei einer Auslandsadoption wird hier ein sehr aufwändiger und detaillierter Sozialbericht erstellt, der dann den zentralen Adoptionsstellen zur weiteren Verwendung zur Verfügung gestellt wird.

## Das Abschlussgespräch

Das Ergebnis des Bewerberverfahrens wird vom Vermittler persönlich mitgeteilt. Der schriftliche Bericht wird nicht ausgehändigt, jedoch haben die Bewerber das Recht, den Inhalt zu erfahren.

Eine Ausstellung einer Unbedenklichkeitsbescheinigung, in der die allgemeine Adoptionseignung attestiert wird, ist gesetzlich nicht festgelegt, da damit Missbrauch, vor allem im Bereich Auslandsadoption, getrieben wurde.

Wenn Bewerber bereit und geeignet sind, ein schwer vermittelbares Kind aufzunehmen, kann mit ihrer Zustimmung die Adoptionsstelle des Landesjugendamtes informiert werden, um eine Vermittlung aus einem anderen Jugendamtsbereich zu ermöglichen.

### Die Wartezeit

Nun beginnt die Zeit des Wartens. Niemand kann sagen, wie lange sie andauert oder ob es überhaupt zu einem Vermittlungsvorschlag kommt. Empfehlenswert wäre es sicher, dass sich jedes Bewerberpaar vorher einen Zeitrahmen setzt. Ein Bewerberpaar um die 35 Jahre kann sicher länger in der „Warteschleife" verharren als ein Paar um die 40 Jahre.

Spätestens jetzt sollte man Familie und gute Freunde, aber auch seinen Arbeitgeber in Kenntnis setzen. Auch diese Menschen brauchen Zeit, um sich mit der Situation auseinanderzusetzen. In den meisten Fällen sind die Reaktionen des Umfeldes positiv, doch leider nicht immer.

> *„Als wir das Bewerberverfahren nach weniger als einem Jahr abgeschlossen hatten, informierte ich meinen Arbeitgeber, und dann passierte das Unvorstellbare. Bereits zwei Wochen später wurden wir von heute auf morgen Eltern. Alle unseren Freunde, die Familie und Kollegen halfen uns, auch Leute, von denen wir das gar nicht erwartet hatten.*
>
> *Umso schockierender war die Reaktion meines direkten Chefs. Als ich ihm sagte, ich werde nun in das Erziehungsjahr gehen, entgegnete er, er werte dies als Kündigung meinerseits. Er hätte erwartet, dass ich ihn in meine Planungen und Probleme bereits früher miteinbeziehe und nicht vor vollendete Tatsachen setze. Ich aber hatte der Geschäftsführung von unserem Antrag erzählt und wusste auch, dass ich nicht einfach gekündigt werden kann.*
>
> *Ich verließ die Firma nicht Hals über Kopf, regelte den Übergang, arbeitete Nachfolger ein und Wichtiges von zu Hause aus auf – stets erreichbar und zuverlässig, wie auch schon in vielen Jahren zuvor. Nachdem ich aus dem Erziehungsurlaub zurückkam, ging das Mobben weiter. Ich bin dann zur Geschäftsführung und kann das jedem bei Mobbing und Ungerechtigkeiten nur empfehlen.*

*Doch zwei Monate später kam mein Chef erneut zu mir, um mir eine Kündigung ohne Angabe von Gründen auf den Tisch zu legen. Unterschwellig wurden mir wieder die mit dem Kind verbundenen Änderungen vorgeworfen. Ich erhielt zwar eine befristete Stelle in einer anderen Abteilung, die aber in keinster Weise mit meinen Qualifikationen zu tun hatte. Auch finanziell wurde ich abgestuft.*

*Ich fand es mehr als enttäuschend, wie ein städtisches Unternehmen mit Leuten umgeht, die einen Kinderwunsch verwirklichen. Mit Kind war ich für meinen Arbeitgeber ein anderer Mensch, der eben nicht mal zehn oder elf Stunden vor Ort arbeiten kann, mit krankem Kind auch mal ausfällt und dem Kind eine hohe Priorität in seinem Leben einräumt.*

*Zukünftige Adoptiveltern sollten sich wohl leider auch auf solche negativen Reaktionen vorbereiten und bereit sein, sich wenn nötig beruflich komplett zu verändern oder das Unternehmen zu wechseln, so wie ich es machen werde."*

*Melissa (37)*

In der Wartezeit ist es wichtig, den Kontakt zum Vermittler zu halten. Eine Kontaktaufnahme ein- bis zweimal vierteljährlich reicht aus. Sinnvoll ist es, früh anzusprechen, ob man sich auch bei anderen Adoptionsvermittlungsstellen bewerben sollte. Vielleicht ist der Vermittler hier sogar mit der Nennung geeigneter Jugendämter behilflich. In jedem Fall Bescheid wissen sollte der Vermittler über überregionale Bewerbungen, da es bei Interesse des anderen Jugendamtes um die Zusendung des Berichtes und eventuell weiterer Unterlagen gebeten wird.

Die Wartezeit ist nicht leicht, denn vom Gefühl her ist man mit dem Stempel „anerkannter Adoptivbewerber" seinem Ziel schon einen großen Schritt näher gekommen, faktisch aber verändert sich erst einmal nichts – und die Angst bleibt, dass sich vielleicht trotz Anerkennung niemals etwas ändern wird. Wie man mit der Zeit des Wartens umgehen kann und was geschieht, wenn es tatsächlich so weit ist, darüber berichtet das Kapitel „Der Tag X und seine Folgen".

### Die Bewerbung in einem anderen Jugendamt

Diese ist nur möglich, wenn das örtlich zuständige Jugendamt die Eignung bestätigt hat. Sie enthält im Anschreiben:

- Personalien, Adresse, Telefonnummer
- eine kurze Selbstbeschreibung
- Angaben zu dem Kind, das man aufnehmen will und kann (eventuell mit Begründung)
- kurze Beschreibung der eigenen Wohnung (und des Wohnumfeldes)
- berufliche Situation
- ein Foto
- Wichtig: Name, Adresse und Telefonnummer des eigenen Jugendamtes und Name des Ansprechpartners

Das Anschreiben sollte knapp, aber aussagekräftig sein und auf die Bewerber aufmerksam machen. Alternativ kann auch eine größere Bewerbermappe angefertigt werden, die allerdings nicht „erschlagen" sollte.

Bei Interesse an den Bewerbern wird zunächst der Adoptionseignungsbericht angefordert und dann entschieden, ob die Bewerber zu einem persönlichen Gespräch eingeladen werden. Dieses dauert in der Regel etwa zwei bis drei Stunden. Danach entscheidet der Vermittler allein oder im Team, ob die Bewerber für einen Zeitraum (meist zwei Jahre) in der Adoptionsvermittlungsstelle registriert werden und teilt ihnen die Entscheidung mit.

Leider müssen Bewerber hier generell mit vielen Ablehnungen rechnen. Manche Jugendämter melden sich auch gar nicht und senden selbst die Bewerbungsunterlagen (und somit eventuell auch die aufwändig erstellte Mappe) nicht zurück. Das kostet Bewerber nicht nur Porto, es ist auch frustrierend.

Manchmal hilft eine telefonische Anfrage, nach der man dann gezielt Bewerberunterlagen schicken kann. Keine Freunde macht man sich, wenn man ohne Anmeldung persönlich auftaucht und um ein Gespräch bittet. Ist man hingegen – zum Beispiel aus beruflichen oder familiären Gründen – ohnedies häufig in einer Stadt, kann man seine Bewerbung so sicherlich gezielter platzieren und bei einem kurzen Besuch gleich persönlich abgeben.

Bestätigte Bewerber sollten sich auch in dem fremden Jugendamt (nicht mehr als) ein- bis zweimal im Vierteljahr melden sowie zwingend Abwesenheitszeiten (wie etwa einen Urlaub) mitteilen und – falls vorhanden – eine Nummer hinterlassen, unter der man dort telefonisch erreichbar ist.

## Offen, halboffen oder geschlossen: Adoptionsformen und was sich dahinter verbirgt

Schon deutlich vor Ankunft des Kindes sollten Bewerber sich Gedanken darüber machen, welche Art der Adoption sie sich vorstellen können. Auch während der Eignungsfeststellung und des Vorbereitungsseminars wird über diese Frage diskutiert. Bis vor wenigen Jahren (und in der Auslandsadoption weitestgehend bis heute) wurden die meisten Adoptionen unter Wahrung des Inkognitos durchgeführt, waren also „geschlossene" Adoptionen. Leibliche Eltern erhielten nur sehr allgemeine Informationen über die Adoptiveltern und wussten später nichts über die Entwicklung des Kindes – auch wenn sie oft noch nach Jahren den Wunsch haben, ihr Kind zumindest aus der Ferne durch sein Leben zu begleiten und so die psychische Belastung, Trauer und Schuldgefühle, die aus der Freigabe des Kindes zur Adoption resultieren, besser bewältigen.

Auch für Adoptiveltern ist es hilfreich, wenn sie dem Kind Informationen über seine Herkunftsfamilie geben können. Hierfür müssen sie ihre „Zweitelternschaft" bewusst akzeptieren können.

Auch bei einer Inkognitoadoption sollten Eltern ihren Kindern das Wenige, das sie von den leiblichen Eltern wissen, möglichst positiv vermitteln – oft kein leichtes Unterfangen, auf das im Kapitel „Unsere Familie" eingegangen wird.

Es gibt bei einer Adoption viele Möglichkeiten der Öffnung und für jede Vermittlung sollte ein Weg gesucht werden, der den Wünschen und Grenzen der Herkunftsfamilie und der Adoptivfamilie gleichermaßen gerecht wird. Alle Beteiligten müssen mit der Entscheidung ein Leben lang leben können. Dennoch steht bei der Entscheidung für eine Adoptionsform letzten Endes das Wohl des Kindes im Vordergrund. Die drei Adoptionsformen, deren Grenzen sich in Teilen verwischen und die sich im Laufe des Lebens auch verändern können, sind:

### Die Inkognitoadoption

Diese – noch häufigste Form der Vermittlung – soll das Adoptivkind vor Nachforschungen ehemaliger Verwandter schützen und das Ankommen in der Neu-Familie ohne Störungen ermöglichen. Die Adoptiveltern bleiben den abgebenden Eltern unbekannt; sie selbst erfahren den Namen der abgebenden Familie.

Mit der Inkognitoadoption tritt automatisch eine so genannte Auskunftsbeschränkung ein: Einsicht in Geburtsregister, Personenstandsbücher und Familienbücher haben nur die Annehmenden und das Kind, wenn es das 16. Lebensjahr vollendet hat. Die Adresse der Adoptiveltern und des Adoptivkindes wird im Melderegister des Einwohnermeldeamtes für immer durch einen Sperrvermerk gesichert. Ein absoluter Schutz des Inkognitos allerdings kann auch bei dieser Form nicht gewährleistet werden.

Bei einer Inkognitoadoption lernen sich Herkunftseltern und Adoptiveltern nicht persönlich kennen. Es ist aber möglich, dass die Herkunftseltern die Adoptiveltern anhand von Bildern und anonymisierten Informationen „kennenlernen" und auch unter mehreren Bewerbern selbst (mit-)auswählen. Namen und Adressen bleiben dabei unbekannt. Auch bei dieser Form können Herkunftseltern auch in späteren Jahren Entwicklungsberichte und Bilder von den Adoptiveltern erbitten und dem Kind mit Briefen, Fotos oder kleinen Geschenken antworten. Der Austausch der Informationen erfolgt grundsätzlich über die Adoptionsvermittlungsstelle und gehört zur Nachbetreuung der Beteiligten.

### Die halboffene Adoption

Abgebende und annehmende Eltern lernen sich einmalig – meist kurz vor oder nach Aufnahme des Kindes – persönlich und in Anwesenheit des Vermittlers in der Adoptionsvermittlungsstelle kennen. Den leiblichen Eltern erleichtert dies die Trennung und bestätigt sie in ihrer Entscheidung; die Adoptiveltern können dem Kind durch den Eindruck von den leiblichen Eltern mehr Informationen geben und deren Schritt zur Adoptionsfreigabe oft besser verstehen. Wenn sich Herkunfts- und Adoptiveltern persönlich kennen lernen, werden Zusagen – wie etwa Fotos zur Verfügung zu stellen – meist sehr pünktlich eingehalten.

Eine Öffnung des Inkognitos ist nur möglich, wenn sie das Wohl des Kindes nicht gefährdet, und hat Grenzen, die sehr sorgfältig abgewogen werden müssen.

*„Als wir uns für eine Adoption beworben hatten, wussten wir nur wenig über die halboffene Adoption und waren zum Teil auch skeptisch. Durch persönliche Gespräche mit Mitarbeitern des Jugendamtes und Gruppengespräche erfuhren wir, wie*

*notwendig für die abgebende Mutti, das Kind und die Adoptiveltern ein Wissen voneinander ist.*
*Am Abend vor dem Treffen wurden wir nachdenklich. Was, wenn die abgebende Mutti es sich anders überlegt oder wir doch nicht ihren Vorstellungen entsprechen? Aber als wir Nancy dann im Jugendamt gegenüberstanden, waren die Ängste nicht mehr so wichtig. Wir unterhielten uns über Annabell – wir, wie das Leben mit ihr war und werden sollte, und sie, warum sie Annabell nicht behalten konnte und dass sie noch ein Kind hat, um das sie sich hingebungsvoll kümmert. Wir merkten, dass Nancy über ihre Entscheidung, uns ausgesucht zu haben, erleichtert war. Und wir waren ebenso erleichtert, dass Nancy eine nette junge Frau ist. Und mit diesem Wissen holten wir Annabell nach Hause.*
*Zwei Tage später sollten wir uns noch einmal im Jugendamt treffen, damit Nancy sich von Annabell verabschieden konnte. Und plötzlich hatte ich einfach nur noch Panik. Was, wenn Nancy es sich beim Anblick der kleinen niedlichen Annabell anders überlegen würde?*
*Ole beruhigte mich, und er behielt Recht. Annabell verschlief das Treffen, Nancy erzählte von ihrem großen Kind und gab uns wichtige Hinweise, auf die wir später einmal achten müssten. Wir unterhielten uns ungezwungen, beinahe wie zwei Mütter in einer ‚Krabbelgruppe'. Besonders berührt hat uns, dass Nancy zu Annabell sagte, dass sie ihren Eltern (damit meinte sie Ole und mich) keinen Kummer machen sollte. Nancy verabschiedete sich mit dem Satz ‚Sie können sich darauf verlassen, dass meine Entscheidung gefallen ist und Annabell bei Ihnen aufwachsen soll.'*
*Die nächsten vier Wochen vergingen wie im Flug; wir waren unsagbar glücklich. Aber je näher der Termin zu Nancys Adoptionseinwilligung kam, desto nervöser wurden wir. Es war für uns unvorstellbar, Annabell wieder abgeben zu müssen. Ich träumte ständig davon und wachte schreiend auf. Vermutlich schafften wir die letzten Wochen nur, weil wir uns immer wieder an die Gespräche mit Nancy erinnerten.*
*Heute schreiben wir alle drei Monate einen Brief an Nancy und legen ein paar Bilder bei. Diese Briefe zu schreiben, fällt uns sehr leicht, denn Nancy ist für uns kein nebulöser Schatten. Dass wir uns auf eine halboffene Adoption eingelassen haben, hat sich gelohnt, für Nancy, Annabell und uns."*

*Jona (33)*

## Die offene Adoption

Abgebende und annehmende Eltern lernen sich hierbei nicht nur persönlich kennen, sondern wissen auch Namen, Adressen und anderes voneinander. Offene Adoptionen entwickeln sich häufig, wenn das Kind schon längere Zeit als Pflegekind in der Familie lebt und dann von den leiblichen Eltern zur Adoption freigegeben wird, können aber auch ganz bewusst vereinbart werden.

Eine offene Adoption hat Vorteile, kann aber auch Gefahren bergen. Sehr wichtig ist, dass konkrete Absprachen über den persönlichen Kontakt zwischen Kind und Herkunftseltern eingehalten werden. Ist dies nicht der Fall, können die Erwachsenen bald an ihre Toleranz- oder Belastungsgrenzen stoßen und das Kind weiß nicht, wo es hingehört. Dies kann die Integration in die Adoptivfamilie erschweren, den Bindungsprozess gefährden und beim Kind Loyalitätskonflikte gegenüber allen Beteiligten hervorrufen.

*„Unsere Tochter kam mit zwei Jahren zu uns, damals noch als Pflegekind. Ihre Mutter war drogenabhängig, und Tines Geschwister hatten Rattenbisse und Infektionen. Tine war von der Mutter immer am Körper getragen worden wie eine Puppe. Sie konnte nicht laufen, kaum allein sitzen, weil die Muskeln nur schwach ausgebildet waren, aber war von Anfang an sehr schmusebedürftig. Das hat die Kontaktaufnahme sehr erleichtert. Wir haben uns einmal in der Woche mit Tines leiblicher Mutter getroffen. Diese Treffen haben uns sehr belastet, denn Tine warfen sie jedes Mal völlig aus der Bahn. In der Theorie hatten wir uns vorgenommen, viel Verständnis für Tines Mutter zu haben. In der Praxis ließ das Verständnis schnell nach. Wir haben Tine gegenüber dennoch nie abfällig von ihrer Mutter gesprochen, haben aber sehr wohl Verhaltensweisen der Mutter sachlich und wo nötig auch kritisch kommentiert. In Absprache mit dem Jugendamt haben wir die Treffen mit der leiblichen Mutter an Bedingungen geknüpft, da diese oft nicht und wenn dann in unseren Augen kaum zurechnungsfähig zu den Treffen erschien.*

*Als Tine anderthalb Jahre bei uns lebte, entschloss sich Tines Mutter, sie zur Adoption freizugeben. Diesen Schritt rechnen wir ihr hoch an. Wir wählten aufgrund der Vorgeschichte den Weg der offenen Adoption, was wir aber schnell bereuten, da die leibliche Mutter immer wieder vor unserer Tür stand.*

*Eines Tages war es Tine, die den Schlussstrich zog. Sie ging zu ihrer leiblichen Mutter, die wieder einmal vor unserer Haustür stand, und teilte ihr mit: ‚Du sollst wegbleiben.' Wir haben Tine nie in diese Richtung beeinflusst, das schwöre ich. Wir haben auch versucht, mit Tine über ihre Worte zu sprechen, aber für sie war die Sache klar. Sie wollte nicht mehr, sie hatte mit dem Thema abgeschlossen. Da war sie fünf Jahre alt.*
*Heute wohnen wir in einer anderen Stadt. Die Adresse ist der leiblichen Mutter auf unseren Wunsch hin nicht bekannt gegeben worden, wofür wir dankbar sind."*

*Stella (38)*

Geöffnete Formen der Adoptionsvermittlung sind für alle Beteiligten ein Gewinn. Im besten Fall kann das Kind so unbeschwert und selbstbewusst aufwachsen, in dem Wissen, dass es eine biologische und eine soziale Familie hat. Die Wertschätzung der beiden Familien zueinander, die Liebe und die Wahrheit machen das Kind zu einem starken Menschen, der sein Leben gut bewältigen kann. Auch sind Adoptiveltern, die die leiblichen Eltern kennengelernt haben, oft befreit von Druck und Angst – und können auch dem Kind gegenüber unbeschwerter sein. Wie weit die Öffnung gehen kann, müssen die Betroffenen sorgsam entscheiden. Häufig wird die Anonymität trotz des persönlichen Kontakts gewahrt.

Immer mehr Adoptiveltern, die unter strikter Wahrung des Inkognitos adoptiert haben, bemühen sich inzwischen um erste Schritte der Öffnung. Die Vermittler fungieren hier als Kontaktperson, leiten Briefe und Fotos zwischen abgebenden und annehmenden Eltern weiter. So kann langsam eine gewisse Vertrautheit entstehen.

### Anonyme Geburt, Babyklappe und Findelkind

Besonders schwierig für alle Seiten ist die Situation bei anonym geborenen oder abgegebenen Kindern. Die Herkunftsfamilie bleibt für Kind und Adoptivfamilie gleichermaßen ein Phantom; die Gründe für die Fortgabe bleiben im Dunkeln. Die leiblichen Eltern sind mit ihrer Trauer allein und nach der Abgabe komplett von ihrem Kind abgeschnitten. Bisher gibt es nur sehr wenige Berichte von leiblichen Eltern, die mit der anonymen Abgabe ihres Kindes umgehen müssen, denn Möglichkeiten, Kinder anonym abzugeben, gibt es hierzulande erst seit dem Jahr 2000.

Zwar gab es bereits in den letzten Jahrhunderten immer wieder Findelkinder, aber deren Eltern offenbarten sich auch später nahezu nie. Bei anonymer Geburt und Babynest ist den abgebenden Eltern auch im Nachhinein zumindest die Möglichkeit einer Öffnung gegeben.

**Vertrauliche Geburt**

Am 1. Mai 2014 trat das „Gesetz zum Ausbau der Hilfen für Schwangere und zur Regelung der vertraulichen Geburt" in Kraft. Mit der Neuregelung will die Bundesregierung eine Alternative zu den umstrittenen Babyklappen und der Möglichkeit zu einer völlig anonymen Geburt schaffen. Die Kosten für vertrauliche Geburten will der Bund voll übernehmen. Die Angebote zu anonymer Geburt sowie die Babyklappen bleiben zunächst parallel erhalten; wie aber auf lange Sicht mit ihnen verfahren wird, ist zum Zeitpunkt der Drucklegung dieses Buches noch unklar. Der Deutsche Ethikrat und das Kinderhilfswerk „terre des hommes" kritisieren, dass die Mutter ab Einführung der vertraulichen Geburt zwischen einer Geburt auf gesetzlicher Grundlage und der Babyklappe beziehungsweise einer anonymen Geburt ohne gesetzliche Grundlage wählen könne. Deshalb fordern sie, Babyklappen und anonyme Geburten ab Einführung der vertraulichen Geburt unverzüglich zu verbieten. Wie der Ablauf im Einzelnen geplant ist und was eine vertrauliche Geburt für das Adoptivkind bedeutet, erfahren Sie im Kapitel „Aufklärung – Leben mit der Wahrheit".

*„Meine kleine ‚Wundertüte' ist ein ‚Klappenkind'. Es hat auch Vorteile, nichts über das eigene Kind zu wissen. Nichts zu wissen bedeutet auch, nichts zu erwarten. Seinem Kind alles anzubieten und nichts auszuschließen, weil es in der Familie nicht vorkommt. Nichts hineinzuinterpretieren, weil es etwas wie seine Mutter oder sein Vater macht. Es bedeutet, in dem Kind nichts zu sehen als ein wachsendes Leben, das alles aufsaugt, was es an Informationen und Anregungen bekommen kann und sich jene Aspekte als bewahrenswert wählt, die ihm selbst entsprechen und zusagen.*

*Nichts zu wissen, hat aber auch Nachteile. Was, wenn mein Kind aufgrund einer schwerwiegenden Krankheit einen besonderen Spender braucht, um zu überleben? Einen Spender, den außerhalb seiner Herkunftsfamilie zu finden nahezu unwahrscheinlich ist? Was, wenn es die Anlage zu einer Krankheit hat, vor deren Ausbruch ich es bewahren könnte, wenn ich nur darum wüsste? Auch wenn jetzt, wo mein Kind quietschvergnügt und quicklebendig ist, dieser Gedanke fern erscheint, beunruhigt er mich.*

*Und noch etwas beunruhigt mich. Mein Kind wird mich niemals ansehen und sich in mir oder meinem Partner wiedererkennen. Es ist uns optisch in allem das Gegenteil. Ich selbst weiß, wie wichtig und vertraut es mir im Älterwerden geworden ist, zu wissen, was kommt. Ich sehe meine alternden Hände und sehe die Hände meiner Mutter. Ich bemerke körperliche Manierismen an mir, und sie ängstigen mich nicht, denn ich kenne sie von Mitgliedern meiner Familie. Ich weiß – oder vermute doch – welche Anlagen mir mitgegeben sind und kann bei jenen, die ich nicht schätze, wachsam sein.*

*Mein Kind wird all dies niemals kennenlernen. So sehr ich ihm ein geistiges, ein seelisches Heim bieten möchte, in dem es sich entfalten und sicher fühlen kann: In diesem oben genannten Punkt wird es immer allein sein, und ich werde ihm nichts bieten können, was diese Einsamkeit lindern könnte. Ich respektiere die Entscheidung der Eltern meines Kindes und doch respektiere ich sie nicht. Ich achte sie hoch für die Umsicht, mit der sie unser Kind an einen sicheren Ort gegeben haben. Ich achte ihre Ängste und respektiere ihre Grenzen. Ich werde meinem Kind gegenüber die Entscheidung seiner leiblichen Eltern erklären und vertreten können, ohne es zu verletzen. Seine leiblichen Eltern haben es nicht bedenkenlos ‚fortgeworfen'. Sie haben es an einen sicheren Ort gebracht, warm gekleidet, sauber gewickelt. Sie haben ihm sogar einen Namen gegeben, den es – zusätzlich zu dem unsrigen – noch heute trägt.*

*Und doch hoffe ich von ganzem Herzen, dass sie ihre Entscheidung eines Tages revidieren und unserem Kind die Möglichkeit geben werden, Kontakt zu ihnen zu suchen. In Ermangelung eines Namens haben wir den leiblichen Eltern selbst Namen gegeben. Diese Namen, die mein Kind sorgsam ausgewählt hat, fallen regelmäßig in unserem Haus. Die Begriffe ‚Bauchmama' und … ja, was? – ‚Samenpapa'? – werden meinem Empfinden nach weder den Eltern meines Kindes gerecht noch dem Bedürfnis meines Kindes.*

*Eltern ohne Namen sind Schatteneltern. Ich wünsche mir für kein Kind, dass es Schatteneltern haben muss. Ich wünsche mir für keinen Menschen, dass er den Weg eines Schattenvaters oder einer Schattenmutter wählen muss. Ich wünsche mir Eltern im Licht. Eltern, die ich selbst in einem guten Licht sehe und die ich auch mein Kind in einem guten Licht zu sehen lehren werde."*

*Nika (35)*

## Die rechtliche Seite einer Adoption

Dieses Kapitel bündelt in Kurzform die allgemeinen Rechtsgrundlagen einer Adoption. Diese gelten für Auslands- und Inlandsadoption gleichermaßen, ergänzende wichtige Aspekte der Auslandsadoption werden im Kapitel zur Auslandsadoption behandelt.

Weil in der Praxis menschlich und rechtlich keine Adoption der anderen gleicht, steht in Rechtsangelegenheiten später auch der Vermittler mit Rat und Tat zur Seite. Dennoch ist es für zukünftige Adoptiveltern wichtig, einige Gesetze im Adoptionsrecht zumindest theoretisch zu kennen – auch wenn das Rechtsthema eher trocken ist.

*„Der Anruf vom Jugendamt erreichte uns mitten im Urlaub: Ein kleiner, acht Monate alter Junge mit dunkler Hautfarbe wartete auf uns. Die Mutter, eine junge, hellhäutige Deutsche, stimmte der Adoption schon nach etwa drei Wochen zu. Vom Vater hieß es, er sei namentlich unbekannt, aus Albanien stammend und nicht auffindbar.*

*Als das Jugendamt dann aber die Abstammungsurkunde für unseren Marius bekam, war dort ein Vater eingetragen – mit Sorgerecht! Es handelte sich um einen Vietnamesen – aber sowohl die Herkunftsmutter als auch jeder andere mit gesundem Menschenverstand wusste und sah, dass Marius keinen asiatischen Vater haben konnte. Marius Herkunftsmutter und er hatten jedoch während ihrer Schwangerschaft eine Zeit lang zusammengelebt und er konnte die Frau dazu bringen, dass er schon vorgeburtlich als Vater mit Sorgerecht in die entscheidenden Urkunden eingetragen wurde, um so offenbar seinen Aufenthalt in Deutschland zu sichern. Nun musste also dieser Herr gefunden und dazu bewogen werden, sein Sorgerecht aufzugeben. Und da er einer Adoption nie zustimmen würde, musste ihm die Vaterschaft aberkannt werden.*

*Bis der Aufenthaltsort des Herrn herausgefunden war, er beim Jugendamt oder beim Vormundschaftsgericht zu den Terminen erschien, ein Vormund bestellt werden konnte, seine immer neuen Lügen aufgedeckt worden waren, seine Einschüchterungsversuche bei der Herkunftsmutter nachließen, er zum Vaterschaftstest gezwungen werden konnte, vergingen Jahre. Die Sorge, dass die Frist der Adoptionspflege*

*ablaufen würde, ohne dass die Vaterschaft aberkannt werden würde und die Herkunftsmutter ihre notarielle Einwilligung zur Adoption wiederholen müsste, wuchs.*
*Dank haben wir in dieser Zeit gegenüber Marius Herkunftsmutter empfunden, die mit ihren Mitteln versuchte, das Jugendamt bei der Lösung dieses Problems zu unterstützen. Wenige Tage vor Ablauf der Dreijahresfrist war es endlich so weit: Dem Herrn wurde nach einem Vaterschaftstest die Vaterschaft aberkannt und das Vormundschaftsgericht beschloss die Adoption von Marius durch uns, seine glücklichen und erleichterten Adoptiveltern."*

*Marie (38) und Steffen (37)*

Die gesetzliche Grundlagen für die Annahme als Kind finden sich in den Paragraphen 1741 bis 1772 des Bürgerlichen Gesetzbuches. Für den Ablauf eines Adoptionsprozesses sind vor allen Dingen die Zuständigkeits- und Verfahrensvorschriften des Adoptionsvermittlungsgesetzes (AdVermiG), des Kinder- und Jugendhilfegesetzes (SGB VIII) und des Familienverfahrensgesetzes (FamFG) relevant.

Nach §1741 Abs.1 BGB ist die Annahme als Kind zulässig, wenn sie dem Kindeswohl dient und sich zwischen Adoptierenden und Adoptiertem ein Eltern-Kind-Verhältnis entwickelt. Ausgesprochen werden soll die Adoption erst, wenn die Annehmenden das Kind eine angemessene Zeit in Pflege hatten (§1744 BGB). Die Adoptivpflegezeit dauert von dem Tag an, an dem das Kind in die Familie aufgenommen wird, bis zum Abschluss der Adoption durch den Beschluss des Familiengerichts und beträgt bei jüngeren Kindern in der Regel mindestens ein Jahr. Bei älteren Kindern oder Kindern mit besonderen Bedürfnissen dauert die Eingewöhnungszeit erfahrungsgemäß länger; damit verlängert sich auch die Adoptivpflegezeit.

Da die Adoption eines Kindes einschneidende familien- und erbrechtliche Veränderungen mit sich bringt, ist das Einverständnis der Betroffenen prinzipiell erforderlich. Nach §1747 BGB müssen die Eltern in jedem Fall – aus freien Stücken – in die Annahme des Kindes einwilligen, ganz gleich, ob sie sorgeberechtigt sind oder nicht. Auch der leibliche Vater – unerheblich ob mit der Mutter verheiratet oder sorgeberechtigt oder nicht – muss in jedem Fall einer Adoption zustimmen. Die Einwilligung eines Elternteils ist laut §1747 Abs. 4 BGB nur dann entbehrlich, wenn es dazu dauernd außerstande oder sein Aufenthalt dauerhaft unbekannt ist. Um den Nachweis zu erbringen, müssen sechs Monate ordnungsbehördliche Ermittlungen erfolgen, die aktenkundig zu machen sind.

Die Einwilligung kann zum Schutz vor übereilten Entscheidungen gemäß §1747 Abs. 2 BGB erst erteilt werden, wenn das Kind acht Wochen alt ist.

Das Kind sollte nach Möglichkeit so früh wie möglich an Bewerber vermittelt werden, die allerdings in Kauf nehmen, dass die leiblichen Eltern ihre Meinung noch ändern könnten. Hat der Vermittler den Eindruck, die leiblichen Eltern könnten sich eher für ein gemeinsames Leben mit ihrem Kind entscheiden, wird das Kind meist vorübergehend in einer geeigneten Bereitschaftspflegestelle untergebracht.

Die leiblichen Eltern können ihr Einverständnis nur in Bezug auf bestimmte Annehmende erteilen. Die Freigabe eines Kindes zur Adoption kann also nur dann erfolgen, wenn Adoptiveltern für das Kind feststehen. Eine „Blankoeinwilligung" ist unzulässig. In der Praxis haben die Adoptivbewerber eine Nummer in der Bewerberliste der Adoptionsvermittlungsstelle, die dann an Stelle der Namen in der notariell beglaubigten Einwilligungserklärung steht. So kann ein Inkognito gewahrt werden.

Die Bewerberliste ist eine öffentliche Urkunde, die nachträglich nicht verändert werden darf. Allgemeine Informationen über die Lebensbedingungen oder wirtschaftlichen und persönlichen Verhältnisse der Adoptivbewerber können den leiblichen Eltern beschrieben werden. Die Geheimhaltung des Personenstands der Annehmenden gegenüber den Abgebenden (nicht aber umgekehrt) soll dem Kind ein ungestörtes Aufwachsen in seiner neuen Familie ermöglichen. Zur dauerhaften Absicherung sieht §1758 Abs. 1 BGB ein Offenbarungs- und Ausforschungsverbot vor, nach dem alle adoptionsrelevanten Tatsachen nur mit Zustimmung der Adoptiveltern und des Kindes offenbart werden dürfen (es sei denn die Informationen unterliegen Gründen des öffentlichen Interesses).

Eine elterliche Einwilligung ist nach § 1750 Abs. 1 und 2 BGB unwiderruflich, sobald sie dem Familiengericht in notariell bekundeter Form zugegangen ist. Sie verliert allerdings nach drei Jahren ihre Kraft, wenn das Adoptionsverfahren nicht innerhalb dieses Zeitraums abgeschlossen wurde.

Unter bestimmten Voraussetzungen kann die Einwilligung der leiblichen Eltern durch das Familiengericht auf Antrag des Kindes bzw. seines gesetzlichen Vertreters „ersetzt“ werden. So kann eine Adoption auch gegen den Willen eines oder beider Elternteile herbeigeführt werden. Auf diese Ersetzung wird nur im Ausnahmefall zurückgegriffen, wenn es dem Kind unverhältnismäßig schaden würde, wenn die Adoption nicht zustande käme. In § 1748 Abs. 1-3 BGB finden sich die Voraussetzungen für eine Ersetzung der elterlichen Einwilligung:

- **anhaltende Pflichtverletzung:** wiederkehrende schwere körperliche und seelische Vernachlässigung, grob lieblose Behandlung oder ständige Misshandlung.
- **Gleichgültigkeit:** Das Elternteil hat durch sein Verhalten gezeigt, dass ihm das Kind gleichgültig ist. Ist dies der Fall (etwa weil sich der Elternteil weder durch Besuche noch in anderer Form um das Kind bemüht hat), muss der Elternteil zunächst vom Jugendamt belehrt und beraten werden. Erst wenn nach einer solchen aktenkundigen Belehrung eine Drei-Monats-Frist verstrichen ist und der Elternteil nach wie vor kein Interesse an dem Kind zeigt, kann die Einwilligung ersetzt werden. Die Belehrung des Jugendamtes entfällt, wenn trotz angemessener Nachforschungen der Aufenthaltsort des Elternteils nicht innerhalb von drei Monaten zu ermitteln ist. Bei Ablauf dieser Frist muss das Kind mindestens fünf Monate alt sein.
- **Besonders schwere Pflichtverletzung:** Die Pflichtverletzung ist zwar nicht anhaltend, aber besonders schwerwiegend. Das Kind kann dem Elternteil voraussichtlich nicht mehr dauerhaft anvertraut werden (etwa bei Missbrauchsdelikten oder schwerer Körperverletzung).
- **Geistige Gebrechen:** Das Elternteil ist aufgrund einer schwerwiegenden psychischen Erkrankung oder einer schweren geistigen oder seelischen Behinderung zur Pflege und Erziehung dauerhaft nicht in der Lage. Die Entwicklung des Kindes würde gefährdet, wenn es nicht in einer Familie aufwachsen könnte.

Sobald die Eltern ihre Einwilligung erteilt haben oder diese gerichtlich ersetzt worden ist, werden Rechtsbeziehungen zwischen dem Kind und der Herkunftsfamilie aufgelöst. Hierzu gehört nach § 1751 Abs. 1 BGB, dass das Sorgerecht der leiblichen Eltern ruht und kein persönlicher Umgang mit dem Kind ausgeübt werden darf. Das Jugendamt wird spätestens jetzt zum Vormund bestellt. Das Kind befindet sich bereits bei seinen künftigen Adoptiveltern, die jetzt unterhaltspflichtig sind, während die Unterhaltspflicht der leiblichen Eltern ruht.

Endgültige Rechtsbeziehungen zwischen dem Kind und den Adoptiveltern kommen nach dem Adoptionsausspruch durch das Familiengericht gemäß § 1752 Abs. 1 BGB zustande. Das Kind erhält die rechtliche Stellung eines ehelichen Kindes der Annehmenden und wird so rechtlich vollständig in das neue Familiensystem integriert. Das elterliche Sorgerecht geht uneingeschränkt auf die Adoptiveltern über. Gleichzeitig erlöschen mit der Annahme rechtlich die verwandtschaftlichen Beziehungen zwischen dem Kind und seinen leiblichen Eltern sowie deren Verwandten und die dazugehörigen Rechte und Pflichten. Allerdings haben Ansprüche des Kindes, wie etwa Rente und Waisengeld, Fortbestand.

Das Kind erhält nach § 1757 Abs. 1 BGB den Familiennamen der Adoptiveltern. Der Vorname des Kindes kann, wenn es dem Kindeswohl zugute kommt, auf Antrag beim Familiengericht verändert werden. Der Vorname, der von den leiblichen Eltern gegeben wurde, bleibt in jedem Fall erhalten, kann aber – gerade bei jüngeren Kindern – um von den Adoptiveltern gewählte Vornamen ergänzt werden.

Eine rechtskräftig ausgesprochene Adoption kann in der Regel nicht aufgehoben werden; Ausnahmen bilden triftige Umstände, die in §§ 1759–1763 BGB gesetzlich festgeschrieben sind. Auch hier steht das Wohl des Kindes im Mittelpunkt, das auch nicht durch die Aufhebung zum „Kind ohne Eltern" werden darf.

## Stiefkind- und Erwachsenenadoption

Stiefkind- und Erwachsenenadoptionen sind Sonderfälle, die im Falle der Erwachsenenadoption insbesondere für Pflegekinder von Interesse sind.

**Stiefkindadoption:** Laut einer Mitteilung des Statistischen Bundesamtes vom Juli 2013 wurden rund 57 % der im Jahr 2012 adoptierten Minderjährigen von einem Stiefelternteil oder von Verwandten als Kind angenommen. Damit finden Adoptionen zunehmend im bereits bekannten Umfeld des Kindes statt. 1993 lag der Anteil der Stiefeltern- und Verwandtenadoption bei 53 %. Entsprechend sank der Anteil der Adoptionen, bei denen Adoptiveltern und Kind einander „fremd" waren, von 47 % (1993) auf 40 % (2012).

Die Empfehlungen der Landesjugendämter halten zum Thema Stiefkindadoption Folgendes fest: „Die Adoption durch Verwandte und Stiefeltern ist zulässig, wenn sie dem Wohl des Kindes dient und zu erwarten ist, dass zwischen den Annehmenden und dem Kind ein Eltern-Kind-Verhältnis entsteht. Die Adoptionsvoraussetzungen und die Adoptionseignung sind mit gleicher Sorgfalt wie bei Fremdadoptionen zu prüfen."

Die Stiefeltern- und Verwandtenadoption bildet rechtlich eine Ausnahme, denn sie hebt die durch die biologische Abstammung entstandene verwandtschaftliche Ordnung nicht völlig auf, sondern verlagert sie lediglich (vgl. § 1756 BGB). Ein bestehendes verwandtschaftliches Verhältnis sollte nur dann in ein Eltern-Kind-Verhältnis umgewandelt werden, wenn andere Lösungen als weniger hilfreich und sinnvoll für das Wohl des Kindes erscheinen. Um sonstige, so genannte „sachfremde" Motive, die in vielen Fällen bei Stiefkind- und Verwandtenadoptionen eine Rolle spielen, auszuschließen, muss der Adoptionsvermittler prüfen, ob

- die Adoption überwiegend dem Ehepartner zuliebe angestrebt wird,
- die Adoption eine Bedingung bei der Eheschließung war,
- die Adoption den außerhalb lebenden Elternteil vollständig ausgrenzen soll,
- die Adoption nur die Umgehung ausländerrechtlicher Vorschriften zum Ziel hat.

Der Vermittler soll alle Familienmitglieder für diese spezielle Familienform sensibilisieren und Verständnis dafür wecken, dass die Entwicklung tragfähiger Beziehungen in Stieffamilien oft einen längeren Zeitraum (nicht selten mehrere Jahre) benötigen kann. Ein Zeitdruck besteht bei dieser Form der Adoption in der Regel nicht. Die Stiefkindadoption kann aus Sicht des Amtes begründet sein, wenn:

- zu dem getrennt lebenden Elternteil über Jahre hinweg kein Kontakt besteht,
- der getrennt lebende Elternteil verstorben oder unbekannt ist oder
- Stiefkinder erb- bzw. unterhaltsrechtlich gleichgestellt werden sollen.

Die Adoption wird vor dem zuständigen Familiengericht beantragt. In vielen Fällen berät ein Notar über die rechtlichen Folgen, da bei ihm auch die notwendigen Anträge gestellt werden. Dennoch ist es hilfreich, zunächst mit einer Adoptionsvermittlungsstelle zu sprechen. Die Vermittler dort können (kostenlos) einschätzen und beraten, ob der Antrag auf Adoption eines bestimmten Stiefkindes überhaupt Aussicht auf Erfolg hat. Neben der Eignungsprüfung und Beratung des Stiefvaters oder der Stiefmutter muss auch der sorgeberechtigte Elternteil und (so möglich) das betroffene Kind in den Adoptionsprozess miteinbezogen werden.

Wichtig ist, dass das Kind eine angemessene Zeit in Pflege des Annehmenden gewesen sein und sich ein Eltern-Kind-Verhältnis entwickelt haben oder aber absehbar entwickeln können muss.

Nach der Adoption ist das Kind fortan rechtlich das gemeinschaftliche Kind beider Eheleute.

Alles zu nicht verheirateten und gleichgeschlechtlichen Paaren findet sich ab Seite 62.

Wichtig: Auch wenn Ehe oder Lebenspartnerschaft scheitern sollten, bleibt die Stiefkindadoption des Kindes (Extremfälle ausgenommen) bestehen.

In den meisten Fällen ist es der leibliche Vater, der die Einwilligung zur Adoption seines Kindes geben muss (und es somit rein rechtlich unwiederbringlich als Kind verliert). Ob das Kind ehelich oder nichtehelich geboren wurde, ist für die leibliche Vaterschaft unerheblich.

Den besten Schritt für das Wohl des Kindes einzuschätzen, ist in einer solchen Konstellation nicht immer leicht. Ältere Kinder werden über ihre Wünsche befragt, um sicherzustellen, dass das Kind und sein nicht mit ihm zusammenlebender Elternteil nicht getrennt werden, wenn eigentlich zwischen beiden eine gute Beziehung besteht.

Kommt es zu einer Adoption, muss der Annehmende bei einem Notar einen Antrag auf Adoption des Kindes stellen, der Ehepartner gibt als gesetzlicher Vertreter des Kindes seine notariell beurkundete Einwilligung. Ab einem Alter von 14 Jahren entscheidet das Kind selbst, gibt also auch selbst seine Einwilligung in notariell beurkundeter Form ab. Auch die Einwilligung des „scheidenden" Elternteils muss notariell beurkundet werden. Ist der Aufenthaltsort des scheidenden

Elternteils langfristig nicht bekannt, kann das Gericht im Einzelfall und nach angemessenen Nachforschungen von seiner Einwilligung absehen.

Kommt es zu einer Stiefkindadoption, erstellt der Vermittler ein Gutachten über das Eltern-Kind-Verhältnis in der Stieffamilie und legt es dem zuständigen Vormundschaftsgericht vor. Auch der Annehmende muss dem Gericht zahlreiche Unterlagen und Urkunden zur Verfügung stellen. Danach findet in der Regel eine „Anhörung“ des Annehmenden, des gesetzlichen Vertreters des Kindes und des Kindes selbst statt, auf deren Basis der Richter seine Entscheidung fällt.

Eine Stiefkindadoption ohne die notarielle Erklärung des scheidenden Elternteils (die so genannte Ersetzung der Einwilligung) ist nur in Ausnahmefällen möglich, kommt selten vor und hat noch seltener vor Gericht Aussicht auf Erfolg. Der bei Stiefkindadoption am häufigsten genannte Grund für den Wunsch nach einer solchen „Ersetzung“ ist die Gleichgültigkeit des getrennt lebenden Elternteils. Ein Ersetzungsverfahren wegen Gleichgültigkeit darf allerdings nur nach Beratung und Rechtsbelehrung des leiblichen Elternteils durch einen Adoptionsvermittler erfolgen. Ehe die Entscheidung gefällt werden darf, muss eine Drei-Monats-Frist verstreichen, die dem scheidenden leiblichen Elternteil die Zeit geben soll, seinen Entschluss noch einmal in aller Gründlichkeit zu überdenken.

Erfahrungsgemäß wird der Antrag auf Stiefkindadoption sehr (und in den Augen der Richter zu) früh gestellt, oft schon kurz nach der neuen Eheschließung. Der neuen Familie soll so Festigkeit und das Gefühl der Zugehörigkeit gegeben werden; Stiefmutter oder Stiefvater wollen zeigen, dass sie sich verantwortlich fühlen. Aber auch diese neue Familie braucht Zeit, um zusammenzuwachsen. Eine neue Liebe der Mutter oder des Vaters ändert noch lange nichts in der Gefühlswelt des Kindes, erst recht nicht per richterlichem Beschluss. Eine Frist von zwei Jahren nach Eheschließung ist ratsam, und zwar unerheblich davon, wie lange leiblicher und „Stief“-Elternteil bis dahin zusammengelebt haben mögen.

Leibliche Mutter und leiblicher Vater sowie die dazugehörige Verwandtschaft sind auch hier wichtig für das Kind. Diese Kontakte dürfen zum Wohl des Kindes nicht abgebrochen werden, „nur“ weil den Eltern der Umgang miteinander schwer geworden ist. Getrennte Paare sollten dem Kind zuliebe verständnisvoll von dem jeweils anderen Elternteil sprechen. Wie soll ein Kind verstehen, dass der Vater, den es bisher unvoreingenommen liebte und anerkannte, plötzlich ein „Blödmann" ist? Wie soll es verstehen, dass seine Eltern, die stets eine Einheit, das Bollwerk seines Lebens waren, plötzlich nicht mehr zusammen sind? Wie den neuen „Vater" oder die neue „Mutter" per Gesetz lieben? Und warum überhaupt? Nicht selten sind die Ursachen einer Entfremdung die Diskrepanzen der leiblichen Eltern untereinander.

Auch wenn es auf den ersten Blick für die Beteiligten sonderbar klingen mag, gilt für Stiefkindadoptionen in vielen Fällen das Gleiche wie für „normale" Adoptionen: Ein Elternteil zu verlieren, nimmt dem Kind seine Wurzeln und dem Vater oder der Mutter eine Tochter oder einen Sohn. Auch wenn das Kind den leiblichen Elternteil nicht kennt oder vergessen hat, ist es wichtig, von dem nicht in der Familie lebenden leiblichen Elternteil zu erzählen. Anders gesagt: Auch ein Stiefkind hat ein Recht auf Aufklärung über seine Herkunft. Mehr zum Thema Aufklärung findet sich in Kapitel „Unsere Familie".

**Verwandtenadoption** wird nur sehr selten und in wenigen Einzelfällen von Seiten des Gerichts positiv bewertet. Oft ist der Grund, dass hier durch die Adoption Verschiebungen der Verwandtschaftsverhältnisse entstehen. Wenn etwa Großeltern ihr Enkelkind adoptieren, werden sie zu Eltern, die leibliche Mutter zur Schwester, Tanten und Onkel zu Schwestern und Brüdern, Cousinen und Cousins zu Nichten und Neffen – für das Kind ein sehr verwirrender Prozess, der nicht leichtfertig heraufbeschworen werden sollte.

**Erwachsenenadoption:** Ein Volljähriger kann als Kind angenommen werden, wenn die Annahme „sittlich gerechtfertigt" ist, so etwa dann, wenn zwischen Annehmendem und Anzunehmendem bereits ein Eltern-Kind-Verhältnis entstanden ist. Nicht sittlich gerechtfertigt wäre vor den Augen des Gesetzgebers etwa, ein 18-jähriges Mädchen aus Thailand oder Malawi oder einem anderen Land, zu dem bislang keinerlei Verbindung bestand, mitzubringen und es hier in Deutschland zu adoptieren, weil hier zumindest theoretisch die Möglichkeit eines Missbrauchs der Erwachsenenadoption gegeben ist. Das Gesetz unterscheidet hier zwischen „schwacher" und „starker" Adoptionswirkung:

Bei **schwacher Adoptionswirkung** erstreckt sich die Annahme nur auf Vater und/oder Mutter, ausdrücklich nicht aber auf deren Verwandte und die Verwandten des Anzunehmenden, was unter anderem in den Bereichen Unterhaltsrecht, Erbrecht und Namensrecht zum Tragen kommt.

Bei der **starken Adoptionswirkung** wird das Kind – wie bei einer „normalen" Adoption – rechtlich und psychisch in die Familie eingebunden. Dieser Weg wird oft von Dauerpflegekindern und ihren Pflegeeltern gewählt, wobei beide (Kind und Vater/Mutter) nach Volljährigkeit beim Familiengericht Anträge auf Adoption stellen.

Eine starke Adoption kann etwa dann durchgeführt werden, wenn die leiblichen Eltern in die Adoption ihres Kindes nicht einwilligen wollten. Bei Volljährigen ist eine Einwilligung der leiblichen Eltern nicht mehr notwendig; das Interesse der leiblichen Eltern wird aber dennoch vom Gericht geprüft, und die Entscheidung des Richters wird den leiblichen Eltern mitgeteilt.

## Die finanzielle Seite

Das Durchführen einer Inlandsadoption ist relativ „preiswert". Zu zahlen sind lediglich die Gebühren für die Beschaffung von Originalurkunden, meldebehördlichen Führungszeugnissen, Aufenthaltbescheinigungen, (amtsärztlichem) Gesundheitszeugnis und Notarurkunden. Adoptivpflegeeltern übernehmen oft auch die Kosten der notariellen Einwilligungen der leiblichen Eltern. Für das gerichtliche Adoptionsverfahren müssen teilweise noch einmal aktuelle Unterlagen – wie Führungszeugnisse oder Gesundheitsatteste – eingereicht und bezahlt werden.

Die Prüfungs- und Beratungsleistungen sowie alle anderen Tätigkeiten des Jugendamtes oder Familiengerichtes werden den annehmenden Vätern und Müttern nicht in Rechnung gestellt.

Welche Dokumente zu welchem Zeitpunkt einzureichen sind, ist von Jugendamt zu Jugendamt verschieden, auch die Gebühren von Behörden, Notaren oder Ärzten können variieren.

Insgesamt aber liegen die Kosten für eine Inlandsadoption derzeit (März 2014) bei etwa 350 bis 400 Euro.

## Weiterführende Informationen

**Sachbuch:**
Riedle, Herbert mit Barbara Gillig-Riedle und Brigitte Riedle: Adoption – Alles, was man wissen muss, TiVan, 3. Aufl. 2012.
Kompetent recherchiert, übersichtlich aufbereitet und interessant zu lesen.

**Sachbuch:**
Küpper, Heide mit Ines Kurek-Bender, Susanne Huber-Nienhaus: Handbuch für Pflege- und Adoptiveltern, Schulz-Kirchner Verlag, 6. Aufl. 2003.
Alphabetisch geordnetes Nachschlagewerk zu pädagogischen, psychologischen und rechtlichen Fragen des Adoptions- und Pflegekinderwesens.

**Internet:**
www.pfad-bv.de
Bundesverband für Pflege- und Adoptivfamilien e.V. mit Landesverbänden für Bayern, Berlin/Brandenburg, Hamburg, Niedersachsen, Rheinland-Pfalz und Schleswig-Holstein. Informationen für Pflege- und Adoptivfamilien zu Kampagnen und Projekten, Buchempfehlungen, Bestellmöglichkeit für Publikationen des Verbandes.

**Internet:**
www.moses-online.de
Ein Portal des Infodiensts Adoption-Pflegekind e.V. mit vielen Tipps, Links und Downloads rund um das Adoptiv- und Pflegekind. Außerdem Datenbank für Gerichtsurteile, Verzeichnis von Rechtsanwälten sowie Bestellmöglichkeit für gedruckte Themenhefte.

**Internet:**
www.adoption.de
Gute Informationen, Suchbörse, Newsletter für Neuigkeiten zum Thema Adoption, Links, Rechtliches und Buchtipps.

## Dauerpflege – eine Alternative zur Adoption

Adoption und Pflege haben eines gemeinsam: Ein fremdes Kind kommt in eine neue Familie. Der entscheidende Unterschied zwischen Adoption und Pflege ist: Das Pflegekind bleibt rechtlich Mitglied seiner Herkunftsfamilie.

Bei der Entscheidung, ob man ein Dauerpflegekind bei sich aufnehmen möchte, ist es hilfreich, zu verstehen, welche Unterschiede es in Pflegschaftsverhältnissen geben kann. Wer gut informiert ist, kann die von den Medien gestreuten Ängste und Parolen abwerfen und sich frei entscheiden, ob er einem Pflegekind ein neues Zuhause geben oder doch bei dem Wunsch nach einem Adoptivkind bleiben möchte.

## Pflegekinder gestern und heute

Die Geschichte der Pflegekinder ist bis zum Beginn des 20. Jahrhunderts eine traurige. Armut und Kinderreichtum waren in früheren Zeiten die Hauptursache dafür, dass Kinder zeitweise, nicht selten aber auch bis zur Volljährigkeit in fremden Familien leben mussten. Zwar versuchten die Eltern häufig, die Kinder bei Verwandten unterzubringen, doch oft war das nicht möglich. Meist mussten die Kinder hart arbeiten – etwa im Haushalt, in der Landwirtschaft oder im Handwerksbetrieb –, waren auf Gedeih und Verderb ihren Pflegeeltern ausgeliefert und hatten nur einen geringen sozialen Status.

Erst im 20. Jahrhundert kam es zu deutlichen Verbesserungen für Pflegekinder. Das Reichswohlfahrtsgesetz von 1922 übertrug dem Jugendamt die Aufgabe, Pflegekinder zu schützen. Mit der Zeit begann man, Familien zu suchen, die Kinder aus Interesse aufnahmen und nicht aus wirtschaftlichen Gründen.

Während und nach dem Zweiten Weltkrieg gab es viele verwaiste und auf der Flucht verloren gegangene Kinder, die zu Pflegefamilien kamen. Allerdings musste das Pflegekinderwesen erst wieder mühsam aufgebaut werden. Der wirtschaftliche Aufschwung, der Aufbau und die Entwicklung der Jugendhilfe sowie eine bessere Qualifizierung der Fachkräfte führten dazu, dass sich ein kompetentes Pflegekinderwesen entwickeln konnte.

„Holt die Kinder aus den Heimen!“ war eine starke Parole der 70er-Jahre, und tatsächlich wurden zu dieser Zeit viele Kinder in Pflegefamilien vermittelt, da sie dort besser als im Heim erzogen und gefördert werden konnten. Zahlreiche Kinder wurden damals auch adoptiert.

Dass die Darstellung des Themas „Pflegekind“ in diesem Buch auf den Dauerpflegefall hin ausgerichtet ist, bedeutet selbstverständlich nicht, dass das Hilfsangebot, das leiblichen Eltern in Notsituationen in Form eines Pflegeangebotes gemacht wird, still und heimlich stets die Dauerpflege zum Ziel hätte. Würde dieses Buch über Pflegekinder im Allgemeinen berichten, wäre den „normalen“ Pflegekindern und -eltern sowie jenen Herkunftseltern, die lediglich Kurzzeitpflegeangebote wahrnehmen, ein deutlich größerer Raum gewidmet worden. Da es in diesem Buch aber um die Dauerpflege als denkbare Alternative zur Adoption geht, werden die übrigen Pflegeformen im Folgenden bewusst kurz behandelt. Der Schwerpunkt liegt auf der Dauerpflege – nicht weil sie der Regelfall wäre, sondern weil meistens nur sie für angehende *emotionale* Eltern eines fremden Kindes als Alternative zur Adoption in Betracht kommen kann.

Die aktuellen Zahlen über Kinder, die sich in Vollzeitpflege befinden, stammen aus dem Dezember 2012 und wurden vom Statistischen Bundesamt ermittelt. Demnach lebten im Jahr 2012 64 851 Kinder und Jugendliche in Vollzeitpflege in anderen Familien. 1216 Kinder waren jünger als ein Jahr, 4837 waren ein bis drei Jahre alt, 10 816 Kinder waren drei bis sechs Jahre alt und 11 252 Kinder sechs bis neun Jahre alt.

Es leben also deutlich mehr Kinder in Pflegefamilien, als Kinder in die Adoptivpflege vermittelt werden. Sicher sind aus diesem Grunde manche Jugendämter dazu übergegangen, Pflegekinder in Familien zu vermitteln, die sich eigentlich ein Adoptivkind gewünscht haben. Hier werden vor allem Kinder ausgesucht, deren Rückkehr in die Herkunftsfamilie aus vielen Gründen so gut wie ausgeschlossen scheint. Außerdem ist der Aspekt einer späteren Adoption in diesen Familien eventuell eher zu realisieren als in einer „normalen“ Pflegefamilie, die ein fremdes Kind zusätzlich zu den eigenen Kinder aufnimmt und für die die Pflegschaft ein Stück weit auch ein „Job“ ist – wenn auch natürlich kein Job wie jeder andere. Gerade im Bereich der Kurzzeitpflege kann es aber geschehen, dass ein Kind länger – und manchmal auch deutlich länger – in der Familie bleibt als geplant. Etwa dann, wenn sich die Rückkehr des Kindes in seine Familie verzögert oder sich als unmöglich erweist und sich eben nicht schnell genug „feste“ Pflegeltern für das Kind finden lassen.

*„Mein Mann und ich haben zwei leibliche Kinder, die beide bereits erwachsen und aus dem Haus sind. Ich bin ausgebildete Erzieherin und seit nunmehr über achtzehn Jahren haben wir Pflegekinder bei uns, insgesamt waren es mittlerweile siebzehn Kinder. Es waren Säuglinge darunter und Siebenjährige, Geschwister und schwer geschädigte Kinder. Manche blieben nur wenige Wochen oder Monate, andere viele Jahre. Wie lange sie bleiben, wissen wir im Vorfeld nie, dass sie kommen, wissen wir nicht selten erst wenige Stunden vor ihrer Ankunft.*
*Mein Mann ist immer mit Herz und helfender Hand mit von der Partie, allein kann man so etwas nicht machen. Auch unsere Kinder unterstützen uns, auch wenn es gerade am Anfang nicht leicht für sie war.*
*Die Pflegesäuglinge schlafen in unserem Schlafzimmer und auch die älteren Pflegekinder brauchen vor allen Dingen eines: Liebe. Und Sicherheit.*

*Es ist schwierig, das richtige Maß zwischen Distanz und Nähe zu finden, sehr schwierig. Wir versuchen dieses Dilemma zu lösen, indem wir uns und den Kindern sagen und zeigen, dass sie bei uns Urlaub machen. Im Rahmen dieses Urlaubs dürfen wir sie verwöhnen, sie dürfen sich verwöhnen lassen, und trotzdem ist immer klar, dass ein Urlaub eben auch einmal zu Ende geht.*
*Das ist natürlich leichter gesagt als getan. Besonders schwierig war es bei René. Er kam mit einem Jahr zu uns. Wir haben ihn aufgepäppelt und alles getan, damit er sich sicher fühlt. Er blieb fast fünf Jahre bei uns. Er war und ist ein wundervoller Junge, warmherzig und klug.*
*Kurz vor seinem sechsten Geburtstag kam der Anruf: Renés leibliche Eltern hatten nun doch in die Adoption eingewilligt und man habe ein geeignetes Adoptivbewerberpaar. Man wolle uns, die wir René schon so lange bei uns hatten, aber die Option lassen, René selbst zu adoptieren.*
*Eigentlich ist eine Adoption aus einer Pflege, wie wir sie betreiben, heraus nicht vorgesehen. Dieser Fall war eine Ausnahme und sie war für uns ein schwerer Prüfstein. Mein Mann wollte René adoptieren, ich entschloss mich nach langem Nachdenken dagegen. Der Grund war, dass Renés zukünftige Adoptiveltern jung waren. Wir aber waren alt. Wir hätten seine Großeltern sein können. Wir wollten René die Chance auf junge Eltern geben, auf ein natürliches Familienverhältnis. Und so haben wir uns letzten Endes entschieden, René abzugeben.*
*Der Übergang war sehr, sehr hart. Renés neue Eltern haben sich große Mühe gegeben und sehr, sehr viel Kraft bewiesen. Es hat Jahre gedauert, bis René sie aus ganzem Herzen akzeptierte und bis er uns verzieh: uns, dass wir ihn nicht behalten wollten, und seinen neuen Eltern, dass sie ihn fortgeholt hatten. Am Anfang schrie und weinte er und klammerte sich an uns, und seine Eltern mussten ihn regelrecht von uns fortreißen. Es brach uns allen das Herz.*
*Heute sind wir froh darüber, diese Entscheidung gefällt zu haben. René besucht uns noch immer regelmäßig, aber er nennt seine neuen Eltern nun ‚Mama' und ‚Papa' und meint es auch so. Wir sind dankbar für die Zeit mit René. Aber es wäre besser gewesen, wenn er schon deutlich früher ‚richtige' Eltern gefunden hätte – und nicht erst dann, als er zur Adoption frei gegeben wurde."*

*Friederike (58), Pflegemutter*

## Wissenswertes über die Pflegeelternschaft

Eine lange Reihe unüberwindbarer Belastungen von Eltern oder Alleinerziehenden kann dazu führen, dass ein Kind freiwillig oder erzwungen in eine Pflegefamilie gegeben wird. Häufige Gründe hierfür sind zum Beispiel minderjährige Eltern ohne familiäre Unterstützung, Arbeitslosigkeit, sehr niedriges Einkommen, ungünstiger Wohnraum, psychische oder physische Erkrankung eines Elternteils, Suchterkrankung, geistige Behinderung der Eltern, Tod eines oder beider Elternteile, Zeiten der Schul- oder Berufsausbildung, Partner- oder Eheprobleme, Überforderung in der Erziehung, drohende Verwahrlosung der Kinder, emotionale Ablehnung des Kindes durch seine Eltern, mangelnde Erziehungsfähigkeit, Verschuldung mit drohender Obdachlosigkeit, Haft der Eltern oder eines Elternteils oder auch Straftaten gegenüber dem eigenen Kind (Misshandlung, Missbrauch).

*„Als wir uns um ein Gespräch im Jugendamt bemühten, waren wir uns schon in zwei Aspekten einig: Es muss kein Baby sein, denn damit wüssten wir beide nichts anzufangen, und ein Adoptivkind muss es auch nicht unbedingt sein. Natürlich war es uns wichtig, dass eine möglichst große rechtliche Sicherheit vorhanden ist.*
*So lernten wir, nachdem wir das Bewerberverfahren absolviert haben, Sandra kennen. Sandra war zu diesem Zeitpunkt acht Jahre alt und hatte schon viel Trauriges erleben müssen. Als Sandra fünf Jahre alt war, verlor ihre alleinerziehende Mutter ihre Arbeit. Sie kam damit nicht klar und begann zu trinken. Sandra hatte schon früh angefangen, dies nach außen zu vertuschen, und sich um ihre Mutter gekümmert. Eines Morgens, als Sandra aufwachte, war ihre Mutter bewusstlos, da sie in der Nacht schwer gestürzt war. Das Mädchen holte zwar noch Hilfe, aber es war schon zu spät und ihre Mutter verstarb. Das Kind kam in ein Kinderheim. Der Amtsvormund sorgte dafür, dass sie ihre persönlichen Sachen erhielt, die Halbwaisenrente beantragt wurde und eine Pflegefamilie gesucht wurde. Sandras Vater war mit einer Adoption nicht einverstanden, deshalb konnte keine Adoptivfamilie gesucht werden.*
*Wir sind beide Erzieher und wurden angesprochen. Als wir in das Heim kamen, war es zwischen uns dreien Liebe auf den ersten Blick. Sie hatte den Kummer um ihre Mutter bewältigt und war gut auf uns vorbereitet worden.*

*Sandra stieg in ihr neues Leben voller Elan ein und ist heute mit ihren 15 Jahren eine selbstbewusste und allseits interessierte Jugendliche. Natürlich geht es auch mal heiß bei uns her, denn sie ist voll in der Pubertät. Eine Zeit lang ist Sandra sehr wütend gewesen und hat uns mit ihren Aussagen im Zorn oft sehr verletzt. Eines Tages tobte sie wieder und dann hielt sie plötzlich inne: ‚Ihr habt mich wirklich gern, was?' – ‚Natürlich haben wir das.' – ‚Das müsst ihr auch. Sonst würdet ihr euch mein Geschrei nicht immer anhören. Ich hab euch übrigens auch sehr lieb.' Da haben wir alle lachen müssen, und seitdem ist es nicht mehr so schlimm für uns, wenn Sandra mal wieder ‚ihre Tage' hat.*
*Von ihrer Mutter hat sie die Fotoalben, ein Bild steht von ihr auf dem Regal und wir pflegen zusammen mit Sandra das Grab. Zu ihrem Vater hat sie keinen Kontakt. Wir drei haben uns entschieden, dass wir die Adoption an ihrem 18. Geburtstag beantragen und wenn diese beschlossen ist, eine richtige Feier organisieren.*

*Heike (46) und Bernd (49)*

Oft sind es Defizite aus der eigenen Kindheit, die es den leiblichen Eltern unmöglich machen, dem Kind eine ihm angemessene Heimat zu geben, und oft treffen existenzielle und individuelle Probleme zusammen, die nicht ohne Hilfsangebote des Jugendamtes zu überwinden sind. Gerade alleinerziehende Mütter sind häufig körperlich und/oder seelisch überfordert, wenn sie keine Unterstützung durch Familie oder Freunde erhalten und die materielle und emotionale „Versorgung" ihrer Kinder allein sicherstellen müssen.

Laut Kinder und Jugendhilfegesetz (SGB VIII) steht derart überforderten Müttern und/oder Vätern Hilfe von Seiten des Jugendamtes rechtlich zu. Doch die Schwellenangst gegenüber Hilfsangeboten des Jugendamtes ist trotz – oder gerade aufgrund – der sozialen und emotionalen Situation der Eltern oft hoch. Nur gut ausgebildete Sozialarbeiter, die sich vorsichtig annähern und von den leiblichen Eltern akzeptiert werden, kann es gelingen, die Eltern zu überzeugen, die ihnen zustehende Hilfe auch anzunehmen.

In der Praxis wenden sich Mütter und/oder Väter mit ihren Problemen an den Allgemeinen Sozialen Dienst (ASD) des Jugendamtes (oder werden dorthin verwiesen). In anderen Fällen wird das Jugendamt auf eine Familie aufmerksam (gemacht), in der Hilfe geboten scheint. Erscheint für Herkunftsfamilie und Kind gleichermaßen eine Unterbringung in einer Pflegefamilie sinnvoll, kommt eine weitere Person zu den Gesprächen hinzu: eine Sozialarbeiterin des Jugendamtes, die im Pflegekinderdienst arbeitet. Der Pflegekinderdienst betreut und begleitet Pflegefamilien und die in Pflege lebenden Kinder und ist im günstigsten Fall mit der Adoptionsvermittlung gekoppelt.

Zeichnet sich ab, dass das Kind auf lange Sicht nicht in die leibliche Familie zurückkehren kann, gibt es zwei Möglichkeiten: die Heimerziehung oder die Erziehung in einer Pflegefamilie (Vollzeitpflege gemäß SGB VIII). Das bedeutet: Wenn es sinnvoll oder notwendig erscheint, suchen die Pflegedienst-Vermittler eine Dauerpflegefamilie – eine Pflegefamilie, bei der das Kind auf Dauer leben kann.

## Langzeit- oder Kurzzeitpflege?

Wie lange ein Kind in einer Pflegefamilie lebt, ist vom Einzelfall abhängig. Die Bedürfnisse des Kindes stehen im Mittelpunkt. Entscheidend sind:

- das Umsetzen planvoller, fachlich qualifizierter Hilfe,
- das Alter des Kindes,
- der Wunsch des Kindes,
- die langfristigen Lebensbedingungen des Kindes und die Erziehungsmöglichkeiten in der Herkunftsfamilie,
- die tatsächliche Umsetzung von Zielvereinbarungen im Hilfeplan,
- die Intensität und Qualität der Bindungen und Beziehungen zur Herkunftsfamilie
- sowie die Intensität und Qualität der Bindungen und Beziehungen zur Pflegefamilie.

Letzten Endes muss der Sozialarbeiter des Pflegekinderdienstes, der Vermittler, entscheiden, was für das Wohl des Kindes am besten ist. Umgesetzt und konkret festgelegt wird diese Entscheidung dann unter Einbeziehung aller Beteiligten: der leiblichen Eltern, der Pflegeltern und (so möglich) des Kindes selbst. In einem Hilfeplan wird das Beschlossene festgeschrieben und regelmäßig überprüft und aktualisiert.

Drei Fragen sind bei der Wahl der Pflegeeltern zentral:
– Welches ist die am besten geeignete Pflegefamilie für das Kind?
– Mit welcher Perspektive soll das Pflegekind in der Pflegefamilie leben?
– Ist allen Beteiligten klar, warum das Kind in Pflege ist und welche Ziele verfolgt werden?

Wichtig ist in diesem Fall auch, dass die Herkunftseltern von Anfang an darüber aufgeklärt werden müssen, dass der Aufenthalt in einer Pflegefamilie – egal, wie lange dieser dauert – Folgen für die Entwicklung der Beziehung und Bindung ihres Kindes hat.

## Der Hilfeplan und seine Umsetzung

Ein Kind wird niemals leichtfertig zum Pflegekind. Soweit möglich wird stets versucht, einem Kind in seiner Familie zu helfen. Zur Hilfe bei der Erziehung stehen Familien nach dem Sozialgesetzbuch (SGB VIII) folgende Angebote zur Verfügung:

- Erziehungsberatung (§28)
- soziale Gruppenarbeit (§29)
- Erziehungsbeistand, Betreuungshelfer (§30)
- sozialpädagogische Familienhilfe (§31)
- Erziehung in der Tagesgruppe (§32)
- Vollzeitpflege (§33)
- Heimerziehung, sonstige betreute Wohnform (§34)
- intensive sozialpädagogische Einzelbetreuung (§35)
- Eingliederungshilfe für seelisch behinderte Kinder und Jugendliche (§35a)

Eine zentrale Rolle im Sozialgesetzbuch nimmt der **Hilfeplan** ein. Seine Ziele: planvolle und fachlich qualifizierte Hilfe, langfristige und kontinuierliche Erziehungshilfe, die Selbstkontrolle des verantwortlichen Jugendamtes, die zielgerichtete Zusammenarbeit zwischen Jugendamt und anerkannter Pflegestelle sowie Transparenz des Verfahrens für alle Beteiligten.

Im § 36 SGB VIII **(Mitwirkung und Hilfeplan)** heißt es:
„Der Personensorgeberechtigte und das Kind oder der Jugendliche sind vor Entscheidung über die Inanspruchnahme einer Hilfe und vor einer notwendigen Änderung von Art und Umfang der Hilfe zu beraten und auf die möglichen Folgen für die Entwicklung des Kindes oder des Jugendlichen hinzuweisen. **Vor und während einer langfristig zu leistenden Hilfe außerhalb der eigenen Familie ist zu prüfen, ob die Annahme als Kind in Betracht kommt.** Ist die Hilfe außerhalb der eigenen Familie erforderlich, so sind die in Satz 1 genannten Personen bei der Auswahl der Einrichtung oder der Pflegestelle zu beteiligen. Der Wahl und den Wünschen ist zu entsprechen, sofern sie nicht mit unverhältnismäßigen Mehrkosten verbunden sind.“

Zunächst entscheiden sich die Beteiligten für die Vollzeitpflege auf Zeit (etwa die Kurzzeitpflege) oder die Vollzeitpflege auf Dauer (eventuell bis zur Volljährigkeit des Kindes).

## Zeitlich befristete Pflegeformen

**Kurzzeitpflege**
Ein Kind sollte nicht länger als sechs Monate bei der Pflegefamilie bleiben. Gründe für die Kurzzeitpflege sind zeitlich befristete „Ausfälle" in der Herkunftsfamilie, etwa Krankheit oder Kur, sowie nahende Schul- oder Berufsabschlüsse. In der Regel kehren diese Kinder in ihre Familien zurück.

**Bereitschaftspflege**
In Bereitschaftspflege kommen kurzfristig und vorübergehend Kinder und Jugendliche, deren leibliches und/oder seelisches Wohl in der Herkunftsfamilie „aufgrund einer akuten Krisensituation und bei Gefährdung des Kindeswohls nicht mehr gewährleistet ist" (§§42 und 43 SGB VIII). Vor allem jüngere Kinder sollten eine solche Zeit möglichst nicht in einer Einrichtung (wie etwa in einem Heim), sondern in einer Pflegefamilie verbringen, um die Situation so unbeschadet wie möglich überstehen zu können. Gerade Bereitschaftseltern müssen besonders belastbar und flexibel sein, benötigen ein hohes Maß an „sozialer Intelligenz und Empathie" und müssen ständig erreichbar sein.
Auch hier sollte der Aufenthalt eines Kindes in der Pflegefamilie sechs Monate nicht übersteigen. In dieser Zeit müssen Jugendamt und leibliche Eltern (und bei nicht mehr sorgeberechtigten Eltern der Vormund) gemeinsam klären, welche Perspektive am besten für das Kind ist: eine Rückkehr in das Elternhaus mit angemessener Hilfestellung, das Suchen nach einer Dauerpflegefamilie, eine Adoption oder Heimerziehung.

**Vollzeitpflege auf Zeit**
Ziel der befristeten Vollzeitpflege ist die Rückkehr des Kindes in seine Herkunftsfamilie innerhalb eines festgesetzten, überschaubaren Zeitraumes. Deshalb müssen Kind und Pflegeeltern gleichermaßen die positive Bindung des Kindes zu den leiblichen Eltern fördern, zum Beispiel durch häufige Besuche. Pflegeeltern sollten eine Beziehung zu dem Kind aufbauen, jedoch nicht die Elternrolle übernehmen. In der Praxis ist dies fast nicht zu realisieren, denn Zuneigung, Liebe und Bindungen halten sich nicht an theoretische Überlegungen. Für Pflegeeltern und Pflegekind bedeutet dies oft Unsicherheit.
Die Dauer der Pflege auf Zeit ist abhängig von der Entwicklung der Erziehungs- und Lebensbedingungen in der Herkunftsfamilie. Immer wieder kommt es vor, dass aus einer Pflege auf Zeit eine Dauerpflege wird, weil die Herkunftseltern nicht genügend Anstrengungen unternehmen oder nicht in der Lage sind, die Bedingungen im eigenen Haushalt zu verbessern.
Aufgrund gewachsener Bindungen des Pflegekindes an die Pflegefamilie scheint eine Rückkehr des Kindes nach zwei Jahren und mehr (gerade bei jüngeren Kindern) nicht mehr sinnvoll. In diesem Fall sollten die Kinder wenn möglich auch weiterhin als Pflegekind in der Pflegefamilie leben.

Für manche Pflegekinder werden Pflegeltern mit besonderen Qualifikationen gesucht, so etwa bei der **Bereitschaftspflege**. Eine Bereitschaftspflegesituation wäre zum Beispiel folgende: Es ist Abend und die beunruhigten Nachbarn informieren die Polizei. Den ganzen Tag hat ein Kind in einer Wohnung geweint und geschrien, und jetzt ist es dunkel und in der Wohnung brennt kein Licht. Die Polizei lässt die Tür aufbrechen und findet ein völlig aufgelöstes und durchnässtes zweijähriges Kind vor. Von der Mutter gibt es keine Spur. Der Bereitschaftsdienst des Jugendamtes bringt das Kind in einer Bereitschaftsfamilie unter, die das Kind erst einmal beruhigt, badet, ihm zu essen gibt und es schlafen legt. Das Kind bleibt nun so lange in der Familie, bis das Jugendamt mit der Mutter sprechen kann und herausfindet, wie es zu dem Vorfall kam und wo die Mutter Hilfe benötigt. Erst wenn all das geklärt ist, kann das Kind wieder nach Hause zurückkehren.

In der Theorie klingt das Suchen und Finden der richtigen Pflegeform natürlich einfacher, als es in der Praxis ist. Bei Kindern etwa, die von ihrer Mutter fast getötet worden wären, ist der Fall klar, meist aber liegt die Sache komplizierter. Wenn die Eltern etwa heroinabhängig oder Alkoholiker sind, können sie versuchen, eine Therapie zu machen. Gelingt diese und der Erfolg scheint stabil zu sein, können die Kinder zu ihnen zurückkehren. Ob und wann in einem solchen Fall eine Rückkehr eines Kindes zu den leiblichen Eltern möglich ist, ist gerade zu Beginn des Pflegschaftsverhältnisses schwierig bis nicht einzuschätzen. Manchmal werden auch solche Kinder zu Dauerpflegekindern, manchmal aber sind sie und ihre Pflegeeltern gleichermaßen gefangen im ewigen Auf und Ab der Erfolge und Misserfolge der leiblichen Eltern. Und nicht selten sind es diese Kinder, die letzten Endes langfristig in Heimen aufwachsen.

### Vollzeitpflege auf Dauer

Wenn bereits zum Zeitpunkt der Vermittlung feststeht, dass ein Kind nicht wieder in seine Familie zurückkehren kann, wird es zu einem „Dauerpflegefall". In manchen Fällen wird den Eltern durch das Familiengericht das Sorgerecht (gemäß §§ 1666 und 1666a BGB) entzogen und ein Vormund bestellt, der fortan wesentliche Entscheidungen für das Kind mittrifft. In all diesen und weiteren

Fällen muss für die beteiligten Kinder eine dauerhafte Lebensperspektive außerhalb ihrer leiblichen Familie gesucht und gefunden werden.

Wenn das Jugendamt in einem solchen Fall zu dem Entschluss kommt, dass eine Adoption für das Wohl des Kindes vorteilhaft wäre, bedeutet dies nicht, dass somit ein Adoptionsverfahren eingeleitet werden könnte. Denn die leiblichen Eltern müssen immer zustimmen, wenn eine Adoption eingeleitet werden soll (ausgenommen: unbekannte Eltern oder Eltern mit unbekanntem Aufenthaltsort). Naturgemäß sind Eltern, die sich unzurechnungsfähig oder indiskutabel verhalten, nicht immer offen für Argumente. Ein Vater mit einer starken Persönlichkeitsstörung etwa mag sein Kind von Herzen lieben und sicherlich will er es nicht fortgeben, solange er selbst das Problem seiner Krankheit nicht erfasst hat und einsehen kann, dass er seinem Kind großen Schaden zufügt, ohne es selbst zu wollen. Auf der anderen Seite ist eine Mutter, die ihre Tochter von Kindesbeinen an kaum ernährt und versorgt hat – aus welchen Gründen auch immer –, generell nicht am Wohl ihres Kindes interessiert.

Ist also von Seiten der leiblichen Eltern keine Einwilligung zu einer Adoption zu erhalten, werden Pflegeeltern gesucht, die das Kind bedingungslos annehmen und lieben können – denn nur so kann es lernen, Bindungen aufzubauen und (so es nicht bereits als Säugling aus der Familie genommen wurde) all das Schlimme zu verarbeiten, das es erlebt hat. Gerade für Dauerpflegekinder kommen daher als zukünftige Pflegeltern auch Adoptivbewerber in Betracht, die sich ganz bewusst auf eine solche Aufgabe vorbereitet haben.

Ob und inwiefern bei Dauerpflegekindern ein weiterer Kontakt zu den leiblichen Eltern wünschenswert ist, ist vom konkreten Fall abhängig. Das Wohl und der Wille des Pflegekindes stehen hierbei im Mittelpunkt.

### Die drei Sonderformen der Dauerpflege

Auch in der Dauerpflege brauchen Kinder mit besonderen Bedürfnissen Pflegeeltern mit besonderen Fähigkeiten.

Besonders in ihrer Entwicklung beeinträchtigte Kinder und Jugendliche brauchen **sozialpädagogische Pflegefamilien**, die sie in ihrer Persönlichkeit fördern. Häufig zeigen diese Kinder Verhaltensauffälligkeiten und benötigen eine therapeutische Begleitung. Diese Pflegefamilien werden durch das Jugendamt individuell geprüft und begleitet.

*„Alexander kam mit viereinhalb Jahren zu uns. Die Mutter hatte den Kontakt weitgehend abreißen lassen, der Vater hingegen holte ihn regelmäßig stundenweise ab und Alexander verbrachte die Nachmittage mit ihm und seinen alkoholisierten Freunden, bis nur noch Besuche unter Aufsicht erlaubt wurden.*
*Alexander wirkte sehr selbstbewusst. Er hatte immer einen kessen Spruch parat und achtete stark auf die Reaktionen seiner Umwelt, vor allem die der Männer. Seine Aussagen waren keinesfalls altersentsprechend, häufig frauenfeindlich, und er wirkte insgesamt wie ein kleiner Macho. Dieses Verhalten war uns häufig peinlich. Schwierig war, dass wir ja nicht jedem Menschen erklären konnten und wollten, warum dieses Kind so ist.*
*In unserer Wohnsiedlung hatte er gute Bedingungen für eine selbstständige Entwicklung, war damit aber überfordert. Alexander kannte keine Grenzen: Er kletterte über Zäune, betrat Garagen, stieg in unabgeschlossene Autos. Kurz und gut: Er war innerhalb kürzester Zeit in der Siedlung bekannt!*
*Alexander wurde auf Grund seines Verhaltens als Integrationskind eingestuft und erhielt das volle Therapieangebot. Die Heilpädagogin des Kindergartens arbeitete intensiv mit ihm und hatte auch für uns immer ein offenes Ohr.*
*Mit der Einschulung fiel diese Betreuung natürlich weg. Seine Klassenlehrerin ist eher vom alten Schlag und hat wenig Herz für die, die aus der Reihe tanzen. Es fällt Alexander nach wie vor sehr schwer, sich ein- und unterzuordnen.*
*Alexander macht viel Sport (Fußball, Tennis, Judo) – Sportarten mit klaren Regeln und viel Bewegungsmöglichkeiten sind für ein Kind wie ihn gut geeignet. Auch in unserem Alltag gibt es viele klare Regeln und Rituale, die Alexander auch immer wieder einfordert. Manchmal wünsche ich mir mehr Spontaneität, aber Versuche in diese Richtung gehen oft nach hinten los. Von Anfang an machte Alexander täglich eine einstündige Mittagspause, in der wir uns alle erholen können. Auch das Zubettgehen ist stark ritualisiert und verläuft ohne Probleme.*
*Am schwierigsten waren am Anfang Situationen, die man nicht planen konnte, etwa Besuche. Da stand ich permanent unter Strom, ob er sich wohl angemessen verhält*

*oder nicht. Andere Leute haben uns wahrscheinlich oft als streng wahrgenommen, weil wir oft sehr frühzeitig eingriffen und lenkten.*

*Für mich ist Alexander mein ‚Herzensbub', der von mir sehr viel Kraft, Liebe und Konsequenz fordert, mir aber genauso viel an Liebe, Fantasie und Power zurückgibt – wenn auch manchmal zeitversetzt.*

*Anderen Pflegeeltern kann ich gar nichts raten, außer zu bedenken, dass nichts planbar ist und dass man sich noch so gut theoretisch vorbereiten kann – wie es sich dann in der Praxis anfühlt, ist ganz was anderes."*

*Kirsten (44)*

**Heilpädagogische Pflegefamilien** werden für Kinder oder Jugendliche gesucht, die in ihrer Entwicklung beeinträchtigt, seelisch, körperlich oder geistig behindert oder von einer solchen Behinderung bedroht sind, etwa an Epilepsie leidende Kinder. Neben medizinischer und therapeutischer Hilfe müssen hier eventuell auch Pädagogen hinzugezogen werden. Auch diese Pflegefamilien werden individuell vom Jugendamt geprüft und begleitet.

Die dritte Form der Dauerpflege ist die **Verwandtenpflege**. Laut Gesetz dürfen Kinder bei Verwandten bis zum dritten Verwandtschaftsgrad (also Großeltern, Onkel, Tanten und Geschwister) ohne Pflegeerlaubnis leben. Ausreichend ist in diesem Fall die Zustimmung des Sorgeberechtigten. Mit Sicherheit ist eine Vielzahl an Verwandtenpflegen dem Jugendamt nicht bekannt. Mögliche Gründe für ein Aufwachsen der Kinder bei Verwandten sind etwa Tod oder schwere Erkrankung der Eltern oder eines Elternteils, ein Auslandsaufenthalt der Eltern sowie Studium und berufliche Ausbildung junger Eltern.

Das Jugendamt wird in der Regel nur angesprochen, wenn eine Sorgerechtsübertragung ansteht oder wenn die Personensorgeberechtigten einen Antrag auf Hilfe zur Erziehung stellen. In diesem Fall wird die Familie wie jede andere Pflegefamilie geprüft und begleitet.

## Pflegeeltern: Partner, geprüft auf Herz und Verstand

In den „Empfehlungen zur Adoptionsvermittlung der Bundesarbeitsgemeinschaft der Landesjugendämter" ist festgehalten: „Für den Fall, dass sie [die Eltern] auf Dauer ausfallen, soll für das Kind eine Pflegefamilie – möglichst mit der Qualität einer Adoptivfamilie – gewonnen werden. In diesem Fall ist die Adoption vorrangig anzustreben."

Die Kriterien für Adoptivbewerber wurden bereits im Kapitel „Eignungskriterien" ab Seite 57 erläutert. Allerdings kann nicht jeder, der das Adoptivbewerberverfahren erfolgreich absolviert hat und zur Aufnahme eines Pflegekindes bereit ist, sofort ein Pflegekind aufnehmen. Eine Pflegschaft stellt oft besondere Anforderungen; eine Adoption des Dauerpflegekindes ist vielleicht erst nach Jahren oder nach Volljährigkeit des Kindes möglich. Daher ist es auch für (Adoptiv-)Pflegeeltern ratsam, sich noch einmal einem Pflegeelternbewerberverfahren zu unterziehen. Die Vorbereitungszeit verkürzt sich selbstverständlich, da bei der Eignungsprüfung als Adoptivbewerber bereits etliche Formalitäten erledigt und viele Probleme einer Adoptivelternschaft angesprochen wurden. Im günstigsten Fall betreut der Adoptionsvermittler auch gleichzeitig Pflegefamilien und kennt die Adoptivbewerber bereits. So kann er die Bewerber individuell auf ihre Aufgabe als Pflegeeltern vorbereiten oder im Zweifelsfall auch von der Annahme eines Pflegekindes abraten.

Der Pflegekinderdienst des Jugendamtes hat die Aufgabe, die allgemeine Eignung angehender Pflegeeltern festzustellen und diese auf die Aufnahme und Erziehung eines fremden Kindes vorzubereiten. Auch hier müssen Bewerber offen und ehrlich mit dem Vermittler über ihre Wünsche, Stärken und Grenzen sprechen. Es wäre nicht nur für das Kind, sondern auch für die Bewerber selbst schlimm, wenn es durch falsche Einschätzung zu einer Fehlvermittlung käme.

Dauerpflegeltern und das Jugendamt oder andere anerkannte Pflegekinderdienste sind Partner – und als solche müssen sie auch in schwierigen Situationen Hand in Hand arbeiten. Daher gibt es eine Reihe von Kriterien, die Dauerpflegemütter und -väter erfüllen müssen:

### Motivation

„Gute" Gründe, Pflegekinder aufnehmen zu wollen, wären etwa einem Kind behilflich sein zu sein oder Familie erleben zu wollen, „schlechte" Gründe wären beispielsweise das Kind als Einkommensquelle zu sehen oder Spielkameraden für das eigene Kind zu suchen.

Eltern auf Zeit müssen den Kontakt des Pflegekindes zu seinen leiblichen Eltern und anderen Bezugspersonen zulassen können und grundsätzlich bereit sein, eine Rückkehr des Kindes mitzugestalten und zu unterstützen.

### Teamwork

Sind die Pflegeeltern bereit, aktiv mit den zuständigen Fachdiensten des Jugendamtes und anderen sozialen Diensten zusammenzuarbeiten und im Rahmen des Hilfeplanverfahrens an der Gestaltung und der Fortschreibung von Perspektiven für das Pflegekind mitzuarbeiten? Sind sie bereit, mit der Herkunftsfamilie Kontakt zu halten? Können und wollen sie im Rahmen des Pflegeverhältnisses ihr eigenes Handeln überdenken? Beteiligen sie sich aktiv an Vorbereitungs- und Qualifizierungskursen und nehmen bei Problemen Beratungs- und Unterstützungsangebote wahr? Und nicht zuletzt: Sind sie bereit, sich von der Bürokratie, die immer auch Teil der Pflegeelternschaft ist, nicht abschrecken und ins Bockshorn jagen zu lassen?

*„Am Anfang hatten wir Probleme mit dem ganzen Behördenkram. Unsere Sozialarbeiterin hatte uns zwar alles ausführlich erklärt, aber mein Mann und ich hatten schon immer eine Abneigung gegen solche Formalitäten.*
*Wichtig ist natürlich, dass man auf einer Ebene spricht. Am Anfang gab es manchmal unterschwelligen Zoff, weil wir schon mit schlechter Laune zu unserer Betreuerin gestapft sind. Die hatte dann irgendwann auch die Nase voll. Irgendwann haben wir unserer Betreuerin gesagt, wie uns der ganze Behördenkram annervt, und sie hat gekontert, wie sehr es sie nervt, dass wir das ständig vor uns hertragen wie ein Transparent. Wir könnten uns schließlich auch einfach zusammen hinsetzen und einander wie normale Menschen behandeln. Ihr ginge es schließlich auch um die menschliche Seite, aber der Behördenkram wäre nun einmal ihr Job. Und seinen Sinn habe er auch. Und diesen Sinn hat sie uns dann noch einmal auf den Punkt gebracht erklärt. Das konnten wir akzeptieren, und in der Zwischenzeit können wir darüber lächeln. So schlimm ist das eigentlich alles nicht. Wir verstehen heute, warum der ganze Rechtskram sein muss."*

*Sylke (34)*

### Erziehung

Nach Möglichkeit sind Pflegeeltern erfahrene Eltern. Besonders bei Aufnahme älterer Kinder sind praktische Erfahrungen wichtig. Bei der Erziehung sollten das Einfühlungsvermögen in die individuelle Lebensgeschichte des Pflegekindes sowie dessen Entwicklungsstand und Bedürfnisse im Vordergrund stehen. Die Erziehung sollte gewaltfrei sein und dem Kind möglichst viele unterschiedliche Anregungen bieten.

### Ressourcen

Belastbarkeit und Konfliktfähigkeit sowie persönliche Vorerfahrungen in der gemeinsamen Meisterung von Krisen und Konflikten sind gleichfalls wichtige Kriterien. Nicht zuletzt zählt die Antwort auf die Frage: Welche Ressourcen konnten und können die angehenden Pflegeeltern überhaupt mobilisieren? Lässt sich etwa der ausgeübte Beruf mit der Aufnahme eines Pflegekindes vereinbaren? Wie steht es um die momentane eigene Familiensituation und Lebensplanung angehender Pflegeeltern? Welche Bedürfnisse haben die in der Familie lebenden eigenen oder fremden Kinder?

Auch die finanzielle Situation der zukünftigen Pflegeväter und -mütter sollte gesichert sein. Ist die Pflegefamilie in der Lage, mit dem eigenen Einkommen den Lebensunterhalt zu bestreiten? Gibt es in der Wohnung der Pflegeltern eine Rückzugsmöglichkeit für das Kind? Ist die Einrichtung kindgerecht? Während des Eignungsverfahrens müssen eine Verdienstbescheinigung und die Schufa-Selbstauskunft vorgelegt werden.

### Gesundheit

Gesundheitliche Probleme von Pflegeeltern dürfen die Pflege und Erziehung der Kinder nicht beeinträchtigen. Wer unter akut lebensverkürzenden oder lebensbedrohlichen Krankheiten oder einer Suchtkrankheit leidet, wird von den Pflegekinderdiensten abgelehnt. Wichtig ist auch, dass die Pflegeväter und -mütter flexibel und mobil genug sind, um für ihr Pflegekind Arzttermine, Besuchskontakte, Hilfeplanfortschreibungen und andere Termine wahrzunehmen. Daher muss im Rahmen des Bewerberverfahrens ein Gesundheitszeugnis vorgelegt werden.

### Soziales

Ist die Pflegefamilie im sozialen Umfeld akzeptiert und eingebunden? Wird sie bei der Pflegschaft verstanden und unterstützt? Bietet das soziale Umfeld alters- und entwicklungsentsprechende Beschäftigungsmöglichkeiten?

Nicht zuletzt sollte der Altersunterschied zwischen Pflegevater und/oder -mutter und Pflegekind dem natürlichen Eltern-Kind-Verhältnis entsprechen, damit Pflegevater und -mutter nicht in der Pubertät des Kindes im Oma- und Opaalter sind und ihrem Kind aller Voraussicht nach mindestens bis zur Volljährigkeit erhalten bleiben. Nach unten hin sollte ein natürlicher Altersabstand beachtet werden.

### Akzeptanz

Pflegeeltern sollten die Religion ihres Pflegekindes akzeptieren und sich mit dieser auseinandersetzen sowie dem Leben der Herkunftseltern generell mit Toleranz und Akzeptanz begegnen.

### Rechtliches

Weil Vorstrafen, die im Zusammenhang mit Delikten gegen das Kindeswohl (Körperverletzung, Misshandlung, Missbrauch) stehen, eine Pflegschaft logischerweise ausschließen, ist auch das Vorlegen eines erweiterten Führungszeugnisses Teil des Bewerberverfahrens. Bei anderen Vorstrafen muss kritisch eingeschätzt werden, ob diese den persönlichen Eigenschaften widersprechen, die Pflegeeltern mitbringen sollten (Zuverlässigkeit, Ehrlichkeit, Offenheit oder Vertrauen).

## Das Bewerberverfahren

Auch die Entscheidung, ein Pflegekind aufzunehmen, sollte nicht leichtfertig getroffen werden; Fachliteratur, Gespräche mit erfahrenen Pflegeeltern oder die Teilnahme an Fortbildungsveranstaltungen und Bewerbervorbereitungsseminaren können bei der Entscheidungsfindung helfen.

*„Nach der Geburt von Pierre konnte meine Frau nicht mehr schwanger werden. Ich bin Bewährungshelfer, meine Frau ist Heilpraktikerin. Deshalb sprach man uns an,*

*ob wir nicht auch ein Pflegekind aufnehmen würden. Erst hatten wir Bedenken, dann informierten wir uns gründlich und entschlossen uns schließlich, es zu versuchen. Wichtig war für uns, dass unser neues Kind für Pierre keine Belastung darstellte. Wir lehnten aus diesem Grund stark geistig und körperlich behinderte Kinder von vornherein ab. Ein Kind aber, das mit der gebührenden Geduld eine Aussicht darauf hatte, wieder ein gesundes Leben führen zu können, wollten wir gern aufnehmen.*
*Wir haben mit Pierre darüber gesprochen, und so gut er es mit seinen fünf Jahren konnte, hat er zugehört und verstanden. Wir haben Pierre auch erklärt, dass seine neue Schwester oder sein Bruder vielleicht am Anfang oft ungerecht ist oder Dinge tut, die man nicht tun sollte, und dass wir alle – auch Pierre – viel Geduld mit dem neuen Bruder oder der neuen Schwester werden haben müssen. Wir haben viele Vergleiche gezogen, haben Pierre an Situationen erinnert, bei denen er sich über befreundete Kinder oder Kinder im Kindergarten aufgeregt und beschwert hatte. ‚Was würdest du tun, wenn deine Schwester dein Piratenschiff wegnehmen würde? Was, wenn sie es kaputt machen würde?' – ‚Sie kann es ja auch mal haben' – ‚Aber wenn sie es dann nicht wieder hergeben will?' – ‚Aber das muss sie doch. Es ist ja meins.' – ‚Aber wenn sie das nicht versteht?'*
*Natürlich ist so ein Vorgehen theoretisch, aber wir glauben, dass es doch geholfen hat, dass wir Pierre von Anfang an miteinbezogen haben. Pierre ist ein sehr besonnenes Kind. Für Nina ist er von Anfang an der große Bruder gewesen und er ist es bis heute mit großem Stolz."*

*Philippe (37)*

Das Auswahlverfahren von Adoptivbewerbern wird ab Seite 84 ausführlich beschrieben und deckt sich in einigen Bereichen mit dem zukünftiger Pflegeeltern. Im Folgenden werden daher nur wichtige Unterschiede benannt.

Eine sorgfältige Prüfung zieht sich über einige Monate hin. Der Zeitraum ist unter anderem abhängig davon, wie intensiv die Bewerber selbst den Prozess vorantreiben.
Hier noch einmal der „Schnelldurchlauf":
– Informationsrunden
– Erstgespräch in der Vermittlungsstelle

– Bewerberfragebogen für künftige Pflegeeltern
– Bewerbergespräche (auch zur eigenen Biografie)
– Hausbesuch
– Formalitäten
– Vorbereitungsseminar
– Entscheidung über die Eignung
– Sozialbericht
– Abschlussgespräch
– Wartezeit

Ein Fragebogen für angehende Pflegeeltern findet sich im Anhang ab Seite 316.

## Die rechtliche Stellung der Beteiligten

Pflegefamilie, Herkunftsfamilie und Jugendamt stehen in einem besonderen Rechtsverhältnis zueinander. Die Sorgeberechtigten stellen den Antrag auf Hilfe zur Erziehung. In der Regel sind die Herkunftseltern sorgeberechtigt, jedoch kann bei (Teil-)Entzug der elterlichen Sorge (§§ 1666 und 1666 a BGB) das (Teil-)Sorgerecht auf einen Pfleger oder Vormund übertragen worden sein.

Das Jugendamt prüft den Antrag auf Hilfe zur Erziehung und entscheidet im Rahmen einer Fallberatung im Team gegebenenfalls für die Form der Vollzeitpflege auf Dauer: die Dauerpflege (eventuell mit dem Ziel einer Adoption). Die Entscheidung, welche Pflegefamilie geeignet ist, das Kind zu betreuen, fällt das Fachteam. Gleichzeitig bleiben die Herkunftseltern oder der Pfleger/Vormund (teil-)sorgeberechtigt und nur ein Teil der täglichen „Sorge" geht auf die Pflegemütter und/oder -väter über. „Dauer"-Pflegeltern dürfen die Eltern in verschiedenen Bereichen des Sorgerechts vertreten (§ 1688 BGB), die so genannte „Vertretung in Angelegenheiten des täglichen Lebens", zum Beispiel bei Arztbesuchen bei Alltagserkrankungen und üblichen Impfungen, aber keine Operationseinwilligung geben. Sie dürfen bei Schulangelegenheiten Entschuldigungen schreiben, Teilnahme an Klassenfahrten erlauben, Arbeiten unterschreiben, an Elternabenden teilnehmen, jedoch keine Schulwahl entscheiden, Versetzungsfragen klären, einen Lehrvertrag unterschreiben oder Zeugnisunterschriften leisten und einiges mehr.

In der Praxis erhalten Pflegeeltern bei diesen Fragen Unterstützung von ihrem Vermittler. Auch wird ihnen nicht gleich der Kopf abgerissen, wenn sie einmal eine Entscheidung treffen, die sie eigentlich nicht treffen dürfen. Meist spielt sich die Zusammenarbeit zwischen Pflegeeltern und Jugendamt sehr schnell aufeinander ein. Die Bürokratie ist dazu gedacht, alle Beteiligten zu schützen – nicht, ihnen zu schaden.

> *„Wir hatten uns nach verschiedenen Schulformen erkundigt und die Montessorischule als geeignet ausgewählt. Da wir nicht Einzelvormund für Kevin sind, fragten wir den Amtsvormund, den wir jederzeit erreichen können und immer zu den Hilfeplangesprächen treffen, ob er Kevin dort anmelden würde. Kevin fühlt sich in dieser Schule sehr wohl und hat Freunde gefunden."*
>
> *Brigitte (44)*

Dass im Mittelpunkt all dieser gesetzlichen Verordnungen das Leben und nicht das rechtmäßige „Funktionieren" des Kindes, der Pflegeeltern und der Herkunftseltern steht, zeigen die vielen Erfahrungsberichte und nicht zuletzt die Betrachtung der menschlichen Seite am Ende des Kapitels rund um das Dauerpflegekind.

Der zwischen Jugendamt und Pflegeeltern geschlossene **Pflegevertrag** bezieht sich auf genau dieses eine zu pflegende Kind, wird auf dessen Bedürfnisse hin angepasst und auf der Basis der gesetzlichen Regelungen erstellt. Im Gegensatz zum Hilfeplan beschränkt sich der Pflegevertrag auf eine Auflistung der allgemeinen Rechte und Pflichten der Pflegeeltern, Vertragspartnerbenennung, Art und Dauer sowie Beginn des Pflegeverhältnisses, gemeinsame Pflichten der Beteiligten, Rechte und Pflichten der Pflegepersonen, des Jugendamtes und des Sorgeberechtigten (also der leiblichen Eltern oder des Amtsvormundes), Versicherungen, Datenschutz sowie die Auflösung des Pflegevertrages. Bei der Dauerpflege wird mit Unterzeichnung des Pflegevertrages festgelegt, dass die tägliche Sorge nach § 1688 BGB auf die Pflegeeltern übergeht.

Danach definieren Pflegeeltern, Pflegekind und Herkunftsfamilie/Vormund (unter „Anleitung" des Jugendamtes) im **Hilfeplan** gemeinsam Ziele für das Kind sowie Wege, mittels derer die erwünschten Ziele erreicht werden können. Ein konkretes Ziel wäre etwa eine Verbesserung der Sprachfähigkeit des Kindes, der Weg etwa eine logopädische Behandlung. Ein Ziel kann aber auch ganz anderer Natur sein, wie der folgende Erfahrungsbericht zeigt. Ziele müssen stets eindeutig und transparent für alle Beteiligten und zeitlich festgelegt sein. Auch die Aufgaben jedes Beteiligten werden im Hilfeplan festgehalten. In halbjährlichen Treffen wird das Erreichte besprochen und wo nötig werden alternative Vorgehensweisen gesucht und gefunden (die so genannte Hilfeplanfortschreibung).

*„Unsere erste Begegnung verlief so: Die dreijährige Nina ignoriert uns, geht zu unserem Sohn Pierre, lächelt ihn an – und schlägt ihn. Nicht fest, eher als eine Art freundliches ‚Willkommen'. Unsere zuständige Dame beim Pflegekinderdienst hatte uns schon darüber aufgeklärt, dass Nina mit Schlägen kommunizierte und sich dies auch nur schwer abgewöhnen ließ. Sie war deshalb auch bereits in Therapie. Sie war nicht wütend und auch nicht böse, hatte einfach nur gelernt, dass Kommunikation etwas mit Schlagen zu tun hat.*
*Pierre hat sich gar nicht irritieren lassen und hat uns erklärt: ‚Sie meint das gar nicht böse, Papa.' Da war das erste Band zwischen den beiden geknüpft.*
*Wir haben lange gebraucht, um Nina das Schlagen abzugewöhnen, und hier haben wir auch vom Jugendamt therapeutische Hilfe eingefordert und erhalten. Fast immer, wenn Nina sich wohlfühlte, hat sie auch sich selbst geschlagen, oft mit einem Stock, fest auf den Kopf, zum Beispiel mitten auf dem Spielplatz oder im Park. Da steht man als Elternteil doppelt unter Druck: Das eigene Kind tut sich weh, die Leute kommentieren, man ist am Anfang selber ratlos. Wir nahmen Nina dann in solchen Situationen einfach hoch, mitsamt dem Stock, als ob nichts wäre, drückten sie, erzählten ihr etwas. Schon nach kurzer Zeit vergaß sie den Stock und ließ ihn fallen.*
*Auch das ‚Begrüßungsschlagen' hat sich lange gehalten. Wir haben ihr andere Formen der Kommunikation beigebracht. Zum Beispiel sind wir viel mit ihr auf dem Arm spazieren gegangen und haben mit ihr ‚Menschen zuwinken' auf der Straße gespielt. Die Menschen haben dann zurückgewunken und gelächelt. Mit der Zeit hat auch Nina zu winken begonnen, aber das hat gedauert."*

*Philippe (37)*

Das Familiengericht kann das **Sorgerecht für Pflegekinder ganz oder teilweise** übertragen, wenn das Kind längere Zeit in der Pflegefamilie lebt (§ 1630 Abs. 3 BGB). Den Antrag dafür können die Eltern/der Vormund oder die Pflegeeltern (mit Zustimmung der Eltern/des Vormunds) stellen. Bei Dauerpflegekindern (ohne Rückkehroption) empfiehlt es sich, die freiwillige Übertragung der elterlichen Sorge anzustreben. Dies ist vor allem dann sinnvoll, wenn die Eltern kaum noch Bezug zum Kind haben bzw. schwer erreichbar oder zur Erfüllung ihrer Pflichten nicht in der Lage sind.

> Das Sorgerecht ist ein Grundrecht, das durch den Artikel 6 des Grundgesetzes geschützt ist und in das nur unter strengen Voraussetzungen eingegriffen werden darf. Das Sorgerecht teilt sich in die Vermögenssorge und die Personensorge. Die Personensorge teilt sich in eine Vielzahl von einzelnen Sorgerechtsgebieten, wie etwa das Fürsorgerecht, Erziehungsrecht, Aufsichtspflicht, Aufenthaltbestimmungsrecht, Antragsrecht für Sozial- und Jugendhilfeleistungen, Recht zur Regelung des Umgangs, Gesundheitsfürsorge, Schulangelegenheiten, Recht zur Bestimmung der Religionszugehörigkeit, Unterhaltspflicht.

Das Sorgerecht der leiblichen Eltern ist durch Artikel 6 des Grundgesetzes geschützt und kann nur unter strengen Voraussetzungen durch das Familiengericht entzogen werden. Voraussetzung für einen **Sorgerechtsentzug** ist, dass das körperliche, seelische oder geistige Wohl des Kindes durch missbräuchliche Ausübung der elterlichen Sorge, durch Vernachlässigung des Kindes, durch unverschuldetes Versagen der Eltern oder durch das Verhalten eines Dritten gefährdet wird (§§ 1666 und 1666a BGB). Die entsprechenden Vorwürfe müssen stets vor Gericht belegbar sein und es muss sich abzeichnen, dass die Gefährdung auch in der Zukunft besteht. Eingriffe in die elterliche Sorge dürfen nur so weit und so lange wie nötig geschehen, und das Familiengericht ist gesetzlich verpflichtet, in regelmäßigen Abständen von sich aus zu prüfen, ob der Entzug des Sorgerechts noch gerechtfertigt ist.

Gerade im Bereich der Dauerpflege bewegen sich alle beteiligten Seiten stets auf einem schmalen Grat und müssen im Sinne des Kindes stets eng zusammenarbeiten. Fühlt eine Seite sich übergangen oder ausgebootet, kann dies das ganze Gebäude, auf dem das Alltagsleben des Kindes und somit seine soziale und familiäre Sicherheit fußt, zum Einsturz bringen. Dieses fragile Gleichgewicht im Sinne des Kindes zu bewahren helfen, ist zugleich die größte Last und die größte

Herausforderung für Pflegeeltern. Und in diesem Sinne kann man mit Fug und Recht behaupten, dass sie in dieser Position zum Glück nicht allein gelassen werden.

## Der Umgang mit den leiblichen Eltern

Die leiblichen Eltern sind – unabhängig vom Sorgerecht – zum Umgang mit dem Kind verpflichtet und berechtigt. Dieser Umgang kann nur eingeschränkt oder unterbunden werden, wenn er dem Wohl des Kindes nachweislich schadet. Wahrnehmen können die leiblichen Eltern das Umgangsrecht durch persönliche Besuche, telefonischen oder brieflichen Kontakt. Auch können die Pflegeeltern Berichte über das Kind anfertigen und diese den leiblichen Eltern zukommen lassen. Wenn das Kind es wünscht, muss ihm von allen beteiligten Seiten her erlaubt werden, die folgenden Personen – neben den Pflegeeltern – zu sehen: die leiblichen Eltern, Großeltern und Geschwister der leiblichen Eltern sowie Heimerzieher. Das Umgangsrecht dient allein dem Wohl des Kindes und soll ihm ermöglichen, wichtige Bindungen aufrechtzuerhalten. Ein genereller Rechtsanspruch auf Erfüllung des Umgangsrechtes kann allerdings nicht eingefordert werden, wenn der Kontakt dem Wohl des Kindes nachweislich nicht (mehr) zuträglich ist. Wo, wie oft und unter welchen Bedingungen Kontakte stattfinden, wird im Hilfeplan festgelegt. Wo nötig vermittelt eine Fachkraft zwischen den Beteiligten. Sollten sich beim Umgang ernsthafte Konflikte ergeben, die das Wohl des Kindes gefährden, kann der Umgang mit der betreffenden Seite eingeschränkt und sogar ausgeschlossen werden. Eine solche Gefährdung kann sowohl physischer Art (gewalttätige Übergriffe) als auch psychischer Art (Loyalitätskonflikte, Gefahr der Retraumatisierung, Angst) sein.

Ein Treffen zwischen Kind und leiblichen Eltern oder anderen „berechtigten" Personen muss nicht im Haus der Pflegeeltern stattfinden. Möglich sind Treffpunkte wie etwa das Jugendamt, Zoo oder eine Erziehungsberatungsstelle.

Wenn eine Rückführung zu den leiblichen Eltern in diesem Fall nicht geplant ist, steht die Integration des Kindes in seine neue Familie im Vordergrund. Um das Kind nicht zu verwirren oder gar zu ängstigen, kann es sinnvoll sein, den Kontakt zu den leiblichen Eltern nur in größeren Abständen zu pflegen.

Verlangen die sorgeberechtigten leiblichen Eltern die Herausgabe des Kindes aus der Pflegefamilie, kann das Familiengericht auf Antrag der Pflegefamilie oder von Amts wegen das Verbleiben des Kindes in der Pflegefamilie anordnen (§ 1632 IV BGB), um so sein Lebensumfeld zu sichern. Dies ist insbesondere dann wichtig, wenn zwischen Pflegeeltern und ihrem Kind eine „tragfähige Eltern-Kind-Beziehung" entstanden ist, sprich: das Pflegekind sich in seiner neuen Familie sicher und zu Hause fühlt und sich durch die Wünsche seiner leiblichen Eltern bedroht fühlt oder durch diese fürchten muss, seine (Pflege-)Familie zu verlieren. Dabei muss auch das kindliche Zeitempfinden berücksichtigt werden. Wenn zum Beispiel ein zweijähriges Kind anderthalb Jahre in der Pflegefamilie gelebt hat, dann war sein Lebensmittelpunkt in dieser Familie. Ein Jahr ist für ein Kleinkind ein anderer Zeitraum als für einen Erwachsenen.

*„Meine erste Mutter hat mich und meine Geschwister verlassen. Sie hat einfach die Wohnung abgeschlossen und ist über die Grenze gefahren, als die Mauer fiel. Ich war damals zwei Jahre alt und kam nach kurzem Heimaufenthalt zu meinen Pflegeeltern, die mich später adoptieren konnten. Als ich vier Jahre alt war, stand plötzlich meine erste Mutter vor der Tür, mit ihrem neuen Freund, und wollte mich holen. Ich schrie wie am Spieß, denn ich kannte sie ja gar nicht. Meine Eltern [Anmerkung der Herausgeber: Pflegeeltern] wissen heute noch nicht, wie sie die Adresse herausbekam. Von den vielen Aufregungen, die dann anschließend einsetzten, habe ich nicht so viel mitgekriegt. Meine Eltern erzählten mir aber, dass sie sich einen Rechtsanwalt genommen haben, damit ich bei ihnen bleiben konnte. Das Jugendamt hat sie dabei unterstützt. Sogar ich musste zum Gericht und dort was sagen. Ich war damals sechs Jahre und habe wieder in die Hose gemacht. Ich durfte dann jedoch bei meinen Eltern [Pflegeeltern] bleiben.*
*Als ich zehn Jahre alt war, hat sich meine erste Mutter gemeldet und hat angeboten, dass ich adoptiert werden könnte. Sie hatte einen anderen Freund, und der war ganz anders als der erste. Meine Eltern haben sofort Ja gesagt, und wir waren alle erleichtert. Heute bin ich dankbar, dass meine erste Mutter sich noch einmal gemeldet hat. Irgendwie mag ich sie trotz allem, was passiert ist."*

*Manuela (26)*

Um die leiblichen Eltern nicht gänzlich von der Entwicklung des Kindes auszuschließen, können die Herkunftseltern zum Beispiel regelmäßig Briefe über die Entwicklung des Kindes schreiben oder Fotos weiterreichen. Oft gibt dies den leiblichen Eltern die Gewissheit, dass es ihrem Kind in der neuen Familie gut geht. Gerade leibliche Eltern, denen am Wohl ihres Kindes gelegen ist, brauchen diese Sicherheit auch für ihr eigenes psychisches Gleichgewicht. Und vielleicht sind sie mit der Gewissheit, ihr Kind in gute Hände gegeben zu haben, eines Tages auch in der Lage, es ganz gehen zu lassen und ihre Einwilligung zur Adoption zu geben.

Für das Dauerpflegekind in einem guten neuen familiären (Pflege-)Umfeld jedenfalls ist es sicherlich positiv, wenn sich aus dem Dauerpflegeverhältnis eine (offene) Adoption entwickelt. Dann wäre das Kind nicht nur emotional, sondern auch rechtlich ein Teil seiner neuen Familie.

**Namensänderung – auch für Pflegekinder möglich**

Pflegekinder können auch den Namen der Pflegeeltern annehmen. Allerdings wird mit diesem Recht vorsichtig umgegangen, da eine Namensänderung nicht mehr rückgängig zu machen ist. In der Regel kommt eine Namensänderung daher nur dann in Betracht, wenn es dem „lang anhaltenden und ernsthaften" Wunsch des Kindes entspricht. Der Integrationsprozess in die Pflegefamilie sollte abgeschlossen sein. Bevor eine Namensänderung beantragt wird, sollte nochmals die Möglichkeit der Adoption des Kindes geprüft werden. Den Antrag auf Namensänderung kann nur der oder die Sorgeberechtigte stellen.

## Die finanzielle Seite

Auch wenn dieser Aspekt für viele Eltern von geringerer Bedeutung sein mag, so gibt es noch einen weiteren großen Unterschied zwischen Adoptiv- und Pflegekindern: Für Pflegekinder zahlt – in nicht unbeträchtlichem Umfang – das Jugendamt. Sie verursachen insorfern – im Gegensatz zu leiblichen und Adoptivkindern – deutlich weniger Kosten. In diesem Kontext können Dauerpflegekinder etwa auch für Familien oder Alleinerziehende mit eingeschränktem Budget, aber Kinderwunsch und „dem Herz am richtigen Fleck" eine Alternative sein, solange die Bewerber alle sonstigen Anforderungen erfüllen.

Mit Sicherheit aber wird ein Dauerpflegekind nicht in eine Familie vermittelt werden, die durch die Aufnahme des Pflegekindes eine finanzielle Bereicherung anstrebt. Wer sich konkret für die finanzielle Seite der Dauerpflege interessiert, findet im Anhang ein „Kleines Lexikon der Dauerpflege", das die finanziellen Aspekte der Dauerpflege erläutert.

## Die menschliche Seite

Auch im Pflegekinderwesen haben wir es mit einem „Viereck" (ähnlich dem Adoptionsviereck, auf Seite 51) zu tun. Im Zentrum steht auch hier das Kind; es folgen seine Eltern, die Pflegefamilie und schließlich die Fachkraft des Jugendamtes.

Im Falle eines Pflegekindes schaltet sich die Fachkraft des Pflegekinderdienstes beziehungsweise der Adoptionsvermittlung (im Folgenden: Vermittler) erst ein, wenn sie im Hilfeplanverfahren durch die zuständige Sozialarbeiterin des Allgemeinen Sozialen Dienstes hinzugezogen wird. Bei einem Jugendamt mit qualifizierter interner Vernetzung geschieht dies regelmäßig.

Der Vermittler macht sich zunächst ein Bild von der Gesamtsituation des Kindes und seiner Herkunftsfamilie. Erst danach kann er einschätzen, ob dem Kind und seiner Herkunftsfamilie in einer Adoptiv- oder in einer Pflegefamilie geholfen werden kann. Eine klare Entweder-oder-Entscheidung fällt allerdings oft schwer, denn die Entwicklung einer Herkunftsfamilie kann nicht leicht vorhergesagt werden.

Sollte die Herkunftsfamilie bei einer längerfristigen Unterbringung des Kindes eine Adoption ablehnen, muss entschieden werden, in welche Pflegefamilie das Kind vermittelt wird und ob eine spätere Adoption durch die (Adoptiv-) Pflegefamilie in Frage kommt oder nicht. Wie bei einer Adoption erfolgen auch hier Entscheidungen, die Lebenswege verändern, und wie bei einer Adoption muss ein Vermittler für das Kind die am besten geeignete (Adoptiv-)Pflegefamilie auswählen, muss die Kontaktanbahnung und die Vermittlung des Kindes vorbereiten und begleiten sowie das Pflegeverhältnis betreuen. Für die Beratung der Herkunftsfamilie ist zwar die Sozialarbeiterin des Allgemeinen Sozialen Dienstes zuständig, im Hinblick auf eine eventuelle Adoption sollten jedoch auch Gespräche zwischen dem Vermittler und den Herkunftseltern geführt werden.

Leibliche Eltern von Pflegekindern fühlen sich nicht selten als „Verlierer" der Gesellschaft und werden auch oft von ihrem Umfeld abgestraft. Sie müssen den Nachbarn und Verwandten erklären, warum sie nicht in der Lage sind, ihre Kinder selbst zu erziehen. Oftmals sind sie wütend auf das Jugendamt, das daran „schuld" ist, dass ihr Kind nicht mehr bei ihnen leben darf. Leibliche Eltern lieben ihre Kinder auf ihre Weise, können jedoch manchmal aufgrund ihrer eigenen Biografie nicht gut für ihre Kinder sorgen.

Pflegeeltern werden von den Herkunftseltern häufig als Konkurrenz gesehen. Meist können Herkunftseltern nicht wahrnehmen, dass sie selbst die Ursache des Geschehens sind, dass es dem Kind in der Pflegefamilie gut geht und dass das Jugendamt diese Maßnahme als Hilfe für das Kind und sie selbst ausgewählt hat. In diesem Chaos der Gefühle sind Herkunftseltern auch in Fällen, die eindeutig eine Dauerpflege nahelegen, kaum bereit, mit einer Vermittlerin über eine eventuelle Adoptionsfreigabe ihres Kindes zu sprechen. Damit ein solches Gespräch überhaupt auch nur denkbar wird, braucht es Zeit. Es können Wochen, Monate und manchmal auch Jahre vergehen, bis die leiblichen Eltern in der Lage sind, eine Lebensentscheidung für ihr Kind zu fällen. Dafür braucht es geduldige und verständnisvolle (Adoptiv-)Pflegeeltern, die trotz allem liebevoll für das Kind sorgen, ganz genauso, als wäre es ihr (Adoptiv-)Kind. (Adoptiv-)Pflegeeltern können durch ihr Verhalten, dazu beitragen, dass die leiblichen Eltern irgendwann zu einer Adoptionsentscheidung in der Lage sind – etwa indem sie zuverlässig Informationen über das Kind weiterleiten und bei persönlichen Kontakten Verständnis für die Situation der Herkunftseltern zeigen.

Kinder, aus so genannten Multi-Problem-Familien haben oft eine Lebensgeschichte, die von wechselnden Bezugspersonen, Wohnortwechseln, Misshandlung und Vernachlässigung gezeichnet ist. Sie sind den Situationen, in denen sie leben, schutzlos ausgeliefert. Solcherart aufgewachsene Kinder sind häufig nicht nur körperlich, sondern auch seelisch krank. Ihre traumatischen Erfahrungen sitzen tief und begleiten diese Menschen häufig ein Leben lang. Je jünger ein Kind ist, wenn es derartige Erfahrungen macht, desto folgenschwerer sind diese für die Entwicklung des Kindes. Die Entwicklung des Gehirnes und damit der Möglichkeit, bestimmten Situationen etwas entgegenzusetzen, ist noch nicht abgeschlossen.

Gerade Kinder mit frühen traumatischen Erfahrungen zeigen häufig erst später Symptome, die ihre Ursache in den Erlebnissen aus der frühesten Kindheit haben. Sie brauchen dann unterstützende therapeutische Begleitung, um diese Erfahrungen verarbeiten zu können, aber auch ein sicheres und verständnisvolles Umfeld, das sie in ihren Ängsten und Befürchtungen ernst nimmt und viel Geduld mit ihnen hat. Dauerpflegekinder haben oft eine schwere Bürde zu tragen, die sehr verständnis- und liebevolle Pflegemütter und -väter sicherlich leichter machen, vermutlich aber niemals ganz abtragen können.

*„Im Bauch der Mutter lernen wir die Melodie unseres Lebens' – so war ein Artikel in* Psychologie heute *überschrieben. Im Bauch ihrer Mutter hat meine Tochter wohl vor allem Stress, Angst, Unsicherheit und Verzweiflung erfahren. Alkohol, Zigaretten, vermutlich auch Drogen werden eine Rolle gespielt haben. Und Gewalt.*
*Jenny war schon vor ihrer Geburt im Frauenhaus. Ihre ersten Lebenstage verbrachte sie bei ihrer Mutter in der psychiatrischen Abteilung eines Krankenhauses und danach in einer Kurzzeitpflege. Als Jenny sechs Monate alt war, zog sie bei uns ein. Für immer, wie wir hofften. Jenny war ein außergewöhnlich ruhiges, freundliches Baby. Das Kind war süß. Es machte nicht viel Arbeit. Wir waren überrascht und froh.*
*Jennys leibliche Mutter hatte ich kennengelernt, eine sehr junge Frau, psychisch krank, die mir schon bei unserer ersten Begegnung ankündigte, sie werde dafür kämpfen, ihr Kind eines Tages zu sich zu holen.*
*Knappe zwei Jahre später versuchte sie ihre Ankündigung wahr zu machen. Als leibliche Mutter, die das Kind weder vernachlässigt noch misshandelt hatte, besaß sie das Sorgerecht sowie das Aufenthaltbestimmungsrecht. Formal konnte sie entscheiden, wo ihr Kind lebt – und das, obwohl eine gerichtlich bestellte Helferin für sie Geld- und Aufenthaltsfragen regelte. Mit Unterstützung ihrer Betreuerinnen aus ihrer Wohngruppe für psychisch Kranke ist sie vor Gericht gegangen und hat durchgesetzt, ihr Kind jederzeit ohne mich sehen und holen zu können.*
*Was nun begann, war für alle Beteiligten eine Schreckenszeit. Nach dem Urteil des Familienrichters trat im Jugendamt eine große Helferrunde zusammen, um die Modalitäten des weiteren Umgangs auszuhandeln. Festgelegt wurde: sechsmal ein wöchentliches Treffen ohne meine Begleitung.*

*Hatte Jenny sich bisher gefreut, ihre Mutter zu sehen, begann sie nun jämmerlich zu weinen, wenn sie ohne mich ‚mit musste'. Dreimal habe ich sie so ‚übergeben' – ein schlimmer Verrat, der nicht ohne Folgen geblieben ist. Dann ist Jennys Mutter krank geworden. Die Tortur war beendet.*

*Seit dieser Zeit hat Jenny sich verändert. Sie war oft aggressiv gegen mich. Im Kindergarten konnte sie sich nicht mehr von mir trennen, wollte sich aber oft auch nicht abholen lassen. Das Schlimmste aber war das Anziehen: An manchen Tagen konnte sich Jenny gar nicht anziehen (und ließ sich auch nicht von uns anziehen oder riss sich die Kleider wieder vom Leib) und es ist uns nicht gelungen, überhaupt das Haus zu verlassen. Es hat Tage gegeben, an denen ich sie, schreiend und in eine Decke gewickelt, in den Kindergarten geschleppt habe.*

*‚Ihr Kind will das Haus nicht verlassen. Es ist sich nicht sicher, ob es auch wieder zurückkehren darf.' Ein so einfacher Satz, so wahr und offensichtlich – aber allein wäre ich nicht auf diese Erklärung gekommen. Eine Psychologin, bei der wir in unserer Hilflosigkeit Rat suchten, hat uns diese Deutung angeboten und mit uns gemeinsam Wege aus dieser Krise (und anderen, die folgen sollten) erarbeitet.*

*Wir lieben Jenny sehr, trotz oder vielleicht sogar weil es so schwere Zeiten gegeben hat. Heute ist sie ein fröhliches, im besten Sinne neugieriges, ausgesprochen selbstständiges Schulkind. In der Schule gilt sie als gut integriert, hilfsbereit und sozial. Wir haben der Lehrerin nicht gesagt, dass sie ein ‚besonderes' Kind ist, und bislang hat es noch keinen Anlass gegeben, sie als Pflegekind zu ‚outen'.*

*Seit vier Jahren treffen wir uns nun (gerichtlich angeordnet) – alle drei bis vier Wochen oder seltener – zum ‚betreuten Umgang' mit Jennys Mutter in einer Erziehungsberatungsstelle. In den ersten Jahren war ihr Verhalten dieser Frau, die sie ‚Mami' oder ‚Cindy' nennt, verhalten bis abweisend, heute ist es ambivalent bis freundlich. Nur anfassen lässt sie sich immer noch ungern von ihr. Aber manchmal gibt sie ihr zum Abschied doch die Hand.*

*Hätten wir uns entschlossen, ein Pflegekind aufzunehmen, wenn wir geahnt hätten, was auf uns zukommt? Ich weiß es nicht. Aber ich weiß, wie glücklich ich war, als Jenny im letzten Sommer an einem schönen warmen Abend zu mir auf den Schoß geklettert kam und sagte: ‚Liebe Mama, danke, dass du mich geboren hast.'"*

*Julia (43)*

**Weiterführende Informationen**

**Sachbuch:**
Ebel, Alice: Praxisbuch Pflegekind, Schulz-Kirchner, 2. Aufl. 2011.
Für Pflegeeltern und Fachkräfte.

**Internet:**
www.pflegeeltern.de
Austausch und Informationen von Pflegeltern mit aktivem Forum und organisierten Treffen.

**Internet:**
www.arbeitskreis-pflegekinder.de mit den Unterseiten www.familien-fuer-kinder.de und www.profam.de
Ein Berliner Verein für Pflegeeltern und Pflegekinder. Viele Downloadbroschüren und aktuelle Informationen.

**Internet:**
www.familienhandbuch.de/cmain/f_Programme/a_Angebote_und_Hilfen/s_1825.html
Das Familienhandbuch ist generell eine Anlaufstelle rund um das Thema Familie und Kind. Viele Beiträge von Fachleuten, gut aufbereitet und verständlich geschrieben.

# Auslandsadoption

Manche Adoptivbewerber rechnen sich in Deutschland nur wenig Chancen auf die Vermittlung eines Kindes aus und möchten ihr Glück deshalb mit einer Auslandsadoption versuchen. Andere fühlen sich diesem Herkunftsland ihres zukünftigen Kindes vielleicht sogar eng verbunden und möchten deshalb einem Menschen aus eben dieser Region ein neues Zuhause geben. Wie eine Auslandsadoption vonstattengeht, erfahren Sie in diesem Kapitel.

## Geschichte der Auslandsadoptionsvermittlung

Die Anfänge der Auslandsadoption standen in Deutschland unter einem schlechten Stern. Ausgerechnet der Verein „Lebensborn" wurde im Dritten Reich zur ersten deutschen Auslandsadoptionsvermittlungsstelle. Heinrich Himmlers fragwürdiges Vorzeigeobjekt sollte die „Herrenrasse" stärken – deshalb wurden blonde, „arisch" aussehende Kinder aus Skandinavien oder Polen „heim ins Reich" geholt. Außerdem vermittelte Lebensborn ausländische Kinder, etwa von deutschen Besatzungssoldaten gezeugte, an linientreue SS-Familien.

In den Jahren nach dem Zweiten Weltkrieg gab es zahlreiche elternlose Kinder. Viele wurden in Heimen, aber auch bei deutschen Adoptiv- und Pflegefamilien untergebracht, manche von ihnen in die USA zur Adoption vermittelt.

In den 1950er- und 1960er-Jahren gaben insbesondere ledige Mütter ihre nicht ehelich geborenen Kinder zur Adoption frei. Der gesellschaftliche Druck in Form von Stigmatisierung setzte den unverheirateten Frauen damals stark zu. Besonders schwierig wurde es, wenn der leibliche Vater ein Besatzungssoldat mit dunkler Hautfarbe war. Kinder aus diesen Verbindungen wurden vorzugsweise nach Skandinavien vermittelt.

In den 1960er-Jahren erfuhren viele Deutsche durch die Medien von dem Grauen, das Kinder in Kriegsgebieten wie Vietnam täglich durchlebten. Viele Menschen wollten helfen, und so vermittelte das 1960 gegründete entwicklungspolitische Kinderhilfswerk „terre des hommes" zwischen 1967 und 1998 über 2800 Waisen und verlassene Kinder zur Adoption nach Deutschland. Die meisten von ihnen kamen aus Ost- und Südostasien (Korea, Vietnam, Philippinen, Indien, Sri Lanka, Bangladesch) sowie aus Lateinamerika (Kolumbien, Bolivien, Ecuador). Allerdings kritisierte der Verein zunehmend, dass es vielen Vermittlungsstellen nicht mehr darum gehe, Kinder aus Krisengebieten zu retten, sondern deutschen Paaren ihren Kinderwunsch zu erfüllen. Gleichzeitig forderte das Kinderhilfswerk den Erlass klarer gesetzlicher Regelungen zwischen den Staaten. „terre des hommes" zog sich 1998 aus der Vermittlungstätigkeit zurück und engagiert sich bis heute für Projekte für Kinder in der so genannten Dritten Welt.

In den 1960er- und 1970er-Jahren wurden weitere, meist kirchliche, Vermittlungsstellen gegründet, die engagierte Adoptiveltern für Kinder – vor allem aus Krisenregionen – suchten. Die meisten Vermittlungsstellen arbeiten seriös bis zum heutigen Tag, andere mussten sich aufgrund von „Unregelmäßigkeiten" aus der Vermittlungstätigkeit zurückziehen und verloren ihre Lizenz.

Heutzutage setzt sich die Zahl minderjähriger Kinder (unter 18 Jahren) aus anderen Ländern in deutschen Adoptivfamilien hauptsächlich aus Stiefkind- und Verwandtenadoption zusammen. Im Jahr 2012 sank (so das Bundesamt für Statistik) die Zahl der „adoptierten minderjährigen Ausländer" im Vergleich zu den Vorjahren erneut auf nun 801 Fälle bundesweit.

Daten zu der Veröffentlichung von Adoptionen im Jahr 2012 finden Sie unter www.destatis.de → Thematische Veröffentlichungen → Soziales → Kinder- und Jugendhilfe → Adoptionen.

Wie viele Kinder aktuell zu Adoptionszwecken aus dem Ausland nach Deutschland geholt werden, weiß das Bundesamt für Statistik in Wiesbaden frühestens im Sommer 2015. Die anerkannten Auslandsadoptionsvermittlungsstellen sind erst seit 2014 gesetzlich verpflichtet, ihre Daten statistisch zu melden.

In den 1980er-Jahren engagierten sich in den westlichen Industrieländern immer mehr Menschen für die Entwicklungspolitik in der so genannten Dritten Welt und übten Druck auf ihre eigenen Regierungen aus. Die ungleiche Verteilung von Arm und Reich rückte in dieser Zeit verstärkt in das Bewusstsein der Menschen. Die Adoptionsvermittlungsstellen der Industrieländer wurden zunehmend verunsichert. War es überhaupt sinnvoll, Kinder aus ihrer Umgebung herauszureißen, so trostlos diese auch zu sein schien? Drängte man diesen Kindern nicht ungewollt eine fremde Kultur auf?

Hinzu kam, dass einige Fälle von Kinderhandel aufgeflogen waren: Skrupellose „Adoptionsvermittler“ kauften oder tricksten Müttern ihre Kinder ab und verkauften diese weiter. Die Diskussion darum, wie Kinder vor solchen Machenschaften geschützt werden können, wurde international ausgetragen.

Im Mai 1993 einigten sich daher 66 Staaten und viele internationale Kinderschutzorganisationen auf das Haager Übereinkommen über den Schutz von Kindern und die Zusammenarbeit auf dem Gebiet der internationalen Adoption (HAÜ), das bis heute weltweit dafür sorgen soll, dass bei Adoptionen das Wohl der Kinder im Mittelpunkt steht. In 48 Artikeln legt es Standards für das Vermittlungsverfahren fest und regelt die Zusammenarbeit der an der Adoption beteiligten Staaten. Die adoptionsrelevanten Leitsätze des Übereinkommens sind:

- Die Bewilligung einer Adoption ist ein staatlicher Akt (Fachlichkeitsprinzip).
- Eine internationale Adoption soll erst in Betracht gezogen werden, wenn das Kind in seinem Heimatland nicht in einer Pflege- oder Adoptivfamilie untergebracht oder dort nicht in geeigneter Weise betreut werden kann (Subsidiaritätsprinzip).

- Bei internationalen Adoptionen sollen die Vertragsstaaten sicherstellen, dass einer Inlandsadoption vergleichbare Schutzvorschriften und fachliche Standards eingehalten werden (Schutzmechanismen).
- Geeignete innerstaatliche Maßnahmen sowie bi- und multilaterale Verträge sollen kommerzielle Kindesvermittlung verhindern (Maßnahmen gegen Kinderhandel)

Auch die Bundesrepublik Deutschland ist seit dem 1. März 2002 Vertragsstaat des Haager Übereinkommens (HAÜ) über den Schutz der Kinder und die Zusammenarbeit auf dem Gebiet der internationalen Adoptionen vom Mai 1993. Teil des Übereinkommens sind die folgenden Gesetze:

- das Adoptionsübereinkommen-Ausführungsgesetz (AdÜbAG),
- das Gesetz über die Vermittlung der Annahme als Kind und über das Verbot von Ersatzmüttern (Adoptionsvermittlungsgesetz – AdVermiG),
- das Gesetz über Wirkungen der Annahme als Kind nach ausländischem Recht (Adoptionswirkungsgesetz – AdWirkG),
- das Bürgerliche Gesetzbuch (BGB §§ 1741-1766),
- das Strafgesetzbuch (§ 236)
- das Staatsangehörigkeitsgesetz (§ 6)
- sowie das Gesetz über die Angelegenheiten der freiwilligen Gerichtsbarkeit (§ 16a, § 43b)

Seriöse bestehende Adoptionsvermittlungsstellen in freier Trägerschaft bauen auf die eingespielten Verfahrensabläufe des grenzüberschreitenden Abkommens und arbeiten hierbei im Rahmen ihrer Zulassung Hand in Hand mit den zentralen Adoptionsstellen der Landesjugendämter und den örtlichen Jugendämtern. Anders gesagt: Wenn Sie ein Kind aus dem Ausland adoptieren möchten, können Sie sich neben den zugelassenen Adoptionsvermittlungsstellen in freier Trägerschaft ebenso gut bei den zentralen Adoptionsstellen der Landesjugendämter und den örtlichen Jugendämtern beraten lassen, wozu wir Ihnen auch gerne ergänzend raten möchten. Die entsprechenden Adressen finden Sie im Anhang dieses Buches (Stand März 2014).

Sie möchten sich ergänzend vorab ein Bild über Abläufe, Gesetzestexte, Vertragsstaaten, Anschriften der Zentralen Adoptionsstellen der Landesjugendämter und der zugelassenen Auslandsadoptionsstellen machen? Dann empfehlen wir Ihnen die Broschüre der Bundeszentrale für Auslandsadoptionen (BZAA), die online stets aktuell als PDF-Datei heruntergeladen werden kann: www.bundesjustizamt.de/auslandsadoption.

Die Bundeszentrale hat keinen Vermittlungsauftrag. Sie koordiniert die Vermittlungstätigkeit zwischen den Ländern, überwacht die gesetzlichen Gegebenheiten, beantwortet Einzelfragen und vieles mehr.

## Deutsche Auslandsvermittlungsstellen

Um Kinderhandel und unseriöse Adoptionsvermittlung zu unterbinden und den Schutz von Herkunfts- und Adoptiveltern sowie den Schutz der Kinder zu gewährleisten, unterliegt die internationale Adoptionsvermittlung der staatlichen Kontrolle. Für Vertragsstaaten und Nicht-Vertragsstaaten des Haager Übereinkommens gilt nach der Neufassung des Adoptionsvermittlungsgesetzes gleichermaßen, dass Auslandsadoptionen in Deutschland nur von den folgenden Stellen vermittelt werden dürfen:

- den zentralen Adoptionsvermittlungsstellen der Landesjugendämter,
- den Adoptionsvermittlungsstellen der örtlichen Jugendämter, sofern sie von der für sie zuständigen zentralen Adoptionsvermittlungsstelle des Landesjugendamtes die Erlaubnis dazu erhalten haben (dies kann sowohl für einzelne als auch für mehrere Länder, für Einzelfälle oder auch gar nicht der Fall sein),
- im Rahmen ihrer Zulassung: von anerkannten Auslandsvermittlungsstellen (freien Trägern) mit Sitz im Inland (Deutschland). Die Zulassung wird von der für die Vermittlungsstelle zuständigen Adoptionsvermittlungsstelle des Landesjugendamtes ausgesprochen,
- im Ausland zugelassenen Organisationen, soweit die Bundeszentrale für Auslandsadoption diesen die Vermittlungstätigkeit im Einzelfall gestattet hat.

*„Pia und ich wollten gerne Kinder aus Madagaskar adoptieren. Wir haben ein Jahr in Mananjary gelebt, haben dort ein Projekt für unseren Arbeitgeber umgesetzt und natürlich auch Schatten gesehen. Die Menschen aber haben wir ins Herz geschlossen. Vor allem die Leute von ‚Les Amis du Catja' haben uns beeindruckt. Bei einigen Clans*

*werden Zwillinge bis heute nach der Geburt ausgesetzt. Viele sterben. Zwillinge gelten als böses Omen; das Gegensteuern von Aktivisten bringt nur langsam Erfolge. Die ‚CATJAs' retten die Zwillinge, versuchen, die Mütter dazu zu bringen, ihre Kinder zu behalten, und suchen neue Eltern für sie, wenn es nicht anders geht. Tolle Leute! Als wir wieder in Deutschland waren und über Adoption nachdachten, stand unser Entschluss sofort: Wir wollten Zwillinge aus Madagaskar adoptieren. Wir sprechen Französisch und sogar leidlich Malagassi und hatten uns gedacht, dass es in Deutschland bestimmt Pluspunkte für uns als Adoptivbewerber, aber auch für unser Leben mit unseren zukünftigen Zwillingen geben würde, wenn deren Heimat uns nicht fremd ist. Das war dann später bei der Adoption unserer Söhne auch so. Aber bis dahin war es ein weiter Weg. In Madagaskar hatten wir es natürlich leichter als andere. Wir kannten Menschen, die uns halfen, wir kannten die Kultur, wir wussten ja sogar ganz konkret, was wir wollten, und Dolmetscher bezahlen mussten wir auch nicht. Aber in Deutschland mussten wir erst einmal durchsteigen, wie das alles läuft. Erst waren wir beim Jugendamt. Die konnten uns in unserem Provinznest aber nicht weiterhelfen. Einen richtigen Adoptionsvermittler, der das Vollzeit machte, schien es gar nicht zu geben. Wir wurden an das so genannte Landesjugendamt verwiesen, das für unser Bundesland zuständig ist. Dort wurden wir fündig, denn wir verstanden jetzt das Prozedere: Nicht jedes Jugendamt darf Auslandsadoptionen vermitteln, und nicht jedes Jugendamt hat automatisch überhaupt Erfahrung mit Adoptionsvermittlungen. Das war uns vorher gar nicht bewusst.*

*Unsere Ansprechpartnerin beim Landesjugendamt jedenfalls erklärte uns alles sehr genau. Wir haben dort auch unsere Eignungsprüfung absolviert und trafen bei Fragen immer auf ein offenes Ohr. Wenn unsere Jungs bald hoffentlich noch Schwestern bekommen, finden wir uns im Geflecht aus freien Trägern, Landesjugendämtern und den Institutionen vor Ort gut zurecht. Wir wollen anderen Auslandsadoptierenden gern Mut machen: Wer sich gut informiert und sich mit der Kultur seiner Kinder auskennt, hat weniger Scherereien als gedacht. Das Tollste aber sind die Kinder selbst. Sie entschädigen für alles. Selbst nach der hundertsten gewechselten Windel: Der Vaterstolz bleibt nicht nur, er wächst. Immer noch, von Tag zu Tag. Da geht es mir wie Pia. Das war die beste Entscheidung unseres Lebens!"*

*Lennart (37) und Pia (34)*

Kritischen Stimmen zur Folge ist die Auslandsadoption nicht immer die beste Lösung für das verlassene Kind. Statt einen Jungen oder ein Mädchen der Heimat zu entreißen, solle man lieber deren Müttern und Vätern helfen, damit diese ihre Kinder nicht verlassen müssen. Auch eine Vermittlung im eigenen Land, so die Kritiker, erspart dem Kind das Aufwachsen in einer fremden Kultur – ein Weg, der auch mit einfühlsamen Adoptiveltern viele Stolpersteine birgt.

In der ersten Auflage dieses Ratgebers wurden die Adoptionsabläufe in Kolumbien und Russland detailliert beschrieben. Da sich die Abläufe und Bedingungen vor Ort stetig ändern, haben wir bei der Neuauflage auf konkrete exemplarische Ablaufbeschreibungen für einzelne Länder verzichtet. Eines der in der ersten Auflage des Buches besonders intensiv beschriebenen Länder, Kolumbien, pflegt vor allem eine gute und langjährige Zusammenarbeit mit der AdA Adoptionsberatung e.V. Aber auch in Kolumbien hat sich die Situation verändert. Aus dem AdA-Jahresbericht 2013 geht hervor, dass die Adoptionsvermittlung aus ihren Kooperationsstaaten zunehmend Informationen über zu vermittelnde ältere Kinder, größere Geschwistergruppen oder Kinder mit gesundheitlichen Problemen erhält. Diese Informationen gehen nicht ausschließlich an die AdA, sondern über einen offenen Mail-Verteiler an alle international tätigen Vermittlungsstellen in verschiedensten Ländern Europas. Kinder mit den oben skizzierten Hintergründen haben mit dem offenen Verteiler größere Chancen auf eine Vermittlung, da so europaweit nach Eltern für sie gesucht werden kann. Trotzdem können aufgrund ihrer „Handicaps" für solche Kinder erfahrungsgemäß leider oft trotz aller Bemühungen keine passenden Eltern gefunden werden.

Organisatorische Veränderungen vor Ort erschweren häufig die Arbeit der deutschen Auslandsvermittlungsstellen. So kommt es etwa, dass durch Personalwechsel in der Zentralen Behörde des kolumbianischen Familienwohlfahrtsinstituts ICBF derzeit generell kaum noch Kinder aus diesem Land vermittelt werden. Nicht nur der Jahresbericht der AdA zeigt, mit welchen immer wieder neuen Problemen Auslandsvermittlungsstellen zu kämpfen haben und mit welchem Einsatz und Engagement die Mitarbeiter tagtäglich versuchen, diese Schwierigkeiten zu überwinden. Auch die – nicht mehr ganz aktuellen – Erfahrungsberichte aus der ersten Auflage dieses Ratgebers zeugen von den Stolpersteinen und zugleich von dem Herzblut, das die Vermittler der freien Träger in ihre Arbeit legten und bis heute legen:

*„Als ich in Kolumbien verschiedene Kinderschutzprojekte und Kinderheime besucht habe, lernte ich Monika Müllers-Stein kennen. Unsere Männer waren beide von ihren Arbeitgebern ins Land geschickt worden und wir wollten uns für Kinder engagieren. An Adoption haben wir nicht gedacht. Wir haben mit den Leuten vom kolumbianischen Wohlfahrtsinstitut ICBF zusammengearbeitet. Da wurden wir gefragt, ob wir ihnen dabei helfen können, wenn kolumbianische Kinder nach Deutschland adoptiert werden. Andere Industrieländer hatten bereits eine Repräsentanz in Bogota, aber es gab keine deutsche Adoptionsvermittlungsstelle. Dann ergab sich alles. Uns wurden erste Akten zugeschoben, wenig später hatten wir die ganze Liste von deutschen Adoptionsbewerbern – Datenschutz wurde damals nicht so eng gesehen – und bald brauchten wir einen eigenen Tisch. Wir sahen, was da für ein Chaos herrschte, und schrieben alle deutschen Bewerber an, redeten mit Jugendämtern, vier Jahre lang. 1994 richteten wir AdA als Beratungsstelle ein und wurden so als private Initiative vom ICBF als Repräsentanz anerkannt, obwohl Deutschland noch nicht das Haager Übereinkommen ratifiziert hatte. Seit 1998 ist AdA auch eine zugelassene Adoptionsvermittlungsstelle in Deutschland. Monika Müllers-Stein und ich waren inzwischen nach Deutschland zurückgegangen und bauen seitdem dort unsere Vermittlungs- und Beratungsstellen aus. Immer wenn es nötig war, sind wir gewachsen, wie die Bedürfnisse der Klienten. Derzeit bauen wir unsere Nachbetreuung für die Adoptivfamilien aus, denn die ersten von uns vermittelten Kinder sind in die Pubertät gekommen. Da gibt es in vielen Familien Krisen, wenn etwa die Kinder die Schule verweigern. Das ist ein sehr wichtiges Thema. Für die Familien entwickeln wir neue Programme mit Themen wie ‚Wenn Kinder die eigenen Wurzeln suchen'."*

*Susana Katz-Heieck (46),*
*Gründerin und Leiterin von „AdA Adoptionsberatung e.V." in Eschborn im Jahr 2006*

Häufig wurden Vermittlungsstellen von engagierten Adoptiveltern gegründet, die sich zuvor selbst mühselig durch die Adoptionsgesetzgebung und Bürokratie mindestens zweier Länder gearbeitet hatten.

Eine Adoption eines russischen Kindes hatte zum Beispiel solche Folgen.

*„Nachdem wir unter großen Anstrengungen 1997 unseren Sohn Leon in Russland adoptiert hatten, kehrten wir nicht nur mit einem Kind, sondern auch mit vielen unauflöslichen Eindrücken aus Russland zurück.*
*Wir veröffentlichten unsere Geschichte zunächst zaghaft im Internet, weil wir andere Familien an unserem Glück teilhaben lassen wollten. Mit ein paar interessierten Kommentaren hatten wir gerechnet, nicht aber mit der Flut an Zuschriften, die uns bereits nach wenigen Tagen erreichte. Die meisten wünschten sich konkrete Hilfe von uns, weil sie ebenfalls den Wunsch hatten, ein Kind aus Russland zu adoptieren. Da uns bei unserer Adoption die amerikanische Agentur ‚Global Adoption Services Inc., Wyoming' unterstützt hatte, reifte nach einigen Monaten der Gedanke, dass auch andere Paare den gleichen Weg gehen könnten. Die Leiterin der Agentur fand die Idee prima, und so wurden wir ganz offiziell Beratungseltern für deutsche Bewerber der amerikanischen Agentur. Auf diese Weise fanden mit unserer Hilfe von 1999 bis 2001 mehr als 50 russische Waisenkinder neue Eltern in Deutschland, daneben wurden einige Spendenaktionen für russische Waisenheime organisiert. Der Kontakt zu den Bewerbern und die ehrenamtliche Arbeit machte uns sehr viel Freude, auch wenn sie immer arbeitsintensiver wurde, da wir diese ja nur in unserer Freizeit erledigten.*
*Als im Jahr 2001 klar wurde, dass Deutschland sich anschickte, das Haager Übereinkommen für den Schutz von Kindern zu ratifizieren, wurde klar, dass dies das Ende unserer Tätigkeit bedeuten würde. Mit der Ratifizierung war es nur noch staatlich anerkannten Auslandsvermittlungsstellen erlaubt, Bewerber bei einer Adoption zu begleiten. Ebenso war dann eine so genannte ‚Drittstaatenadoption', in unserem Fall über die amerikanische Agentur, verboten.*
*Da wir inzwischen so viele wertvolle Erfahrungen hatten sammeln können, wollten wir die Arbeit nicht aufgeben. Wir gründeten daher den gemeinnützigen Verein ‚Global Adoption Germany – Help for Kids e.V.' und beantragten anschließend die Zulassung als staatlich anerkannte Auslandsvermittlungsstelle.*
*Uns ist bewusst, dass bei einer Auslandsadoption Kinder aus ihrem Kulturkreis herausgerissen werden. Doch solange eine gesamte Kindheit und Jugendzeit im staatlichen Kinderheim – in der Regel unter schlechten Bedingungen – die einzige Alter-*

*native darstellt, halten wir eine Adoption für die bessere Lösung. Wir denken, dass jedes Kind das Recht auf ein Leben in einer Familie mit festen Bezugspersonen haben sollte, idealerweise natürlich im eigenen Land. Kann das nicht gewährleistet sein, sehen wir in einer Auslandsadoption die Möglichkeit einer wertvollen Einzelfallhilfe. Am 16. September 2002 erhielt der Verein die staatliche Anerkennung als internationale Auslandsvermittlungsstelle für die Länder Ukraine und Russland."*

*Gaby Dünschede,*
*Gründerin von „Global Adoption Germany – Help for Kids e.V."*
*(www.auslandsadoption.de) im Jahr 2006*

## Warum adoptieren Paare ein ausländisches Kind?

In den Medien sehen wir tagtäglich Bilder von Millionen verlassener Kinder weltweit. Mit Sicherheit legen diese zu Herzen gehenden – und medial aufbereiteten – Schicksale bei vielen Paaren den Grundstein zu dem Gedanken, ein Kind aus dem Ausland aufnehmen zu wollen. Dabei kann es geschehen, dass die zukünftigen Adoptiveltern sich – teils unbewusst und frei von Hintergedanken – in der Rolle eines Heilsbringers sehen, der das Kind aus seinen vermeintlich armseligen Verhältnissen rettet und ihm ein neues, rundum gesichertes und wohlhabendes Zuhause bietet. Ein Kind aber will als vollwertiger Mensch und nicht als gerettetes Opfer angenommen werden und es will erleben, dass seine Herkunftskultur – und damit auch es selbst – positive und liebenswerte Züge trägt. Die unterbewusste Manifestation der „Errettung aus dem Elend" lässt Adoptiveltern das Herkunftsland ihres Kindes in keinem guten Licht sehen. Wird dieses Bild (und sei es auch nur zwischen den Zeilen und ohne böse Absicht) an das Kind weitergereicht, ist dies seiner Entwicklung und seinem Selbstbild nicht förderlich.

*„Wir waren in den 1960er-Jahren naiv. Wir hatten schon einen leiblichen Sohn. Da hörten wir von ‚terre des hommes' und dem Schicksal der Kriegswaisen in Südkorea und Vietnam und wollten helfen. Und da wir sowieso eine große Familie planten, haben wir hintereinander gleich zwei Kinder aus Korea adoptiert. Beide waren schon älter, fünf und sieben Jahre alt. Wir haben uns nicht viele Gedanken darüber*

*gemacht, was die Kinder schon alles erlebt hatten und was das auf ihrer Seele für Spuren hinterlassen haben könnte. Wir dachten, unsere Liebe kann schon alles heilen. Und auch die anderen Adoptiveltern, die wir dann kennengelernt haben, waren alle unheimlich engagiert, optimistisch – und ebenso ahnungslos.“*

*Bärbel (69)*

Stellen mit langjähriger Erfahrung in der Auslandsvermittlung berichten, dass sich früher fast ausschließlich sozial engagierte Familien (oft bereits mit leiblichen Kindern) für eine Adoption aus dem Ausland interessierten. Heute hat sich dieses Bild gewandelt. Immer häufiger wünschen sich Paare, die selbst noch keine Kinder haben oder bekommen können, ein Kind aus einem anderen Land. Das Kind nimmt insofern einen hohen Stellenwert in den Familienwunschszenarien dieser Adoptivbewerber ein. Damit gehen auch Wünsche und Hoffnungen einher, die an das Kind gebunden und manchmal so stark sind, dass das Kind diesen kaum gerecht werden kann. Gerade ein Adoptivkind, das seinem Kulturkreis entrissen wurde, braucht Eltern, die sensibel für die besonderen Nöte und Ängste ihrer Tochter oder ihres Sohnes sind. Bewerber, die sich ein Kind aus dem Ausland wünschen, sollten sich deshalb darauf einstellen, dass die Sozialarbeiter in den Bewerbungsgesprächen die Motivation des Kinderwunsches noch genauer als ohnedies üblich hinterfragen werden.

Ein weiterer Grund für das Interesse an Kindern aus anderen Ländern ist das in Deutschland noch immer bestehende starke Missverhältnis zwischen Adoptionswilligen und im Inland von ihren leiblichen Eltern zur Adoption freigegebenen Kindern. Gerade Adoptivbewerber, die sich aufgrund ihres Lebensalters im Inland weniger Chancen ausrechnen, wenden sich nicht selten an die Vermittlungsstellen der Auslandsadoption. Ob die Adoption einem Kind wirklich ein glücklicheres Leben als in seinem Heimatland bieten kann, müssen auch adoptionswillige Paare von Fall zu Fall abwägen. Auch auf die zukünftigen Adoptiveltern selbst warten bei der Adoption eines Kindes aus dem Ausland mehr Fallstricke als bei der Adoption eines Kindes aus dem Inland, und das Zusammenleben mit einem Sohn oder einer Tochter aus einem anderen Kulturkreis oder teilweise unbekannter Herkunft fordert sie in besonderer Weise heraus. Adoptionsinteressierten, die sich für eine Auslandsadoption entscheiden, möchten wir an dieser Stelle besonders ans Herz legen: Begeistern Sie sich für die Kultur Ihres Adoptivkindes! Sein Herkunftsland wird idealerweise Ihr liebstes Ferienziel; Menschen dieses Kulturkreises können Sie sicher auch im Inland in Interessensgruppen oder kulturellen Vereinigungen kennenlernen, und vielleicht lernen Sie ja auch eines Tages gemeinsam mit Ihrem Kind dessen Herkunftssprache. Sollte es später seine Wurzeln suchen wollen, stehen Sie und Ihr Kind einer Herkunftsfamilie und -kultur gegenüber, mit der Sie sprechen, sich verständigen können. Und das ist (nicht nur für Ihr Kind, sondern auch für Sie als seine Eltern) eine ganze Menge wert.

An dieser Stelle möchten wir außerdem darauf hinweisen, dass in Deutschland eine große Anzahl von Kindern auf (Dauer)-Pflegeeltern hoffen. Überdenken Sie diese Möglichkeit in jedem Fall, bevor Sie die mögliche Annahme eines Kindes im Inland für sich zu den Akten legen.

*„Wir rechneten uns in Deutschland keine Chancen aus und wollten im Ausland unser Glück versuchen. Beim Jugendamt erzählte uns die Vermittlerin von der Dauerpflege. Erst waren wir skeptisch: Heißt das, dass die Kinder vielleicht wieder in ihre Herkunftsfamilien zurückkehren? So was liest man manchmal in den Zeitschriften, dass die Kinder immer wieder hin- und hergereicht werden. Das wollten wir nicht, weder für uns noch für unser Kind. Die Mitarbeiterin erklärte uns die Sachlage. Die war anders, als wir dachten. ‚Dauerpflege heißt Dauerpflege, weil sie von Dauer ist', hat die Mitarbeiterin des Jugendamtes gesagt. Wir haben uns genauer informiert, dann waren wir überzeugt. Nicht selten stimmen die leiblichen Eltern von Dauerpflegekindern später auch einer Adoption zu. Das war auch bei uns so. Marai wurde mit zehn Jahren von unserer Dauerpflegetochter zu unserer Adoptivtochter. Unsere Tochter war sie aber von Anfang an und wird es auch immer bleiben."*

*Selma (49) und Ali (54)*

Entscheiden Sie sich für eine Auslandsadoption, so müssen Sie meist selbst aktiv werden, denn Jugendämter weisen von sich aus häufig nicht auf diese Möglichkeit hin.

## Beratung und Bewerbung

Die Adoptionsvermittlungsstellen der örtlichen Jugendämter beraten auch bei allen Fragen rund um eine Auslandsadoption. Sie informieren über anerkannte Auslandsvermittlungsstellen und – soweit möglich – über die Situation und das Verfahren in dem für die Bewerber in Betracht kommenden Land. Über das konkrete Vermittlungsverfahren, landesspezifisch erforderliche Unterlagen und Ähnliches gibt dann die Auslandvermittlungsstelle, die das Verfahren durchführt, Auskunft. Im Vorfeld möchten wir Ihnen auch hier noch einmal die Lektüre der bereits erwähnten „Empfehlungen zur Adoptionsvermittlung" der Bundesarbeitsgemeinschaft der Landesjugendämter (BAGLJÄ) empfehlen.

Ganz gleich, ob Sie sich zuerst an das örtliche Jugendamt oder gleich an einen zugelassenen freien Träger wenden – wichtig ist, dass Sie über die besonderen Anforderungen einer Auslandsadoption aufgeklärt und auf diese vorbereitet werden. Hierzu gehören vor allem:

- die Beschäftigung mit dem Herkunftsland des Kindes,
- die Vorbereitung auf das Leben in einer bi-kulturellen Familie,
- die Sensibilisierung für Lebensbedingungen ethnischer/kultureller/religiöser Minderheiten in Deutschland,
- die Kontakte zu Menschen aus anderen Kulturkreisen im eigenen Lebensumfeld sowie
- die Information über Risiken, die mangelhafte Informationen über die Herkunftsfamilie mit sich bringen, wie zum Beispiel mögliche physische und psychische Belastungen Ihres zukünftigen Kindes.

## Die Eignungsüberprüfung

Informationen zum Bewerberverfahren (Eignungsüberprüfung) finden Sie im Kapitel „ Das Bewerberverfahren und seine Stationen". Im Wesentlichen ähnelt die Eignungsüberprüfung für Adoptionen im Inland dem Verfahren bei einer Auslandsadoption. Schwerpunkte bei der Auslandsadoption bilden – wie bereits erwähnt – das bewusste Hinterfragen der eigenen Motivation bei der Aufnahme eines Kindes aus einem anderen Land und die Folgen, die dies für das Leben von Ihnen und Ihrem Kind in Deutschland nach sich zieht. Sorgen Sie dafür, dass Ihr

Kind sich von Anfang an gut bei Ihnen aufgenommen fühlen kann – in einer Familie, die seine Besonderheiten schätzt und als Bereicherung empfindet. Die Adoptionsbewerber müssen sich sicher sein, dass sie ein ausländisches Kind als eigenes annehmen können: mit seiner Hautfarbe, seinen seelische Nöten, mit seinen Stärken, Schwächen und – in der Regel – immer wieder einmal aufflammenden Identitätskrisen. Die gute Nachricht ist: Adoptiveltern, die bei der Erziehung offen für die Bedürfnisse ihres Kindes und die Erfahrungen anderer Erzieher sind, werden die Probleme eines Kindes aus einer anderen Kultur ebenso meistern wie Eltern eines deutschen Adoptivkindes.

*„Mit der Ausländerfeindlichkeit ist das in Deutschland so eine Sache. Mein Mann und ich und auch unser Freundeskreis ist nicht so, deshalb haben wir uns darüber wenig Gedanken gemacht. Als wir Esma aus Ecuador adoptierten, liebten wir unsere kleine ‚Räuberprinzessin' vom ersten Augenblick an. Damit war die Sache für uns erledigt. Wie haben wir uns geirrt! Wie oft hat unsere Tochter sich Anfeindungen anhören müssen. Eine ‚Zigeunerin' wäre sie, ein ‚Pack' und ‚das Klauen habt ihr doch im Blut'. Mal davon abgesehen, dass Esma weder von Sinti noch von Roma abstammt (und selbst wenn sie es täte!), waren wir sprachlos. Natürlich waren nicht alle Menschen so, aber die vielleicht 8%, die den Weg unserer Tochter kreuzten, reichten aus, um ihr (und uns) Tiefschläge zu verpassen, mit denen wir nie gerechnet hätten. Wir haben uns wie Löwen für unsere Tochter in den Ring geworfen – einen Ring, den wir nie vorzufinden erwartet hätten.*

*Wir alle drei finden heute, wir haben das als Familie gut gemeistert. Esma ist stolz auf ihre Herkunft, war es immer. Wir sprechen alle drei Spanisch und lieben Esmas Land mit seinen schneebedeckten Gipfeln und Dschungeln. Wir engagieren uns in einer Gruppe gegen Kinderarbeit in Ecuador. Ihre leiblichen Eltern kennt Esma nicht, aber über ihre Kultur weiß sie viel und interessiert sich auch sehr dafür, insbesondere seit der Pubertät. Heute sieht sie sich als eine kleine (mittlerweile: große. Die Zeit vergeht so schnell!) Botschafterin ihres Landes, die dazu beitragen kann, Vorurteile abzubauen. Das finden wir natürlich toll. Unsere Tochter ist generell eine engagierte junge Frau mit geradem Rückgrat und großem Gerechtigkeitssinn. Wir sind sehr, sehr stolz auf sie. Trotzdem: Als wir sie vor fast 23 Jahren das erste Mal in den Armen hielten, haben wir nicht gewusst, dass wir sie zu einer Kämpferin würden erziehen müssen. Aber genau das mussten wir."*

*Silke (56) und Carsten (59)*

Einige Länder knüpfen besondere Bedingungen an die Bewerber für ein Adoptivkind – etwa in Bezug auf die Ehedauer, zusätzliche medizinische oder psychologische Gutachten, Empfehlungsschreiben oder das Vorhandensein (oder: Nichtvorhandensein) leiblicher Kinder in der zukünftigen Adoptivfamilie. Deutsche Vermittler stehen leiblichen Kindern in der zukünftigen Adoptivfamilie bei einer Erstadoption eher skeptisch gegenüber. Ein bereits gut integriertes Kind aus dem gleichen Kulturkreis wie das aufzunehmende hingegen kann das Einleben eines Geschwisterkindes erleichtern. Auf jeden Fall gilt, dass das nachrückende Kind jünger als das erste Kind sein muss. Dass der Altersabstand von Kind und Eltern vierzig Jahre nicht überschreiten soll, ist in Deutschland eine Richtlinie und kein Gesetz. Unerlässlich für Adoptivbewerber ist aber eine stabile Gesundheit und die Fähigkeit, Belastungen ertragen und sich flexibel auf besondere Situationen einstellen zu können.

Manche Länder schätzen ältere Eltern und die Erfahrungen, die diese mit in die Erziehung eines Kindes bringen. Wird der Altersabstand aber zu weit überschritten, ruft dies sofort Kritiker auf den Plan: „Kinder brauchen Eltern und Großeltern, aber keine Großeltern als Eltern", so Bernd Wacker, Adoptionsbeauftragter von „terre des hommes".

Die Vermittler fordern außerdem, dass mindestens ein Elternteil der Adoptivfamilie mindestens ein Jahr lang – wenn möglich länger – die Betreuung des Kindes übernimmt, sprich: in dieser Zeit in Elternzeit geht oder mit seinem Beruf pausiert. Das ist nicht als Schikane zu betrachten. Zwischen einem Kind und seinen Adoptiveltern muss sich erst eine emotionale Beziehung aufbauen, und das benötigt viel Zeit. Die Kinder haben häufig schon mehrere Trennungen und Vernachlässigungen erlebt; deshalb ist die erste Lebensphase in der neuen Familie besonders wichtig. Die Kinder brauchen jetzt Zuverlässigkeit, Zuwendung, Sicherheit und Toleranz. Sie brauchen hundert Prozent und nicht nur die Krumen, die zwischen Job, Freizeit und anderen Verpflichtungen übrig bleiben. Wo ein leibliches Kind in ein Familiengefüge hineingeboren wird, muss ein Adoptivkind dieses „Gefühl des Hineingeborenseins“ erst aufbauen. Lassen Sie ihm Zeit dazu und helfen Sie ihm dabei.

Wer sich für eine Auslandsadoption entscheidet, muss selbst aktiv werden. Aus § 7 Abs. 3 Satz 1 des Adoptionsvermittlungsgesetzes ergibt sich ein „Rechtsanspruch für Adoptivbewerber gegenüber der Adoptionsvermittlungsstelle des örtlichen Jugendamtes auf Eignungsüberprüfung zur Annahme eines Kindes mit gewöhnlichem Aufenthalt im Ausland“. Konkret bedeutet das: In der Regel übernimmt die örtliche Adoptionsvermittlungsstelle die Eignungsprüfung und die Erstellung des Sozialberichtes der Adoptivbewerber. Die Fachkräfte der Auslandsvermittlungsstelle können noch eigene Ermittlungen durchführen und den Sozialbericht des Jugendamtes ergänzen.

*„Unsere Adoptionsvermittlerin hat uns zwar bescheinigt, dass wir auch in Deutschland gute Chancen hätten, aber hier hatten wir nur eine Akte und keine Sicherheit, dass wir auch wirklich eine Familie werden würden. Im Ausland, so hatten wir von einer Freundin gehört, die sich gerade um ein Kind aus Kolumbien bewarb, lägen die Chancen deutlich höher. Da haben wir uns überlegt, aus welcher Heimat wir einem Kind am meisten Positives berichten können. Wir sprechen beide Spanisch und die südamerikanische Kultur ist uns näher als die anderer Kontinente. Da haben wir uns für Südamerika entschieden. Allerdings durften wir nicht zweigleisig fahren, es also gleichzeitig in Deutschland und anderswo versuchen. Unsere Vermittlerin hat uns noch einmal gefragt, ob wir auch wirklich kein Kind aus Deutschland wollen. Und dann hat sie alles für das Verfahren für eine Auslandsadoption eingeleitet.“*

*Susanne (39)*

Der „gute Draht“ zu der Adoptionsvermittlerin oder dem Adoptionsvermittler des Jugendamtes kann und soll Ihnen auf Ihrem Weg helfen. Wie überall auf der Welt kann es auch zwischen einem Adoptionsvermittler und Adoptivbewerbern zu Spannungen kommen. Die eine Seite fühlt sich vielleicht zu wenig unterstützt, die andere sich vielleicht zu sehr unter Druck gesetzt oder mit Forderungen oder

Wünschen konfrontiert, denen sie nicht nachkommen kann. An anderer Stelle dieses Buches haben wir bereits auf die schwierige Rolle der Vermittler und ihren Spagat zwischen Richtlinien, Empfehlungen, Verantwortung, Herzblut und Privatleben hingewiesen. Sollten Sie bei Ihrem Wunsch nach einer Auslandsadoption im Jugendamt auf fachlich unbegründeten Widerstand stoßen, sprechen Sie es offen und freundlich an. In der Regel lassen sich Missstimmungen dieser Art durch ein offenes, von gegenseitiger Wertschätzung geprägtes Gespräch schnell aus der Welt schaffen. Sollte dies in einem seltenen Fall anders sein, bleibt Ihnen – wie auch bei einer Inlandsvermittlung – noch immer Ihr Recht, um einen Wechsel des Vermittlers zu bitten.

## Der Sozialbericht

Der Sozialbericht der Adoptivbewerber für den Herkunftsstaat des Kindes enthält Angaben über die Person der Bewerber, ihre persönlichen und familiären Umstände, ihren Gesundheitszustand, ihr soziales Umfeld und über die Beweggründe der Bewerber für die Adoption. Aus dem Bericht muss auch deutlich werden, dass sich die Bewerber eingehend mit der Thematik der Adoption eines fremdländischen Kindes auseinandergesetzt haben. Manche Herkunftsstaaten haben individuelle Anforderungen an Aufbau und Inhalte des Berichtes. Die Auslandsvermittlungsstelle leitet den Sozialbericht und weitere erforderliche Unterlagen an das Herkunftsland des Kindes weiter und ist auch dafür verantwortlich, dass die Dokumente (wie etwa amtliche Beglaubigungen oder Übersetzungen) den Formerfordernissen des Empfängerlandes entsprechen.

## Der Kindervorschlag

Das Haager Übereinkommen legt fest, dass der Vorschlag für ein zu den Bewerbern passendes Kind folgende Aspekte beinhaltet:

- eine Darstellung der Situation des Kindes,
- alle bekannten Informationen über dessen gesundheitliche und psychische Entwicklung und Herkunft,
- eine Beschreibung der Situation der Eltern und deren Bestätigung der Einwilligung zur Adoption,

– die Gründe der Eltern für die Freigabe des Kindes sowie
– die Erklärung der Vermittler, die die Adoption zum Wohle des Kindes unter der Beachtung des Subsidiaritätsgrundsatzes befürworten.

Im Sinne einer partnerschaftlichen Zusammenarbeit informieren die Auslandsvermittlungsstellen nach Erhalt des Kindervorschlages die örtliche Adoptionsvermittlungsstelle, die nach Absprache manchmal auch den Kindervorschlag an die Bewerber kommuniziert. Für das so genannte „Matching" (also die Zuordnung eines Vorschlages zu einem Bewerber oder Bewerberpaar) ist allerdings die Auslandsvermittlungsstelle verantwortlich.

Als Bewerber sollten Sie den Ihnen unterbreiteten Vorschlag prüfen. Sprechen Sie darüber offen mit Ihren Adoptionsvermittlern und bei medizinischen Problemen auch mit Ihrem Arzt. Scheuen Sie sich nicht, Fragen zu stellen, und seien Sie offen, wenn Sie sich bei etwas unsicher sind, und ehrlich, wenn Sie sich etwas nach reiflicher Überlegung nicht zutrauen. Auch wenn es sich „falsch" anfühlt: Sagen Sie nur „Ja" zu etwas, hinter dem Sie auch stehen können. Kein Kind dieser Welt hat Eltern verdient, die sich gar nicht so sicher sind, ob sie es überhaupt wollen – und Ihnen als Eltern steht mit dem Schritt vom Paar zur Familie eine große Herausforderung bevor. Mit Freude und Liebe wird aus Eltern und Kind eine Familie. Seien Sie gut zu Ihrem zukünftigen Kind und zu sich selbst: Starten Sie nicht in eine Adoption, wenn Sie ernsthafte Zweifel an diesem Schritt (mit diesem speziellen Kind) haben. Niemand wird Ihnen eine wohlüberlegte und begründete „Absage" übel nehmen. Im Gegenteil: Sie zeugt (wo nötig) von Verantwortungsbewusstsein und innerer Größe.

Beachten Sie bei Ihrem Entscheidungsprozess in jedem Fall die von den Vermittlungsstellen gesetzten Fristen. Ist Ihre Entscheidung gefallen, wird diese auch an die zuständigen Behörden des Heimatlandes des Kindes weitergeleitet und die nächsten Schritte des Adoptionsvorgangs können gemeinsam angegangen werden.

Auch bei Ländern, die nicht den Vorgaben des Haager Übereinkommens folgen, sollten Sie die deutschen Vermittlungsstellen einschalten, um Ihre rechtliche Vorgehensweise abzusichern. Bei diesen Staaten kam es in der Vergangenheit auch vereinzelt vor, dass Bewerber direkt von den ausländischen Behörden informiert wurden und vielleicht sogar erst vor Ort den Kinderbericht mit Vorgeschichte, Adoptionseinwilligung und Krankengeschichte einsehen konnten. Manchmal können Sie sich auch – wie der folgende Erfahrungsbericht zeigt – unerwartet ein Kind aussuchen. Dass dieses Vorgehen problematisch ist, liegt auf der Hand: In einem fremden Land und zudem bei dem Zusammentreffen mit dem Kind hochemotionalisiert, bleibt Ihnen als Bewerber kaum Zeit und Möglichkeit, Ihren Entschluss in Ruhe zu überdenken und sich, wo nötig, Rat zu holen.

*„Wir kamen in Nishnij Nowgorod an und wussten nichts über unser künftiges Kind. Wir wussten nur, dass es in irgendeinem Waisenheim ein Kind geben sollte, das zu uns passen werde, also zu dem, was in den ganzen Unterlagen des deutschen Jugendamtes und all den anderen Dokumenten über uns stand. Da musste auch irgendwo stehen, dass wir uns lieber ein kleines Mädchen wünschen. Zunächst mussten wir in Russland im örtlichen Familienministerium mit der Frau sprechen, die für alle Waisenheime zuständig ist. Sie fragte uns, ob wir uns auch einen Adoptivsohn vorstellen könnten. Da sagten wir spontan Ja. Die Adoptionsvermittlerin des Erziehungsministeriums schickte uns zu einer Sozialarbeiterin, die für den Heimbezirk des Kindes zuständig war. Mit ihr fuhren wir in ein abgelegenes Heim. Sie musste dabei sein und sehen, wie wir uns mit dem Kind verstehen, weil sie das protokollieren musste. Später sagte sie beim Gerichtstermin auch dazu aus.*

*Im Kinderheim warteten schon die Heimleiterin, der Arzt des Heimes und eine Assistentin in einem Gemeinschaftsraum. Die Heimleiterin wirkte sehr herzlich, zugleich mütterlich und gut geordnet. Sie hatte zwei dicke Mappen dabei und sagte, in ihrem Heim gebe es ein sieben Monate altes Mädchen und einen neun Monate alten Jungen, für die sich keine russischen Adoptivbewerber gefunden hätten und die zu unseren Bewerbungsunterlagen passen würden. Ob wir beide sehen wollten.*

*‚Ja', sagten wir, und der Arzt schlug die Kinderdokumente auf. Wir wollten natürlich als Erstes von ihm etwas über das Mädchen hören. In dem Moment kam aber die Assistentin nach einem kurzen Gespräch vor der Tür wieder herein und sagte: ‚Wenn Sie heute noch den Jungen sehen wollen, dann müssen Sie mit ihm anfangen, denn er muss gleich schlafen.'*

*Damit war unser Schicksal besiegelt. Viktor wurde in einem dicken Deckenpaket hereingebracht: Er war ganz zart und blass, hatte kaum Haare und vor allem ganz helle Augen, die uns zugleich lebhaft, aber auch traurig ansahen. Da war es um uns geschehen. Das Mädchen haben wir uns dann kaum angesehen. Aber es tat uns doch leid, sie einfach ihrem Schicksal im Heim zu überlassen, so dass wir naiv fragten, ob wir nicht vielleicht beide adoptieren könnten. Aber das ging nicht. Das würden schon unsere deutschen Bewerbungsunterlagen nicht zulassen, da stünde nur etwas von einem Kind.*

*Eigentlich ist es in Russland nicht üblich, zwei Kinder vorgestellt zu bekommen. Normalerweise wird einem ein bestimmtes Kind vorgeschlagen. Es ist dann allerdings sogar möglich, das Kind abzulehnen, dann wird einem meist ein anderes Kind vorgestellt. Allerdings haben die russischen Vermittler sich bei ihrem ersten Vorschlag auch etwas gedacht, die Berichte genau studiert. So ging aus unseren Berichten hervor, dass wir gerne ein offenes Haus haben und Probleme direkt angehen. Auch Viktor hatte mit seinen neun Monaten schon einen Sozialbericht. Dort stand dann auch, dass er ein geselliges Kind ist, das gerne auf andere Kinder und Erwachsene zugeht. Das stimmte. Er passte von Anfang an gut zu uns."*

*Michael (42)*

## So geht es weiter

Um das Kind kennenzulernen und alles Erforderliche mit den örtlichen Behörden zu klären, müssen Sie als Adoptivbewerber in jedem Falle in die Heimat Ihres zukünftigen Kindes reisen. Negativ ist: Diese Reise ist meist teuer, unbequem und beschwerlich. Positiv ist: Sie können nicht nur die Probleme des Landes ungefiltert erleben, sondern auch dessen Schönheit und seine Menschen. Sehen Sie sich gut um und lernen Sie, dieses Land zu lieben. Hier hat Ihr zukünftiges Kind seine Wurzeln – und deshalb wird die Kultur dieses Landes Ihnen fortan zeitlebens ein Begleiter sein.

Ihr zukünftiges Kind lebt vermutlich in einem Kinderheim oder, vor allem in Südamerika, in einer vorübergehenden Pflegefamilie. Sammeln Sie auch bei diesem ersten Treffen alle Eindrücke, Bilder und Informationen, derer Sie habhaft werden können. Machen Sie Fotos, führen Sie Gespräche, stellen Sie Fragen, beobachten Sie, hören Sie zu. „Wie war das, als ihr mich das erste Mal gesehen habt? Wo war ich da? Wie sah es dort aus? Wer hat sich um mich gekümmert?" – Fragen wie diese wird Ihr Kind Ihnen später immer wieder aus heiterem Himmel stellen. Wie schön ist es da, wenn Sie ihm detailliert von dieser Zeit berichten können und es weiß, dass auch damals schon so gut wie möglich für es gesorgt worden ist.

*„José war vier Jahre alt und lebte seit einem Jahr bei einer Pflegefamilie. Wir haben zwei Fotos von ihm bekommen: Ein ernstes, verschüchtertes dunkles Kind blickte uns entgegen. Das war ein bizarres Gefühl. Man streicht um das Bild herum: Das ist jetzt dein Sohn. Aber man weiß eigentlich noch nichts von ihm. Es gab nur einige Informationen darüber, wie ihn seine Mutter verlassen hatte und dass er damals unterernährt war. Im vergangenen Jahr war er dann von einer Pflegefamilie aufgepäppelt worden und sollte nun bei guter Gesundheit sein. Dann haben wir ein erstes Spielzeug für José ausgesucht, ein Feuerwehrauto mit Sirene.*
*Gesundheits- und Führungszeugnis mussten aktualisiert werden. Von der Ausländerbehörde brauchten wir eine Vorabzustimmung, damit José auch später einreisen darf. Dafür mussten wir versichern, dass wir für seinen Lebensunterhalt und alle anderen Kosten für ihn in Deutschland aufkommen werden. Auch wenn er hier in ein Heim oder eine andere Pflegefamilie kommen würde, müssten wir dies zahlen. Aber an diesen schlimmsten Fall dachten wir ja nicht.*
*In Frankfurt haben wir uns noch ein Visum für Kolumbien besorgt und sechs Wochen nach dem Anruf saßen wir endlich im Flugzeug. In Bogota wurden wir von einem ‚AdA'-Fahrer mit Schild abgeholt. Die erste Nacht haben wir in der Hauptstadt verbracht. Im ‚AdA'-Büro hörten wir, wie es weitergeht. Am nächsten Tag flogen wir erst noch mit einem kleinen Flugzeug 25 Minuten die Anden herunter in die Heimat von José. Untergebracht hatte uns ‚AdA' in einer kleinen Pension bei einer älteren Dame, bei der alles sehr geschützt und kindgerecht war. Am nächsten Tag war unser Termin beim Jugendamt. Die Kolumbianer legten Wert darauf, dass wir uns entsprechend kleideten. Wir hatten extra einen Anzug und eine Blazer-Kombi mitgenommen.*
*Und dann war es so weit. José kam in den Raum gerannt. Etwa zehn Leute saßen da, Sozialarbeiter, ein Anwalt, Übersetzer und wir. José drehte sich um und sagte zu mir ‚Mama'. Wir haben ihn spanisch angesprochen und ihm das Auto gegeben. Er hat*

*viel gelacht und wir durften eine Woche lang mit ihm in unserer Pension leben. Danach gab es einen ‚Integrationstermin': Die kolumbianischen Sozialarbeiter wollten wissen, wie es mit uns gelaufen war. Dann wurde das Gerichtsverfahren gestartet.*

*Nach dreieinhalb Wochen hatten wir unseren Gerichtstermin in Bogota. Nun war José ‚unser Sohn'. Wie sollten wir das feiern? Wir haben alle eine Kugel Vanilleeis darauf gegessen."*

*Susanne (39)*

Vonseiten der Auslandsvermittlungsstellen gibt es zwei wichtige Termine für Sie als Bewerber: das Kennenlernen Ihres zukünftigen Kindes und den Gerichtstermin vor Ort, bei dem die Adoption vollzogen wird. Diese Termine liegen häufig zeitlich auseinander, wie etwa in Russland. Dort ist es bislang gängige Praxis, dass Sie nach dem Kennenlernen Ihres Kindes erst wieder nach Deutschland fahren, um mehrere Wochen später zum Gerichtstermin zurückzukehren. Erst nach dem Termin bei Gericht dürfen Sie auch Ihr Kind mit in sein neues Zuhause nehmen.

**Checkliste: Was Sie bei der ersten (bzw. zweiten) Reise bedenken sollten**

- Haben wir einen guten Reiseführer?
- Gibt es ein Wörterbuch?
- Sind Impfungen erforderlich?
- Wann, wo und wie müssen wir unsere Visa beantragen?
- Haben wir das Flugticket bestellt?
- Ist für die Unterkunft alles organisiert?
- Welches Spielzeug ist für das Kind geeignet?
- Welches Fotoalbum können wir bei dem Kind lassen, damit es sich an uns erinnert?

Um den Entwicklungsstand des Kindes beurteilen zu können, kann es hilfreich sein, vor der Reise Kinder in einem ähnlichen Alter zu treffen und sich mit ihnen zu beschäftigen.

- Ist das eigene Handy in dem fremden Land zu benutzen?
- Und: Was kostet es?
- Haben wir alle Telefonnummern dabei, von Kontakten im Land, aber auch von Freunden oder Ärzten, mit denen wir uns vielleicht noch vor Ort beraten wollen?
- Welche Zahlungsmittel sind im fremden Land sinnvoll? Reiseschecks oder vielleicht Dollarnoten?

**Checkliste: Was Sie bei der „Mitnahme“ Ihres Kindes beachten sollten**

- Sind die Vorabzustimmung der Ausländerbehörde, das Führungszeugnis und Gesundheitsattest noch aktuell?
- Brauchen wir bei dem Prozess besondere Kleidung oder noch Unterlagen?
- Haben wir ausreichend Kleidung für das Kind? Und: Ist sie für das Klima im Land geeignet?
- Wie können wir dem Kind die Reise angenehm gestalten?

Bei der Reise in das Heimatland sollten Sie versuchen, so viel wie möglich über die Geschichte des Kindes zu erfahren. So ist es sinnvoll, die bisherigen Lebensstationen des Kindes abzufahren. Auch wenn wenig über das Kind bekannt ist, freut es sich vielleicht später, zu sehen, in welchem Krankenhaus es geboren wurde oder wo und mit wem es seine ersten Lebenswochen oder -monate verbrachte. Machen Sie also viele Fotos für Ihr Kind – es wird sich später darüber freuen. Auch für das letzte Gespräch mit den Betreuern des Kindes empfiehlt sich eine kleine Checkliste.

**Checkliste: Fragen im Heim oder bei den Pflegeeltern**

- Welchen Tagesrhythmus ist das Kind gewöhnt?
- Welche Medikamente nahm es ein?
- Wie sind seine Essgewohnheiten?
- Hatte das Kind bestimmte Freunde, zu denen es eventuell sogar Kontakt halten kann?
- Gibt es Bilder oder Erinnerungsstücke, die das Kind mitnehmen darf?
- Darf man Bilder von dem Kind an seinen Lieblingsorten machen, vielleicht auch mit seinen Lieblingserziehern oder der Pflegefamilie?
- Darf man eventuell Tonbandaufzeichnungen oder Videoaufnahmen machen, auf denen die bisherigen Bezugspersonen etwas über die ersten Lebensjahre oder Lebensmonate des Kindes erzählen? Über seine Vorlieben und Abneigungen, besondere Anekdoten, vielleicht sogar gute Wünsche für die Zukunft aussprechen?
- Was wissen Heim oder Pflegeeltern über die leiblichen Eltern? Jedes Fitzelchen Information kann Ihrem Kind später helfen, wenn es nach seinen Wurzeln suchen möchte.

Wenn Sie ein Kind in seinem Heimatland adoptieren und mit diesem nach Deutschland ziehen möchten, müssen Sie die im Heimatland Ihres Kindes durchgeführte Adoption auch in Deutschland rechtlich anerkennen lassen. Bei manchen Staaten ist die Anerkennung nicht viel mehr als eine Formsache, bei anderen gestaltet sie sich komplizierter. Auch haben die Vertragsstaaten des Haager Übereinkommens für eine Anerkennung der Adoption eindeutigere Bestimmungen (und somit ein spürbar erleichtertes Anerkennungsprozedere) als die Nichtvertragsstaaten. Wenden Sie sich in einem solchen Fall mit Ihren Fragen an die Bundeszentralstelle für Auslandsadoption (BZAA) oder die Auslandsvermittlungsstelle. Sie können auch nach dem Adoptionswirkungsgesetz (AdWirkG) ein Verfahren bei einem deutschen Familiengericht beantragen, um die Adoption in Deutschland nachträglich rechtlich abzusichern.

Bevor Sie als Adoptivbewerber in das Heimatland Ihres Kindes fahren, beantragt die Auslandsvermittlungsstelle eine Vorabzustimmung zur Visumserteilung bei der Ausländerbehörde in Deutschland. Diese Vorabzustimmung wird Ihnen vor der Reise in das Land Ihres zukünftigen Kindes zugesandt. Mit dieser können Sie bei der deutschen Botschaft im Herkunftsland Ihres zukünftigen Kindes dessen Visum zur Ausreise beantragen. Genaueres dazu erfahren Sie aber auch im Rahmen Ihres Adoptionsvorbereitungsprozederes. Allerdings nutzen einige wenige Adoptivwillige bis heute illegale Wege, wie etwa Einreisemöglichkeiten eines Kindes ohne Visum. Trotz zahlreicher Gesetze gibt es im deutschen Rechtsystem Schlupflöcher – in der Regel zum Schaden der Herkunftseltern und des Kindes. Diese öffnen theoretisch den Weg in die so genannte Selbstbeschaffungsadoption.

*„Die Zurückhaltung der deutschen Behörden, effiziente Strukturen zur Adoption von Kindern aus dem Ausland zu schaffen, treibt die Interessenten in die Arme von offiziell anerkannten oder informell tätigen Adoptionsvermittlungen, Vereinen oder privaten Agenturen, die oftmals weder professionell noch uneigennützig tätig werden. In der Vergangenheit haben die Verbände der Kirchen dieses Feld dominiert und konnten ihre familienpolitischen Ideen durchsetzen. Nun sind hier unterschiedliche Organisationen am Werk, die zwar, sofern sie offiziell arbeiten, den rechtlichen Auf-*

*lagen entsprechen, aber dennoch über genug Spielräume für eigene Interpretationen und Strategien verfügen."*

*Christiane Bender,*
*Soziologie-Professorin an der Hamburger Bundeswehr-Universität*

Auch in Deutschland gibt es „Privatadoptionen", und nicht jede von ihnen fällt vor den Augen des Gesetzes unter „Kinderhandel". Das führt dazu, dass nach Auskunft der Bundeszentrale für Auslandsadoption 50% aller Adoptionen aus dem Ausland unbegleitet erfolgen, und zwar aus den Vertragsstaaten des Haager Übereinkommens ebenso wie aus den Nichtvertragsstaaten. Dies öffnet Adoptionsmissbrauch Tür und Tor. Sicherlich sind nicht alle Adoptiveltern, die ihre Kinder „am Adoptionsapparat vorbei adoptieren", Verbrecher mit übler Gesinnung – aber nur eine einzige Ausnahme, in der ein Kind unbegleitet zu Eltern kommt, die nicht gut zu ihm sind, reicht in unseren Augen aus, um in größtmöglichem Umfang wachsam zu sein. Deshalb fordern auch Adoptionsfachleute zunehmend, dass der Gesetzgeber eindeutige Rechtsvorschriften erlässt, um Missbrauch vorzubeugen – etwa durch das Verbot oder die Sanktionierung unbegleiteter Adoptionen, die ohne inländische Adoptionsvorbereitung zustande gekommen sind. Eine weitere Möglichkeit wäre sogar eine generelle Ablehnung der nachträglichen Anerkennungsgesuche aller Adoptionsbeschlüsse, die außerhalb von Deutschland zustande gekommen sind. (Natürlich kommt es auch hierbei stets stark auf die individuelle Familiensituation an.) Um Fälschungen vorzubeugen, soll der Sozialbericht außerdem nur von Jugendämtern formuliert werden dürfen.

Fest steht: Die Zuständigkeiten im Auslandsadoptionsgeschehen müssen zum Schutz aller drei beteiligten Parteien – den Herkunftseltern, den Adoptiveltern und vor allem dem Kind – klarer geregelt werden. Dies kann langfristig und zuverlässig nur gelingen, wenn das Personal im Bereich Adoption und Auslandadoption quantitativ und qualitativ ausreichend und beständig ist, eine aussagekräftige internationale Adoptionsstatistik etabliert wird und so das Vertrauen der erwachsenen Beteiligten – der Herkunfts- und der Adoptiveltern – in die Vermittlung wächst und sich auf einem hohen Niveau etabliert, damit kriminelle Praktiken ganz sicher vermieden werden können.

## Kriminelle Praktiken

Ein Kind ist keine Ware – und wenn sein Lebensmittelpunkt schon verschoben und seine Karten neu gemischt werden müssen, dann hat es zumindest eines dabei verdient: einen unparteiischen und kritischen Anwalt, der im weitest möglichen Rahmen darauf Acht gibt, dass der neue Start dieses Kindes ein guter Start wird.

Trotzdem geschieht es bis heute, dass Mütter ihr Kind aus Not mehr oder weniger offen gegen eine geringe Summe verkaufen oder ihr Kind ihnen durch Gewaltandrohung oder mittels Gewalteinwirkung von kommerziellen Vermittlern genommen wird. Diese verkaufen das Kind dann für ein Vielfaches an adoptionswillige Ausländer weiter, die sich wiederum durch hohe Bestechungsgelder an Anwälte, Richter und Beamte den ersten Platz in der Hackordnung der Interessenten erkaufen und als Preis das seinen Eltern entrissene Kind „gewinnen", das sie gleich in dessen Heimatland adoptieren. Der Anfang einer glücklichen Familie? Vielleicht für die Adoptiveltern – zumindest dann, wenn sie es schaffen, jede Fähigkeit zur Selbstreflexion ihrer Taten fortan weiträumig auszuschalten. Für das Kind und seine Herkunftseltern? Sicherlich nicht.

Noch bedenklicher ist es, wenn die neuen Eltern das „gekaufte" Kind sogar als ihr leibliches ausgeben oder sich darauf einlassen oder gar einfordern, eine falsche Vaterschaft vorzutäuschen, um ihr Anrecht auf das dergestalt erworbene Kind noch fester zu zementieren. Hierbei werden Geburts- und Sterbeurkunden, Sozialberichte, Adoptionsurkunden und anderes in großem Stil gefälscht – eine Straftat, ja. Vor allem aber ein Raub – ein Raub, der dem eigenen Adoptivkind seine Geschichte und sein ureigenes Menschenrecht nimmt: das Recht darauf, die Wahrheit über sich und seine Herkunft zu erfahren.

Die menschliche Fantasie reicht kaum aus, um zu erfassen, was Kriminelle sich ausdenken, um an ein Kind zu kommen; sei es, um mit ihm Geld zu verdienen oder um es mit aller Macht der eigenen „Familie" einzuverleiben. Keiner der Beteiligten denkt dabei an das Kind – ein Kind, das gänzlich entwurzelt in eine Familie kommt, die es angeblich liebt und doch mit einer Lüge an sich bindet. Was werden Eltern wie diese ihrem Kind sagen, wenn eines Tages die Wahrheit ans Licht kommt? Und was wird ihr Kind den Menschen sagen, die es Vater und Mutter genannt, denen es vertraut hat und von denen es von Anfang an benutzt und getäuscht worden ist?

Im Jahr 1999 trat in Deutschland ein Gesetz in Kraft, das den Kinderhandel mit bis zu zehn Jahren Freiheitsentzug bestraft: der § 236 des Strafgesetzbuchs. „Kinderhandel" ist aus Not geboren. Falls es irgendwo auf dieser Welt eine Mutter gibt, die ihre Kinder ohne mit der Wimper zu zucken nur deshalb gebiert, um sie kontinuierlich und meistbietend an das nächstbeste adoptionswillige Paar zu verschachern und sich so ihr Luxusleben zu finanzieren, ist sie weder uns noch irgendeinem anderen uns bekannten Adoptionsvermittler je begegnet noch haben wir je von ihr gehört. In der Begegnung zwischen verkaufenden Herkunftseltern und kaufenden Adoptiveltern sind die Adoptiveltern die Täter – ebenso wie die illegalen Vermittler. Beide sind sie Teil des Systems, das die Armut der Herkunftseltern stützt.

Harte Worte? Das mag sein. Aber unserem moralischen Empfinden nach wahre Worte. Im Sinne der Kinder müssen Menschen, die sich nach einem Kind sehnen, das Wohl des Kindes über ihre eigenen Wünsche und Sehnsüchte stellen. Wenn sie sich nicht sicher sind, ob in der Heimat ihres zukünftigen Kindes alles mit rechten Dingen zugeht, müssen sie auf der Hut sein – und sich Unterstützung holen, statt „blindwütig zuzuschlagen" und dies, wenn sie auch nur einen Funken Herz und Verantwortung in sich tragen, ihr Lebtag lang zu bereuen.

## Die menschliche Seite

Kinder, die innerhalb von Deutschland adoptiert werden, haben meist schon eine eingehende ärztliche Untersuchung hinter sich. Auch notwendige Therapien haben im Einzelfall schon vor der Vermittlung begonnen. Bei Kindern aus dem Ausland ist das häufig anders.

Die Grundüberlegung rund um die gesundheitliche Situation des zukünftigen Kindes ist jedoch immer die gleiche: Ob Sie ein seelisch oder körperlich (stark) geschädigtes Kind aufnehmen möchten oder nicht, müssen Sie bereits während der Zeit als Adoptivbewerber entscheiden.

Einige Gedankenanregungen zum Thema sowie Schilderungen häufiger Probleme und körperlicher und seelischer Erkrankungen von Adoptiv- und Pflegekindern finden Sie im Kapitel „Sorgenkinder!?". An dieser Stelle folgen lediglich einige „typische" Probleme bei einer Auslandsadoption, die vor allem die gesundheitliche Situation der Kinder betreffen.

Viele ausländische Kinder leiden an Mangelernährung; vor allem Proteine und Mineralien fehlen ihnen. Das macht sie für Infekte anfälliger und kann die Knochenbildung vermindern. Meist lässt sich dieser Missstand durch gesunde Ernährung schnell wieder ausgleichen.

*„Der sieben Monate alte Wladimir hatte einen richtig prallen Bauch. Er sah zwar sehr blass aus, aber eigentlich gut genährt. Als wir ihn aus dem Heim abholten, gaben wir ihm erst einmal in einer Babyflasche Ersatzmilch. Die kannte er offenbar gar nicht. Es ging ihm viel zu langsam, er schrie erbärmlich. Als wir den Nuckel etwas vergrößert hatten, lief es besser. Er wollte aber einfach nicht aufhören zu trinken und zu essen. Unser Kinderarzt stellte später starken Proteinmangel fest. Offenbar hatte Wladimir in dem Heim kaum Milch, aber täglich einen Getreidebrei bekommen, den sein Magen noch gar nicht richtig verarbeiten konnte. Wir haben versucht, ihm so viel zu essen zu geben, wie er wollte. Aber es dauerte noch mehrere Monate, bis er dabei nicht mehr schrie. Heute isst er ganz normal, er vergisst sogar beim vielen Reden schon einmal ganz das Essen."*

*Vera (43)*

Es ist wichtig, dass Ihr Kind anfangs so viel und so lange essen kann, wie es will. Essen bedeutet für Ihr Kind auch Zuwendung und Sicherheit. Die „Fresslust" lässt meist von alleine nach. Wenn Ihr Kind dabei zu stark an Gewicht zulegt, können Sie versuchen, ihm etwas kalorienärmere Nahrung zu geben.

Vor allem Kinder mit asiatischen und afrikanischen Wurzeln haben gelegentlich schon im Kindesalter eine Laktoseintoleranz (Milchunverträglichkeit). Ihnen fehlt ein Enzym zur Verdauung der Milch, das durch Tabletten zumindest teilweise ersetzt werden kann.

Appetitlosigkeit und Blässe können von Madenwürmern verursacht werden. Diese lassen sich, ähnlich wie Hakenwürmer, leicht mit Medikamenten abtöten.

Von schwer zu behandelnden Infektionskrankheiten mit tödlichem Risiko, wie etwa Hepatitis C, sind Adoptivkinder nicht häufiger betroffen als andere Kinder. AIDS-infizierte Kinder werden – wenn die Infektion bekannt ist, denn AIDS kann bei Neugeborenen nicht sofort diagnostiziert werden – so gut wie nie nach Deutschland vermittelt.

Allerdings leiden Kinder zum Beispiel aus Russland und der Ukraine nicht selten an einem Fetalen Alkoholsyndrom (FAS). Diese Kinder zeigen später nicht nur die typischen FAS-Symptome wie Hyperaktivität oder Lernschwierigkeiten, sondern sind auch nicht oder nur eingeschränkt in der Lage, sich an Bezugspersonen zu binden. Näheres dazu finden Sie unter dem entsprechenden Abschnitt im Kapitel „Sorgenkinder!?". Es gibt also durchaus verschiedene länderspezifische Probleme, die auftauchen können. Es kann nicht schaden, wenn Sie sich im Vorfeld diesbezüglich erkundigen.

*„Bei Nikolaj, der wahrscheinlich durch frühe Traumata geschädigt ist, brachte eine zweijährige Spieltherapie keine Besserung des Sozialverhaltens. Besuche bei einer Kinderpsychologin verliefen ergebnislos. Intensive Untersuchungen im Krankenhaus brachten auch keine Erkenntnisse. Es wurde ADS vermutet, das Aufmerksamkeits-Defizit-Syndrom. Da wir uns als Familie nur noch hilflos, mutlos und ausgebrannt fühlten, wurde eine medikamentöse Therapie angeraten. Vor ein paar Jahren wäre das für mich nie in Frage gekommen. Ich hatte ADS und ähnliche Störungen immer als Modekrankheit eingestuft und vermutet, dass die Eltern sich nicht genügend bemühten. Heute sehe ich das anders. Nikolaj erhielt Ritalin, Equasym und Medikinet, leider jeweils ohne die geringste Wirkung. Seit wenigen Tagen haben wir wieder Hoffnung. Nikolaj erhält seit zwei Wochen Risperdal, das bei ADS und psychischen Erkrankungen und Störungen hilft. Wir freuen uns, dass Nikolaj ruhiger und ausgeglichener zu werden scheint und es ihm und uns als Familie besser geht. Wir wissen jedoch, dass dies nur eine Übergangslösung sein kann. Eine stationäre Therapie ist geplant und wir können nur hoffen, dass diese helfen wird, Ursachen und Behandlungsansätze zu finden, da sonst nur die lebenslange Medikation bleibt, und das wollen wir ihm gerne ersparen."*

*Doris (36)*

Als Adoptiveltern müssen Sie sich mit der individuellen Situation Ihres Kindes auseinandersetzen und zusammen mit dem behandelnden Kinderarzt nach geeigneten Therapien suchen. Der Kontakt zu anderen erfahrenen Adoptiveltern kann Ihnen dabei wertvolle Unterstützung bieten, ebenso wie ein Blick in die in diesem Buch empfohlenen Adoptionsseiten im Internet. Allerdings sollten Sie Ihrem Kind zunächst auch die Ruhe und Zeit gönnen, sich in seiner neuen Heimat einzuleben. Manche vermeintliche „Auffälligkeit" verschwindet so von selbst.

In späteren Jahren setzen sich die heranwachsenden Kinder zunehmend mit ihrer Herkunft auseinander. Es ist von Anfang an wichtig, dass Sie als Adoptiveltern sich dieser Aufgabe stellen. Nur wenn Sie Ihrem Kind auch in diesem Bereich eine Stütze sind, kann es zu einer selbstbewussten Persönlichkeit finden. Wenn von Ihrem Kind – direkt oder indirekt – gewünscht, ist es für das Kind und seine Identitätsfindung auch extrem wichtig, dass Sie es bei seiner Wurzelsuche-Reise in sein Herkunftsland begleiten.

*„Meine Tochter, ein brasilianisches Kind und heute 14 Jahre alt, zelebriert ihre Andersartigkeit mit großem Stolz. In der Pubertät kämpft jedes Kind um Individualität und Unverwechselbarkeit. Ihr ist es zugefallen, sich zu unterscheiden, und das genießt sie. ‚So ist eben unser Temperament', sagt sie lässig, wenn sie wieder lustvoll ein Drama inszeniert.*
*Als kleines Kind hat meine Tochter mit ihren biologischen Eltern, die sie nicht kennt, einen fantasievollen Umgang gepflegt: ‚Meine richtige Mutter würde mir jetzt ein Eis kaufen …' Ich habe immer zugestimmt, weil ich ihr diese kleinen Fluchten gönnen wollte. Das hat, so denke ich jetzt, dazu geführt, dass sie sich nie verstoßen oder abgelehnt gefühlt hat – bis heute ist sie ungeheuer stolz auf ihre Herkunft.*
*Man hält meine Tochter oft für eine Italienerin oder Türkin, weil sie eine dunklere Hautfarbe hat. ‚Ich bin Brasilianerin', antwortet sie dann mit großer Würde, ‚das sind die schönsten Frauen der Welt!' Das hat einmal ein Taxifahrer gesagt, als sie zehn war, und das hat sie nie vergessen. Sie genießt es, sich von ihren langweiligen, weil durchschnittlich ‚weißen' Eltern und Geschwistern zu unterscheiden. Noch lieber aber wäre ihr – zumindest zurzeit – sie wäre ‚richtig schwarz'."*

*Tamara (49)*

## Die finanzielle Seite

Eine Auslandsadoption kostet im Idealfall einige, im schlimmsten Fall zigtausend Euro. Das Haager Übereinkommen erlaubt es den Vermittlungsstellen, Kosten und Auslagen der grenzüberschreitenden Adoptionsvermittlung an die Adoptivbewerber weiterzugeben. Auch angemessene Honorare dürfen sie verlangen. Darüber hinaus können Bewerber mit anfallenden Gebühren wie etwa Übersetzungen und Beglaubigungen belastet werden. (Dies ist bei Inlandsadoptionen übrigens ganz genauso, nur dass die anfallenden Gesamtkosten dort eben aus naheliegenden Gründen ungleich geringer sind.)

Im Mai 2005 stiegen die Kosten für alle Auslandsadoptionswilligen. Durch eine Rechtsverordnung des Bundestages müssen die Jugendämter seitdem von den Adoptivbewerbern 1200 Euro für die Erstellung des obligatorischen Sozialberichtes verlangen. Schreiben freie Adoptionsvermittlungsstellen den Sozialbericht, ändert das in der Regel nichts an der geforderten Summe.

Da die Gebührensätze aller Vermittlungsstellen sich häufig ändern, ist eine verbindliche Auflistung der Kosten nicht möglich. Aktuelle Kostensätze erfahren Sie bei den Jugendämtern oder den freien Vermittlungsstellen und oft auch auf deren Internetseiten. Um Ihnen aber an dieser Stelle zumindest einen groben Orientierungswert zu bieten, haben wir im Folgenden die Verwaltungsvorgänge aufgeschlüsselt, die für eine Auslandsadoption anfallen, und nennen eine grobe Gesamtsumme. Zunächst wird seitens der Vermittlungsstelle eine Summe für die Vermittlung eines Kindes fällig. Mit dieser deckt die Stelle nicht nur Personal-, Verwaltungs- und Bürokosten in Deutschland, sondern auch ein Vorbereitungsseminar, das Versenden der Dokumente ins Ausland, die Behördengänge in der Heimat des Kindes, die laufende Betreuung, Übersetzungen der vermittlereigenen Korrespondenz und Dokumentation und die Übersendung des Kindervorschlages samt zusätzlich gesammelter Informationen und später für das Übermitteln von Nachsorgeberichten. Für den Adoptivbewerber also viel Geld; umgerechnet auf einen theoretischen Stundenlohn eines exemplarischen Mitarbeiters eine geringe Summe.

Aber die freie Vermittlungsstelle allein macht nicht den größten Teil der Kosten aus. Jedes Führungszeugnis, jeder Einkommensnachweis, jede Wohnungsbeschreibung oder jedes Gutachten müssen nicht nur übersetzt, sondern vom Notar beglaubigt werden, der sich seine Beglaubigung wiederum vom Landgericht apostillieren (sprich: „überbeglaubigen" und mit einem amtlichen Stempel versehen) lassen muss. Allein dieser Apostillierungsstempel kosten pro Dokument 50 Euro, und dabei sind die Übersetzer- und die Anwaltskosten noch nicht mit eingerechnet. Bei zwanzig Dokumenten pro Bewerbungsmappe kommt so einiges zusammen.

Hinzu kommen Kosten für Übersetzer, Anwalt und andere Betreuer vor Ort, die nach Herkunftsland des Kindes stark differieren. Insgesamt kommen Adoptivbewerber so auf eine Summe von 15 000 bis 20 000 Euro. Mit ähnlichen, in keinem Fall aber niedrigeren Kosten müssen die Bewerber bei den meisten Vermittlungsstellen auch heute rechnen.

Hinzu kommen eigene Kosten wie Reisekosten – also die Kosten für Flug und Hotel oder Pension. Bei Reisen um den halben Erdball oder in entlegene Regionen eines fernen Landes müssen Sie lediglich im Internet nach Flügen suchen und bekommen so einen Einblick in das, was hier auf Sie zukommt. Nicht zuletzt müssen Sie sich im Klaren sein, dass Sie allein in das Land Ihres zukünftigen Kindes reisen. Auch die Mitarbeiter der freien Träger reisen nicht mit; sie können nur aus der Ferne Hilfestellung geben (und fahren möglichst einmal im Jahr in „ihr" zertifiziertes Land, um dort Probleme zu besprechen oder sich über Neuerungen zu informieren). Wer also ein Kind aus dem Ausland adoptieren will, sollte unbedingt Organisationstalent mitbringen, sich im Vorfeld gut informieren und sich dem Prozedere gewachsen fühlen.

## Eingewöhnung, nachgehende Begleitung, Berichterstattung

Besonders wichtig für das Gelingen einer Adoption sind die Eingewöhnung des Kindes in sein neues soziales Umfeld und der Beziehungsaufbau zu den Adoptiveltern. Kindern aus einem anderen Kulturkreis fällt dieser Schritt oft noch schwerer als anderen. Im schlimmsten Fall ist ihnen nichts mehr vertraut – der Geruch nicht, die Klimaverhältnisse nicht, die Landschaft nicht, die Hautfarbe, die kultureigene Physiognomie, Art und Geschmack der Nahrung und noch nicht einmal Klang und Melodie der Sprache, mit der das Kind tagtäglich angesprochen wird und die es in der Regel nicht versteht. Hinzu kommt: Deutsch ist klanglich eine harte Sprache. „Du, Mama, warum schreien die Leute alle so?", fragte die achtjährige englischsprachige Tochter einer britischen Arbeitskollegin vor ein paar Monaten ängstlich und verunsichert ihre Mutter, als ich beide vom Frankfurter Flughafen abholte. „Die schreien nicht", gibt die Mutter mit einem entschuldigenden Lächeln zu mir auf Englisch zurück, „die reden nur Deutsch."

Kurz: Eine Familie, die ein Kind aus einem anderen Kulturkreis und Land zu sich nimmt, braucht zu Beginn vor allem zweierlei: Ruhe und Zeit, um ihrem Kind die Eingewöhnung so leicht wie möglich zu machen und um selbst zu einer Familie zusammenzuwachsen. Allerdings ist das mit der Ruhe eine Gratwanderung: Die Adoptionsvermittlungsstellen haben ein „Wächteramt" inne, und die Familie benötigt gerade in der Anfangszeit auch Beratung und Begleitung.

Die Begleitung durch die örtliche Adoptionsvermittlungsstelle stellt hierbei eine Ergänzung der länderspezifischen Beratung durch die Auslandsvermittlungsstelle dar. Damit es bei Ihnen in den ersten Wochen und Monaten von Amtsseite aus nicht zugeht wie in einem Taubenschlag, ist es in Ihrem Sinne, dass Bewerber, Auslandsvermittlungsstelle und örtliche Adoptionsvermittlungsstelle Art und Form der Hilfestellungen und Hausbesuche frühzeitig klären und festlegen – am besten schriftlich und für alle Seiten verbindlich. Die „frischgebackenen" Adoptiveltern sollten auch Großeltern, Geschwister und Freunde bitten, von Besuchen zunächst Abstand zu nehmen, damit das Kind in der ersten und für die Bindung so wichtigen Zeit nicht durch den Kontakt zu weiteren Personen belastet wird.

Sind nach der Adoption Entwicklungsberichte für den Herkunftsstaat des Kindes erforderlich, trägt die Auslandsvermittlungsstelle die Verantwortung dafür, dass die Berichte ordnungsgemäß und termingerecht angefertigt und fristgerecht weitergeleitet werden. Zur Unterstützung gehört auch die Beratung und Begleitung der Adoptierten bei der Suche nach ihrer Identität. Die Arbeit der Vermittlungsstellen ist also ein weites Feld, das nur mit ausreichendem Zeitaufwand früchtetragend zu bestellen ist. Da es aber zunehmend an Personal mangelt, ist nicht nur bei Auslands-, sondern auch bei Inlandsadoptionen zu beobachten, dass eine gute Nachbegleitung nicht immer oder nicht in ausreichendem

Maße stattfindet. Diese steht Ihnen aber vom Gesetz her zu und hilft Ihnen und Ihrem Kind. Fordern Sie diese gern höflich, aber bestimmt ein. Wenn ein Missstand öffentlich gemacht und benannt wird, kann er auch behoben werden, und das kommt Ihnen, Ihrem Kind und anderen Eltern und Kindern nach Ihnen zugute.

Ganz gleich, ob bei einer Adoption aus dem In- oder dem Ausland: Sie und Ihr Kind haben den bestmöglichen Start in ein gemeinsames Leben verdient. Tipps zur ersten Eingewöhnungszeit Ihres Kindes finden Sie überdies auf Seite 248.

**Weiterführende Informationen**

**Sachbuch:**
Riedle, Herbert/Gillig-Riedle, Barbara: Ratgeber Auslandsadoption, TiVan, 4. Aufl. 2013. Das Sachbuch geht vertiefend auf Situationen in den verschiedenen Ländern ein. Das Ehepaar (ein Rechtsanwalt und eine Psychologin) hat selbst drei Kinder aus dem Ausland adoptiert.

**Sachbuch:**
Hoksbergen, René: Die Folgen von Vernachlässigung. Erfahrungen mit Adoptivkindern aus Rumänien, Schulz-Kirchner, 2. Aufl. 2004.

**Internet:**
www.adoptionsinfo.de
Portal rund um Adoption und Auslandsadoption. Wird vom Autorenpaar Riedle/ Gillig-Riedle betrieben.

**Internet:**
www.adoptivfamilien.de
„Adoptivfamilien mit Kindern aus aller Welt e.V.“ organisiert ein jährliches, mehrtägiges Treffen für Adoptivkinder und ihre Eltern mit Veranstaltungen und Austausch.

**Internet:**
www.adoptionsberatung.at
Österreichische Seite zum Thema Auslandsadoption

# 4 Sorgenkinder!?

**„Es muss Herzen geben, welche die Tiefe unseres Wesens kennen und auf uns schwören, selbst wenn die ganze Welt uns verlässt.“**

Karl Ferdinand Gutzkow

Welches Kind soll „mein“ Kind werden? Würde ich Geschwister aufnehmen? Zwillinge? Ältere Kinder? Kinder mit geistigen, seelischen oder körperlichen Schädigungen oder dem Verdacht auf selbige? Viele Bewerber antworten auf die Frage, was für ein Kind sie sich wünschen, zunächst einmal etwas wie „Das ist mir egal. Kind ist Kind.“ Zählt man ihnen dann jedoch die Möglichkeiten auf, schränkt sich die Wahl schnell ein: Ein Säugling soll es sein, gesund und – zumindest hierzulande – möglichst hellhäutig. Um es deutlich zu sagen: Dieser Wunsch lässt sich in den seltensten Fällen erfüllen.

Was aber bedeutet es, ein älteres Kind aufzunehmen? Oder ein Geschwisterpaar? Was, wenn die Mutter getrunken hat? Und was, wenn ein Kind mit Gewalt gezeugt wurde?

In diesem Kapitel geht es um diese „Sorgenkinder“ – Sorgenkinder deshalb, weil die Vermittler für sie häufig nur schwer Adoptiv- oder Dauerpflegeeltern finden. Daher gehören zu den „Sorgenkindern“ dieses Kapitels neben Kindern mit physischen und psychischen Beeinträchtigungen auch Geschwister und ältere Kinder. Nicht gesondert behandelt werden an dieser Stelle Kinder mit anderer Nationalität und Hautfarbe; zu den Problemen, die diese in unserem Land erwarten können, sind an unterschiedlichen Stellen dieses Buches Einzelbeispiele zu finden. Auch können in diesem Kapitel nicht alle „Sorgenkinder“ – und erst recht nicht im Detail – behandelt werden.

Der Entschluss für ein fremdes – und erst recht für ein krankes – Kind muss mit Herz und Verstand gefällt werden. Die folgende Frage fordert eine ehrliche Antwort, und zwar vor der Annahme eines Kindes: Welches Kind, welche Besonderheiten eines Kindes und welche rechtliche Situation traut man sich *wirklich* zu?

## Ältere Kinder

Ob der Zeitpunkt der Adoption die Wahrscheinlichkeit psychischer Probleme erhöht, hängt mit Sicherheit auch davon ab, wie schwer es dem Kind fällt, seine primären Bezugspersonen zu wechseln. Im Kapitel „Unsere Familie" werden einige Rituale beschrieben, die diesen Bruch zumindest erleichtern können, doch können auch sie den Trennungsschmerz nicht nehmen.

**Entwicklungsphasen des Kindes**

- Konditionierungen (auch bereits vorgeburtlich akustische oder geruchsbedingte Reiz-Reaktionsverknüpfungen)
- reflexhaftes (Re)Agieren (bis ca. dritter/vierter Lebensmonat) (Lächeln, Schreien, Anschmiegen, Versteifen des Körpers, „Kindchenschema" bei Erwachsenen)
- personales Interagieren (ab ca. fünfter/sechster Lebensmonat) (Lachen, Weinen, Interaktionsspiele, vorsprachliche Kommunikation, Fremdeln, Trennungsangst)
- sozial-emotionale Beziehung (ab dem siebten Lebensmonat) (sichere, unsicher-ambivalente, unsicher-vermeidende Bindung, Interaktionsbereitschaft bei Erwachsenen)

Prof. Dr. Franz Ruppert (www.franz-ruppert.de) von der Katholischen Stiftungsfachhochschule München geht in seinem Aufsatz „Adoption – was trägt zum Gelingen, was zum Misslingen bei?" auch auf Bindungsaspekte und deren Verlust ein. Demzufolge zeigen entwicklungspsychologische Befunde, dass die Bindung zwischen Mutter und Kind auf verschiedenen Prozessen in unterschiedlichen Entwicklungsphasen des Kindes beruht.

Thesen zum Prozess und zur Bedeutung des „Bondings", der engen Bindung zwischen Mutter und Kind unmittelbar nach der Geburt durch Körper- und Augenkontakt, wurden laut Ruppert von Marshall Klaus und John Kennell (in: Mutter-Kind-Bindung. Über die Folgen einer frühen Trennung. dtv 1987) aufgestellt; dass eine unauflösbare „Prägung" entsteht ist allerdings nicht belegt. Erst mit etwa drei Monaten, so Ruppert, stellen

Kinder zu ihrer Mutter ein zunehmend personales Verhältnis her und die Mutter wird zu einem Partner eines Interaktions- und Kommunikationsgefüges, der nicht mehr so einfach zu ersetzen ist. Das Kind reagiert nicht mehr nur reflexartig auf ein Gesichtsschema, sondern kann das Gesicht der Pflegeperson von anderen Gesichtern unterscheiden (daher kommen auch Phänomene wie Fremdeln oder auch „Achtmonatsangst").

Mit der psychischen Entwicklung von der Geburt eines Menschen bis etwa zum dritten Lebensjahr haben sich Margaret Mahler, Fred Pine und Anni Bergman (in: Die psychische Geburt des Menschen. Fischer 1993) intensiv auseinandergesetzt und unterscheiden vier Phasen (siehe Kasten).

Wie wichtig Bindungen für ein Kind sind, zeigt auch der Psychoanalytiker John Bowlby mit der so genannten Bindungstheorie (vgl. Bowlby, John: Bindung. Eine Analyse der Mutter-Kind-Beziehung, Kindler 1975). Dieser zur Folge entwickeln alle Kinder zu ihren leiblichen Eltern oder anderen beständigen Bezugspersonen im Laufe der ersten fünf Lebensjahre eine einmalige, verankerte und emotionale Beziehung – und beide Seiten sind aktiv an diesem Prozess beteiligt. Wenn ein Kind etwa lächelt, weint, ruft oder sucht, hat die Reaktion der Bezugsperson Folgen für die Qualität der Bindung von Kind und Eltern. Hilfreich ist es, dass die Eltern Sicherheit und Geborgenheit vermitteln, Signale des Kindes sensibel und einfühlsam einschätzen und nicht abweisend oder ambivalent – oder erst nach längerer Zeit – reagieren.

**Entwicklung des Kindes bis zum dritten Lebensjahr**

- symbiotische Phase (erste Wochen nach der Geburt): Das Kind lebt in der Illusion, körperlich und psychisch mit der Mutter verschmolzen zu sein. Es kann noch nicht zwischen innen und außen, selbst und anderen unterscheiden. Es fantasiert eine gemeinsame Grenze mit der Mutter. Die Mutter fungiert als „Hilfs-Ich". Das Kind entwickelt auf diese Weise ein Urvertrauen zur Welt.
- Phase der Loslösung und Individuation (siebter bis 18. Lebensmonat)
- Phase der Wiederannäherung (14. bis 22. Lebensmonat): Angst vor dem Mutterverlust, Ansätze der Regression in die symbiotische Phase
- Konsolidierung (bis zum dritten Lebensjahr)

Auch wenn ein Kind seine Hauptbezugspersonen bis zum Alter von sechs Monaten bereits erkennt und anlächelt (und zwar umso mehr, je mehr sie ihm

„zur Verfügung standen"), lässt es sich schnell auf eine Beziehung zu Dritten – auch Fremden – ein. Ab dem sechsten Monat aber akzeptiert ein Kind Trost nur von bekannten Bindungspersonen und „fremdelt" bei anderen. Auch sucht es seine Bezugspartner, weint oder ruft nach ihnen. Im Alter von zwölf bis achtzehn Monaten dann hat ein Kind für gewöhnlich eine individuelle Bindung zu einer Hauptbindungsperson und wenigen weiteren Bindungspersonen aufgebaut. Erst mit etwa fünf ist es in der Lage, Nähe und Distanz zu regulieren, eigene und auch Bedürfnisse der Bindungsperson zu erkennen und im Rahmen auf sie einzugehen.

Obwohl sich jeder Mensch in irgendeiner Weise an einen anderen bindet, unterscheidet die Bindungstheorie vier Bindungsqualitäten:

**sicher gebundene Kinder:** erfahren kontinuierlich Sicherheit und Bedürfnisbefriedigung, Vertrauen in Bindungspersonen ist entwickelt, erhalten Trost und Rückhalt durch hohe Sensibilität und Feinfühligkeit der Bindungspersonen, können sich auf unbekannte Situationen einlassen, zeigen ebenfalls Vertrauen und Sicherheit.

**unsicher vermeidend gebundene Kinder:** Bindungsperson lassen sich nicht oder nicht in ausreichendem Maße auf Bedürfnisse der Kinder ein/befriedigen diese nicht, Kinder können Bezugspersonen als zurückweisend, ignorierend oder verneinend empfinden, Kinder entwickeln unsicher-vermeidende Strategien in der Beziehungsgestaltung.

**unsicher ambivalent:** Bezugspersonen sind im Beziehungsverhalten für das Kind nicht einschätzbar und mal tröstend, mal zurückweisend etc., der Aufbau einer vertrauensvollen Beziehung ist gestört, das Kind kann sich schlecht auf andere Beziehungsangebote einlassen.

**desorganisiertes Bindungsverhalten:** taucht auf, wenn ein Kind unerklärliche Bindungsstrategien zeigt, in Stresssituationen besonders stereotyp agiert, kurzzeitig erstarrt oder das Verhalten nicht einschätzbar ist; Ursache sind häufig traumatische Erfahrungen, meist mit Bezugspersonen; die Folge: Einsamkeit, Misstrauen gegenüber „Beziehungsangeboten".

Einmal in der Kindheit erlernte Bindungsmuster, so sagt es die Bindungsforschung, wirken ein Leben lang nach, etwa auf Beziehungsgestaltung und Erkunden der Umwelt oder das Gewähren und Einfordern von Hilfe Dritter. Oft haben gerade ältere Adoptiv- und Pflegekinder aufgrund wenig einfühlsamen Verhaltens der leiblichen Eltern kein Vertrauen zu Erwachsenen.

Das Wissen um Bindungsschemata und Bindungstheorien generell kann Adoptiv- und Pflegeltern helfen, das Verhalten ihres Kindes richtig einschätzen und darauf adäquat feinfühlig, sensibel und vor allem ausdauernd reagieren zu können. Ist dies der Fall, können Adoptiv- und Pflegekinder mit der Zeit zumindest einen Teil ihrer Defizite „aufholen“ und sich an die neue Familie binden.

Viele Bewerberpaare nennen bei der Beschreibung ihres Kinderwunsches eine Altersobergrenze von fünf Jahren und begründen diese damit, dass sie sich für das Kind und sich selbst mindestens ein bis zwei Jahre Zeit zur Integration und zum „Zusammenwachsen“ wünschen, bevor mit der Einschulung des Kindes neue Einflüsse hinzukommen. Auch befürchten sie, dass sie bei älteren Kindern den negativen Auswirkungen der belasteten Vorgeschichte nicht gewachsen sein könnten. Viele Faktoren zusammen machen eine Adoption älterer Kinder so schwierig, und einige davon werden im Kapitel „Unsere Familie“ genauer beschrieben. Besonders wichtig ist bei älteren Kindern, dass die annehmenden Eltern Kontakte zu wichtigen Bezugspersonen oder/und zu leiblichen Verwandten zulassen und mit diesen, teils starken Bindungen leben können.

*„Mit John adoptierten wir kein Kleinkind, sondern eine vierjährige Persönlichkeit mit vielen Prägungen und bereits gebildeten Charaktereigenschaften. Durch eine gute Vorbereitung von Kinderschutzhaus und Jugendamt lief dies auch sehr natürlich ab. Wir durften John abholen und mit ihm Ausflüge machen und haben schon in dieser Zeit viel über ihn gelernt. Als wir ihn dann endgültig abholten, hatte ich große Angst und fragte mich, ob er wirklich ins Auto steigen und mitfahren würde. Die Bindung an seinen leiblichen Vater war noch sehr eng. Aber John stand erwartungsvoll und mit gepacktem Koffer da und zögerte keine Sekunde. Zu Hause knüpfte er sofort eine liebevolle Verbindung zu seiner Oma, die mit uns in einem Haus wohnte. Nach einigen Wochen aber plagte ihn das Heimweh. Rollenspiele mit Püppchen, Bettnässen, blockierende Verhaltensweisen und viele, viele Gespräche später hatten wir diese Phase mit viel Geduld nach etwa einem halben Jahr gemeinsam gemeistert.*

*Leider hören wir vom leiblichen Vater seit einigen Jahren nichts mehr, was besonders John zu schaffen macht und was er auch nicht gut findet. Jüngst sprachen wir durch eine Anregung im Gottesdienst über den Tod. John wollte wissen, ob auf seinem Grab auch sein Herkunftsfamilienname stehen würde. Die Frage, ob das für ihn wichtig wäre, bejahte er sehr vehement. Der Kontakt zu seinen leiblichen Eltern und besonders zu seinem Vater ist ihm sehr wichtig, auch wenn er versteht, warum diese ihn abgeben mussten und er mit uns als kümmernde und versorgende Eltern sehr zufrieden ist."*

*Uta (46)*

Als Altersobergrenze für eine Vermittlung wird das Alter von zehn bis zwölf Jahren gesehen. In der Praxis jedoch werden Kinder dieses Alters kaum je vermittelt. Mit Eintritt in die Pubertät ist die Entwicklung des Kindes eher auf Loslösung und Verselbstständigung als auf Integration in eine Familie angelegt. Für ältere Kinder und Jugendliche gibt es deshalb angemessenere und wirkungsvollere Hilfeformen als die Adoptionsvermittlung und Vermittlung in eine Pflegefamilie.

## Deprivation und Attachment

Glaubt man den Vätern der Deprivationslehre, dann wären die meisten ausländischen Adoptivkinder von vornherein verloren. Sie erforschten seit den 40er-Jahren, dass es für das ganze Leben entscheidend ist, ob sich ein Mensch in den ersten Lebensmonaten an eine Mutter oder Mutterfigur binden kann (Attachment). Die Schäden, die entstehen, weil der Säugling von der Mutter getrennt wurde und ohne eine einzige konstante Betreuungsperson in einem Heim aufwachse, seien, so der britische Psychoanalytiker John Bowlby, irreversibel.

*„Marie war neun Monate alt, vernachlässigt, sehr blass und zierlich und schrie viel. Die Sozialarbeiterin hatte uns erzählt, dass die Mutter wahrscheinlich alkoholabhängig ist. Wir entschieden uns trotzdem, Marie nach Hause zu holen.*
*Da begann eine so schwierige Zeit für uns, wie wir es uns nicht vorgestellt hatten. Marie schrie teilweise ohne Pause, und das Füttern dauerte stundenlang. Eigentlich den ganzen Tag und die halbe Nacht. Sie wollte einfach nicht trinken oder ihren Brei essen. Wir beide waren völlig entnervt und dachten schon ans Aufgeben. Nach einem Gespräch mit unserem Kinderarzt, dem wir Maries Vorgeschichte erzählt haben, hielten wir Familienrat. Unsere beiden Mütter übernahmen den Haushalt und wechselten sich mit Einkauf und Kochen ab. Mein Mann musste ja arbei-*

*ten und brauchte wenigstens ein paar Stunden Schlaf. Und ich kümmerte mich nur noch um Marie. Ich trug sie den ganzen Tag in einem Tuch am Körper oder legte mich mit ihr auf die Couch oder in das Bett und streichelte sie fast unablässig.*

*Nach einigen Tagen zeigte diese Betreuung Wirkung. Sie nahm allmählich mehr und mehr Nahrung auf und schlief immer etwas länger. Langsam nahm sie an Gewicht zu und nahm ihr Umfeld zunehmend war. Sie fing sogar an zu lächeln, wenn sie meinen Mann oder die beiden Omas sah. Allerdings musste sie immer zu mir Augen- oder Körperkontakt haben, sonst wurde sie sofort unruhig. Es waren sehr anstrengende Monate – fast kann man sagen Jahre.*

*Marie ist jetzt sechs Jahre alt, immer noch sehr zierlich und isst immer noch wie ein Vögelchen. Ihre körperliche Unruhe hat etwas nachgelassen, aber ihre Feinmotorik ist eingeschränkt, und sie hat Konzentrationsprobleme. Deshalb haben wir sie auch ein Jahr von der Schule zurückstellen lassen und gehen noch weiter zur Ergotherapie und wegen ihres kleinen Sprachfehlers zur Logopädie. Sie wird voraussichtlich in die Montessorischule eingeschult.*

*Heute ist uns klar, dass Marie durch den Alkoholmissbrauch während der Schwangerschaft geschädigt wurde. Zwar ist die Schädigung nicht so ausgeprägt, dass man es Marie äußerlich ansieht, aber ihr kleiner Bruder zeigt alle Symptome einer Alkoholschädigung. Er lebt in einer anderen Pflegefamilie und hat wahrscheinlich keine Chance, sich so positiv wie Marie entwickeln zu können.*

*Die Vernachlässigung durch die Mutter in ihren ersten Lebensmonaten hat Marie zusätzlich geschadet. Sie wird es wohl in der Zukunft nicht leicht haben, aber wir sind heute stolz auf uns, dass wir nicht aufgegeben haben. Wer weiß, was dann aus ihr geworden wäre. Sie beglückt uns jeden Tag mit ihrer Fröhlichkeit und Zuneigung."*

*Angela (37)*

Marie zeigt nicht nur die Symptome einer Deprivation (Entzug von Liebe und Zuwendung), sondern auch eines FAS (Fetal Alcohol Syndrome).

Studien über den Adoptionserfolg älterer Kinder beweisen jedoch, dass auch solche Kinder zu Bindungen fähig sein können. Schon in den 70er-Jahren wurden in London zweijährige Kinder aus einem Heim untersucht, in dem die Pflegerinnen oft wechselten und die Kinder depriviert waren. Ein Teil der Kinder wechselte in Adoptivfamilien, einige wurden von ihren leiblichen Müttern zurückgenommen, der Rest blieb im Heim. Im Alter von vier bis acht Jahren wurde die Bindungsfähigkeit der Kinder getestet. Das Ergebnis: Die adoptierten Kinder hatten zur Adoptivmutter eine Bindung aufgebaut, die sich nicht von der einer Kontroll-

### Mögliche Folgen der Deprivation

**Kinderpsychologe Zdenek Matejcek hat auf der Grundlage seiner Untersuchungen eine grobe Typisierung von deprivationsabhängigen Verhaltensweisen von Kindern erstellt (Alter der Kinder: über ein Jahr):**

- **das verhältnismäßig gut angepasste Kind (Flucht in die Dinge):** Dieses Kind vermittelt einen guten, gesunden Eindruck. Es scheint unauffällig und ausgeglichen. Dem Gefühlsmangel begegnet es, indem es seinen Gefühlsanspruch herabsetzt. Die Folge davon ist Gefühlsverarmung. Häufig verlagert ein derart geschädigtes Kind seine Beziehungsbedürfnisse: Es zeigt ein größeres Interesse an der „Welt der Sachen" als an der „Welt der Menschen".

- **das passive, gehemmte, repressive Kind (Flucht in die Innerlichkeit):** Das Kind ist still, gehemmt, passiv und apathisch. Es zeigt auffallend kindliche Verhaltensweisen. Der Gefühlsmangel führt zu einer Hemmung der Bedürfnisse nach Umweltkontakten. Durch seinen Rückzug ist es häufig in der Entwicklung seiner Intelligenz benachteiligt. Das Interesse des Kindes richtet sich mehr auf Materielles als auf Menschen aus.

- **das hyperaktive Kind (Flucht nach außen):** Das hyperaktive Kind wirkt extrem unruhig und getrieben. Aufgrund seiner inneren Unruhe ist sein Interesse an Dingen meist oberflächlich und von kurzer Dauer. Sein Bedürfnis nach emotionaler Zuwendung und Anerkennung ist sehr groß.

- **das sozial provokative Kind (Flucht in die Provokation):** Das Kind versucht, sein Bedürfnis nach Zuwendung und Liebe durch Provokation und mit Gewalt zu erzwingen. Es ist in seinem Verhalten oft sehr aggressiv, gleichzeitig aber auch sehr ängstlich und verletzlich.

- **das Ersatz suchende Kind (Flucht in Ersatz):** Ein solches Kind versucht, auf exzessive Weise Befriedigung zu erlangen (z.B. durch gieriges Essen, unkontrolliertes Ausleben von Aggressionen oder auch durch grausames Verhalten gegenüber schwächeren Kindern und Tieren). Die Art exzessiver Befriedigung hat eine Ersatzfunktion für das Kind, dessen elementare Bedürfnisse unbefriedigt bleiben.

*aus: PFAD Bundesverband der Pflege- und Adoptivfamilien e.V. (Hrsg.): Handbuch für Pflege- und Adoptiveltern. Pädagogische, psychologische und rechtliche Fragen des Adoptions- und Pflegekinderwesens. Schulz-Kirchner, 6. überarbeitete Aufl. 2003.*

gruppe von Familienkindern unterschied. Bei der leiblichen Mutter lebten die einstigen Heimkinder meist in schlechten Verhältnissen und waren wenig willkommen. Wie die Heimkinder hatten sie eine weitaus schwächere Bindung aufgebaut als die Adoptivkinder. Alle späteren Untersuchungen aus den Niederlanden, Kanada, Großbritannien oder Israel bestätigen, dass ausländische Heimkinder, die nach der „kritischen Phase" adoptiert wurden, durchaus bindungsfähig sind.

Die frühe Deprivation hat demnach scheinbar nicht immer langfristige Konsequenzen für die Kinder. Auch Kinder, die zunächst bei leiblichen Eltern oder Großeltern aufwuchsen und dann erst in ein Heim und im Schulalter in eine Adoptivfamilie kamen, integrieren sich meist erfolgreich in die neue Familie. Nach allen Studien ist es wichtiger für die seelische Entwicklung des Kindes, wie sich die neue Bindung in der Adoptivfamilie entwickelt. Hier gelingt es den meisten Adoptiveltern, eine stabile dauerhafte Bindung aufzubauen. So können die frühen stark negativen Erfahrungen durch die ebenso massiven positiven Erfahrungen ausgeglichen werden. Die seelischen Wunden der Adoptierten vernarben.

## Geschwisterkinder

Neben älteren Kindern gehören auch Geschwister zu den schwer vermittelbaren Kindern. Die Geschwisterkinder haben zwar im Großen und Ganzen eine gemeinsame Geschichte, ähnliche Erlebnisse und die gleichen Bezugspersonen, doch jedes Kind verarbeitet sein Schicksal anders. Daher kann die Aufnahme von Geschwistern in eine Adoptiv- oder Pflegefamilie eine Reihe von Schwierigkeiten mit sich bringen. Entscheidend hierbei ist auch die Art der Beziehung der Geschwisterkinder untereinander.

Bei den meist beziehungsgeschädigten Adoptiv- und Pflegekindern gibt es die sprichwörtliche „Geschwistersolidarität" in der Praxis nur sehr selten. Häufiger sind die Kinder in einer Notgemeinschaft zusammengewachsen, die aber auch eine Gefahr in sich birgt: Jedes Kind hat seine Rolle in der Geschwisterreihe. Das Festhalten an der Rolle hindert das Kind daran, sich auf die neue Situation und auf neue Beziehungen einzulassen und neue Erfahrungen zu machen. Aus einer intensiven Geschwisterliebe kann eine intensive Geschwisterrivalität werden. Die Geschwister verbünden sich vielleicht gegen die Ersatzeltern oder konkurrieren um deren Gunst und Zuneigung.

Wollen Adoptierende also beiden (oder mehr) Kindern gerecht werden, darf sie dies nicht zeitlich und emotional völlig überfordern. Wenn ein Kind zunächst mit dem Bruder oder der Schwester vermittelt und danach – weil die Annehmenden dem Druck nicht gewachsen sind – von diesem oder dieser getrennt werden, empfinden beide Kinder dies als Katastrophe. Ihr Selbstwertgefühl wird stark erschüttert. Sind sie schuld daran, dass ihr Bruder oder ihre Schwester fortgegeben wurde? Werden sie selbst vielleicht auch jederzeit fortgegeben? Warum durften gerade sie bleiben und ihr Bruder oder ihre Schwester nicht? Kurz: Das Vertrauensverhältnis zu den neuen Eltern ist nachhaltig geschädigt. Aber auch die Adoptivfamilie fühlt sich als schlecht, denn es bleiben Schuldgefühle zurück.

Um einen „Krieg der Kinder“ zu vermeiden, trennen die Jugendämter in begründeten Ausnahmefällen Geschwister und vermitteln sie in unterschiedliche Familien. Bei einer solchen Trennung ist es wichtig, dass die Geschwister miteinander in Kontakt bleiben können. Dieses Umgangsrecht ist bei adoptierten Kindern von keiner der beteiligten Seiten einklagbar; bei nicht adoptierten Kindern haben Eltern – und in Ausnahmefällen auch Großeltern – ein „Klagerecht auf Umgang“. Geschwister, die einander sehen wollen, aber von einer der beteiligten Seiten aus nicht dürfen, können sich an den Allgemeinen Sozialen Dienst

### Geschwisterbeziehungen

- **die intensive Geschwisterliebe:** exzessive Art der Bindung aufgrund einer vorangegangenen Notsituation (wechselseitige Abhängigkeit und Fixierung)
- **die Geschwisterrivalität:** Das Rivalitätsverhalten kann Abhängigkeiten zwischen den Geschwistern (Unterlegenheit/Überlegenheit) zur Ursache haben. Bleiben diese unerkannt, wirkt sich das destruktiv auf die Psyche der Kinder aus
- **die Geschwistersolidarität:** Verhalten, das gekennzeichnet ist durch wechselseitige Bindungen unter gleichzeitiger Wahrung der jeweiligen Individualität. Eine Beziehung dieser Art ist ausgesprochen befruchtend

*aus: PFAD Bundesverband der Pflege- und Adoptivfamilien e.V. (Hrsg.): Handbuch für Pflege- und Adoptiveltern. Pädagogische, psychologische und rechtliche Fragen des Adoptions- und Pflegekinderwesens. Schulz-Kirchner, 6. überarb. Aufl. 2003.*

wenden, der ihnen in Einzelfällen weiterhelfen kann. Auf jeden Fall aber sollte der Umgang eines Kindes mit seinen ihm wichtigen Bezugspersonen auf einem Weg geregelt werden: auf dem menschlichen.

Ein Beispiel dafür, wie wichtig der Kontakt der Geschwister untereinander sein kann, ist der folgende Bericht von Mirja. Mirja ist eines von fünf Geschwistern, die durch ihre „erziehungsuntüchtige" Mutter vernachlässigt worden waren. Zwei ältere Geschwister lebten bereits im Heim. Mirja, das mittlere Kind, wurde von der Mutter verwöhnt und relativ gut betreut und entwickelte ein gut ausgeprägtes Selbstbewusstsein. Sebastian, der ältere Bruder, wurde in einem abgelegenen Zimmer vernachlässigt und entwickelte sich zu einem introvertierten und gehemmten Jungen. Benjamin war erst ein halbes Jahr alt, als die Kinder aus der Familie genommen wurden. Während der kurzen Zeit im Heim wurde er von seinen Geschwistern und den Erzieherinnen verwöhnt. Um jedem Kind ein optimales Aufwachsen in einer Familie zu ermöglichen, trennte man die Kinder und jedes bekam seine „eigene" Familie. Dabei wurde an alle drei Familien, die in derselben Region wohnten, appelliert, den Kontakt unter den Kindern zu erhalten. Leider hielt sich eine Familie nicht an ihr Versprechen.

*„Meine beiden Brüder und ich leben seit zehn Jahren in drei verschiedenen Adoptivfamilien. Zu meinem etwas älteren Bruder Sebastian habe ich sehr häufig Kontakt. Wir sehen uns in der Schule, treffen uns auch mal am Nachmittag und feiern gemeinsam unsere Geburtstage. Meinen jüngeren Bruder Benjamin haben wir, seitdem wir aus dem Heim zu unseren Eltern kamen, nicht mehr gesehen. Ich weiß, dass meine Eltern sich am Anfang um den Kontakt bemüht haben und auch Frau D. vom Jugendamt, aber die Adoptiveltern von Benjamin wollen das nicht. Sie sagen, er hätte keine Erinnerung an uns und deshalb wäre es für ihn nicht so wichtig. Für mich wäre es aber so wichtig! Ich war damals wütend und bin es noch heute.*

*Sebastian hat nicht so Sehnsucht nach unserem Bruder, der eigentlich nur im Nachbarort wohnt. Ich weiß nur, wie alt Benjamin ist, wann er Geburtstag hat, aber noch nicht einmal, wie er heute aussieht. Wenn er 18 Jahre alt ist, werde ich ihn suchen und dann werde ich seinen Adoptiveltern sagen, dass das nicht richtig war. Woher wollen sie wissen, dass er sich nicht auch gefreut hätte, mich und Sebastian zu sehen? Wir haben uns, als wir noch zu Hause waren und später im Heim, um ihn gekümmert und mit ihm gespielt. Ich bin so traurig und wütend, denn ich hätte ihn gerne ab und zu einmal gesehen. Ich habe solche Sehnsucht nach ihm!"*

*Mirja (15)*

Eine besondere Herausforderung für die Eltern stellen auch Zwillinge dar, die meist eine besonders enge Bindung zueinander haben. Überdies übernimmt man mit Zwillingen in der Regel zwei Säuglinge, die zu gleichen Zeiten gefüttert, gewindelt, gebadet, beschmust, bespielt und schlafen gelegt werden wollen. Das ist für eine Person allein ein sehr großer Kraftakt und kaum zu schaffen. Schläft das eine Kind, ist das andere vielleicht wieder wach und reißt sein Geschwisterchen gleich auch wieder aus dem Schlaf, was die Schlafzeiten der Eltern noch einmal deutlich verkürzt. Auch hat man es mit Zwillingskinderwagen nicht leicht, denn zumindest die breiten Modelle, in denen die Kinder nebeneinander sitzen, passen längst nicht durch jede Tür. Kurz: Zwillinge sind eine besondere – wenn auch sicherlich schöne – Herausforderung.

*„Als Adoptivmutter von Zwillingen habe ich mich von Anfang an entschieden, meinen Beruf aufzugeben. Schon nach kurzer Zeit zeigte sich, dass es ohnehin notwendig war, da eines der Zwillinge in den ersten Lebensjahren immer wieder im Krankenhaus sein musste. Die Ärzte der Uniklinik berichteten uns später, dass bei Kindern aus Mehrlingsschwangerschaften durchaus häufiger gesundheitliche Komplikationen aufträten. Da man darüber hinaus bei Adoptivkindern ohnehin wohl eher mit Entwicklungsdefiziten rechnen muss, waren wir froh über die guten Angebote der Ärzte und des sozialpädiatrischen Zentrums. Wir haben gute Erfahrungen damit gemacht und dort viele Tipps und Hilfen bekommen. Die Kinder optimal zu fördern bedeutet, Zeit zu investieren, viel Zeit für ausgedehnte Termine und eben auch die Beschäftigung mit ihnen zu Hause. Da Mika recht intensive medizinische Pflege brauchte und wir den Bedürfnissen von Fritzi ebenso gerecht werden wollten, lag es für mich als Krankenschwester nahe, den Tagesablauf von Beginn an straff zu organisieren. Feste Essenszeiten wurden über 24 Stunden ver-*

*teilt, die Schlafenszeiten der Kinder nutzte ich für andere Arbeiten im Haushalt. Alle nötigen Termine haben mein Mann und ich so in den Tagesplan integriert, dass sie ohne Eile und Aufregung für die Kinder wahrgenommen werden konnten. Man arbeitet in dieser Zeit sehr effektiv und wächst in diesen Schwung von Arbeit auch sehr schnell hinein.*

*Mein Mann und ich haben das mit den beiden sicherlich auch geschafft, weil wir uns auf diese Aufgabe voll eingelassen haben. Schwierig fand ich die Momente, in denen Ärzte Informationen genetischer oder familiärer Art haben wollten, die wir auch bei dieser halboffenen Adoption letztlich doch nicht erhalten haben.*

*Anders als Geschwister unterschiedlichen Alters haben Zwillinge von Anfang an eine ganz eigene Beziehung und Bindung zueinander. Dies wurde beim Sprechenlernen der beiden ganz offensichtlich. Das erste Plappern der Zwillinge untereinander unterschied sich von der Art, wie sie mit uns Eltern plapperten. „Vokabular“ und Tonfall waren verschieden. Diese Zwillingsbindung ist auch jetzt mit 14 Jahren noch deutlich zu spüren und wird zeitlebens bestehen bleiben.“*

*Lydia (46)*

## Häusliche Gewalt und aus Gewaltverbrechen gezeugte Kinder

Einen besonders schweren „seelischen Rucksack“ haben Kinder zu tragen, die Opfer (sexueller) Gewalt gewesen sind oder gar – wie etwa Inzestkinder – aus dieser entstanden sind. Für die Beschäftigung mit dem Thema Inzest und (sexueller) Gewalt ist es sicherlich hilfreich, sich vor der Aufnahme eines solchen Kindes bei Betroffenen zu informieren. Insbesondere die Seite www.aufrecht.net, ein Zusammenschluss von Menschen, die im Kindesalter von Gewaltverbrechen betroffen waren, ist hier eine gute Anlaufstelle. Sicher ist: Wer selbst keinen Missbrauch oder extreme Gewalt erlebt hat, kann sich nur schwer vorstellen, was es wirklich für das eigene Leben und die Existenz bedeutet. Wer ein solches Kind bei sich aufnimmt, dem steht sicherlich eine der schwierigsten Prüfungen unter Adoptiv- und Pflegeeltern überhaupt bevor, und manche Eltern scheitern auch daran.

*„Als wir Kelly als Dauerpflegekind zu uns holten, wussten wir, dass sie Schlimmes durchlebt hatte. Das Jugendamt war unsicher, ob eine Resozialisierung gelingen könnte, aber wir wollten es versuchen und man traute uns dies auch zu. Kelly war acht Jahre alt und seit frühester Kindheit sexuell missbraucht worden. Wir sind beide Erzieher, haben uns lange mit dem Thema auseinandergesetzt, viele Fortbildungen besucht. Dennoch sind wir letzten Endes an unserer selbst erwählten Aufgabe gescheitert und leiden bis heute darunter. Kelly wirkte auf den ersten Blick fast ‚normal'. Sie war sehr forsch, direkt, nicht auf den Mund gefallen, sehr anschmiegsam. Aber sie schrie im Schlaf, kaute Fingernägel bis aufs Blut und hatte einen (sehr eingeschränkten) Wortschatz, der uns immer wieder entsetzte.*

*In Stresssituationen (zum Beispiel, wenn wir etwas nicht erlaubten oder sie sachlich für etwas kritisierten) wurde es dann ganz schlimm: Sie riss sich die Kleider vom Körper, warf sich in eindeutiger Pose auf den Boden und forderte uns mit Worten und Gesten, die ein Kind ihres Alters noch nicht einmal kennen sollte, schreiend auf, mit ihr zu tun, was wir wollten. Ich finde für das Grauen, das wir dabei jedes Mal aufs Neue empfunden haben, keine Worte. Bei aller theoretischen Vorbereitung waren wir doch nicht darauf gefasst, was Menschen – und dann noch Eltern! – einem Kind – ihrem Kind! – antun können.*

*Wir haben – mit massiver therapeutischer Unterstützung – alles versucht, um Kelly zu helfen. Nach drei Jahren haben wir in Absprache mit dem Jugendamt und Kellys Therapeuten aufgegeben. Es ist uns nicht gelungen, Kelly aufzufangen. Ihr Vertrauen in Erwachsene war so stark gestört, dass alles, was wir taten, ins Leere lief. Die grauenvollen Muster, nach denen sie so lange hatte leben müssen, konnten nicht aufgebrochen werden. Es war schrecklich für uns, ihr nicht helfen zu können, obwohl wir uns dies mehr als alles andere gewünscht hatten. Es war schrecklich, zu sehen, dass guter Wille und die beste Vorbereitung an Grenzen stoßen können, die nicht überwunden werden können."*

*Anke (42)*

Kellys Fall soll nicht entmutigen: Sie war neben ihren schlimmen Erlebnissen auch noch spät vermittelt worden. Es gibt viele Kinder, die aus ihren (sexuellen) Gewaltvergangenheiten gelöst werden konnten und zu seelisch gesunden Menschen herangewachsen sind. Aber der Weg dorthin ist immer und ausnahmslos sehr, sehr schwierig – für die Kinder ohnedies, aber auch für ihre neuen Eltern.

Das Grundvertrauen in Erwachsene ist gestört, und auch wenn erstes Vertrauen gefasst werden kann, kommt es immer wieder zu Situationen, die in dem Kind schlimme Erinnerungen und große Panik auslösen, von den neuen Eltern aber nicht vorausgesehen werden können. Die tiefen Wunden, die dem Kind zugefügt wurden, heilen langsam. Manche heilen niemals ganz oder brechen in der Pubertät oder im Erwachsenenalter wieder auf.

Auch die Wurzelsuche birgt bei diesen Kindern spezielle Herausforderungen. Es ist für Adoptiv- oder Pflegeeltern an sich schon nicht leicht, ihrem Kind zu erklären, dass seine Eltern es fortgaben. Noch schwieriger ist es allerdings – etwa für Vergewaltigungs- oder Inzestkinder–, damit zu leben, dass sie sozusagen der „lebendige Beweis eines Verbrechens“ sind (und sich auch als solche empfinden, wenn ihnen nicht dabei geholfen wird, diese Gefühle zu verarbeiten und abzulegen). Noch schlimmer ist es für Kinder, deren Eltern sie in frühester Jugend gequält und mit diesen Taten vielleicht auch körperlich ein Leben lang gezeichnet haben. An vielen Stellen dieses Buches wird betont, wie wichtig es für die Entwicklung ist, dass Kinder stolz auf ihre Wurzeln sein können. Das entspricht auch der Wahrheit – und zeigt, was Kindern, die Gewalt ausgesetzt waren oder aus Gewalt heraus gezeugt wurden, nicht oder nur in sehr, sehr eingeschränktem Maße gegeben ist.

Sicher ist, dass gerade solche Kinder Eltern brauchen, die so stark sind wie ein Fels in der Brandung. Und die auch nicht wanken, wenn es sehr lange dauert, bis ihre Kinder ihren Frieden mit sich selbst gemacht haben – oder dies vielleicht niemals geschieht. Und dass gerade diese Kinder ein liebe- und verständnisvolles Zuhause mehr als alles andere verdient haben und dringend benötigen.

## Hospitalismus

Auch wenn ausländische Heime die Kinder gut und hygienisch versorgen, es ihnen materiell an nichts fehlt, mangelt es den Kindern doch an gefühlsmäßiger Wärme und Geborgenheit, kurz: an einer Familie. Meist wachsen die Kinder zudem gänzlich ohne feste Bezugsperson auf. So bekommen beispielsweise Kleinkinder in russischen Kinderheimen oft alle drei Monate eine neue Erzieherin, weil sie dann in eine etwas ältere Kindergruppe wechseln. Alle Schäden, die Kinder erleiden, weil sie in Heimen oder Kliniken ohne feste Bezugsperson aufwachsen, nennt man Hospitalismus. Bei Adoptivkindern kommt dies recht häufig vor. Meist gleicht das Leben in der Adoptivfamilie diese Schäden jedoch wieder aus.

> *„Unser Sohn lebte in einem russischen Kinderheim, das sehr schlecht ausgestattet war. Hinter dem Haus war einmal ein großer Spielplatz. Aber alle Geräte waren rostig und zerfallen. Nachdem wir gedrängt hatten, durften wir mit Wladimir in den großen Garten gehen. Obwohl es ein warmer Frühlingstag war, sollte er eine Wollmütze aufsetzen. Und Mützen gab es nicht viele. Sie wurden nicht gebraucht, denn die Kinder wurden den ganzen Tag drinnen, meist in ihren Gitterbetten, gehalten. Es gab zu wenige Erzieherinnen, um die Kinder zu beschäftigen.*
> *Unser Sohn ließ sich wie ein steifes Paket auf den Arm nehmen und blickte verstört und grimmig in die Sonne. Es gefiel ihm gar nicht, angefasst zu werden. Bisher hatte er wahrscheinlich nur Hände gespürt, wenn Erzieherinnen oder Krankenschwestern ihn versorgt oder untersucht hatten. Und das muss ihm unangenehm gewesen sein. Auch beim Einschlafen hatte ihn niemand in den Arm genommen. Wenn er müde wurde, schlug er mit seinem Kopf regelmäßig kräftig hin und her.*
> *Heute ist er genauso verkuschelt wie seine Geschwister, aber es hat einige Jahre gedauert, bis er das auch genossen hat. Als Erstes ließ er sich bei bestimmter Kuschelmusik gerne im Arm rhythmisch schaukeln.“*
>
> *Vera (43)*

## Traumata

Das Wort „Trauma“ kommt aus dem Griechischen und heißt „Wunde“. Es gibt körperliche und seelische Traumata, doch im Folgenden geht es um die seelischen.

Jede Adoption beginnt für das Kind mit einem Trauma: Es verliert seine gewohnte Umgebung. Auch wenn das Kind in dieser Umgebung vernachlässigt wurde, hat zum Beispiel der Rhythmus im Heim dem Kind dennoch Geborgenheit gegeben – die einzige Art der Geborgenheit, die das Kind kannte. Und dann wird von einer Minute auf die andere alles anders: Die Ausdrucksform des Kindes, bei älteren Kindern sogar die (vielleicht erst jüngst erlernte) Sprache, wird nicht gleich verstanden. Lauter neue Reize strömen auf das Kind ein.

Dazu kommt, dass die Kinder vor ihrem Aufenthalt im Heim oder bei den Pflegeltern meist schon andere traumatische Ereignisse durchlebt haben. Jedes Adoptivkind hat zumindest einen „primären Beziehungsabbruch" hinter sich, wie die Psychologie es nennt: Seine leibliche Mutter oder seine leiblichen Eltern haben es aus den verschiedensten Gründen abgegeben. Manche Kinder lebten vielleicht erst bei ihrer drogenabhängigen Mutter, bis die Behörden eingriffen. Wiederum andere Kleinkinder wurden von ihren Eltern vielleicht nicht aus der Kinderklinik abgeholt. Und auch wenn die leibliche Mutter das Kind gleich in der Geburtsklinik verlassen hat, kommen beispielsweise in Russland die Säuglinge meist erst einmal in eine Kinderklinik, und zwar oft so lange, bis geklärt ist, ob sich einheimische Adoptiveltern finden lassen oder in welchem Heim das Kind aufgenommen werden kann. In der Klinik haben die Kinder vielleicht gerade eine Krankenschwester gefunden, die sich gut um sie kümmerte. Und dann geht es von einem Tag auf den anderen wieder fort in ein Waisenheim.

*„Als wir Nikolaj im russischen Kinderheim kennenlernten, war er gerade 24 Monate alt und machte auf uns einen gesunden Eindruck. Er war noch nicht lange dort, über seine Vorgeschichte oder seine Eltern wusste man – so wurde uns gesagt – nichts.*
*Uns war das nicht so wichtig, wir schlossen ihn gleich ins Herz. In Deutschland sprach Nikolaj schnell fast nur noch in ganzen Sätzen. Und auch motorisch und feinmotorisch lernte er alles schnell. Nach dreieinhalb Jahren ist uns jetzt leider klar geworden, dass er eine gravierende Störung hat, die sich bisher nicht behandeln lässt. Nikolaj hält sich an keine Regeln und muss, obwohl er mittlerweile fast sechs Jahre alt ist, ständig beaufsichtigt werden. Er kennt keine Gefahren und ist unfähig, aus Erfahrungen zu lernen. Er macht den Herd an und legt ein Plüschtier auf die glühende Platte. Scherben gibt es täglich. Nikolaj kann bis heute keine Straße überqueren, schaut nicht nach rechts und links. Bestenfalls schreit er die Autofahrer an, dass sie gefälligst stehen bleiben sollen. Dabei kann er Außenstehenden*

*so schön erklären, wie man sich im Straßenverkehr verhält. Er sieht nur sich selbst und kann keine Bindungen eingehen – auch nicht zu uns, seiner Familie. Er kennt keine Distanz und geht mit jedem bereitwillig mit.*
*Die Entwicklung von Nikolaj macht uns Angst, da er von uns nicht lenkbar ist und wir ihm keinerlei Werte, wie Recht und Unrecht, vermitteln können. Nach vielen Untersuchungen weiß man noch immer nicht, wo die eigentliche Ursache für sein Verhalten liegt. Das Hauptproblem scheint seine Vorgeschichte zu sein, über die zu wenig bekannt ist. Vielleicht wurden seine Gefühle und seine Bedürfnisse zu oft verletzt, sein Vertrauen zu Menschen für immer zerstört. Wir können nur ahnen, was er erlebte, und er selbst kann sich auf Grund seines jungen Alters nicht erinnern und es auch nicht greifen oder begreifen."*

*Doris (36)*

Diese ewige Unsicherheit, dieses Leben ohne jeden Halt, kann im schlimmsten Fall zu Schäden wie bei Nikolaj führen. Jedes unerwartete oder auch andauernd bedrohlich empfundene Ereignis kann eine Posttraumatische Belastungsstörung (PTBS) auslösen. Schon ein harmloser Sturz von der Schaukel kann bei einem Kind langjährige Alpträume auslösen und das Selbstvertrauen erschüttern. Andere Kinder hingegen überstehen auch eine dramatische Reihe von Verlusten unbeschadet. Die Forscher wissen nicht genau, wann ein Trauma zu PTBS führt.

## Schwere Traumata

Manche Kinder erleben das Trauma so: „Ich bin nicht erwünscht, ich bin nicht geliebt, ich bin nichts wert." Das bringt solche Kinder oft dazu, dass ihnen im Leben nichts wirklich wichtig ist: keine Bindung, keine Gefahr, nichts. Diese Kinder zeigen häufig Tendenzen, die die Psychologie „autodestruktiv" nennt: Sie verletzen sich selbst, verursachen Unfälle, unternehmen Suizidversuche, haben Essensprobleme, erschrecken mit unangemessenen Mutproben und dergleichen.

Die Ursachen für das auffällige Verhalten von Adoptivkindern zu finden, ist schwer. Über ihre Vorgeschichte ist meist zu wenig bekannt, und sie waren oft zu jung, um später über die Erlebnisse in ihrer frühen Kindheit reden zu können. Das Buch „Traumatisierte Kinder in Pflegefamilien und Adoptivfamilien" von Henrike

Hopp, Susanne Lambeck, Gerald Hüther und Steffen Siefert (Herausgeber: PAN Pflege- und Adoptivfamilien NRW e.V., Ratingen, 2. überarbeite Auflage 2004) beschreibt mögliche Folgen im Verhalten spät vermittelter Kinder:

**Mögliche Folgen im Verhalten traumatisierter Kinder**

Diese Kinder haben vielleicht wenig Vertrauen in sich und andere, ein großes Kontrollbedürfnis, ein negatives Selbstwertgefühl (und geben sich selbst die Schuld für das, was ihnen zugestoßen ist), sind beziehungsgestört, leiden unter massiven Ängsten oder extremen Gefühlsverwirrungen (indem sie sich ständig umentscheiden). Vielleicht wollen sie es auch allen recht machen (Loyalitätskonflikte), leiden unter Entwicklungsverzögerungen (Blockaden), können Werte nicht annehmen oder umsetzten, bekommen von Dingen oder Gefühlen nie genug (Grundmangelgefühl), empfinden ihr Leben als Kampf, missverstehen Gefühle anderer, kennen keine Gefahren, sind schmerzunempfindlich, haben Schwierigkeiten mit vorausschauendem und logischem Denken (dem Erkennen von Zusammenhängen), Konzentrationsprobleme, leiden unter innerer Unruhe, mangelndem Einfühlungsvermögen oder (im Falle misshandelter Kinder) extremem Einfühlungsvermögen den Menschen gegenüber, von denen sie abhängig sind. Andere zeigen extremes Verhalten (schwanken zwischen Aggression und Depression), schätzen sich oder andere unrealistisch ein oder sind schnell verführbar und stark abhängig von der Einschätzung Dritter.

Gerade in der Phase, in der alte Erfahrungen mit den leiblichen Eltern auf die Adoptiv- und Pflegeeltern übertragen werden (vergleiche das Kapitel „Eine Familie werden"), leiden spät vermittelte und traumatisierte Kinder manchmal unter Essensproblemen (Horten, Klauen, Überfressen ), insbesondere wenn sie vernachlässigt worden sind. Andere wurden vielleicht viel allein gelassen oder ganz verlassen und können nun gar nicht allein bleiben. Waren ihre Eltern nicht verlässlich, fällt es diesen Kindern auch später schwer, Vertrauen zu fassen. Dies kann sich auch in einer langfristigen Bindungsunfähigkeit äußern.

Ein seelisches Trauma wird durch Ereignisse verursacht, die plötzlich, intensiv, gewalttätig und unkontrolliert auf einen Menschen einwirken. Hier kann ein Zuviel oder ein Zuwenig an Reizen traumatisierend wirken. Beispiele, die ein Trauma auslösen können, sind etwa ein Unfall, Schmerzen, Angst, Erleben von Gewalt am eigenen Körper oder das hilflose Mitansehenmüssen von Gewalt, ein Mangel an Nahrung und Zuwendung oder allgemein Vernachlässigung. Je jünger ein Mensch ist, desto weniger kompensiert er Bedrohungen. Kinder erleben also auch Situationen bedrohlich, die Erwachsenen harmlos erscheinen mögen. Das „Überleben“ eines Traumas führt beim betroffenen Kind sowohl zu hirnorganischen als auch zu psychologischen Veränderungen. Die geringste Erinnerung an das traumatische Ereignis löst bei einem Kind starke Angst und Erregung aus. Das kann schon durch den kleinsten Schlüsselreiz entstehen: ein bestimmter Geruch etwa oder ein Geräusch. Die Macht dieser Schlüsselreize bleibt häufig über Jahre und Jahrzehnte bestehen und kann sich tagsüber in Nachhallerinnerungen (Flashbacks) und nachts in Albträumen äußern.

Das Gedächtnis kann auf unterschiedliche Weise beeinträchtigt sein. Bei **Amnesie** können traumatische Ereignisse oder einzelne Momente nicht erinnert werden (etwa bei Misshandlung oder Missbrauch). **Dissoziation** bezeichnet die Fragmentierung oder Abspaltung von Teilen der Erinnerung – zum Beispiel weiß ein Kind, das einen Schaden angerichtet hat, *wirklich* nicht mehr, dass es das getan hat. Eine **generelle Gedächtnisstörung** tritt bei langjährig traumatisierten Kindern auf: Sie können sich überhaupt nicht mehr an zusammenhängende Erinnerungsgeschichten erinnern. Alle drei genannten Beeinträchtigungen nennt man **Posttraumatische Belastungsstörung**.

Auch schwere Vernachlässigung in der frühen Kindheit kann sich verheerend auswirken. Kinder ohne Berührungen, Anregungen oder Pflege können die Fähigkeit, eine dauerhafte Beziehung einzugehen, für ihr ganzes Leben verlieren. Die Auswirkungen beeinträchtigter Bindungserfahrung hängen davon ab, wie früh im Leben, wie lange und wie schwer die emotionale Vernachlässigung war. Diese Kinder zeigen ein von Desorganisation und Desorientiertheit gekennzeichnetes Bindungsmuster: etwa Wechsel von Annäherung und Vermeiden, stilles Dasitzen, verlangsamte Bewegungen, bizarres Essverhalten oder Horten von Nahrung. Die Nahrungsverweigerung stellt eine besondere Belastung der Ersatzeltern dar. Das Kind (auch Baby oder Kleinkind) hat keinen Blickkontakt, kuschelt nicht, bleibt unberührt, ob die Ersatzmutter da ist oder nicht, schreit, ohne eine Tröstung anzunehmen, oder schreit gar nicht, fühlt sich auf dem Arm schlapp oder gespannt an. Wenn alle diese Symptome zu erkennen sind, kann man davon ausgehen, dass das Kind bereits unter einer Beziehungsstörung leidet.

Adoptiv- oder Pflegeeltern können einiges tun, um dem Kind zu helfen, den Weg zurück zu finden. Vor allen Dingen braucht das Kind ein eindeutiges „Bindungsangebot" durch die Ersatzeltern: ausschließliche Versorgung des Kindes durch sie selbst, ständiger Körperkontakt (Tragetuch), Bettchen im Schlafzimmer der Eltern, allgegenwärtige und ausschließlich verantwortliche Eltern beim Füttern, Baden, Wickeln, Anziehen und Spielen. Freunde und Familienmitglieder sollen beim Haushalt oder Einkauf helfen, nicht aber das Kind betreuen. Auch regelmäßige Massagen können helfen. Dabei können die Eltern erzählen, was sie massieren und generell jede ihrer Tätigkeiten benennen, ohne dabei den Körperkontakt zu unterbrechen. Eltern sollten immer mit sanfter, ruhiger Stimme sprechen und sich langsam und sanft bewegen. Sind sie gereizt, sollten sie den Kontakt zum Kind kurzzeitig unterbrechen und den Raum verlassen.

Auch Blickkontakt kann trainiert werden: Eltern können Grimassen schneiden, mit den Augen blinzeln, lustige Geräusche machen oder singen. Wird das Kind wütend oder weint, hilft langfristig beruhigendes Streicheln oder leises Sprechen. Nach dem Schlaf sollte man das Kind sofort wieder aufnehmen und etwa leise wiegen.

Zeigt das Kind **Stressverhalten** wie Kopfstoßen, Nägelkauen, Schaukeln, Singen, Kratzen oder Sich-selbst-Verletzen, sollte beobachtet werden, in welchen Situationen dieses Verhalten auftritt. Alternative Beschäftigungsangebote oder Bewegungsmöglichkeiten (etwa Musik oder Schaukeln) können vielleicht helfen, eingefahrene Verhaltensmuster aufzubrechen. Bei **Distanzlosigkeit** können klare Vorgaben helfen. So kann man etwa deutlich sagen, dass nur Familienmitglieder geküsst werden sollen. Das Kind darf sich durch die Wortwahl aber nicht schlecht oder schuldig fühlen. Bei **oppositionellem und destruktivem Verhalten** können dem Kind Wahlmöglichkeiten angeboten werden, damit es sich an die Regeln halten kann. So können die Konsequenzen des eigenen Verhaltens erlebbar gemacht werden. Wenn etwa das Kind das Spielen der anderen Kinder stört, kann man ihm anbieten, mit allen gemeinsam weiterzuspielen oder in sein Zimmer zu gehen, während die anderen das Spiel zu Ende spielen. Interpretiert ein Kind sehr schnell Gesichtsausdrücke, Stimmlagen und Körperhaltung anderer Menschen als bedrohlich und reagiert aggressiv, sollte man ruhig bleiben und das Kind fantasievoll ablenken. Bei **Kindern, die nicht essen wollen**, können die Eltern auf eine freundliche Atmosphäre achten, die Selbstbestimmung des Kindes zunächst akzeptieren, es aussuchen lassen, was es essen möchte, Blickkontakt herstellen und mit dem Kind über das sprechen, was sie gerade tun, oder ihm erzählen, wie lecker das Essen ist. Wenn das Kind das Essen verweigert, sollte die Mahlzeit sofort beendet werden. Genug Flüssigkeit muss allerdings aufgenommen werden. Rituale können helfen, die Abneigung gegen das Essen zu überwinden: kleine Mahlzeiten, ein fester Ort, feste Zeiten, das Reichen einer Nuckelflasche, da sich das Kind beim Saugen entspannt, oder kleine Leckereien in greifbarer Nähe.

Kinder brauchen in ihrem Tagesablauf eine klare Struktur und einen absolut vorhersehbaren Alltag. Sie brauchen unmittelbare Bezugspersonen, die ihnen Sicherheit, Geborgenheit, Halt und liebevolle Zuwendung vermitteln. Diese Bezugspersonen sollten vorhersehbar, konsequent und wiederholend sein, ständig Kontakt – und Beziehungsangebote machen, über ihre Gefühle sprechen und Gefühlsregungen zeigen sowie ein angemessenes soziales Verhalten erklären und vorleben. Alles, was dem Körper und der Seele gut tut, schafft auch eine Bindung zwischen Eltern und Kind – sei es Umarmen, Schaukeln, Singen, Füttern, Anschauen, Küssen, Windelnwechseln, Kuscheln oder Krabbeln.

Die wichtigsten Fragen, die das Kind seinen neuen Eltern nonverbal stellt, sind:

- Kann ich mich auf dich verlassen?
- Tust du, was du sagst?
- Kannst du mich schützen?
- Bin ich dir wichtig?

Wenn Eltern ihr Bestes versuchen, diese Fragen durch ihr Verhalten möglichst zuverlässig zu beantworten, ist schon viel gewonnen. Dennoch können schwere Traumata nicht ohne psychologische Hilfe – und vielleicht sogar niemals ganz – geheilt werden. Mehr zum Thema Therapien mit Adoptiv- und Pflegekindern findet sich in dem Kapitel „Unsere Familie".

## Schäden durch Alkoholkonsum (FAS)

Diagnose: Fetales Alkohol-Syndrom (FAS) oder Fetale Alkoholdefekte (FAE). Das bedeutet im schlimmsten Fall lebenslange Behinderung. Davor haben viele Adoptionsbewerber Angst. Die Ursache für eine solche Schädigung beim Kind ist hoher Alkoholkonsum der Mutter während der Schwangerschaft. Wenn die Mutter in den ersten drei Monaten viel getrunken hat, kann dies sogar zu Fehlbildungen der Organe führen. Später behindert der Alkoholkonsum vor allem das Wachstum, auch das des Gehirns. Und über die Trinkgewohnheiten der Mutter erfährt man als Adoptionsbewerber selten etwas Genaues. Die Folgen des Alkoholkonsums für das Kind sind da schon besser bekannt: Der Alkohol fließt direkt über den Mutterkuchen in den Blutkreislauf des Kindes. Er hemmt das Zellwachstum des Embryos und die Entwicklung der Organe, des Gehirns und des Nervensystems. Geschlechtsorgane, Herz oder Nieren können missgebildet sein.

Schon äußerlich ist häufig etwas sichtbar: So sind die geschädigten Kinder oft kleiner und dünner als ihre Altersgenossen. Wenn ein Heimkind im Ausland klein und dünn ist, muss das aber noch nichts bedeuten, schließlich sehen die meisten Kinder dort so aus, allein schon weil sie oft zu wenig Proteine und vor allem zu wenig (das Wohlbefinden und somit den Appetit anregende) Liebe bekommen. Nicht zuletzt haben FAS-Kinder oft eine bestimmte Physiognomie: kleinere schrägere Augenöffnungen, eine kurze flache Nase und eine schmale dünne Oberlippe, auf der manchmal sogar die Rinne zwischen Nase und Oberlippe ganz fehlt. Bei den meisten FAS-Kindern sind Augen und Ohren auffällig. Im Internet gibt es mit www.fasworld.eu eine gut gemachte Website, auf der auch Bilder von FAS-Kindern zu sehen sind und viel Wissenswertes und Ermutigendes zu lesen ist. Die wirklich schweren Fälle von FAS kann auch der Laie erkennen. Doch besonders bei sehr kleinen Kindern ist es kaum zu beurteilen, ob ein kurzes abgeflachtes Näschen wirklich schon ein Hinweis auf FAS ist oder nicht. Gerade in Asien etwa haben alle Kinder solche Nasen.

Am besten auszumachen ist noch, dass FAS-Kinder und auch FAE-Kinder in der Regel einen zu kleinen Kopfumfang im Verhältnis zum Körper haben. Eine entsprechende Tabelle kann ein Kinderarzt im Vorfeld zur Verfügung stellen, sie befindet sich auch in jedem Kinderuntersuchungsheft. Doch auch dieses Indiz ist nicht eindeutig, da man ja meist auch nichts über die Kopfgröße der leiblichen Eltern weiß.

*„Der Arzt in dem Waisenheim hat uns darauf hingewiesen: Helena hat möglicherweise dauerhafte Schäden davongetragen, weil ihre Mutter in der Schwangerschaft getrunken hat: Sie war mit sieben Monaten gerade mal 60 cm groß und auch ihr Kopfumfang war zu klein. Aber sonst sah sie ganz normal aus, hatte keine zu kleine Nase und auch die Oberlippe war ganz normal und mit Rinne, nicht so schmal wie bei vielen Kindern mit einem Fetalen Alkohol-Syndrom. Über das hatten wir uns nämlich vorher informiert. Und Helena strahlte uns so an und konnte sich auch schon etwas hinsetzen. Nachdem wir sie zwei Tage lang im Heim besucht hatten, war uns klar: Helena war unsere Tochter. Und wir haben es nie bereut. Allerdings war es gut, dass wir von Anfang an vorgewarnt waren. Helena schrie viel, besonders beim Einschlafen, und verweigerte das Essen. Sie lernte aber mit 15 Monaten laufen. Sie war etwas ungeschickt, aber immer ganz eifrig. Der Kindergarten hat ihr viel Spaß gemacht, sie war sehr beliebt.*

*In der Schule wurde es schwieriger. Sie wollte die Buchstaben nachmalen, aber es ging einfach nicht richtig. Obwohl wir sie schon länger zur Ergotherapie geschickt hatten. Und sie konnte sich nicht richtig konzentrieren. Wir haben unseren Arzt auf den Alkoholkonsum ihrer leiblichen Mutter angesprochen. Er meint, sie hätte wohl kein FAS, aber wohl Fetale Alkoholdefekte. Darüber haben wir jetzt viel gelesen und verstehen sie jetzt besser. Wir schicken sie jetzt auf eine integrierte Schule für Kinder mit Lernproblemen, wo Lehrer und Therapeuten sie fördern, und hoffen, dass sie später doch einen Schulabschluss macht und einen Beruf findet, denn sie ist weiterhin sehr eifrig, zuverlässig und bemüht."*

*Gerd (38)*

Die mit FAS einhergehenden geistigen Beeinträchtigungen treten meist erst später auf: Lernschwierigkeiten, gestörte Feinmotorik, Hyperaktivität, Hör- und Sprachstörungen, Bindungsschwäche oder Schlafstörungen. Und auch da können die Ursachen ja auch psychischer Natur sein. Bei FAS-Kindern rühren diese Probleme oft daher, dass sie sich nicht lange auf etwas konzentrieren können und aus ihren Fehlern schlecht lernen. Sie denken nicht an die Konsequenzen ihres Tuns.

## Heilungschancen?

Körperliche Missbildungen lassen sich meist operativ korrigieren. Viele Entwicklungsverzögerungen, wie späte Sprachentwicklung oder grobe Feinmotorik, können durch Frühförderung teilweise ausgeglichen werden. Doch das Fatale an FAS ist, dass die Kinder nicht geheilt werden können, denn das Gehirn ist irreparabel geschädigt.

## Wie weit ist FAS verbreitet?

In Deutschland werden jedes Jahr mindestens 2000 FAS-Kinder geboren, die Dunkelziffer soll jedoch weit höher sein. Fetale Alkoholdefekte, bei denen die sichtbaren Missbildungen fehlen, sind schwerer zu diagnostizieren und kommen weit häufiger vor. Und in vielen Ländern der so genannten Dritten Welt und vor allem Osteuropas trinken Mütter in der Schwangerschaft noch wesentlich öfter Alkohol. Meist wissen sie nichts von den fatalen Folgen für ihr Kind oder sind gerade durch die ungewollte Schwangerschaft in eine Krise geraten. In Russland haben amerikanische Mediziner ein Kinderheim in der Region von Murmansk untersucht. Ihr erschreckendes Ergebnis: Mehr als die Hälfte der untersuchten 234 Heimkinder hat Auffälligkeiten, die zu einer Diagnose von FAE passen. Die Autorinnen der Studie (Claire D. Coles und Laurie C. Miller) schließen daraus: Jeder, der ein Kind aus einem Waisenheim adoptieren will, sollte sich bewusst sein, dass es Alkoholschäden haben könnte.

Allerdings hat ein solches Kind bei seinen Adoptiv- oder Pflegeeltern, -müttern oder -vätern die Chance, viele Schäden und Rückstände doch noch auszugleichen – eine Chance, die dem Kind in einem Heim nicht gegeben wäre.

Die Adoptionsbewerber sollten sich davon allerdings nicht abschrecken lassen. Viele Kinder, die anfangs viel zu klein und unruhig waren, entwickeln sich in ihrer Adoptivfamilie gut, werden zu normalen Kindern und Schülern, manchmal wachsen sie sogar zu Spitzenschülern oder -sportlern heran. Eine Garantie darauf gibt es freilich nicht.

## Mein „Sorgenkind“

Adoptiveltern sollten möglichst viele Informationen über frühere Erkrankungen des Kindes, medizinische oder psychologische Behandlungen und einschneidende Erlebnisse und Erfahrungen, die das Kind geprägt haben, einholen – und zwar, bevor die Entscheidung fällt.

In der Praxis ist es manchmal recht schwierig, alle Aspekte zu ermitteln, da der Vermittler hier auch auf die Mitwirkung der leiblichen Eltern angewiesen ist. Erfahrungsgemäß gibt keine Mutter und kein Vater gerne zu, dass sie ihr Kind zum Beispiel geschlagen oder eingesperrt haben. Auch gesteht eine Frau nur selten, dass sie während der Schwangerschaft Drogen genommen hat. Vieles muss der Vermittler erahnen und ist dabei auch auf die Aussagen von Ärzten angewiesen, die sich häufig ungern auf Verdachtsdiagnosen festlegen lassen. Zum Beispiel ist eine Schädigung des Kindes durch Alkoholmissbrauch während der Schwangerschaft schwer nachzuweisen, es sei denn die Schädigungen sind so massiv, dass sie sogar ein medizinischer Laie erahnt.

Schwierig wird es besonders bei den Säuglingen, die in der Babyklappe abgelegt wurden. Hier können Ärzte nichts über den Schwangerschafts- und Geburtsverlauf oder über Erkrankungen bei Familienmitgliedern sagen. Bei Kindern, die im Krankenhaus anonym geboren wurden, betreuten hingegen eine Hebamme beziehungsweise Fachärzte Mutter und Kind, konnten noch Hilfsangebote machen, eine medizinische Anamnese erheben und einen äußeren Eindruck gewinnen. All das ist Kindern, die in eine Babyklappe gelegt wurden, nicht gegeben – nur selten legen Eltern hier einen Brief mit Namen oder Geburtszeit bei.

Trotz aller Bemühungen, kann man jedoch nie mit Sicherheit sagen, welche Schäden psychischer oder physischer Art ein Adoptiv- oder Dauerpflegekind schon in sich trägt oder durch das, was ihm widerfahren ist, zurückbehält.

*„Für mich waren meine Kinder immer wertvolle, von mir geliebte und einzigartige Menschen – nicht aber für unser Umfeld. Spätestens mit dem Eintritt in den Kindergarten forderte das gängige Bild angepasste und relativ pflegeleichte Kinder, die in unser heutiges Leistungs- und Normsystem passen. Diesem Bild ent-*

*sprachen unsere Kinder bei weitem nicht. Sie brauchten viel Verständnis, Führung und Hilfe, um den an sie gestellten Anforderungen gerecht zu werden.*
*Für mich war es wichtig, zu erkennen: Unsere Kinder brauchen Menschen, die sie um ihrer selbst Willen lieben und akzeptieren und nicht aufgrund erbrachter Leistungen. Nur wenn ich das akzeptiere, werden meine Kinder in Zukunft auch Fortschritte machen. Und ich muss Pädagogen finden, die auch Kinder mit Defiziten und Problemverhalten voranbringen.*
*Unseren individuellen Weg als Familie zu finden, war für uns eine leidvolle Zeit. Doch als ich aufhörte, uns dauernd mit anderen Familien und Kindern zu vergleichen, fanden wir mit Hilfe wirklich guter Freunde und Unterstützung des Jugendamtes einen für uns gangbaren Weg für Davids und Jonathans ADS, wobei bei Jonathan noch motorische Störungen, Enuresis und damit verbunden eine Verhaltensauffälligkeit hinzukamen. Unser Alltag war lange Zeit geprägt von Therapien, Schulstress, Hausaufgabenstress und Stress im sozialen Umfeld der Kinder. Mit Fantasie und Offenheit für neue Therapiemaßnahmen haben wir es geschafft. Mir persönlich hat auch mein Glaube sehr geholfen.*
*Heute besucht David ein privates Internat, das wir uns mit Hilfe des Jugendamtes finanziell leisten können. Er ist nach wie vor unser absolutes Überraschungskind in jeder Hinsicht. Deshalb leben wir mit ihm so, wie es auch seiner Persönlichkeit entspricht: immer im Hier und Jetzt und ohne große Gedanken an die Zukunft.*
*Oft stieß ich in den vergangenen Jahren an meine körperlichen und seelischen Grenzen. Ich habe viel gelernt: genauer hinzusehen und hinzuhören, Geduld und Zeit zu haben und zu geben. Aber auch wieder Zeit für mich ganz persönlich einzuplanen und den Kindern klarzumachen, dass mir diese Zeit sehr wichtig ist.“*

*Uta (46)*

Im Gegensatz zu leiblichen Eltern können sich Adoptiv- und Dauerpflegeltern bewusst gegen ein Kind entscheiden, bei dem eine Krankheit erkannt wurde oder akut vermutet wird. Aber weder Adoptiv- noch Dauerpflege- oder leibliche Eltern wissen, ob sich das Kind, das sie lieben und großziehen, zu einem Sorgenkind entwickeln wird. Und sie alle werden in einem solchen Fall Wege finden, um mit ihrem „Sorgenkind“ zu leben, es zu lieben und es zu akzeptieren, wie es eben ist.

## Weiterführende Informationen

**Sachbuch:**
Brisch, Karl-Heinz mit Theodor Hellbrügge: Kinder ohne Bindung. Deprivation, Adoption und Psychotherapie, Klett Cotta, 4. Aufl. 2007. Auch hilfreich für Eltern und andere Angehörige, die ihr Kind durch eine Therapie begleiten.

**Sachbuch:**
Wiemann, Irmela: Adoptiv- und Pflegekindern ein Zuhause geben, Balance, 3. Aufl. 2012. Informationen und Hilfen für Familien.

**Sachbuch:**
Ryan, Tony mit Rodger Walker: Wo gehöre ich hin? Biografiearbeit mit Kindern und Jugendlichen, Beltz, 4. Aufl. 2007.
Methoden und Übungen, die Kindern und Jugendlichen helfen, ihr bisheriges Leben zu verstehen, zu akzeptieren und positiv in die Zukunft zu sehen. Dargestellt werden unter anderem die Arbeit mit behinderten, sexuell missbrauchten oder lebensbedrohlich erkrankten Kindern sowie mit Geschwistern und Kindern ausländischer Herkunft.

**Sachbuch:**
Harms, Edda und Strehlow, Barbara (Hrsg.): Adoptivkind – Traumkind in der Realität, Schulz-Kirchner, 5. Aufl. 2004.
Psychoanalytische Einblicke in die Probleme von Adoptivfamilien.

**Sachbuch:**
Bonus, Bettina: Mit den Augen eines Kindes sehen lernen. Band 1: Zur Entstehung einer Frühtraumatisierung bei Adoptiv- und Pflegekindern, Books on Demand 2006.

**Kinderbuch:**
Ortner, Gerlinde: Märchen, die Kindern helfen, Orac 2004.
Geschichten gegen Angst, Aggressionen und was man beim Vorlesen wissen sollte (3–7 Jahre).

**Internet:**
www.fasd-deutschland.de
Zusammenschluss von Adoptiv- und Pflegeeltern, leiblichen Eltern und Betroffenen, die unter FAS/FAE leiden.

**Internet:**
www.lernfoerderung.de
Informationen und Tipps bei Lernproblemen von Dipl. Pädagogin Uta Reimann-Höhn. Informationen zu ADS, Lese-Rechtschreib-Schwäche, Dyskalkulie, Linkshändigkeit.

**Internet:**
www.trauma-info.de
Bietet auch eine gute Broschüre zum Selbstkostenpreis über Traumata bei Kindern.

# 5 Warten auf den Tag X

**„Die Zeit ist nur ein leerer Raum, dem Begebenheiten, Gedanken und Empfindungen erst Inhalt geben."**

Wilhelm von Humboldt

Anerkannter Adoptivbewerber oder Pflegekindanwärter zu sein, ist nicht leicht. Wo andere den Tag der Geburt grob voraussehen können, fallen Pflege- und Adoptivkinder – zumindest dann, wenn sie aus dem Inland kommen – buchstäblich „vom Himmel", und zwar in einem im Voraus unbekannten Alter. Vorsorgend Wäsche oder Wiegen anzuschaffen, um auf den „Tag X" vorbereitet zu sein, ist bei „Inlandskindern" demnach nicht möglich – ein zweijähriges Kind braucht keine Wiege, ein Baby noch keine Sandkiste. In diesem Kapitel finden sich Hilfestellungen für das Überleben in der Warteschleife. Diese sind auch für Auslandsadoptiveltern hilfreich – auch wenn diese etwas mehr Zeit haben, um sich auf die Ankunft ihres Kindes vorzubereiten und ihre Chancen auf ein Kind in der Regel deutlich höher liegen.

*„Das Warten war damals schwierig. Besonders schlimm fand ich, dass ja jeder irgendwie jemanden kennt, der schon mal was mit dem Thema Adoption zu tun hatte. Das ist – am Rande gesprochen – ganz erstaunlich, wie viele Menschen adoptiert sind oder adoptiert haben. Ich hätte das gar nicht gedacht; man schneidet das Thema ja sonst nicht so oft an. Jedenfalls ist klar, dass die Chancen nicht gerade rosig stehen. Keiner wusste so recht: Soll man uns jetzt gratulieren, sich mit uns freuen? Die meisten hatten eher so eine ‚Mal schauen'-Haltung. Das ist auch das, was schade an der ganzen Adoptionssache ist: Man hat diese Zeit nicht, wo man*

*sich auf das Elternsein freut. Erst hat man Angst, ist unsicher, und dann kommt es plötzlich Schlag auf Schlag, und man hat auch keine rechte Zeit, sich zu freuen, weil es dann darum geht, wie man Wickelkommoden aufbaut oder welche dieser unglaublich vielen Pulverpackungen in der Drogerie in drei Gottes Namen eigentlich die richtigen für einen Säugling sind, wem man es jetzt zuerst sagt, wie man eine Erstausstattung in zwei Tagen organisiert, wie man es dem Arbeitgeber beibringt. Die Freude, die kommt erst später, wenn man irgendwann Luft holt, auf das schlafende Bündel im aufgebauten Bett schaut und sich denkt: ‚Wow! Das ist mein Kind!' Das haut einen dann echt um.*

*Unglaublich viele Adoptivväter und -mütter, die ich kenne, sagen, es kam total unpassend: der Anruf, das Kind, der Zeitpunkt, alles. Aber das kommt es wohl immer – man plant ja nicht damit. Kann man ja auch nicht. Man kann nur so weitermachen wie bisher. Wir haben es eher als so eine Art Glückslos bei der ‚Aktion Sorgenkind' gesehen. Entweder wir haben Glück oder eben nicht. Mit dem absolvierten Bewerberseminar hatten wir dem Schicksal zumindest eine Chance abgerungen. Das war besser als nichts, damit konnten wir leben."*

*Marie (38) und Steffen (37)*

Ein Grund, warum viele Bewerber nicht gerne mit Dritten über ihre Bemühungen um ein Adoptiv- oder Dauerpflegekind sprechen, ist die Angst vor den Fragen: Wann kommt es denn? Ist es noch nicht da? Habt ihr überhaupt Chancen?

Diese Fragen können die Bewerber nicht beantworten. Eine gesunde Einstellung zu dieser Zeit des Wartens zu suchen und zu finden ist sicherlich nicht leicht. Manche Inlandsbewerber melden sich regelmäßig bei ihrem Vermittler, bleiben aber ansonsten gelassen. Im ersten Jahr hoffen sie noch aktiver, doch mit der Zeit richten sie sich auf ein Leben ohne Kind ein – und sind dann meist überrascht, wenn der Anruf des Vermittlers doch noch erfolgt. Andere wiederum machen sich mit großem Engagement auf die Suche, sprechen bei anerkannten Vermittlungsstellen oder Babyklappen-„Betreibern" vor, die aber ohnedies nicht vermitteln dürfen, und lassen den Mut nicht sinken. Wieder andere werden krank vor Kummer und Angst. Wer das Geld und die Mittel hat und im Inland nicht fündig wird, wählt immer öfter den Weg der Auslandsadoption.

*„Wir haben viele Jahre gewartet. Das Adoptivbewerberseminar haben wir mit 33 und 32 absolviert; das ist nun zwölf Jahre her. Am Anfang haben wir immer gedacht, dass es sicherlich doch noch klappt. Haben immer, wenn wir einen Urlaub geplant haben, Freunden gesagt, dass es sein könnte, dass wir absagen müssen. Das mussten wir aber nie. Zu uns kam einfach kein Kind. Wir haben uns oft gefragt, woran es liegt. Vielleicht daran, dass mein Mann und ich im Schichtdienst arbeiten und das Gehalt nicht üppig ist. Aber wir hätten es trotzdem geschafft, Thomas und ich.*

*Als wir auf die 40 zugingen, haben uns Bekannte noch einmal zaghaft geraten, es mit der Auslandsadoption zu versuchen. Das hätten wir sehr gern getan, konnten es uns aber finanziell nicht leisten. Wir waren sehr verbittert in dieser Zeit, sehr, sehr traurig. Denn irgendwann muss man den Tatsachen ins Auge sehen: Das war es jetzt. Wir werden keine Kinder haben – eigene nicht, adoptierte nicht. Wir haben dann bewusst einen Schnitt gemacht. Sind zum ersten Mal in eine Wohnung umgezogen, in der es kein potenzielles Kinderzimmer gab. Das war irgendwie auch ein Stück weit befreiend nach all den Jahren. Es gibt da so ein Lied, das ich mag und in dem heißt es: Irgendwann ist selbst ein Traum zu lange her.*

*Heute engagieren wir uns in einem Verein für Pflegekinder und bekommen viel Besuch von unseren Nachbarskindern, mit denen wir backen oder basteln oder für die wir (zur Freude ihrer Eltern) schon einmal einen Kinder-Kinoabend mit selbst gemachtem Popcorn veranstalten. Wir tun das gerne, ohne Hintergedanken, wann immer es unsere Zeit erlaubt."*

*Wiveka (44) und Thomas (45)*

Sicherlich ist es sinnvoll, sich nach Abschluss des Bewerberverfahrens bewusst zu überlegen, wie man nun weiter verfahren will. Wenn die Frist, mit der man in der Regel in die Vermittlungskarteien aufgenommen wird, abgelaufen ist oder das Alter, bei dem die Aufnahme eines Kindes nicht mehr sinnvoll erscheint, naht – was kommt danach? Will man es noch einmal mit dem Warten auf ein Adoptivkind im Inland versuchen? Die Option eines Dauerpflegekindes in Betracht ziehen? Kann man sich doch vorstellen, auch ein nicht ganz gesundes Kind aufzunehmen? Will man es mit einer Auslandsadoption versuchen? Oder nach zwei oder mehr Jahren einen Schlussstrich ziehen und sein Leben bewusst ohne Kind planen?

Gerade Bewerber mit sehr starkem Kinderwunsch sollten sich im Vorfeld darüber verständigen, wie sie mit einem möglichen Misserfolg umgehen möchten, damit sie ihr Leben nicht wieder und wieder in Warteschleife führen und vielleicht am Ende in ein Loch fallen, das so tief ist, dass daran im schlimmsten Fall nicht nur die Beziehung, sondern auch der wartende Mensch innerlich zerbricht. Gespräche mit Freunden und Verwandten, mit dem Vermittler, aber auch mit Therapeuten können helfen, hier eine klare Position zu finden. Im Grunde genommen ist es ein ähnliches Phänomen wie bei der Kinderwunschtherapie: Wer die eigenen Ängste und Hoffnungen mit Dritten teilt, kann enttäuscht werden, aber auch Unterstützung erfahren. In jedem Fall aber hilft die Offenheit, Dinge greifbarer zu machen – und somit meist auch, sie besser zu bewältigen.

Ein wichtiger Punkt, über den man sich in der „Warteschleife" Gedanken machen sollte, ist sicherlich auch der Arbeitgeber. Wie sage ich diesem, dass ich „irgendwann" – in einer Stunde, nächsten Monat, in fünf Jahren oder vielleicht nie – ein Kind bekommen werde? Dass dieser Schritt nicht leicht und sicherlich nicht immer karrierefördernd ist und Arbeitgeber nicht immer so verständnisvoll reagieren, wie es wünschenswert wäre, ist leider kein Geheimnis – kinderfreundlich sind längst nicht alle Arbeitgeber. So unsicher es leider in Deutschland sein kann, den Arbeitgeber auf den Adoptivbewerberstatus hinzuweisen: Ehrlichkeit ist auch hier grundsätzlich der richtige Weg.

Wenn alles geklärt ist und man dem Kommen oder Nichtkommen des Kindes so entspannt wie nur irgend möglich entgegenblicken kann, gibt es einige Möglichkeiten, um sich auf das Elternsein vorzubereiten. Mit Sicherheit verschlechtert man seine Chancen als Bewerber nicht, wenn man dem Vermittler hin und wieder von seinen Aktivitäten erzählt.

In dieser Phase können Bewerber sich auch überlegen, sich zusätzlich in anderen Jugendämtern zu bewerben, um ihre Chancen auf die Vermittlung eines Kindes zu erhöhen. Wichtig ist, dass die eigene Vermittlungsstelle darüber informiert wird, da diese eventuell von einem anderen Jugendamt um den Adoptionseignungsbericht gebeten wird.

Bei den Vermittlungsstellen sollte man sich in der Wartezeit immer wieder in Erinnerung rufen, dies allerdings nicht zu aufdringlich tun – auch wenn es schwer fällt. Die Vermittler „backen" schließlich keine Kinder. Die Vermittlungsstelle erwartet, dass Bewerber sich etwa jedes Vierteljahr kurz melden, dass sie Urlaubszeiten angeben und eine Kontaktnummer am Urlaubsort mitteilen. Und dass sie in jedem Fall sagen, wenn sich an ihrer Lebenssituation etwas geändert hat – sei es, dass sie ein leibliches Kind erwarten oder von dem Wunsch, ein fremdes Kind aufzunehmen, Abstand genommen haben. Allzu häufige Anrufe rücken die Bewerber allerdings eher in ein schlechtes Licht. Der Vermittler hat einen normalen Arbeitstag und viele Bewerber – und er betreut die leiblichen Eltern, bereits bestehende Adoptivverhältnisse, Wurzelsuche ... Würden alle Bewerber in seiner Kartei ihn einmal in der Woche anrufen, käme er noch nicht einmal dazu, mit jedem von ihnen kurz zu telefonieren – und auch zu nichts anderem mehr.

## Lernen und leben in der Wartezeit

- Freunde und Verwandte mit Kindern im „gewünschten" Alter besuchen: Wie sind diese Kinder? Was interessiert sie? Wie reagieren sie auf mich und mein Verhalten? Was kann ich von den Eltern der Kinder und ihren Erfahrungen lernen?
- In Adoptionsforen oder bei Treffen von Adoptiveltern, Adoptivkindern (oder gar Herkunftseltern?) Informationen sammeln: Welche Probleme kann es geben und wie kann man sie meistern? Wie haben andere die Wartezeit gestaltet?
- Gerade wenn man ein älteres oder nicht ganz gesundes Kind aufnehmen möchte: Gibt es ehrenamtliche Tätigkeiten, in denen ich mich an den Umgang mit diesen Kindern gewöhnen, ihre Bedürfnisse kennenlernen kann?
- Bewerber für Säuglinge könnten einen Elternkurs machen. Vielleicht kann ein solcher Kurs auch rein für Bewerber organisiert werden? Eine freundliche Nachfrage beim Jugendamt, ob es weitere Interessenten für einen solchen Kurs gibt, schadet sicherlich nicht.
- Vor allen Dingen aber: die Zeit genießen und nutzen, um sich selbst etwas Gutes zu tun. Was hat man sich in all der Zeit der Sehnsucht nach einem Kind gewünscht und sich nie erfüllt? Einen Urlaub? Eine besonders interessante Fortbildung? Einen Wochenendtrip nach Paris? Den Besuch eines Musicals? Einen Bootsführerschein? Neue Farbe an den Wohnzimmerwänden? Ein neues, gemeinsames Hobby? Anders gesagt: Jetzt ist alles getan, was getan werden konnte. Man hat Zeit. Für sich, für seinen Partner. Im besten Fall stärkt man seine Beziehung, so dass das Kind später zu Eltern kommen wird, die glücklich miteinander sind. Im schlimmsten Fall tut man sich einfach nur selbst etwas Gutes. Und das hat man sich nach all der Zeit des Hoffens und Bangens mehr als verdient.

Manche Bewerber überlegen sich nette Gesten, um sich in Erinnerung zu halten. Sie schreiben etwa mit Liebe ausgewählte Postkarten oder kurze Briefe, vielleicht sogar mit einem Bild. Oder sie schicken in unregelmäßigen Abständen eine getrocknete Blume, eine gesammelte Muschel oder ein anderes, unaufdringliches und eher symbolisches Geschenk. Wichtig ist, dass Bewerber den Vermittler nicht bedrängen und ihm auch keine richtigen Geschenke – und generell keine Sachgeschenke – machen. Vermittler dürfen diese nicht annehmen – und selbst wenn sie es dürften, brächte auch ein Rolls Royce mit Ledersitzen die schenkenden Bewerber ihrem Kind keinen Millimeter näher. Ob Bewerber für ein Kind ausgewählt werden, folgt gänzlich anderen Kriterien. Glück ist sicherlich eines davon – dann nämlich, wenn bestimmte Bewerber schlicht zu einem bestimmten Kind „passen". Im nächsten Kapitel findet sich ein Blick hinter die Kulissen des Entscheidungsprozesses der Vermittler.

> *„Das Adoptivbewerberseminar war vorbei, und wir Teilnehmer hatten uns entschlossen, danach noch gemeinsam essen zu gehen. Das war schon ein komisches Gefühl. Würden wir bald alle Eltern sein? Oder manche erst in vielen Jahren und andere vielleicht nie? Sollten wir, durften wir uns jetzt freuen? Waren diese vielen Monate, in denen wir uns selbst hinterfragt und zugelassen hatten, dass andere uns hinterfragten, denn am Ende des Tages überhaupt noch etwas wert? Hatten wir jetzt eine Hürde genommen, vielleicht sogar eine große – oder waren wir nur am Ende einer weiteren Sackgasse angelangt?*
> *Keine drei Jahre später hatten wir Kinder, alle vier Bewerberpaare, die wir dort versammelt saßen. Ein Neugeborenes, zwei kleine Mädchen von einem beziehungsweise vier Jahren und ein acht Monate alter Junge aus Indien hatten bei uns ein neues Zuhause gefunden. Wir wissen, dass das selten und ein großes Glück ist, und wir wollen keine falschen Hoffnungen streuen. Aber wir wollen trotzdem sagen: Es geht! Manchmal geht es eben!"*
>
> *Nicoletta (39) und Martin (41)*

# 6 Der Tag X und seine Folgen

**„Manche Dinge kann man nicht begreifen. Auch erträumen kann man sie nicht. Man kann sie nur erfahren."**

Robina, Adoptivmutter

Mit etwas Glück ist er eines Tages da, der lang ersehnte Anruf: „Wir haben hier ein Kind, das Sie kennenlernen möchte ..." Auch wenn man monate- oder gar jahrelang auf diesen Anruf gewartet hat, trifft er einen doch aus heiterem Himmel. Denn auch wenn man hofft, hat man gelernt, dass Hoffnung trügerisch sein kann. Und so lebt man sein Leben weiter, reiht Termin an Termin – und dann klingelt plötzlich das Telefon und nichts ist mehr, wie es war.

*„Vier Jahre war es her, seit wir anerkannte Adoptivbewerber geworden waren. Am Anfang haben wir immer wieder zaghaft darüber gesprochen, dass der Anruf ja jetzt jederzeit kommen könnte, aber irgendwann war auch das vorbei. Wir haben einfach weitergelebt. Als der Anruf dann kam, war ich die Ruhe selbst. Ich war allein zu Hause und packte gerade die Koffer für einen Urlaub. Die Frau vom Jugendamt fragte, ob ich mir denn noch vorstellen könnte, Mutter zu werden – Mutter eines drei Monate alten Jungen. Ich rief erst einmal meinen Mann im Büro an: ‚Sag mal, willst du eigentlich noch Vater werden?' Er war genauso perplex wie ich, und schließlich mussten wir beide lachen. Dann haben wir uns erst einmal zusammengesetzt und noch einmal in Ruhe nachgedacht. Wollen wir das wirklich? Was bedeutet das für uns?*
*Eine Flasche Wein und ein Drei-Gang-Menü später stand es dann fest: Wir wollen."*

*Mel (33) und Niklas (34)*

## Hinter den Kulissen

Bevor der Anruf der Vermittlungsstelle kommt und die Adoptiv- oder Pflegeeltern erfahren, dass „ihr“ Kind darauf wartet, sie kennenzulernen, geschieht bereits eine Menge hinter den Kulissen.

Bei **Inlandsadoption und Dauerpflege** erfährt das Jugendamt zunächst einmal von der Geburt oder der Existenz eines Kindes. Ein Vermittler berät daraufhin die leibliche Familie und lernt das Kind mit seinen Besonderheiten kennen. Dann folgt die Teamsitzung im Jugendamt, wo die geeigneten Bewerber gemeinsam – und nach rein fachlichen Aspekten – ausgewählt werden. Dabei versuchen die Vermittler auch, die persönlichen Wünsche der leiblichen Eltern (und umgekehrt auch die der Adoptiv- oder Dauerpflegeeltern) so weit wie möglich zu berücksichtigen. Wartezeiten, gesellschaftliche Stellung oder finanzielle Erwägungen dürfen bei der Auswahl der Bewerber keine Rolle spielen, und auch politische oder administrative Gedanken dürfen die Entscheidung nicht beeinflussen. Wichtig ist, ob zwischen den Bewerbern und dem Kind ein Eltern-Kind-Verhältnis entstehen könnte, ob die Bewerber die Bedürfnisse des Kindes befriedigen und dessen körperliche, geistige und seelische Entwicklung fördern können.

> *„Bei der Entscheidung, welches Bewerberpaar für ein Kind ausgewählt werden soll, bin ich neben den rein sachlichen Überlegungen im Team auch von meinem Gefühl ausgegangen. Mir sind immer folgende Gedanken durch den Kopf gegangen: Könnte sich dieses Kind bei diesen Bewerbern auf dem Schoß wohlfühlen? Wenn die Bewerber und die leibliche Familie sich jetzt – oder in einigen Jahren – kennenlernen, könnte da die ‚Chemie‚ stimmen? Manchmal – und wenn es zeitlich möglich war – habe ich meine endgültige Entscheidung, welches Paar ich anrufe, um eine Nacht verschoben, um alles noch einmal zu überschlafen.“*
>
> *Kirsten N., Adoptionsvermittlerin*

Auch bei der **Auslandsadoption** werden die Bewerber sehr genau für ein bestimmtes Kind ausgewählt. Ein so genanntes „Matching“ hilft zu ermitteln, ob ein bestimmtes Kind zu bestimmten Bewerbern passen könnte.

Ist die Entscheidung für ein Bewerberpaar gefallen, sind auch langjährige Vermittler trotz aller Routine gespannt. Sie wissen, dass der berühmte Telefonanruf zur Gesprächseinladung ein wichtiger Moment ist, der eine Lawine auslöst, die nur schwer zu bremsen ist.

## Der Anruf

Tatsächlich ist man am Tag X glücklich oder überrascht, vielleicht aber auch entsetzt oder fassungslos. Zwischen dem (vielleicht sogar jahrelangen) Wunsch nach einem Kind und einem Kind, das jetzt nicht nur zum ersten Mal greifbar wird, sondern auch in Kürze (bei Inlandskindern nicht selten binnen weniger Tage oder gar Stunden) zum Mittelpunkt des eigenen Lebens wird, besteht schließlich ein himmelweiter Unterschied. Und obwohl viele Bewerber es nicht öffentlich zugeben würden (denn als Bewerber für ein fremdes Kind „muss" man sich schließlich freuen, wenn es endlich so weit ist!), haben viele in diesem Augenblick plötzlich Angst vor der eigenen Courage.

*„Der Tag X ist da', verkündete mir eine E-Mail in meinem Posteingang. Ich solle mich möglichst umgehend melden. Ich war wie vor den Kopf gestoßen. Kein Jahr war unser Bewerberseminar her, und ich hatte immer geglaubt, es dauere fünf oder mehr Jahre. Ich bin selbstständig, musste in wenigen Wochen auf zwei große Geschäftsreisen und war eher perplex als himmelhoch jauchzend. Die Reaktion meines Partners war ähnlich ratlos wie meine: ‚Was? Jetzt gleich? Nee, oder?'*
*Wir entschlossen uns, uns erst einmal telefonisch alles Wichtige über das Kind anzuhören. Die Fakten waren sehr gut: Ein Junge, keine zwei Monate alt, der Glück gehabt hatte und seit der (zu frühen) Geburt bei einer sehr lieben Pflegefamilie lebte. Am liebsten wollte man ihn uns gleich zeigen, in jedem Fall aber sofort einen Gesprächstermin vereinbaren. Wir aber wollten erst noch einmal miteinander sprechen. Uns war klar: Wenn wir beim Jugendamt sind, werden wir uns mit einem ‚Nein' schwer tun. Und wenn wir das Kind kennengelernt haben, gibt es sowieso kein Zurück.*
*Wir hatten den Eindruck, unsere Vermittlerin war etwas enttäuscht und irritiert, dass wir so sachlich waren oder weder weinten noch vor Ergriffenheit stammelten.*

*Wir blieben aber bei unserem Standpunkt. Wir wollten die Entscheidung bewusst treffen und nicht emotional."*

*Sanne (33)*

Wohnen die ausgewählten Bewerber nicht im Ort des betreffenden Jugendamtes, setzt sich der Vermittler zunächst mit dem für die Bewerber zuständigen Kollegen in Verbindung, teilt diesem alles mit, was über das Kind und seinen Hintergrund bekannt ist, und sendet ihm alle verfügbaren Unterlagen zu. Dieser erwägt dann noch einmal selbst, ob „seine" Bewerber wirklich die richtigen Eltern für das vorgestellte Kind sind. Den Anruf am Tag X führt dann entweder der Vermittler des fremden oder des Heimatjugendamtes, und auch hier wird den Bewerbern alles Wichtige mitgeteilt. Danach können sie entscheiden, ob sie in den Wohnort des Kindes reisen, um es kennenzulernen, oder ob sie zunächst einige Tage Zeit für ihre Entscheidung und Gespräche mit Fachleuten und Vertrauten brauchen. Erst wenn sie sich entschieden haben, das Kind kennenzulernen, reisen sie an den Wohnort des Kindes.

Bei der **Auslandsadoption** ist das Prozedere von Land zu Land sehr unterschiedlich. Manche Bewerber erhalten Fotos, genauere Informationen oder vielleicht sogar einen Brief der Betreuer oder – bei älteren Kindern – des Kindes selbst; andere wissen kaum das Geschlecht des Kindes, das für sie ausgewählt wurde, und reisen mit nicht viel mehr als dem Wissen an, dass sie die richtigen Bewerber für ein ganz bestimmtes Kind sein könnten.

## Das erste Gespräch

Im ersten Gespräch bei der Vermittlungsstelle erhalten Bewerber alle bekannten Informationen über das Kind und dessen Eltern oder Familie. Darunter können natürlich auch negative Informationen sein, die die Bewerber irritieren oder sogar beunruhigen – etwa medizinische oder psychologische Befunde, über deren Auswirkungen die Bewerber sich erst einmal informieren wollen, oder Informationen über die leiblichen Eltern oder Familie, die auf die Bewerber fast beängstigend wirken. Diese Informationen aufzunehmen und zu durchdenken ist jedoch ungeheuer wichtig.

*„Wir hatten uns entschieden, auch ein Kind, das nicht ganz gesund ist, aufzunehmen. Vor genau sieben Jahren erfuhren wir von Martin. Der Kleine hatte sich unter der Geburt das Schlüsselbein gebrochen. Seine Blutwerte und anderes waren nicht ganz eindeutig, und die Ärzte vermuteten, dass Martin die Glasknochenkrankheit hat. Wir sammelten so viele Informationen wie möglich über diese uns bis dahin unbekannte Krankheit, sprachen mit unseren Eltern, nahmen uns ein Herz und lernten Martin kennen. Es war Liebe auf den ersten Blick.*
*In den folgenden Wochen und Monaten musste er noch einige Untersuchungen über sich ergehen lassen, bis feststand, dass er völlig gesund ist. Warum das Schlüsselbein nach der Geburt gebrochen war, wurde nie geklärt."*

*Petra (32) und Norbert (35)*

Petra und Norbert – und natürlich vor allem ihr kleiner Sohn – hatten Glück. Die Glasknochenkrankheit war eine Fehldiagnose. Dennoch war es wichtig, dass sie sich bewusst dazu entschlossen haben, Martin auch dann aufzunehmen, wenn sich der Verdacht erhärtet hätte.

Nicht nur in Deutschland haben Vermittlungsstellen erkannt, wie wichtig die Vorgeschichte der Kinder ist, und so haben viele annehmende Eltern heute die Möglichkeit, bereits im Vorfeld einiges über ihr Kind zu erfahren. Bewerber müssen in jedem Fall Ruhe und Zeit haben, diese Informationen aus dem ersten Gespräches zu verdauen, sie mit Freunden und Familie zu besprechen oder bei Fachleuten zusätzliche Auskünfte über den Gesundheitszustand oder die Rechtssituation einzuholen. Diese (relativ kurze) Zeit ist sehr wichtig, denn nach dem ersten Kennenlernen gibt es – zumindest emotional – kaum je ein Zurück.

## Die Entscheidung für ein Kind – oder dagegen

Diese turbulenten Stunden und Tage nach Tag X sind für Bewerber eine schwierige, aber auch schöne Zeit. Auf der einen Seite freuen sie sich, endlich am ersehnten Ziel zu sein, auf der anderen Seite sollten sie einen kühlen Kopf bewahren und sich den letzen Schritt gut überlegen. Das Kind, das ihnen vorgestellt wird, sollen sie „beurteilen", sollen sich für oder gegen es entscheiden, und zwar kritisch und bewusst. Wer aber bringt es wirklich über sich, einen Menschen – und erst recht ein Kind, auf das man lange Zeit gewartet und für das man vieles auf sich genommen hat – zu bewerten, seine „Kriterien" ruhig abzufragen und es bewusst auszuwählen oder gar abzulehnen? Viele Bewerber sagen, dass diese „Auswahl" ja schon mit der Entscheidung für oder gegen bestimmte „Eckparameter" des Kindes stattgefunden hat. Bereits in der Bewerberzeit hat man festgelegt, ob man sich zutraut, ein nicht ganz gesundes Kind, ein Kind aus einem anderen Kulturkreis, ein älteres Kind oder Ähnliches aufzunehmen. Doch auch für diese Paare gilt: Grau ist alle Theorie und grün des Lebens junger Baum.

Den Kindervorschlag abzulehnen, scheint nahezu allen Bewerbern undenkbar – auch dann, wenn sich tatsächlich leise oder auch lautere Bedenken melden. Es ist aber wichtig, dass Zweifel zur Sprache kommen und gehört werden. Sind die Bewerber sich nicht sicher, sollten – und im Sinne des Kindes und ihres eigenen Wohlergehens: müssen – sie sich ein Herz nehmen und den Kindervorschlag ablehnen, und zwar möglichst vor dem ersten Kennenlernen. Ein solcher Schritt ist unendlich schwierig, doch er ist verantwortungsbewusst – und das allein zählt an dieser Stelle.

Fast alle Bewerber haben Angst, dass der Vermittler ihnen nie wieder ein Kind „anbieten" könnte, wenn sie den ersten Vorschlag ablehnen. Diese Angst ist unbegründet. Eine Ablehnung mit stichhaltigen Gründen wird Bewerbern nie nachgetragen. Auch Vermittler wissen: Lieber ein „Nein" am Anfang als eine gescheiterte Adoption oder Dauerpflege am Ende. Viele Bewerber kommen nach einer Absage nicht zur Ruhe, weil sie ein schlechtes Gewissen dem Kind gegenüber haben. Auch dies ist unbegründet. Der Vermittler wird andere geeignete Bewerber ansprechen, so dass das Kind mit sehr großer Wahrscheinlichkeit trotz der Ablehnung schnell ein geeignetes Zuhause findet.

Auch bei einer **Auslandsadoption** kann – und sollte – man sich im Zweifelsfall gegen das vorgestellte Kind entscheiden. In der Regel wird den Bewerbern dann ein zweites Kind vorgestellt, das aber weniger gut in das „Matching" passt. Genaueres hierzu kann bei derjenigen Vermittlungsstelle erfragt werden, die sich in den Gepflogenheiten des jeweiligen Landes am besten auskennt.

Bei der Entscheidung für oder gegen ein Kind müssen Bewerber jedoch nicht nur dem Vermittler (und dem Kind, soweit dieses die Entscheidung überhaupt bewusst erlebt), sondern auch dem Partner gegenüber ehrlich sein. Auch die konkrete Entscheidung für oder gegen die Aufnahme eines – oder dieses speziellen – Kindes sollte zwingend gemeinsam und ohne Druck des anderen Partners getroffen werden. Ist dies nicht der Fall, rächt sich das meist schnell.

*„Ein langes Gespräch später war klar: Ich war dafür, Samuel zu uns zu holen. Und Peer war eigentlich dagegen, weil er es wegen seiner noch nicht beendeten Ausbildung für zu früh hielt. Doch er überließ die Entscheidung mir. Das fand ich fürchterlich, weil ich die Probleme vorhergesehen habe, die dies mit sich bringen würde. Wir haben dann trotzdem zugesagt und Samuel kennengelernt.*
*Für mich waren durch Peers ‚Nicht-Entscheidung' die ersten Wochen ein einziges Spießrutenlaufen. Ich fragte mich immer wieder ‚Wird unsere Beziehung das durchstehen?' Und immer, wenn es stressig wurde – und es war immer stressig –, kam der Spruch: ‚Du wolltest es ja so.' Irgendwann bin ich dann an die Decke gegangen und habe ihm gesagt, dass ich das nie wieder hören will. Entweder steht er zu dem Kind oder er tut es nicht und Punkt.*
*Letzten Endes hat Peer sich schneller gefangen, als ich gedacht und natürlich auch von Herzen erhofft hatte. Nach einem halben Dutzend Nächten in Kneipen mit viel Bier stellte sich Peer der Herausforderung. Heute ist er Samuel der beste Vater, den man sich wünschen kann. Dafür bin ich sehr, sehr dankbar. Ich weiß nicht, was ich getan hätte, wenn es sich anders entwickelt hätte."*

*Sanne (33)*

Manche Bewerber scheuen vor dem endgültigen Schritt zurück, andere wiederum sagen zu schnell „Ja", und die Angst vor dem eigenen Mut kommt erst später.

Der Schritt zum „Ja" muss wohlüberlegt geschehen – gerade wenn seit der Zulassung als Bewerber viel Zeit vergangen ist. Gelten die Gründe, unter denen man einst ein Kind aufnehmen wollte, noch heute oder hat sich die Lebenssituation vielleicht verändert? Ist die Entscheidung für das Kind nicht mehr sicher, muss man dem Kind und sich selbst zuliebe zurücktreten. Ist die Angst aber eher einer Panik entsprungen, kann es helfen, sich auf die Gründe zu besinnen, aus denen man ein Kind aufnehmen will – und es dann einfach zu wagen.

Alle frischgebackenen Eltern – ob leiblich oder nicht – bekommen „Muffensausen", wenn das Kind plötzlich da ist. Sie alle fragen sich, ob und wie sie der Verantwortung gerecht werden können und was sich in ihrem Leben ändern wird. Und sie alle kennen darauf keine sichere Antwort. Anders gesagt: Eltern ist man nicht – man muss es erst werden. Und dazu gehört nicht nur Umsicht und ein Entschluss, sondern auch ein großer Batzen Mut.

## Das erste Treffen

### Aus den Augen des Kindes

Nicht nur die Bewerber, auch das Kind bereitet sich – und je älter es ist, desto intensiver – gemeinsam mit seinen Bezugs- und/oder Betreuungspersonen auf das Kennenlernen der Bewerber vor. Im Idealfall wird gerade älteren Kindern in möglichst kindgerechter Form erklärt, was mit ihnen geschieht und was das Kennenlernen für es bedeuten kann. Wichtig – und in der Praxis leider selten der Fall – ist es, dass die leibliche Familie den Übergang so gut wie möglich begleitet. Leiblicher Vater und leibliche Mutter sollten dem Kind Zeit geben, bewusst Abschied zu nehmen. Bekommt das Kind von seiner leiblichen Familie nicht den „Auftrag", eine neue Familie anzunehmen, bleibt es seiner leiblichen Familie oft treu und hat Schuldgefühle, wenn es sich auf die neuen Menschen einlässt.

Die so genannte Kontaktanbahnung wird im Idealfall vom Vermittler – oder im Falle der Auslandsadoption vom Heimerzieher oder den Pflegeeltern – so organisiert, dass alles vor allem den Bedürfnissen des Kindes entspricht. Der erste Kontakt sollte daher an einem dem Kind vertrauten Ort und in entspannter, möglichst zwangloser Atmosphäre stattfinden. Auch ältere Kinder empfinden das erste Kennenlernen meist deutlich weniger schlimm, als angehende Adoptiv- oder Pflegeeltern dies vielleicht befürchten könnten.

> *„Mit fünf Jahren hatte ich schon eine Weile im Kinderheim verbracht und habe mir nichts sehnlicher als eine eigene Familie gewünscht! Jeden Tag habe ich auf einen Brief oder ein Zeichen gewartet, doch eines Tages kam Besuch und ich fragte mich: ‚Ist dies nun mein Besuch oder für irgendjemand anderen dieser Kinder hier?' Ich*

*war sehr unsicher, wir unternahmen viele Sachen mit dem Besuch! Als der Besuch am nächsten Tag nur etwas mit mir unternahm, war ich so stolz darauf und konnte es erst gar nicht glauben! Das Ganze war auch sehr aufregend und sehr neu für mich. An diesem Tag gingen wir auch auf den Indianer-Berg, der ein kleiner Spielplatz war und wo wir alle sehr viel Spaß hatten. Es war am Anfang auch nicht einfach für mich, damit umzugehen. Ich fragte mich immer: ‚Warum? Wieso ich? Wieso ist das alles passiert, dass ich in das Heim musste und fünf Jahre lang keine Familie hatte?' Nun ja, die Zeit verging sehr schnell, und ich zog nach einer Weile wirklich zu meiner Familie, wo ich mich auch sehr gut einlebte und sich alle sehr viel Mühe mit mir gaben. Ich war total stolz: Das ist jetzt meine Familie! Mein größter Wunsch ging in Erfüllung, und auch in der Schulzeit, die auch nicht einfach für mich war, stand meine Familie immer hinter mir und gab mir Schutz und Geborgenheit. Ich liebe meine Familie über alles und ich werde sie nie mehr hergeben!"*

*Suzana (17)*

## Aus den Augen der Bewerber

Das erste Treffen mit dem Kind ist für Bewerber in der Regel nicht der intime, romantische Moment, den man sich vielleicht erträumt hat. Oft sind andere Menschen bei diesem Treffen dabei – Vermittler, Erzieher, die Pflegefamilie, der Heimleiter – und zum eigenen inneren Druck kommt noch das – nicht ganz unberechtigte – Gefühl, beobachtet zu werden.

*„Wir fuhren mit der Mitarbeiterin des Jugendamtes zu der Kurzzeitpflegefamilie, um Ronja-Luna kennen zu lernen. Sie war schrecklich klein, ganz verschrumpelt, hat die Augen aufgemacht, uns angeschaut – und losgebrüllt wie am Spieß. Ich habe zaghaft zu Rolf rübergeschaut und gewusst, dass er das Gleiche denkt wie ich: ‚Mein Gott, was ist dieses Kind hässlich!' Wir fühlten uns ganz schlecht dabei, aber es war so. Das Kind da in dem Wagen war uns vollkommen fremd.*
*Wir waren etwas ratlos, weil die Pflegeeltern und die Frau vom Jugendamt um uns herumstanden und wir dachten, wir müssten jetzt irgendetwas Beeindruckendes tun. Wir haben uns dann den Wagen geschnappt und sind eine Runde mit der Kleinen spazieren gefahren. Sie wurde dann ruhiger und schlief wieder ein.*

*Wir haben uns von Anfang an für sie verantwortlich gefühlt und es bestand für uns nie ein Zweifel, dass wir sie zu uns nehmen wollen. Heute finden wir sie mit ihrem ersten Flaum auf dem Glatzkopf genauso schön wie alle Eltern ihre Babys finden. Aber es hat etliche Wochen gebraucht, bis wir nicht nur vom Kopf her wussten, sondern auch vom Herz her spürten: ‚Dieses Kind gehört zu uns.'"*

*Wanja (28) und Rolf (33)*

Beziehungen müssen wachsen, auch bei leiblichen Eltern. Sie fallen selten einfach vom Himmel, auch wenn langjährige (Adoptiv- und Dauerpflege-) Eltern dies rückwirkend meist so darstellen. Dies tun sie sicherlich nicht zuletzt deshalb, weil sie es ihrem Kind gegenüber wieder und wieder als „Liebe auf den ersten Blick" beschrieben haben – und das ist auch gut und richtig so. Dennoch: Manche Väter und Mütter schließen das Kind in der ersten Sekunde in ihr Herz, andere brauchen etwas länger, um mit ihm warm zu werden. Das ist vollkommen normal und kein Grund zur Beunruhigung.

Bei älteren Kindern ist das Kennenlernen nicht nur vollkommen anders, sondern aufmerksame Adoptiv- und Dauerpflegeltern können ihren zukünftigen Kindern vielleicht auch gleich zu Beginn einen Herzenswunsch erfüllen.

*„Zunehmend fiel uns auf, dass Tim sich im Heim offensichtlich wohlfühlte und einen Freund namens Sven hatte. Die beiden waren ein Herz und eine Seele. Wir hatten Angst, dass wir diese Kinderfreundschaft zerstören könnten. In Gesprächen bekamen wir mit, dass auch für Sven Eltern gesucht wurden. Da haben wir uns zu Hause ein Herz gefasst und mit unserer Sozialarbeiterin gesprochen. Wir wussten, dass es in unserem Landkreis viele Bewerber gab, die auch Kinder in diesem Alter suchten.*

*Um es kurz zu machen: Es hat wirklich geklappt. Die beiden Jugendämter haben sich abgestimmt und Sven lebt heute bei einem Ehepaar aus dem Nachbardorf. Die beiden Jungen treffen sich mindestens einmal in der Woche. Wir sind auch schon zu sechst im Kleinbus zurückgefahren, um die Stadt und das Heim zu besuchen, in dem unsere Kinder lebten. Die Jungen haben das gemeinsam richtig genossen."*

*Gregor (45) und Kirsti (41)*

Bei einer Auslandsadoption sieht die Sache oft deutlich anders aus. Allein schon die Anreise gestaltet sich hier deutlich schwieriger. Findet die Adoption über eine anerkannte Vermittlungsstelle statt, müssen die Bewerber sich in der Regel lediglich um den Flug und ihre Reisepässe kümmern, den Rest – wie etwa Unterbringung und Abholung vom Flughafen, das Im-Auge-Behalten von Reisewarnungen, Visa oder Ähnlichem – regelt meist die Vermittlungsstelle. Zumindest weist sie die Bewerber darauf hin, was sie im Vorfeld noch regeln müssen (etwa Impfungen oder eine „Packliste" für das Kind). Sinnvoll sind hier zum Beispiel Einmalwaschlappen oder Feuchttücher, Medikamente (etwa gegen Läuse, Krätze oder Durchfall), eine gute Hautcreme sowie ein Medikament gegen Juckreiz, je nach Alter des Kindes Wasserkocher und Fläschchen sowie vielleicht eine Babytrage. Ein Schmusetier kann dem Kind helfen, die Zeit des Wartens bis zur endgültigen Reise ins Heimatland der Adoptiveltern zu überbrücken.

Tatsächlich sind angehende Eltern gerade bei einer Auslandsadoption nicht selten entsetzt, wenn sie ihr Kind zum ersten Mal sehen. Sie starren ungläubig und voll Entsetzen auf die Zustände, unter denen das Kind bislang gelebt hat, und auf die vielen anderen Kinder, die vorerst hier zurückbleiben werden. Auch entsprechen Kinder in ausländischen Kinderheimen selten dem Bild eines fröhlichen, offenen, neugierigen und hübschen oder gar niedlichen Kindes. Manche sind aufgrund der geringen Betreuerdichte in den Heimen vernachlässigt, wippen hin und her oder starren blicklos ins Nichts. Berührt zu werden gefällt ihnen vielleicht nicht. Oft tragen sie der Einfachheit halber (und wegen der Läuse) geschorene Haare und nicht selten eher triste Einheitskleidung. Und nicht zuletzt sind gerade bei Auslandsadoptionen aus anderen Kulturkreisen die Bewerber dem Kind rundherum fremd: Sie haben eine komische weiße Haut, vielleicht sogar helle Haare und Augen und sie sprechen eine unverständliche Sprache (oder mit starkem Akzent). Da kann es durchaus sein, dass ein älteres Kind zu weinen beginnt oder sich erst einmal vor diesen seltsamen neuen „Eltern" versteckt. In der Regel gibt sich diese Unsicherheit jedoch binnen weniger Tage oder Wochen.

## Die Anbahnungszeit

Auf das erste Kennenlernen folgt eine Übergangszeit, die so genannte „Kontaktanbahnung", in der Eltern und Kind einander etwas besser kennenlernen sollen, ehe das Kind dann – zumindest im Fall der Inlandsadoption und Dauerpflege direkt – ganz zu den neuen Eltern zieht.

Bei einem Neugeborenen oder Säugling dauert die Kontaktanbahnung in Deutschland etwa ein bis zwei Wochen. Die neuen Eltern sollten diese Zeit nutzen, um mit Hilfe der bisherigen Bezugspersonen (Kinderkrankenschwester, Bereitschaftsfamilie) die Gewohnheiten des Kindes und – so notwendig – die Handgriffe zu dessen Pflege und Ernährung zu erfahren und zu erlernen. Je besser man das Kind in seiner gewohnten Umgebung und im Beisein seiner bisherigen Bezugspersonen kennenlernt, desto einfacher hat man es dann zu Hause.

Manchmal haben Adoptiv- oder Dauerpflegeväter und -mütter in dieser Zeit auch Gewissensbisse, weil sie das Kind seiner gewohnten Umgebung entreißen. Für das Kind ist dieser Bruch sicherlich nicht leicht, doch hilft die Kontaktanbahnung, ihn so sanft wie möglich zu gestalten. Der Bruch ist schließlich notwendig und nicht zu vermeiden – und nicht zuletzt aller Wahrscheinlichkeit nach der letzte, ehe das Kind wirklich ein neues Zuhause gefunden hat.

*„Du warst seit fast acht Wochen bei Deinen Pflegeeltern Sybille und Stephan, praktisch seit Du auf der Welt warst, und ich dachte immer wieder das Gleiche: Für Dich ist das doch Deine Mutter. Und wir kommen einfach und nehmen Dich weg. Und wir können es Dir gar nicht erklären. Das ist doch Mist.*
*Ich habe mich jedenfalls ziemlich schuldig gefühlt.*
*Am Anfang sind wir jeden Tag zu Sybille und Stephan gefahren, haben Dich besucht, Dich gebadet und Dich spazieren gefahren. Und im Eilverfahren Sachen für Dich besorgt. Dann haben wir Dich mal zu einem Besuch mit zu uns genommen und wieder zurückgebracht. Dann haben wir Dich mitgenommen, und dann bist Du bei uns eingezogen.*
*In den ersten Nächten haben wir uns immer gefragt: Was ist, wenn Du aufwachst, und wir hören es nicht? Und wir haben Dich beim Schlafen immer superdick ein-*

*gepackt, wie in Sibirien. Mit Mütze, die Dir dann auch immer über den Kopf gerutscht ist – samt Nase. Wir hatten in unseren Augen die Wahl, ob Du jetzt erfrierst oder erstickst. Kurz: Wir waren im Allgemeinen ziemlich überfordert. Sybille und Stephan haben uns in dieser Zeit sehr geholfen. Zum Beispiel mit Sätzen wie diesem: ‚Wenn so ein Kind mal auf der Welt ist, stirbt es nicht so leicht wieder.' Du wirst vielleicht lachen, aber das hat uns geholfen. Du warst so winzig und in unseren Augen so zerbrechlich, dass wir uns in den ersten Tagen kaum getraut haben, Dich mal von Herzen in den Arm zu nehmen."*

*Aus dem Tagebuch einer Adoptivmutter für ihr Kind*

Auch ein Gespräch mit dem behandelnden Arzt kann in dieser Zeit hilfreich sein. Gerade bei Säuglingen, die direkt aus dem Krankenhaus adoptiert werden, bieten manche Kliniken Familienzimmer an, die natürlich auch von einer Adoptivfamilie gebucht werden können, wenn das Kind sich noch stationär in der Klinik aufhalten muss. Das kann gerade bei Neugeborenen sinnvoll sein, denn hier übernehmen die angehenden Adoptiv- und Pflegeeltern das Kümmern bereits im Krankenhaus.

## Die Anbahnung mit älteren Kindern

Ein allmählicher Übergang – wo möglich zusammen mit den bisherigen Bezugspersonen – ist bei einem älteren und eventuell besonders belasteten Kind besonders wichtig und Fingerspitzengefühl auf allen Seiten das Gebot der Stunde. Der Kontakt zwischen Adoptiv- oder Pflegeeltern und Kind vollzieht sich meist schrittweise. Zunächst etwa beobachtet man es nur. Außerdem empfiehlt es sich, dass die Eltern dem Kind zunächst ihre Vornamen nennen und nicht gleich erwarten, dass das Kind sie sofort „Mama" und „Papa" nennt. Bei dieser Entscheidung kann auch der Vermittler helfen.

Ein kleines vorbereitetes Album vom neuen Zuhause, Fotos von den anderen Familienmitgliedern oder Haustieren können dem Kind helfen, sich ein Bild von dem zu machen, was es erwartet – und vielleicht sogar neugierig zu werden und Vorfreude zu entwickeln. Auch ein Kuscheltier als Mitbringsel und als Tröster kann die neuen Eltern präsent halten, auch wenn sie am Anfang noch oft abwesend sind.

*„Ich kann mich gut an die Zeit erinnern, als Suzana ihre Eltern fand. Ich war die Erzieherin in ihrer Heimgruppe und mochte sie sehr gerne. Sie bekam kaum Besuch und war immer sehr traurig, wenn andere Kinder ihre Eltern besuchten oder zu Adoptiv- oder Pflegeeltern kamen. Eines Tages kam eine Frau vom Jugendamt und teilte uns mit, dass für Suzana nun endlich auch Eltern gefunden wurden. Als das Ehepaar zum ersten Kontakt kam, hatten wir Suzana erst einmal nichts gesagt. Wir feierten gerade ein Sommerfest und alle waren ausgelassen. Das Ehepaar hat Suzana erst beobachtet und dann mit ihr gespielt. Suzana merkte nichts und verhielt sich wie immer. Die Eheleute entschieden sich noch am gleichen Tag und vereinbarten einen Termin, bei dem Suzana sie dann richtig kennenlernen sollte. Ich erzählte ihnen, dass Suzana Enten liebt und mit ihrer Gruppe gern zum nahe gelegenen Teich geht, um Enten zu füttern. Genau das machten die Eheleute mit Suzana, und die war ganz stolz, dass sie den Weg dorthin kannte. Abends schenkte das Ehepaar Suzana noch eine kleine Plüschente zum Kuscheln. Sie war ziemlich aufgedreht und stolz, dass sie mit den beiden allein weg durfte. Um es kurz zu machen: Die Kontaktanbahnung, die über mehrere Wochen ging, verlief positiv. Die drei haben viel unternommen, und wenn kein Treffen war, wurde ausgiebig telefoniert. Nach der letzten Beurlaubung kam Suzana nur zum Abschiednehmen. Sie weigerte sich, noch eine Nacht in ihrem Bett zu schlafen. Wir schenkten ihr noch ein Album mit Fotos von ihr und den anderen Kindern im Heim. In der Zwischenzeit hat uns Suzana zweimal besucht und erzählte sehr glücklich über ihr Leben in der neuen Familie. Die Plüschente besitzt sie heute noch, auch wenn sie nicht mehr gelb, sondern verwaschen ist."*

*Ann-Kathrin S. (46), Heimerzieherin*

Sind die Bewerber – etwa bei einer Adoption aus einem anderen Bundesland oder gar einem anderen Land – über einen längeren Zeitraum hinweg abwesend, sollten sie wenn möglich täglich um die gleiche Zeit anrufen, damit das Kind ihre Stimmen hört.

Mit Fortschreiten des Kontaktes ziehen sich die bisherigen Bezugspersonen zunehmend zurück und das Kind und seine zukünftigen Eltern bleiben ungestört. Auch ein Spaziergang oder ein Zoobesuch können dabei helfen, einander zu beschnuppern, ohne dass stets Dritte zuschauen. Gleiches gilt für die so genannte „tageweise Beurlaubung in den Haushalt der Bewerber". Gerade bei der Auslandsadoption hat man für die Bewerber in vielen Fällen eine Art geschützte Pension angemietet – mit kindgerechter Ausstattung und viel Ruhe, in der Bewerber und Kind einander auch über mehrere Tage hinweg kennenlernen können.

Im Idealfall kann das Kind vor dem endgültigen Übergang in den Haushalt seiner neuen Familie ein kleines Abschiedsfest feiern, bei dem es noch einmal im Kreis seiner alten Bezugspersonen im Mittelpunkt steht und kleine Abschiedsgeschenke und gute Wünsche mit auf seinen Weg in sein neues Leben bekommt. So kann das Kind lernen, dass Abschied traurig machen kann, aber auch Freude bereitet. Umgekehrt vermittelt ein kleines Begrüßungsritual in der neuen Familie dem Kind, dass es erwünscht und willkommen ist. Manche Adoptiv- oder Dauerpflegefamilien feiern viele Jahre lang neben dem Geburtstag auch den Ankommenstag oder halten die Etappen der Annäherung (und auch Fotos der Klinik, des Heimes, der Heimerzieher oder der Bereitschaftspflegeeltern) in einem Fotoalbum oder Tagebuch fest.

Obwohl bei annehmenden Eltern selbstverständlich ihr Kind im Zentrum ihrer Aufmerksamkeit steht, sollten sie in keinem Fall vergessen, auch auf die Gefühle jener Menschen zu achten, denen ihr Kind bislang anvertraut war. Gerade Pflegeeltern haben oft enge Bande an das Kind geknüpft, gerade wenn es länger in der Pflegefamilie lebte oder früh zu ihr kam. Umsichtige Pflegeltern wissen, dass der Übergang und ihr eigenes Loslassen wichtig für das Kind sind, doch auch sie haben Gefühle und trauern vielleicht darum, das Kind zu verlieren.

*„Manchmal schelte ich mich selbst. Dann nämlich, wenn ich mir einen schnippischen Unterton nicht verkneifen kann oder mich fast schon ein wenig freue, wenn das Kind bei den neuen Eltern im Arm nicht einschläft und ich dann sagen kann ‚Lassen Sie mich mal', und es dann klappt. Es ist nicht so, dass ich den Mut der neuen Eltern nicht bewundere. Die überwiegende Mehrzahl von ihnen mag ich sogar sehr, freue mich aufrichtig für das Kind und finde, dass das Jugendamt hier eine gute Wahl getroffen hat. Die meisten sind auch sehr rücksichtsvoll – schließlich findet die Anbahnung ja in unserem Haus statt. Na ja, jedenfalls helfen mein Mann und ich, wo wir können. Oft auch noch lang über die Anbahnung hinaus.*

*Auf der anderen Seite leide ich jedes Mal aufs Neue. Mein Mann übrigens auch, auch wenn er es nicht gern zugibt. Wir haben diese Kinder aufgepäppelt, sie vertrauen uns. Und natürlich lieben wir sie auch – aller antrainierten und berufsmäßigen Distanz zum Trotz bleibt man nicht sachlich, wenn ein Säugling ein paar Monate lang bei einem im Bett schläft und man ihn dann fortgeben soll. Aber ich versuche es heldenhaft. Meist gelingt es mir gut – vor allen Dingen dann, wenn ich sehe, dass die neuen Eltern auch in meinen Augen wirklich gut für das Kind sind. Aber manchmal und obwohl ich es gar nicht so meine, rutscht er dann doch raus, dieser gewisse Unterton. Leider. Aber ich arbeite daran.“*

*Sybille (56), Pflegemutter*

Am besten begegnet man dem Umfeld des Kindes – auch und gerade bei einer Auslandsadoption – vor allen Dingen mit Respekt. Riesige Berge an Geschenken kann das Kind nicht würdigen, und gerade in eher dürftig ausgestatteten Heimen wirken Eltern, die mit einem Koffer voll Spielzeug anreisen, leicht arrogant und deplatziert. Kleine Geschenke oder Dankesworte an die jetzigen Hauptbezugspersonen des Kindes (Erzieher oder Pflegeeltern) hingegen, die von Herzen kommen, zeigen den Respekt vor jenen Menschen, die sich bislang im Rahmen ihrer Möglichkeiten um das Kind gekümmert haben, das nun das eigene werden soll.

## Das Kind ist da – und jetzt?

Ein Kind verändert alles – das ist einer der häufigsten Sätze junger Eltern, und er ist richtig. Ein Kind stellt die Rollen innerhalb einer Familie in Frage, schichtet Prioritäten um, ordnet alles neu. Vom ersten Treffen bis hin zur Familie ist es ein weiter Weg – bei leiblichen und erst Recht bei Adoptiv- und Pflegefamilien. Und dieser Weg beginnt oft mit einem großen Tohuwabohu.

*„Es wäre zum Kaputtlachen gewesen, wenn es nicht so dämlich gewesen wäre. Nach dem Ende des Bewerberseminars fühlten wir uns perfekt auf das Kind vorbereitet. Wir wussten alles über Wurzelsuche, über Aufklärung, über leibliche Eltern, Gesetze und und und. Wir hielten uns für Experten rund um die Adoption.*

*Dann kam Klara. Klara war sieben Wochen alt, und wir stellten fest, dass wir gar nichts wissen. Wir waren lausig vorbereitet. Was macht man bloß mit einem sieben Wochen alten Baby? Wie erkennt man den Unterschied zwischen Schlaf- und Krabbelanzügen? Wie oft darf man es waschen? Wie fest darf man es halten? Wie oft muss es schlafen? Wie viel muss es essen und was genau? Ist ihm ohne Haare denn nicht zu kalt? Werden wir überhaupt wach, wenn es schreit? Was, wenn es erstickt und wir es gar nicht merken? Warum erzählt uns der Arzt jetzt was von Schlafsäcken und plötzlichem Kindstod? Jetzt stehen wir aus lauter Angst alle zwei Minuten am Kinderbett, um zu schauen, ob das Kind noch atmet! Warum macht es bloß manchmal kein Bäuerchen? Wird es davon krank, wenn es das nicht macht? Was braucht man überhaupt alles für ein Kind? Was hat das Kind nur, wenn es schreit? Was machen wir bloß falsch? Machen wir überhaupt irgendetwas richtig?*
*Kurz: Es war zum Mäusemelken. Wir haben rückwirkend das Klügste gemacht, das man tun kann. Wir haben eine Hebamme gebeten, uns mit Rat und Tat zur Seite zu stehen. Das hat die Krankenkasse bezahlt, und es steht einem bei der Adoption von Neugeborenen auch zu. Und dann haben wir Klara und uns in ein Auto gepackt und sind zu Freunden gefahren, die auch ein Kind haben. Die haben uns dann auch noch einmal gezeigt, was wir tun können und wie – und uns einen Riesenberg von Ängsten und Unsicherheiten genommen. Danach war der Knoten geplatzt. Plötzlich war alles klar."*

*Robina (34) und David (35)*

Die ersten Tage mit einem Kind zu überleben, ist nicht leicht. Nicht selten stehen sich Partner gegenseitig und sich selbst im Weg, alles ist schrecklich hektisch, und zwischen den ständigen Besuchen bei der Anbahnung, ellenlangen Einkaufslisten, aufgeregten Großeltern in spe, hysterischen Arbeitgebern („Was? Sie bekommen nächste Woche ein Kind? Hätten Sie das nicht mal früher sagen können? So etwas weiß man doch schon Monate vorher!") und Wickelkommoden, für deren Zusammenbauen man mindestens ein Maschinenbau-Diplom benötigt, ist diese Zeit für angehende Adoptiv- und Dauerpflegeeltern sicherlich alles andere als besinnlich. Im Überschwang der Gefühle werden in dieser Zeit oft Unmengen von Dingen angeschafft, die – bei Licht betrachtet – eigentlich niemand braucht.

Stofftiere und Spielzeug muss man erfahrungsgemäß nicht kaufen – das gibt es in der Regel zur Genüge von Freunden und Bekannten. Hilfreich ist es, Dritten gerade am Anfang immer deutlich zu sagen, was man sich wünscht, damit das Kind nicht am Ende fünfzig Bärchen besitzt, aber noch immer keinen Autositz. Ein Tipp am Rande: Stoffetiketten von Stofftieren möglichst nicht abschneiden. Nicht selten ist gerade für kleine Kinder das Etikett spannender als das Stofftier.

Auch Kleidung kauft man selten neu – oder muss es zumindest nicht. Gerade am Anfang wachsen Kinder sehr schnell aus ihren Sachen heraus. Bei Freunden und Bekannten nach alten Babysachen zu fragen lohnt sich, ebenso wie der Gang in einen Baby-Second-Hand-Laden. Eine Checkliste für die Erstaustattung findet sich im Anhang auf Seite 318.

## Der Baby-Blues

Auch Adoptiv- und Dauerpflegeeltern sind nicht gefeit vor dem berühmt-berüchtigten „Baby-Blues“, der hier (und im Übrigen nicht nur bei der Annahme von Babys, sondern auch von älteren Kindern!) auftritt, ohne dass wie bei einer Wöchnerin die Hormone verrückt spielen. Adoptivmütter bekommen den Baby-Blues vor allem, weil sie nun zwar am Ziel ihrer Träume sind, aber plötzlich auch das Hausmütterchen und mit Kind und Herd allein sind. Natürlich wollte man das Kind von Herzen, selbstverständlich freut man sich, dass es da ist, und abgeben möchte man es auch nicht. Alles hat man sich im Vorfeld genau überlegt. Aber wie es dann wirklich ist, mit einem Kind zu leben, ist doch noch etwas ganz anderes.

*„Der Anfang mit Linus war aufregend, aber dann kam der Alltag. So schön es auch ist und so sehr wir Linus lieben: Der Alltag war schon ein Schock für uns. Linus würde jetzt immer da sein. Das war wundervoll, aber es war auch eine ganz schöne … Bürde. Wir konnten vieles nicht mehr machen, kaum mehr zusammen weggehen. Meine Frau hat ständig von dem Kind gesprochen: Kind, Kind, Kind. Sollte das jetzt immer so weitergehen, dass sich alles nur um das Kind dreht? Wo waren wir denn, unsere Beziehung? Linus ist ohne Frage klasse, aber ich hatte den Eindruck,*

*dass es plötzlich nur noch Linus gab und sonst nichts. Ich hätte ebenso gut wegbleiben können, fand ich.*
*Dazu kam, dass Clarissa immer an mir herumkritisiert hat. Ich soll das Kind nicht so und so halten, mich öfter und anders mit ihm beschäftigen, schon wieder in die Windel schauen und so weiter. Ich bin ja nicht blöd. Ich gehe vielleicht anders mit Linus um, aber doch nicht schlechter. Ich denke mir doch etwas dabei.*
*Es hat einige Wochen gedauert, bis wir das geklärt und uns in unsere neuen Rollen eingefunden haben. Clarissa hat irgendwann zugegeben, dass sie selbst einfach nur unsicher war und sich für das Gemeckere entschuldigt und es dann Stück für Stück eingestellt."*

*Lars (33)*

Gerade dieses Einfinden in die neuen Rollen ist etwas, an dem Paare viel zu knacken haben. Schließlich war man bislang (in den Fällen der meisten Erstadoptiv- und Dauerpflegeeltern) immer allein, hatte sich arrangiert, die Macken des anderen akzeptiert, hatte seine Hobbys und kleinen Rituale, seine Bereiche, sowohl räumlich als auch zeitlich.

Und dann kommt das Kind, und binnen weniger Tage steht nichts mehr an seinem Platz. Am Anfang fällt das gar nicht weiter auf. Da gibt es noch so viel zu tun und zu regeln, dass keine Zeit zum Nachdenken bleibt. Dann aber kehrt der Alltag ein, und mit diesem wird Mutter und/oder Vater

**Checkliste**

**Maßnahmen gegen den Baby-Blues**

- **ein offenes Ohr für die Wünsche des Partners und die eigenen Wünsche:** Wie empfinde ich die Situation, was würde ich mir wünschen und was kann ich leisten, um die Situation zu verbessern?
- **Hilfe von Dritten von Anfang an:** Das Kind von Anfang an an ein bis zwei weitere enge Bezugspersonen gewöhnen, etwa Großeltern, Geschwister oder Paten – dies ist zumindest dann möglich, wenn das Kind noch ein Säugling ist. Bei älteren Kindern sollte das Kind zunächst nur zu den Eltern Beziehungen aufbauen. Hilfe sollte man sich lieber für den Haushalt holen.
- **Freiräume zu zweit schaffen:** Sobald wie möglich fest einen gemeinsamen Abend einplanen, an dem das Kind zu einer Bezugsperson gegeben wird und man Zeit für sich hat.
- **dem Partner Freiräume schaffen:** Eine Familie ist wundervoll, aber ein Mensch ist ein Individuum. Sich selbst und dem Partner Raum für ein wichtiges Hobby oder Freunde geben – auch allein – füllt den Kräftetank.

plötzlich bewusst, dass auch nichts mehr jemals wieder auf seinen Platz zurückkehren wird. Das lange Ausschlafen gehört für die nächsten Jahre der Vergangenheit an, das Durchschlafen unter Umständen auch. Gemütlich essen gehen oder ins Kino und das gemeinsame Hobby außer Haus – all das fällt zunächst einmal flach. Die Waschmaschine ist plötzlich im Dauerbetrieb, überall liegt der „Kinderkram" herum, und man putzt wie ein Weltmeister. Weil beide Partner unter Druck stehen und um ihre Freiräume kämpfen, wird der Ton untereinander vielleicht auch einmal ruppig. Kurz: Dass ein Kind so viel Arbeit macht und so viel Zeit einfordert, so viel Kraft, das haben sich fast alle Eltern im Vorfeld nicht träumen lassen.

Hinzu kommt, dass Kinder zwar ganz ohne Frage wundervolle Wesen sind, sie aber zu Beginn ihres Lebens (und dieser Beginn dauert ziemlich lange) vor allen Dingen fordern. Rücksichtnahme kennen sie nicht, nur Bedürfnisse. Ob der Vater krank ist oder die Mutter gestresst, interessiert sie nicht: Sie wollen essen, trinken, in den Arm genommen und getröstet werden, und zwar sofort. Und kleine Kinder bieten ihren Eltern mit „Bwww" und „Agagagaga-didi" über die ersten Monate hinweg nicht gerade intellektuelle Herausforderungen.

Wo kleine Kinder ihren Willen lautstark verkünden können, ist es mit älteren Kindern noch schwieriger. Sie fordern ihre Bedürfnisse vielleicht nicht immer deutlich ein – man muss diese mancherorts

### Checkliste (Fortsetzung)

- **Gleichgesinnte suchen und finden:** In Krabbelgruppen oder bei sozialen oder kirchlichen Trägern finden sich andere junge Eltern – und mit Sicherheit auch solche, mit denen man auf einer Wellenlänge liegt oder die einem auch einmal etwas abnehmen können – und umgekehrt.
- **eigene Grenzen und die Grenzen des Partners respektieren:** Manchmal geht einfach gar nichts mehr. Wer explodiert oder kurz davor steht, braucht eine Pause zum Durchatmen – und sollte sie möglichst von seinem Partner auch ermöglicht bekommen. Wichtig: Die Toleranz- und Leidensgrenze ist nicht bei allen Menschen gleich. Der stärkere Partner sollte dies akzeptieren und dem schwächeren nicht „Drückebergerei" unterstellen.
- **Druck ablassen:** Sport ist auch für Eltern ein guter Ausgleich. Manche Fitnesscenter oder andere Sporteinrichtungen bieten Baby- und Kinderbetreuung an.
- **Wenn gar nichts mehr geht:** Hilfe von Freunden oder Verwandten einfordern, sich Raum zum Schlafen verschaffen, in den Wald fahren und ganz laut schreien. Danach geht es besser. Wirklich.

erst wecken, um sie dann erfüllen zu können. Wenn etwa das ältere Kind nach einigen Nächten plötzlich jede Nacht am Bett seiner neuen Eltern steht und sagt, dass es Angst hat, scheint es zunächst einmal naheliegend, dem Kind zu sagen, es sei alles gut und es solle nun gefälligst in sein Bett zurückgehen und weiterschlafen. Schließlich ist man müde, und das Kind hat ein eigenes Bett und „wo soll das denn enden, mit den Extrawürsten fangen wir gar nicht erst an!". Aber gerade das ältere Kind braucht Zeit, um sich einzugewöhnen, Vertrauen zu fassen, zu verstehen, dass seine Bedürfnisse hier ernst genommen und erfüllt werden, dass es zu Hause angekommen ist. Und es testet diese neue Sicherheit auch aus, um zu sehen, ob sie von Bestand ist. Genaueres zu den Phasen bei der Eingewöhnung findet sich ab Seite 243.

Es ist wichtig, dass frischgebackene Mütter und Väter den Baby-Blues ihres Partners nicht auf die leichte Schulter nehmen. Gerade der Partner, der zu Hause bleibt, sieht in seinem Leben plötzlich nur noch Windeln und Wäsche, und der Partner, der arbeitet, kommt nach einem stressigen Tag im Job heim zu Geschrei und einem missgelaunten Babyhüter, der findet, der andere habe nun lang genug frei gehabt und sei nun auch mal dran. Kurz: Die Nerven liegen öfter einmal blank in dieser Zeit der Umgewöhnung – und bei schwierigen Kindern auch noch viele, viele Jahre darüber hinaus.

Was frischgebackene Eltern vor allen Dingen benötigen ist Kraft – und viel Verständnis füreinander. Weder die Beziehung noch man selbst sollte unter die Räder kommen. Denn auch dem Kind nutzt es nichts, wenn Mutter und Vater ständig missgelaunt sind, sich streiten und sich am Ende vielleicht sogar trennen. Es ist also wichtig, sich mit anderen Eltern über diese Zeit zu unterhalten, von deren Erfahrungen und Lösungswegen zu profitieren und sich Rat zu holen. Zum Beispiel darüber, dass ein fester Rhythmus (mit festen Zeiten zum Essen, Schlafen und Spazierengehen) nicht nur wichtig für das Kind, sondern auch Balsam für die Eltern ist. Und keine Angst: Dauerpflege- und Adoptiveltern geht es in diesem Punkt wie allen anderen Eltern auch – und die meisten haben es dennoch geschafft. Und nicht zuletzt fordert ein Kind zwar viel, gibt aber – gerade wenn es älter wird oder sich eingewöhnt hat – auch viel zurück. So unwahrscheinlich es im Moment auch scheinen mag: Diese Zeit wird kommen.

*„Ich habe manchmal gedacht, ich schaff das nicht mehr. Ich war todmüde und sobald Jeremiah geschlafen hat, bin ich auch wie ein Stein ins Bett gefallen. Und dann war er nach fünf Stunden schon wieder wach!*
*Aber wenn man dann da so komplett übermüdet aus dem Bett torkelt, und dann strahlt einen da so ein kleiner Mensch an, kräht und reckt einem die Ärmchen entgegen, dann ist die Wut wie weggeblasen und man strahlt aus schlafverklebten Augen zurück. Und man schafft es dann. Irgendwie schafft man es dann doch."*

*Babsi (31)*

## Die Adoptivpflege

Mit dem Tag, an dem ein Adoptivkind bei seinem neuen Vater und/oder seiner neuen Mutter aufgenommen wird, beginnt die Zeit der Adoptivpflege, deren rechtliche Grundlagen im Kapitel „Die rechtliche Seite der Adoption" erklärt werden. Auch in dieser Zeit gibt es noch einige Formalitäten zu bewältigen. Der Vermittler wird den Adoptivpflegeeltern (die zu diesem Zeitpunkt noch keine Adoptiveltern sind) verschiedene Bescheinigungen aushändigen und auch selbst einige Formalitäten erledigen.

Zunächst einmal meldet der Vermittler oder der Vormund beim Einwohnermeldeamt das Kind unter der alten Adresse ab und unter seiner neuen an. Auch Adoptivpflegeeltern können für ihr Kind bereits **Kindergeld** beantragen. Dieses ist genau so hoch wie bei einem leiblichen Kind. Auch **Bundeserziehungsgeld** wird für alle ab dem 1. Januar 2004 geborenen oder mit dem Ziel der Adoption aufgenommenen Kinder für das erste und zweite Lebensjahr beziehungsweise das Jahr der Aufnahme (längstens bis zur Vollendung des achten Lebensjahres) auf Antrag gezahlt. **Elterngeld** erhalten Adoptivpflegeeltern für Kinder, die nach dem 1. Januar 2007 geboren wurden, mit Beginn der Aufnahme des Kindes (also dem Beginn der Adoptivpflegezeit). Während das Elterngeld normalerweise nur in der Zeit vom Tag der Geburt bis zu Vollendung des 14. Lebensmonats des Kindes bezogen werden kann, gilt für angenommene Kinder und Kinder, die mit dem Ziel der Annahme im gleichen Haushalt leben, eine Ausnahme: Für sie kann Elterngeld ab dem Datum der Aufnahme für die Dauer von bis zu 14 Monaten und längstens bis zur Vollendung des achten Lebensjahres des Kindes bezogen werden. Wird ein Kind also etwa im vierten Lebensjahr vermittelt, können die Adoptivpflegeeltern 14 Monate lang Elterngeld beziehen. Dies gilt allerdings nur, wenn auch der zweite Partner das Kind zwei Monate lang betreut. Ist dies nicht der Fall, besteht nur ein Anspruch von zwölf Monaten. Alle anderen Bedingungen sind gleich wie bei leiblichen Kindern. Das heißt, dass die Elterngeldleistung prozentual mindestens 67 % des entfallenden Nettoeinkommens beträgt, absolut mindestens 300 Euro und höchstens 1800 Euro (67% von maximal 2700 Euro, die als Einkommen berücksichtigt werden), für mindestens die ersten zwölf Lebensmonate des Kindes. Bei der Wahl der Lohnsteuerklasse sollte man sich rechtzeitig vor Aufnahme des Adoptivpflegekindes erkundigen, ob ein Wechsel in eine andere Lohnsteuerklasse günstiger ist. Wo der Antrag auf Elterngeld gestellt werden kann, weiß der Vermittler. Auch händigt er eine Bescheinigung aus, dass sich das Kind „im Haushalt der Adoptivpflegeeltern" befindet.

**Elternzeit** (früher: Erziehungszeit) muss normalerweise sechs Wochen vor Beginn schriftlich beim Arbeitgeber beantragt werden. Der § 16 Abs. 1 S. 1 Bundeserziehungsgeldgesetz legt allerdings fest, dass „bei dringenden Gründen ausnahmsweise eine angemessene kürzere Frist möglich" ist. Ein solcher Grund liegt vor, wenn Adoptivbewerber kurzfristig ein Kind vermittelt bekommen. Bei Adoptivkindern beginnt die Elternzeit frühestens mit dem Tag, an dem die Eltern das Kind aufnehmen. Sie dauert höchstens drei Jahre. Mit Zustimmung des Arbeitgebers kann ein Anteil von bis zu zwölf Monaten auf die Zeit bis zur Vollendung des achten Lebensjahres des Kindes übertragen werden.

Auch **steuerlich** sind adoptierte Kinder und Kinder in Adoptivpflege leiblichen Kindern gleichgestellt.

Adoptivpflegeeltern müssen ihr Kind selbst **krankenversichern** und erhalten auch hier vom Vermittler eine entsprechende Bescheinigung. Schon in der Zeit als Bewerber sollte man sich mit seiner Krankenversicherung (egal ob gesetzlich oder privat) in Verbindung setzen. So ist man vor Überraschungen sicher und kann wenn nötig schon im Vorfeld in ein besseres Modell wechseln.

Für die Erziehung von Adoptivkindern können Kindererziehungszeiten in der **Rentenversicherung** angerechnet werden. Für Adoptivkinder, die nach dem

31. Dezember 1992 geboren wurden, erhalten Eltern 36 Monate Erziehungszeit angerechnet, wenn diese Kinder gleich nach der Geburt in die Familie vermittelt wurden. Für ein dreijähriges und älteres Kind werden Adoptiv- und Pflegeeltern keine Kindererziehungszeiten in der Rentenversicherung angerechnet.

Wenn die leiblichen Eltern die notariellen Einwilligungen erteilt haben, muss die Adoption innerhalb von drei Jahren vollzogen werden, da die Urkunden nach Eingang im Vormundschaftsgericht nur so lange gültig sind. Sollte ein oder auch beide Elternteile die Einwilligungen nicht erteilen, wird – wenn es sinnvoll erscheint – ein Ersetzungsverfahren eingeleitet (siehe Kapitel „Die rechtliche Seite der Adoption"). Auch in der Adoptivpflegezeit werden die Adoptivpflegeeltern von ihrem Vermittler begleitet. Dieser wird in der Regel mehrere Hausbesuche durchführen und die Adoptivpflegefamilie beraten.

## Die Acht-Wochen-Frist

Die **Adoptivpflegezeit** beginnt mit der Aufnahme des Kindes in der Familie und endet mit dem **Adoptionsbeschluss** des Vormundschaftsgerichtes. Dazu ist die Einwilligung der leiblichen Eltern erforderlich. Bei Neugeborenen kann die leibliche Mutter diese Zustimmung frühestens nach acht Wochen erteilen. Manche Frauen sind auch nach acht Wochen noch nicht in der Lage, den Gang zum Notar zu bewältigen, und benötigen Zeit für diesen Schritt. Für die Adoptivpflegeeltern ist dieser Zeitraum sehr schwierig auszuhalten. Auf der einen Seite sind sie glücklich über das Kind, auf der anderen Seite haben sie Angst, dass die leibliche Mutter sich meldet und das Kind zurückfordert. Besonders schwierig ist die Acht-Wochen-Frist für Adoptiveltern, deren Kind in eine Babyklappe gelegt wurde. Sie wissen gar nichts über die leiblichen Eltern, und auch die Vermittler können ihnen nicht sagen, wie wahrscheinlich es ist, dass sie ihr Kind behalten dürfen.

*„Würden Kinder, deren Mütter unter allen Umständen verbergen wollen, dass sie schwanger sind, eventuell getötet werden? Ist das Babynest Lebensrettung? Wir können keine Antwort auf diese Frage geben. Tatsache ist aber, dass Rena plötzlich ‚einfach da' war und ihr Glück und Recht auf Liebe einforderte. Wir hatten und haben sehr großen Respekt vor dieser Aufgabe. Bis zum heutigen Tag sind wir froh*

*und auch stolz, unserer großen Tochter Heidi (4 Jahre) wahre, altersgerechte Antworten auf ihre Fragen gegeben zu haben, die meist unvermittelt im Alltag auftauchen. Sicher wird dies bei Rena, die bald zwei Jahre alt ist, schwieriger werden. Gedanken an die Herkunftseltern, besonders an die Mutter, spielen natürlich in den ersten Wochen eine besonders große Rolle. Die Angst, dieses kleine Wesen wieder aus seinem Herzen reißen zu müssen, hat besonders mich als Adoptivmutter in den ersten Wochen sehr stark belastet. Die Regelung des Gesetzgebers finde ich trotzdem wichtig und richtig. Um den emotionalen Druck ein wenig zu mildern, habe ich versucht, mich in Gedanken mit der Herkunftsmutter für das Wohl des Kindes zu ‚verbünden'. Denn nichts anderes kann ihr ja am Herzen liegen. Solange es dem Kind gut geht, ist das Bangen, Hoffen und Grübeln auf beiden Seiten der Eltern zweitrangig.*
*Kein Außenstehender kann diese Situation auch nur annähernd nachempfinden. Deshalb ist es auch besonders schwer, besonders in den ersten acht Wochen die immer gleichen Fragen von Freunden und Bekannten zu beantworten. Ohne die Unterstützung meiner Eltern hätte ich das kaum geschafft.*
*An den Geburtstagen der Kinder und einfach im Alltag tauchen unvermittelt immer wieder die Gedanken an die Herkunftseltern, besonders an die Mütter auf, die mit der großen Unwissenheit leben müssen, wo ihre Kinder sind, ob es ihnen gut geht. Ich würde ihnen diese Fragen eines Tages gerne beantworten."*

*Iris (38)*

In der Praxis fordern Eltern, die ihre Kinder in Babyklappen ablegen – aber auch Eltern generell, die sich zu einer Adoptionsfreigabe entschlossen haben – ihr Kind sehr, sehr selten wieder ein, aber manchmal geschieht es eben doch. Der folgende Erfahrungsbericht erzählt die Geschichte von Henriette und ihrer Familie. Henriette wurde kurz nach ihrer Geburt in eine Babyklappe gelegt und zu Frederik und Undine vermittelt, die bereits einen vierjährigen Sohn hatten und sich ein weiteres Kind wünschten. Undine zog gleich im Krankenhaus mit Henriette in ein Zimmer auf der Neugeborenenstation; sie und ihr Mann hatten das Kind sofort ins Herz geschlossen, trugen es viel am Körper bei sich und bauten gemeinsam mit ihrem Sohn schnell eine sehr enge Verbindung zu dem Mädchen auf. Obwohl die

Eltern um die Acht-Wochen-Frist wussten und versuchten, in dieser Zeit emotional zumindest etwas auf Distanz zu bleiben, gelang es ihnen nicht. Auch wenn sie sich zu Beginn fürchteten, die leiblichen Eltern würden sich melden und das Kind zurückfordern, schwand diese Angst ein wenig, sobald sie mit Henriette zu Hause waren. Schnell wurde sie ihrem Sohn eine kleine Schwester. Undine hatte eine Vertretung für ihre Arbeit gefunden und fütterte Henriette über ein „Brustset", mit dem sie das Mädchen an die Brust legen konnte und ihm über einen kleinen Schlauch Milch zum Trinken gab. Auch Frederik entwickelte eine enge Bindung zu dem Kind und betreute es an zwei Abenden in der Woche, legte es auf seinen Bauch oder trug es im Tragetuch. Als nach sieben Wochen das Telefon klingelte, ahnten sie nichts Schlimmes, bis für einige Wochen ihre Welt zusammenbrach.

*„Als Frederik mir sagte, die Mutter hätte sich beim Jugendamt gemeldet und wolle ihr Kind zurück, hatte ich das Gefühl, mir würde der Boden unter den Füßen weggezogen. Ich stammelte immer wieder ‚Das glaube ich dir nicht, ich glaube es nicht!' Stand auf der Treppe, sah mein schlafendes Kind im Kinderwagen und begriff gar nichts. Wie in Trance wählte ich die Nummer der Vermittlerin in der Hoffnung, es sei nicht wahr. Aber es stimmte.*
*Am Nachmittag kam unsere Betreuerin mit einer Kollegin zu uns. Ich sollte mein Baby wieder hergeben! Das war unvorstellbar! Wir besprachen noch einmal alles, auch die Situation der Mutter. Ich wollte sie unbedingt kennenlernen – ich wollte sie umstimmen! Eine andere Alternative war für mich eigentlich undenkbar!*
*Also ging ich am nächsten Morgen ins Jugendamt und traf sie. Ich sah eine verängstigte junge Frau, die glaubhaft versicherte, dass sie ihr Kind sehr vermisse. Trotzdem ließ ich nicht locker, erzählte von unserem Verhältnis zu Henriette, bot ihr unter anderem eine offene Adoption an. Ich glaube, sie hat all das gar nicht richtig aufgenommen. Sie hatte gedacht, das Baby läge noch im Krankenhaus und war überhaupt nicht auf meinen Schmerz gefasst. Trotzdem: Sie wollte ihr Kind. Und mir wurde schlagartig klar, dass ich Henriette verloren hatte. Ich würde nicht nur sie, sondern auch ihr gesamtes weiteres Leben verlieren. Würde sie nie wiedersehen, nicht sehen, welche Haarfarbe sie bekam, wie sie die ersten Schritte macht … Ich finde für das Grauen, das mich in diesem Augenblick ergriff, keine Worte.*

*Organisatorisch musste nun die Geschichte der Mutter überprüft werden. Wir wollten keinesfalls, dass Henriette in diesen Tagen in eine Bereitschaftspflegefamilie kam, doch nach einer furchtbaren, durchwachten Nacht mit dem Baby in unsere Mitte war uns klar: Das schaffen wir nicht. Wir trafen im Jugendamt auf sehr viel Verständnis, und so wurde der Übergabetermin an die Mutter für den gleichen Nachmittag angesetzt. Ich stand die ganze Zeit weinend mit Henriette auf dem Arm da und dachte nur, dass das alles nicht real sei. Wir dachten, unser Sohn würde bei der Nachricht, dass Henriette fortgegeben würde, völlig zusammenbrechen, aber er sagte nur so etwas wie ‚Aha' und fragte, ob er jetzt spielen könne. Wir packten für Henriette eine große Tasche mit allem, was ihr gehörte, und suchten für die Mutter Fotos von den ersten sieben Lebenswochen heraus. Ob sie das Familienfoto von uns jemals Henriette zeigen wird und die dazugehörige Geschichte erzählt, weiß ich nicht. Ich glaube es nicht."*

Die Zeit bis zur Übergabe war für Undine und ihren Mann fürchterlich. Dennoch schaffte es Frederik, ruhig zu bleiben und der leiblichen Mutter zu erläutern, worauf sie achten solle und wie Henriettes Rhythmus in den letzten Wochen gewesen war. Diese jedoch konnte kaum zuhören.

*„Auch ich hatte das Gefühl, die Situation keinen Moment länger ertragen zu können. Ich wickelte Henriette aus dem Tragetuch und gab sie ihrer Mutter in den Arm. Wir drückten uns kurz, und die Mutter sagte leise: ‚Danke.' Es war verblüffend, was dann geschah. Man hatte das Gefühl, dass sich die beiden kennen und sehr vertraut miteinander sind. Henriette schmiegte sich an die Mutter und roch an ihren Haaren. Ich sagte: ‚Ich habe noch eine letzte Bitte: Ich möchte, dass du Henriette nicht weinen lässt.' Dann schnappten wir das Tragetuch und verließen fluchtartig den Raum."*

Die nächsten Tage und Wochen waren für Frederik und Undine unwirklich und fürchterlich. Sie packten alle übrigen Sachen des Mädchens in eine Kiste, um nicht auf Schritt und Tritt an sie erinnert zu werden. Die große Lücke in ihrem Leben füllten sie mit Hilfe des Beistandes von Familie und Freunden und hofften dennoch noch viele Wochen lang vergeblich, dass Henriettes Mutter es sich anders überlegen und das Kind zurückgeben würde.

Kurze Zeit später wurde Undine und Frederik ein neues Kind vermittelt. Richtig entspannen konnten sie erst, nachdem die Adoption abgeschlossen war. Ihr Sohn freute sich sehr über das neue Baby, fragte jedoch öfters, wann es nun wieder an die Mutter zurückgegeben würde, damit dann das nächste Baby kommen könne. Monate später traf Undine Henriette und die leibliche Mutter zufällig auf der Straße. Diese Begegnung hat ihr letzten Endes geholfen, abzuschließen. Heute ist ihnen der Gedanke, dass ihre Tochter in einer anderen Familie aufwachsen würde, wenn Henriette bei ihnen geblieben wäre, ebenso unvorstellbar wie damals der Gedanke, Henriette zurückgeben zu müssen.

Doch auch wenn sich die leiblichen Eltern innerhalb der Acht-Wochen-Frist melden, bedeutet dies nicht automatisch, dass die Eltern ihr Kind auch zurückfordern. Häufig kommt es dann doch noch zu einer „normalen" Adoption – und im Idealfall zu einer offenen Adoption, in der das Kind auch seine leiblichen Eltern nicht unwiederbringlich verliert.

## Der „Vollzug" der Adoption

Wenn alle formalen Voraussetzungen gegeben sind und der Vermittler den Eindruck hat, dass ein Eltern-Kind-Verhältnis entstanden ist, können die Adoptivpflegeeltern nach etwa einem Jahr beim Notar einen Antrag auf Adoption des Kindes stellen. Darin muss der zukünftige Name des Kindes vermerkt werden, wobei der von den leiblichen Eltern gegebene Vorname erhalten bleibt und die Adoptivpflegeeltern einen zweiten Vornamen, den sie für das Kind ausgewählt haben, hinzufügen können.

Der Amtsvormund, der in der Zeit zwischen den elterlichen Adoptionseinwilligungen und dem Adoptionsbeschluss des Vormundschaftsgerichtes als Sorgeberechtigter für des Kind bestellt wurde, muss ebenfalls beim Notar seine Zustimmung zur Adoption seines Mündels geben. In der Regel spricht er vorher mit den Beteiligten, um sich von dem entstandenen Eltern-Kind-Verhältnis zu überzeugen.

Die nun noch ausstehenden Formalitäten für Adoptivpflegeeltern können in den veschiedenen Jugendamts- beziehungsweise Amtsgerichtsbereichen leicht voneinander abweichen. Der Vermittler erklärt dabei jedoch das jeweilige Prozedere und muss auch eine fachliche Äußerung für das Gericht erstellen, die diesem als wichtigstes Entscheidungskriterium dient. Darin wird festgehalten, ob die „Voraussetzungen der Annahme“ vorliegen und ein Eltern-Kind-Verhältnis entstanden oder zumindest mit Gewissheit zu erwarten ist.

Im Allgemeinen werden die Adoptivpflegeltern und das Kind dann zu einer Anhörung durch den Familienrichter geladen, in deren Folge der schriftliche Adoptionsbeschluss an die – nunmehr – Adoptiveltern zugestellt, das Standesamt informiert und eine neue Geburtsurkunde ausgestellt wird, in der die Adoptiveltern als Eltern eingetragen sind. Nur in der Abstammungsurkunde ist nun noch zu erkennen, dass das Kind ein Adoptivkind ist, denn dort sind die Namen der leiblichen Eltern und der Adoptiveltern (bei anonymen Geburten, Babyklappen- und Findelkindern nur die Adoptiveltern) verzeichnet. Im Einwohnermeldeamt wird das Kind endgültig aus dem Datensatz der leiblichen Eltern gelöscht und bei den Adoptiveltern eingefügt. Nach außen hin ist nun nicht mehr erkennbar, dass das Kind adoptiert wurde. Wie wichtig es dennoch ist, dass das Kind selbst über sein Adoptiertsein aufgeklärt wird, wurde und wird an mehreren Stellen dieses Buches ausführlich dargelegt.

*„Wir haben das Thema Adoption nicht verdrängt, haben uns vorbereitet auf die Blitze mitten in der Nacht, die überraschend einschlagen in Form von Fragen kleiner Nachtgeister: ‚Wie heißt noch mal die Frau, bei der ich im Bauch war?‘ Wir haben diese Frage, die Lena im Alter von vier Jahren stellte, dann ruhig und ehrlich beantwortet. Lena nannte uns auch den Grund ihrer nächtlichen Anfrage. ‚Ich hatte nur Angst, dass ich den Namen vergesse!‘ Nach dieser kleinen Überprüfung der Zuverlässigkeit der elterlichen Informationen zum Thema leibliche Mutter ist Lena gleich wieder eingeschlafen.*
*Unser ‚Kochrezept‘ ist der Weg der wohlüberlegten Offenheit und Ehrlichkeit – aber nicht der ständigen Thematisierung –, verbunden mit der Möglichkeit für die Kinder, die Richtigkeit der elterlichen Angaben zu prüfen. Greta und Lena haben etwa große, bunte Aktenordner, in denen wir Unterlagen, Materialien oder Fotos zur jeweiligen Adoption gesammelt haben. Lena mussten wir schon in jungen Jahren*

*mehrfach hintereinander den Adoptionsbeschluss des Familiengerichtes vorlesen und erläutern. Dabei gab es auch oft die Gelegenheit, die verschieden Konstellationen, in denen Familien möglich sind, aufzuzeigen. Familien mit adoptierten Kindern sind eine dieser Möglichkeiten. Das fand Lena immer sehr einleuchtend und wusste auch gleich Beispiele aus ihrer unmittelbaren Lebenswelt für nicht gewünschte Konstellationen: ‚Thea hat keine Schwester und keinen Bruder, und der Papa ist jetzt auch nicht mehr da!' Auch gab es Gespräche über Situationen, durch die Familien und Mütter nicht mehr in der Lage sind, sich um kleine Kinder zu kümmern. Heute ist Lena eine wichtige Mitwirkende, um Greta auf ihre besondere Geschichte vorzubereiten."*

*Sandra (41)*

## Eine Familie werden

Mein Kind ist nicht mein Kind – es muss erst mein Kind werden. Gerade Adoptiv- und Pflegeeltern älterer Kinder stellen fest, dass ihr Kind sich – oft in einem jahrelangen Prozess – erst in seine neue Familie einfinden muss, ehe es sich ihr ganz zugehörig fühlen kann. Und dass dies manchmal sogar nie ganz gelingt.

Mit Sicherheit ist es von großer Bedeutung, wann ein Kind in eine neue Familie kommt, aber auch was es bis zu diesem Zeitpunkt erlebt hat. (Mehr zum Thema „Ältere Kinder" findet sich ab Seite 180.) Aber auch das ganz junge Kind empfindet sein Weggegebenwerden als Trauma – als einen Bruch, dem es ausgeliefert ist und gegen den es sich nicht wehren kann, der einfach mit ihm geschieht. Wie sehr das Erfahren dieser Situation nachwirkt, wie stark es das spätere Leben beeinflusst und von welchen Faktoren konkret dies abhängig ist, ist erst in Ansätzen untersucht worden. Nach einer Studie von Klaus-Dieter Knoll und Marie-Luise Rehn aus dem Jahr 1985 beobachten Eltern älterer Adoptivkinder, aber auch ältere Adoptivkinder (aus der Retrospektive) selbst mehr Probleme beim Einleben in die neue Familie als jüngere Kinder und ihre Eltern.

Für das Kind ist die Vermittlung, unabhängig von seinen Vorerfahrungen, in jedem Fall mit einem Wechsel seiner Umgebung und seiner Bezugspersonen verbunden. Dieser Wechsel verunsichert es. Es wird von Vertrauten abgeschnitten und gleichzeitig mit einem neuen Familiensystem konfrontiert, dessen Rituale – wie etwa Tagesablauf, Umgang miteinander oder Mahlzeiten – ihm völlig unbekannt sind. Die bisherigen Gewohnheiten und Verhaltensweisen des Kindes gelten nicht mehr; es muss die neuen Regeln, die neue Umgebung und die neuen, ihm fremden Menschen erst kennenlernen. Wie lange die Integration eines Adoptiv- oder Dauerpflegekindes in seine neue Familie dauert, variiert stark. Das Psychotherapeutenehepaar Dr. Monika Nienstedt und Dr. Armin Westermann begleitete in seiner Praxis vor allem schwer traumatisierte Kinder und Jugendliche. Sie haben den Integrationsprozess in „Ersatzfamilien“ beobachtet und in drei Phasen eingeteilt. Dabei gehen sie davon aus, dass das Verhalten des Kindes unbewusst von seinen tatsächlichen Bedürfnissen gesteuert wird.

### Drei Phasen der Integration nach Nienstedt/Westermann

**Anpassungsphase:** Kurz nach der Ankunft ist das Kind häufig angepasst, übernimmt recht schnell Regeln und Normen. Viele Adoptiv-/Pflegeeltern missdeuten dies und glauben, das Kind habe sie schon als Eltern akzeptiert. Gerade wenn das Verhalten des Kindes in dieser Phase deutlich von seinem bisherigen Verhalten abweicht, stellt es nun in einem Kraftakt eigene Wünsche und Bedürfnisse zurück, wirkt oft zurückhaltend und lieb. Um die neuen Bezugspersonen nicht zu verlieren, passt es sich (scheinbar) an und öffnet sich erst schrittweise, wenn es in der neuen Situation ein gewisses Maß an Sicherheit und Vertrautheit gefunden hat.

**Konfliktwiederholung (Übertragung):** Ist ein gewisses Vertrauen zur neuen Situation gewachsen, besinnt das Kind sich wieder auf seine eigenen Bedürfnisse und Handlungsmuster, probiert erlernte und im bisherigen Leben verinnerlichte Strategien und Verhaltensweisen unbewusst aus, und Adoptiv-/Pflegeeltern lernen das Kind von einer völlig anderen Seite kennen. Frühere bewusst oder unbewusst erlebte Geschehnisse (besonders traumatische Erfahrungen) werden nun in ganz alltäglichen Lebenssituationen der Familie erneut durchlebt. Das Kind verwechselt die Adoptiv-/Pflegefamilie mit der Herkunftsfamilie, zeigt teils unverständliche Verhaltensweisen, reagiert überzogen, beschimpft Personen, die ihm Zuwendung geben, und lehnt deren Körperkontakt heftig ab. Es kann zu exzessivem Essverhalten kommen, Lebensmittel werden versteckt und gehortet. Das Kind provoziert auf vielfältigste Weise seine neuen Eltern und schafft damit immer wieder neue Konfliktsituationen. Die Folge ist oft, dass Adoptiv-/Pflegeeltern sich selbst als erziehungsunfähig und das Kind als undankbar und böswillig einschätzen. Nicht selten scheitern hier (Adoptiv-)Pflegeverhältnisse. Tatsächlich aber symbolisiert das geänderte Verhalten des Kindes einen wichtigen Entwicklungsschritt: Es richtet sich nicht gegen »

Die Phasen sind – so die Autoren – in der Praxis unterschiedlich intensiv ausgeprägt und gehen ineinander über. Wichtig ist in jedem Fall, dass Adoptiv-/Pflegeeltern ihren Kindern viel Einfühlungsvermögen, Geduld und Zeit entgegenbringen. In kurzer Zeit lassen sich traumatische Erfahrungen oder versäumte Entwicklungen nicht aufholen. Gerade bei älteren Kindern dauert dieser Prozess oft mehrere Jahre.

Manchmal aber hat ein Kind auch derart schwere seelische Verletzungen davongetragen, dass es integrationsunfähig ist und trotz allem Einfühlungsvermögen und allem Verständnis der Adoptiv-/Pflegeeltern überfordert ist. Deutet

**Drei Phasen der Integration nach Nienstedt/Westermann (Fortsetzung)**

seine Ersatzeltern, sondern überträgt alte Erfahrungen auf die neue Situation (Konfliktwiederholung). Je mehr Adoptiv-/Pflegeeltern über die Vorgeschichte ihres Kindes wissen, desto besser können sie es in dieser Zeit verstehen. Hatte das Kind etwa Angst- und Hassgefühle gegenüber dem gewalttätigen Vater, wundert es nicht, dass es nun Berührungen des Ersatzvaters meidet. Behutsame Fragen können dem Kind helfen, seine Erlebnisse und Gefühle wahrzunehmen und auszudrücken. Es braucht die Erfahrung, dass die neuen Eltern anders als seine leiblichen reagieren. Erst wenn dieser Prozess der Aufarbeitung abgeschlossen ist und es neues Vertrauen gefasst hat, beginnt für das Kind ein neues Leben.

**Beziehungsaufbau / Rückfall in kindliche Verhaltenweisen (Regression):** Das Kind holt den Beziehungsaufbau und wichtige Entwicklungsschritte des Bindungserlebens nach und verhält sich dabei nicht seinem tatsächlichen Alter entsprechend. So kann ein achtjähriger Junge beispielsweise wieder die Babysprache benutzen oder aus einer Nuckelflasche trinken wollen. Das Kind will sozusagen noch einmal von vorne anfangen und sollte diese Chance bekommen, um Defizite aufgrund nicht befriedigter Bedürfnisse aufzuholen. Diese frühkindlichen Verhaltensweisen erstrecken sich nicht auf alle Lebensbereiche und wechseln sich mit altersgerechtem Verhalten ab. Kann das Kind diese „Rückfälle“ ausleben, nehmen sie mit der Zeit ab. Überdies entdeckt das Kind etwa den eigenen Körper, durchläuft eine Trotzphase, erprobt eigene Fähigkeiten, ergreift Initiative und beginnt, Normen und Werte anzuerkennen. Es entwickelt ein Gefühl der Zugehörigkeit und kann nun beginnen, sich endgültig zu integrieren.

*siehe: PFAD Bundesverband der Pflege- und Adoptivfamilien e.V. (Hrsg.): Handbuch für Pflege- und Adoptiveltern. Pädagogische, psychologische und rechtliche Fragen des Adoptions- und Pflegekinderwesens. Schulz-Kirchner, 6. überarbeitete Aufl. 2003.*

sich etwas Derartiges an, ist das frühe Hinzuziehen psychologischer Hilfe unerlässlich. Wichtig ist in jedem Fall:

- das Kind mit seiner Geschichte anzunehmen,
- das Kind nicht zu erziehen, sondern sich aufmerksam, fragend, forschend und geduldig zu verhalten, sich vom Kind an die Hand nehmen zu lassen,
- dem Kind zu erlauben, die Adoptiv- und Pflegeeltern durch die Brille seiner früheren Erfahrungen zu sehen,
- die Übertragungssituation des Kindes als Chance zu nutzen und zulassen zu können,
- dem Kind ein realistisches Bild seiner Geschichte zu vermitteln,
- dem Kind zu gestatten, unabhängig von seinem Alter Baby zu sein (sich regressiv zu verhalten),
- dem Kind Sicherheit und Zuverlässigkeit vermitteln zu können,
- Trauer des Kindes zulassen, annehmen und ertragen zu können,
- sich zu bemühen, eigene Möglichkeiten und Grenzen zu sehen und zulassen zu können,
- den Aufbau neuer Beziehungen und Bindungen als Wachstumsprozess zu begreifen und annehmen zu können oder kurz: zu akzeptieren, dass das Elternwerden Zeit braucht.

Auf dem Weg zu einem Ankommen in der neuen Familie hat ein Kind – und seine neue Familie mit ihm – viele Hürden zu überwinden. Ein wichtiger Aspekt ist dabei auch das so genannte Fremdeln. In der Regel fremdeln Kinder um den achten Lebensmonat herum: Plötzlich klammern sie sich an den Eltern fest und werden Dritten – auch Familienangehörigen – gegenüber skeptisch oder sogar ängstlich. Nach einigen Monaten – oder manchmal auch nur Tagen oder Wochen – relativiert sich dieses Verhalten wieder. Dennoch ist danach nichts mehr wie zuvor: Das Kind weiß nun, zu wem es gehört. Es weiß, wer seine Eltern sind.

Kinder, die in ihrem Leben gerade in dieser Zeit viel „herumgereicht" wurden, konnten eine solche Bindung nicht oder nur in sehr eingeschränktem Maße aufbauen. Nicht selten fällt das auf den ersten Blick gar nicht als sonderlich negativ auf: Manche dieser Kinder sind schlichtweg zu jedem nett, krabbeln vielleicht wildfremden Menschen auf den Schoß und kuscheln mit ihnen genauso wie mit ihrer neuen Familie. Solche Kinder werden häufig ausgenutzt oder missbraucht, und ihre Bindungen gehen selten tief.

Die Erfahrung hat gezeigt, dass diese Phase des Fremdelns nachgeholt werden kann – und auch nachgeholt werden muss. Auch ältere Kinder können verstehen, zu wem sie gehören, wenn man es ihnen deutlich genug zeigt, ihnen die Sicherheit gibt, dass sie jetzt wirklich und wahrhaftig „zu Hause" sind. Der Weg dorthin ist nicht leicht, aber er ist zu meistern, wenn man ihn überlegt und mit Umsicht angeht. Etwa so, wie es Megans Adoptiveltern taten, als das Mädchen mit vier Jahren zu ihnen kam.

*„Am Anfang liebte Megan alles und jeden. Das freute uns natürlich, sie war ja so ein freundliches Kind. Unsere Betreuerin hatte uns aber darauf hingewiesen, dass wir Megan helfen mussten, eine Bindung zu uns aufzubauen. Das fiel uns nicht leicht. Wir haben Freunde und Familie gebeten, darauf zu achten, Megan auf Distanz zu halten. Nicht unfreundlich, aber doch so, dass klar ist: Sie sind nicht gleichwertig, nicht so vertrauenswürdig wie wir. Dann sind mein Mann und ich mit Megan weggefahren – nur wir und ein kleines Häuschen und die stürmische Ostsee, fünf Wochen lang. Der gesamte Jahresurlaub ist dabei draufgegangen. Und langsam wurde es besser. Wenn sie traurig war, kam sie zu uns. Wenn sie Fremde traf, gab sie ihnen jetzt die Hand, statt gleich mit ihnen nach Hause gehen zu wollen. Und irgendwann begann sie tatsächlich, zu fremdeln – mit fünf Jahren. Wir haben uns gefreut wie die Schneekönige!"*

*Stephanie (35) und Matthias (37)*

Alle Adoptivkinder brauchen Unterstützung beim Aufbau und Festigen ihrer zweiten Elternbeziehung, der Vertrauensbeziehung zu ihren Adoptiveltern. Wenn alle Menschen sich dem Kind liebevoll nähern, dann ist diese Beziehungsfindung sehr schwierig. Beziehungsfähigkeit heißt, unterscheiden zu können. Dieser Schritt ist wichtig für das gesamte Leben des Kindes – und auch für seine spätere Bindungsfähigkeit, etwa zu einem Partner oder einem eigenen Kind.

Erleichtert wird dem Kind das Knüpfen neuer Beziehungen durch das bewusste Abschiednehmen von seinen Eltern oder anderen engen Bezugspersonen vor dem Einzug in seine Adoptiv- oder Pflegefamilie. In der Praxis hat sich oft gezeigt: So, wie das Kind seine bisherigen Bezugspersonen verließ, wird es auch sein Adoptiv- oder Pflege-Elternhaus verlassen. Ist die Möglichkeit des Abschiednehmens nicht gegeben (etwa weil die bisherigen Bezugspersonen dem Kind diesen Abschied verweigern), können Eltern dieses Defizit mit viel Mühe und Geduld – und wo nötig auch mit therapeutischer Hilfe – aufzuholen versuchen, und manchmal gelingt es ihnen auch selbst bei älteren Kindern. Auf die Schwierigkeiten, die auf Adoptiv- und Pflegeltern – etwa bei einem traumatisierten Kind – zukommen können und wie man diese angehen kann, wird im Kapitel „Sorgenkinder?!" genauer eingegangen.

Wichtig ist in jedem Fall, dass Adoptiv- und Dauerpflegeeltern auf sich selbst achten, sich Hilfe organisieren, Supervision in Anspruch nehmen, Sozialkontakte und Hobbys pflegen, sich vielleicht auch Selbsthilfegruppen anschließen, kurz: sich selbst Gutes tun, um so die Kraft zu bekommen, auch dem Kind Gutes tun zu können. Geduld ist das A und O beim Aufbau der Beziehung – gerade zu einem älteren Kind. Fortschritte kommen manchmal nur sehr langsam – aber sie kommen. Wer aber alle Probleme allein bewältigen will, wird mit großer Wahrscheinlichkeit scheitern. Und sicher ist auch: Alles, was man seinem Kind in den ersten Tagen, Wochen, Monaten und Jahren an körperlicher und seelischer Zuwendung zukommen lässt, tut dem Kind und seinen neuen Eltern gleichermaßen gut. Den Erfolg erntet man vielleicht erst viele Jahre später, wenn das Kind in der Pubertät spürt, wo seine emotionalen Wurzeln liegen.

*„Anna kam mit zwei Jahren zu uns. Unsere Familie, unsere Freunde, alle waren ganz aus dem Häuschen. Ständig klingelte die Türschelle, ein ewiges Raus und Rein, jeder wollte Anna kennenlernen. Und Anna drehte vollkommen durch. Schrie nur, aß nicht, hatte Angst, kam nicht zur Ruhe. Mein Mann und ich, wir haben uns dann vier Wochen Urlaub genommen und ein Schild an die Tür gehängt und einen Spruch auf den Anrufbeantworter gesprochen: ‚Bitte lasst uns Zeit. Wir müssen erst eine Familie werden.'*
*Das war das Beste, was wir tun konnten. Und es hat funktioniert."*

*Sabrina (39) und Karsten (41)*

## Tipps zur Eingewöhnungsphase für die Zeit nach der Aufnahme eines (Klein-)Kindes

Das Kind, das Sie in Ihrer Familie aufgenommen haben, musste vielleicht einen oder mehrere Beziehungsabbrüche verkraften. Es kann sein, dass es traumatische Erfahrungen gemacht hat und sich Symptome erst im Zusammenleben mit Ihnen zeigen.

Sie haben sich auf die Aufnahme eines Adoptiv- oder Pflegekindes theoretisch gut vorbereitet. Der Vermittler, der Sie nach einem langen Bewerberverfahren gut kennt, hat Sie für ein Kind ausgewählt, bei dem er relativ sicher ist, dass Sie der Elternaufgabe gewachsen sind. Er wird Ihnen alles, was er an Informationen über das Kind zusammengetragen hat, mitteilen.

Sie sind sicher bei der Aufnahme eines Kindes in Ihre Familie motiviert und wollen alles richtig machen. Erfahrungsgemäß jedoch erweist sich im Alltag manches als schwieriger als zunächst erwartet.

Viele der folgenden Anregungen sind auch für ältere Kinder gedacht, die vielleicht noch nicht altersgerecht entwickelt sind. Generell zeigen auch ältere Kinder bei der Integration in die neue Familie häufig frühkindliche Verhaltensweisen. Das Kind holt wichtige Entwicklungsschritte des Bindungserlebens nach und verhält sich dabei nicht seinem Lebensalter entsprechend. Lassen Sie dieses Verhalten zu und gehen Sie geduldig darauf ein. Es ist wichtig, dass sich zwischen Ihnen und Ihrem Kind eine Bindung aufbauen kann. Aus diesem Grund beherzigen Sie in den ersten Wochen folgende Tipps:

**1. Sie und Ihr Partner sind die einzigen Bezugspersonen für Ihr Kind.** Das Windeln, die Körperpflege, das Baden, das An- und Ausziehen, das Füttern, das Tragen, das Beschäftigen, das Sprechen , das Singen, der Körperkontakt, das Schmusen, das Massieren, das Spielen, das Lachen sollte ausschließlich mit Ihnen und durch Sie geschehen.

**2. Halten Sie konsequent Blick- und Körperkontakt zu Ihrem Kind.** Schauen Sie Ihr Kind bei jeder Tätigkeit an. Erzählen Sie, was Sie jetzt gerade tun. Streicheln Sie Ihr Kind so oft wie möglich. Wenn Sie es waschen oder Körperteile behutsam massieren, benennen Sie das entsprechende Körperteil: „Jetzt wasche ich dein Gesicht, deine Nase, die kleinen Ohren, und jetzt massiere ich deine Füßchen …" Auch beim Füttern halten Sie den Blickkontakt und erzählen Ihrem Kind, was es gerade isst, wie zum Beispiel: „Hm, der Grießbrei mit dem Apfelmus ist schön warm und schmeckt gut." Wenn Ihr Kind unruhig ist, halten Sie es viel im Arm. Wenn es die Berührungen abwehrt, halten Sie es trotzdem, wiegen und streicheln Sie es, beschwichtigen Sie es mit leisem Sprechen und Singen. Sagen Sie ihm, wie sehr Sie es lieben. Tragen Sie Ihr Kind viel am Körper (wenn möglich im Tragetuch). Das Kinderbett gehört in Ihr Schlafzimmer. So kann Ihr Kind Sie nachts atmen hören, und Sie können stets Körperkontakt herstellen. Ein älteres Kind braucht viel mehr Bindungserlebnisse zur Bindungsentwicklung als ein Kleinkind.

**3. Beschäftigen Sie in der ersten Zeit keine dritte Person als Babysitter.** Freunde oder Familienmitglieder wollen Sie unterstützen? Großartig! Danken Sie ihnen von Herzen, geben Sie ihnen diese Tipps zu lesen und las-

**Tipps zur Eingewöhnungsphase für die Zeit nach der Aufnahme eines (Klein-)Kindes**

sen Sie sie alle Tätigkeiten durchführen, die nichts mit dem Kind direkt zu tun haben (putzen, waschen, kochen, einkaufen etc.). Bleiben Sie möglichst immer im Sichtkontakt des Kindes, selbst wenn Sie es gerade nicht hochnehmen können. Wenn das Kind gerade nicht schläft, nehmen Sie es überall dorthin mit, wo Sie sich befinden (Küche, Bad, Garten).

**4. Der Tagesablauf sollte von Ihnen konsequent geplant und durchgeführt werden.** Die Mahlzeiten und Ruhezeiten sollten sich am Anfang an der vorherigen Lebenssituation (etwa: Bereitschaftspflegefamilie) orientieren und schrittweise und mit Bedacht in Ihren eigenen Tagesplan eingefügt werden. Alltagsrituale wie etwa das abendliche Ins-Bett-Bringen können immer nach dem gleichen Schema ablaufen: Abendbrot, waschen, Bilderbuch anschauen, kuscheln, Gutenachtlied singen, Licht löschen (eventuell ein Nachtlicht brennen lassen), Zimmer verlassen, die Tür einen Spalt offen lassen. Klare Regeln und Strukturen geben dem Kind Sicherheit.

**5. Vermeiden Sie Besuche und Reisen.** Was Ihr Kind in der ersten Zeit am meisten braucht, sind Sie als Eltern, sein neues Zuhause und eine ruhige Atmosphäre. Kinder, die ständig einen Wechsel ihrer Bezugspersonen oder Lebensorte erlebt haben, können empfindlich auf Veränderungen von Tagesabläufen, Aufenthaltsorten und Kontaktpersonen reagieren.

**6. Fördern Sie Kontakte zu den früheren Bezugspersonen.** Hat das Kind vor der Unterbringung bei Ihnen etwa bei Bereitschaftseltern gelebt, kann ein Kontakt zu diesen durch Telefonate und gelegentliche Besuche für das Kind hilfreich sein. Positiv wäre es, wenn das Kind aus der früheren Umgebung etwas Vertrautes in sein neues Leben mitnehmen kann – ein Spielzeug etwa oder eine Kuscheldecke. Kontakte zur leiblichen Familie sollten in der Eingewöhnungsphase nur selten stattfinden. Bei Misshandlungen oder Missbrauch in der Herkunftsfamilie muss Ihr Kind unbedingt vor einer neuen Traumatisierung geschützt werden.

**7. Wenn Sie Ihr Kind im Kinder- oder Sportwagen herumfahren**, sollte es Sie immer anschauen können. Setzen Sie Ihr Kind also nicht in Fahrtrichtung.

**8. Autofahrt:** Setzen Sie sich während der Fahrt stets neben Ihr Kind. Es sollte nicht allein auf der Rückbank sitzen.

**9. Babyschwimmen bzw. Mutter-Kind-Turnen** fördern den Hautkontakt zwischen Ihnen und Ihrem Kind.

**10. Soziale Gruppen- und Förderangebote** überfordern Ihr Kind anfänglich. Nutzen Sie Ihre Elternzeit voll aus und geben Sie Ihrem Kind viel Zeit. Erst wenn es stabile Beziehungen zu Ihnen eingegangen ist, gewöhnen Sie es allmählich, langsam und stundenweise an einen Kindergarten. Ziehen Sie sich erst minuten-, dann stundenweise zurück.

**11. Achten Sie auf sich selbst!** Nervosität und Gereiztheit, die Sie bei allen diesen Anstrengungen und schlaflosen Nächten nach einiger Zeit verspüren, sollten Sie möglichst nicht auf Ihr Kind übertragen. Wenn Sie sich überfordert fühlen, reagieren Sie rechtzeitig. Übergeben Sie Ihr Kind der nächsten Bezugsperson oder legen Sie es in sein Gitterbett, einen Laufstall oder in einen sicheren Raum, »

wo es keinerlei Unfallgefahr gibt. Gehen Sie selbst kurz in einen anderen Raum, atmen Sie tief durch und wenden sich nach einer kurzen Auszeit wieder freundlich Ihrem Kind zu.
**Seien Sie nicht hart zu sich selbst!** Die Aufgabe, der Sie sich stellen, ist nicht einfach. Alle Eltern dieser Welt erleben Situationen, in denen Sie sich überfordert und ausgelaugt fühlen. Das ist normal und kein Zeugnis Ihres Scheiterns. Auch für Sie ist es wichtig, sich einmal eine Auszeit zu gönnen. Tun Sie etwas, das Sie von Ihren Alltagssorgen ablenkt: Sport, Zeichnen, ein Kinobesuch mit Freunden. Gönnen Sie einander nach der ersten Eingewöhnungszeit Ihres Kindes sowohl als Paar als auch als Partner Auszeiten. Mal bleiben Sie am Abend bei Ihrem Kind, mal Ihr Partner, und nach ein paar Wochen mal ein Babysitter, die Patentante oder die Großeltern, und mal gönnen Sie sich gemeinsam daheim einen bewusst genossenen Familienabend. Seien Sie sich bewusst, dass das Miteinander mit Ihrem Partner sich verändert, sich neu definiert. Sie sind nun nicht mehr zu zweit, Sie sind zu dritt, haben neue Anforderungen zu meistern und neue Impulse und neues Glück zu teilen. Gestalten Sie diese Veränderung aktiv mit und erleben Sie sie bewusst. Und vor allem: **Verlieren Sie nicht Ihren Humor. Viele Situationen sind, nachdem man gemeinsam herzlich darüber gelacht hat, mit einem Mal gar nicht mehr so schlimm!**
**12. Rat und Hilfe in Anspruch nehmen** – sei es von betroffenen Adoptiv- und Pflegeeltern in einer Selbsthilfegruppe, von dem Sozialarbeiter in Ihrer Vermittlungsstelle, einer professionellen Supervision oder der Inanspruchnahme eines Kindertherapeuten. Beratung in Anspruch zu nehmen ist kein Ausdruck von Schwäche oder Versagen, sondern von Stärke und Vernunft.
Diese zwölf Tipps sollen Ihnen Anregungen für die ersten Wochen geben. Sollte sich Ihr Kind in einigen Situationen dennoch sehr auffällig verhalten, verlieren Sie nicht Ihren Mut und Ihre Zuversicht. Es gibt viele liebevolle und begabte Eltern, die an die Grenzen ihrer Belastungsfähigkeit kommen, da Ihre Kinder aufgrund ihrer traumatischen Erfahrungen Verhaltensauffälligkeiten zeigen. Es gibt gute – auch populärwissenschaftliche – Fachbücher, die über die Folgen und therapeutischen Hilfen bei traumatisierten Kindern informieren. Weitere Erziehungstipps für den täglichen (herausfordernden, aber auch unglaublich bereichernden und erfüllten) Alltag mit Ihrem Kind finden Sie in guten Erziehungsratgebern wie etwa jenen in der Bücherliste im Anhang.
Sie werden mit Ihrem Kind als Familie unzählige unvergessliche und wunderschöne Stunden teilen. Bewahren Sie sich diese für die schweren Zeiten, denn auch diese gibt es in jeder Familie. Und vergessen Sie nie: Jede Familie erlebt neben schönen auch schwere Stunden. Wie heißt es so schön im Eheversprechen? Dass man zusammenhalten will, in guten wie in schlechten Zeiten. Auch die schwierigeren Zeiten werden Sie als Eltern mit dem notwendigen Einfühlungsvermögen für Ihr Kind, mit Zeit und Geduld bewältigen – und die vielen guten Zeiten gemeinsam in vollen Zügen genießen.

Auch lange nach dem Tag X wird das Thema „Adoption" Eltern und Kind immer wieder begleiten – zum Beispiel dann, wenn es um eine neue Eingewöhnung geht: in der Schule. Dabei kann es passieren, dass Sie den Erziehungsstil, den Sie lange für passend gehalten haben, hinterfragen müssen – denn auch als Eltern lernt man nie aus.

*„Mit der Einschulung bekam unsere Tochter Isa Probleme in der Schule. Wenn die Lehrer den Erstklässlern eine Ansage machten oder eine Aufgabe zuteilten, weigerte Isa sich und wollte erst einmal erklärt bekommen, warum sie dieses oder jenes tun sollte. Überzeugte sie die Erklärung nicht, weigerte sie sich einfach. Das führte natürlich zu Unmut seitens der Lehrer. Der Schulpsychologe hat uns dann zum Gespräch eingeladen. Was wir dort über Isa erfahren haben, erstaunte uns nicht – genauso ‚dickköpfig' verhielt unsere Tochter sich auch zu Hause. Im ersten Augenblick fühlten wir uns schlecht. Gerade als Adoptiveltern sahen wir uns auf dem Prüfstand. Wir sprachen beim Schulpsychologen an, dass Isa adoptiert ist, und fragten, ob es vielleicht damit zusammenhängen könnte. Der Psychologe war sehr nett, unsere erste Unsicherheit war schnell verflogen und wir haben bei ihm eine Menge gelernt – vor allem, dass unser Blick auf das Adoptionsthema an dieser Stelle falsch war. Der Psychologe stellte uns Fragen zu unserem Erziehungsverhalten. Wir erklären beide viel und setzen zwar Grenzen, aber diese begründen wir auch. Das ist einfach unsere Art, und diese hatten wir auch nie hinterfragt. Der Psychologe hat uns die Augen dafür geöffnet, dass Kinder auch Autorität erlernen müssen. Dass Ansagen von Erwachsenen hingenommen und befolgt werden müssen. Wenn Kinder das einmal verstanden haben, kann man ihnen in einem zweiten Schritt beibringen, wann und wo es sinnvoll ist, diese Ansagen zu hinterfragen. Aber Stopp muss Stopp heißen – erst einmal weil der Erwachsene das so festlegt und die Situation besser einschätzen kann als das Kind. Das hat uns eingeleuchtet, und wir haben ganz schön an uns arbeiten müssen, um hier umzudenken und Isa gegenüber eine ‚natürliche Autorität' aufzubauen. Zur Unterstützung haben wir auf Rat des Schulpsychologen hin noch eine Erziehungsberatung mitgemacht. Die Arbeit hat sich gelohnt. Heute, in der zweiten Klasse, ist Isa noch immer ein kritischer Kopf, aber sie kann sich auch in Gruppen einfügen und Ansagen*

*befolgen. Dieses ‚Mehr' an Autorität hat ihr in der Schule, aber auch zu Hause sichtlich gut getan. Und uns hat es geholfen, zu sehen, dass unser Kind ein ganz normales Kind mit ganz normalen Problemen ist – so wie auch wir ganz normale Eltern mit ganz normalen Problemen sind. Und die können gelöst werden, wenn man sich Hilfe holt.*

*Ann-Grit (39) und Oliver (42)*

**Weiterführende Informationen**

**Sachbuch:**
Themessl, Peter und Eva Tillmetz: Eltern werden, Partner bleiben. Ein Überlebensbuch für Paare mit Nachwuchs, Mabuse, 3. Aufl. 2013.
Hilft, dass Partner auch als Eltern ein Team bleiben.

**Sachbuch:**
Brisch, Karl Heinz: SAFE – Sichere Ausbildung für Eltern: Sichere Bindung zwischen Eltern und Kind, Klett-Cotta, 6. Aufl. 2014.

**Sachbuch:**
Gordon, Thomas: Familienkonferenz. Die Lösung von Konflikten zwischen Eltern und Kind, Heyne 2012.
Der amerikanische Psychotherapeut hat Verhaltensweisen für Eltern zusammengetragen, die trainiert werden können, um das Leben mit Kindern positiv zu gestalten.

**Sachbuch:**
Dreikurs, Rudolf und Vicki Soltz: Kinder fordern uns heraus – Wie erziehen wir zeitgemäß, Klett, 19. Aufl. 2014.
Ein Ratgeber, der an vielen Fallbeispielen erläutert, wie man Kinder zeitgemäß erziehen kann – auch wenn das Buch schon älter ist.

**Internet:**
www.familienhandbuch.de
Eine sehr gute Online-Übersicht zu allen Fragen rund um das Leben mit Kindern.

# 7 Unsere Familie

**„Ein Kind ist kein Gefäß, das gefüllt, sondern ein Feuer, das entzündet werden will.“**

François Rabelais

Sich ein (Adoptiv- oder Pflege-) Kind zu wünschen und ein Kind zu haben, sind zweierlei Paar Stiefel. Dieses Kapitel widmet sich den klassischen Fragen und Problemen, die sich in der Praxis im Leben mit einem (Adoptiv- oder Pflege-) Kind auftun, und begleitet Adoptiv- und Pflegeeltern bis zur Volljährigkeit des Kindes.

## Mit Kindern leben, Eltern sein

### Erziehen und fördern

Am Thema Kindererziehung scheiden sich die Geister. Da aber (gerade ältere) Adoptiv- und Pflegekinder ein großes Sicherheitsbedürfnis haben, sollte Erziehung nicht wahllos sein. Ein guter Grund also, sich – auch gemeinsam mit dem Partner – mit den unterschiedlichen gängigen Erziehungsmodellen zu beschäftigen und sich auf eine – möglichst gemeinsame – Strategie zu einigen. Denn dass ein Kind nicht nur verunsichert ist, sondern auch nicht verstehen kann, wenn die Mutter hü und der Vater hott sagt, ist ja keine Neuigkeit. Auch Eltern sind oft verunsichert: Sind sie zu nachgiebig oder zu streng? Darf man Leistung fordern oder nicht? Ist Schimpfen und Strafen erlaubt? Bücher zum Thema und Gespräche mit anderen oder den eigenen Eltern können helfen, für sich den richtigen Weg zu finden. Sicher aber ist, dass eine Erziehung zu großen Teilen auch das ist, was man dem Kind vorlebt, das so genannte „Lernen am Modell“ (nach Albert Bandura).

Und sicher ist, dass Kinder generell besonders im ersten Jahr auf Nähe und Konstanten in ihrem Leben angewiesen sind. Haben sie in dieser Zeit viele Brüche erlebt, wirkt dies oft ihr Leben lang nach. Verlässt eine Mutter ihr kleines Kind – und sei es auch nur für eineinhalb Stunden – ist das, so die Kinderpsychologin Anne Schoberth, für das Kind (das weder über Zeitempfinden noch Sprache verfügt) immer wie ein kleiner Tod. Mütter, die eine gute Intuition haben, spüren dies auch und vermeiden es daher, denn das Kind kann diese Zeit nicht kognitiv überbrücken; es gerät in inneren Aufruhr oder Panik. Auch wenn es von den anderen Personen gut versorgt wird, bleibt diese Angst. Gerade bei Adoptiv- und Pflegekindern kann es geschehen, dass später jeder Ortswechsel, jeder Urlaub, jeder Kuraufenthalt diese alte Angst auslöst: verloren zu gehen in der Welt, sich nicht mehr zurechtzufinden. Die Folgen können Unruhe sein oder auch übermäßiges Anklammern an die Adoptivmutter. Diese frühen Brüche zu bewältigen, ist für solche Kinder ungeheuer schwierig.

Ein weiterer Punkt, der gerade Adoptiv- und Pflegeeltern beschäftigt, ist der der Förderung. Gerade weil sie oft nicht wissen, welche Anlagen dem Kind mitgegeben sind, wollen sie besonders viel für ihr Kind tun und schießen dabei, insbesondere beim Thema Bildung und in der Vorbereitung auf die Schule, auch oft über das Ziel hinaus. Dass „Frühförderung" nicht bedeutet, dem Kind möglichst früh Lesen und Rechnen beizubringen, sondern vor allen Dingen gemeinsam mit ihm die Welt zu erkunden, zeigt unter anderem die Veröffentlichung „Schulbeginn: Entwicklung, Herausforderung und Unterstützung" der Hamburger Erziehungswissenschaftlerin Dr. Telse Iwers-Stelljes, aus der im Kasten rechts einige Punkte herausgegriffen wurden.

Eine umfassende Ideenbörse rund um das Thema Frühförderung ist auch die Internetseite des Würzburger Sozialpädagogen Dr. Martin R. Textor: Unter www.kindergartenpaedagogik.de finden Sie über 1200 Fachtexte zu verschiedenen Themenbereichen.

Gut fährt sicherlich, wer seinem Kind eine möglichst breite Palette an Angeboten macht, aus der es selbst das wählen kann, was es interessiert und anspricht. Falscher Ehrgeiz oder konkrete Wünsche sind bei jedem Kind fehl am Platz – bei einem leiblichen, und erst recht bei einem Adoptivkind.

## Kinder fördern

**Konzentrationsfähigkeit:** vorlesen (ohne Ablenkung), über das Gelesene sprechen, gemeinsame Gespräche führen, Entspannungszeiten schaffen.

**Sprache und phonologische Bewusstheit:** Aufmerksamkeit für das Hören auch nicht sprachlicher Reize schulen (Was hörst du jetzt, wenn wir ganz leise sind?), Reime vorlesen und gemeinsam Reime weiterspinnen, Erfahrung mit Lauten in Wörtern schulen (Ich kenne ein Wort, das mit „sch" anfängt. Du auch?).

**Wissensinhalte:** Malen (lassen) und Gemaltes ausführlich besprechen (nicht nur „Fein gemacht" sagen), das Kind zu Handreichungen ermuntern (Kannst du bitte vier Teller und drei Gläser aufdecken?, ... Kartoffeln aus dem Keller holen? ... in die Gemüseecke gehen und sechs Kohlrabi und zwei Salatköpfe in den Einkaufswagen legen?), Würfelspiele spielen, am Fenster vorbeifahrende Autos zählen.

**Motorik:** Wälder, Wiesen oder Plätze gemeinsam mit dem Kind „erobern", in Sportvereinen oder auf Spielplätzen, aber auch auf dem Weg zum Einkaufen etc. Kletter- und Balanciermöglichkeiten bereitstellen, spazieren gehen und Wege erkunden, das Kind Obst und Gemüse selbst schneiden lassen, Plätzchen backen lassen.

**Selbstwahrnehmung und Selbstbewusstsein:** das Kind oft loben und ermutigen, es nie auslachen oder Schadenfreude zeigen, mit ihm gemeinsam Misserfolge und Versagen (etwa beim Mensch-ärgere-dich-nicht-Spiel) aushalten und bewältigen, dem Kind Verantwortung übertragen.

**soziale Wahrnehmung und soziales Bewusstsein:** dem Kind das Einhalten von Gesprächsregeln beibringen (etwa am Esstisch), ihm vorleben und beibringen, wie man Konflikte verbal austrägt, dass soziale Kontakte bedeutsam und Mitmenschen etwas Wertvolles sind und man Rücksicht aufeinander nehmen muss.

Vgl. Iwers-Stelljes, Telse: Schulbeginn: Entwicklung, Herausforderung und Unterstützung. Einsehbar unter www.kindergartenpaedagogik.de/1228.html

## Von der Wut

Kleine Kinder haben nur sehr wenige Möglichkeiten, sich zu artikulieren. Sie brauchen vielleicht nur etwas Zeit, können dies aber nicht sagen. Und Eltern können es nicht erraten.

*„Niemand bereitet dich darauf vor, wie das Leben mit Kind ist. Du liebst diesen kleinen Wurm. Du würdest ihm nie etwas antun. Sagst du. Manchmal aber macht*

*er dich so wütend, dass du ihn aus dem Fenster werfen könntest. Was du nicht tust, klar.*

*Das schlimmste Drama bei uns ist das Essen. Manchmal will Ronja-Luna einfach nicht essen. Da gibt es dann zwei Stunden Drama, und plötzlich wird binnen zwei Minuten alles ratzeputz aufgegessen, völlig ohne erkennbaren Grund. Davor aber … Wir versuchen es mit allem – ablenken, bespaßen, Ruhe, ihr etwas in die Hand geben, verschiedenes Essen ausprobieren – sie will nicht. Sie dreht den Kopf weg. Sie spuckt alles wieder aus. Sie würgt. Sie weint. Es ist grauenvoll. Wenn du weißt: Das Kind hat Hunger. Das Kind muss essen, zumindest aber trinken. Du musst vielleicht weg, zum Kinderarzt oder Einkaufen, ehe die Geschäfte zumachen. Und da sitzt dein Kind vor dir und heult und kreischt und spuckt, obwohl du sein Lieblingsessen gemacht hast und hier schon eine halbe Stunde den Bespaßungsfütterer machst. Irgendwann wird man da irre, wütend vor Hilflosigkeit. Bildet sich ein, das Kind macht das nur, um dich zu ärgern. Das stimmt natürlich nicht, aber das Wissen darum hilft irgendwann auch nicht mehr. Ich muss dann weggehen, eben kurz ins Nachbarzimmer, Tür zu, Ronja-Luna eben kurz angeschnallt alleine in ihrem Fütterstuhl schreien lassen, Abstand, Ohren zuhalten, dreimal tief durchatmen. Das hilft, dann kann ich weitermachen.“*

*Wanja (28)*

In ihrer Hilflosigkeit werden Eltern – Adoptiveltern, Pflegeeltern, leibliche Eltern – manchmal wütend, steigern sich in ihre Wut hinein, das schrille Schreien des Kindes tut ein Übriges; irgendwann sieht man vielleicht Rot. Das sind die Momente, in denen Menschen „die Hand ausrutscht“. Diese „weiche“ Formulierung legt nahe, dass Schlagen entschuldbar ist. Die Wahrheit ist: Diese Annahme ist falsch. Entschuldbar ist, dass man sich in manchen Situationen überfordert fühlt, ratlos ist, nicht weiter weiß. Entschuldbar ist nicht, dass man als Erwachsener, mit viel mehr Weitblick, von dem Kind das Verhalten eines Erwachsenen erwartet, dem es nicht gerecht werden kann.

Ein Baby ärgert nicht mit Absicht. So komplex kann es gar nicht denken. Ein Baby hat Bedürfnisse, und diese sind sehr klar und einfach: in den Arm genommen werden wollen, essen, schlafen, trinken, die Windel gewechselt bekommen und dergleichen mehr. Und größere Kinder testen ihre Grenzen, um zu lernen, groß zu werden, erwachsen. Ihre Eltern sind die Kletterhilfe, an der sie sich emporranken – groß und aufrecht werden oder einknicken, klein und verkümmert und am Boden liegend.

Gewalt an Kindern ist in Deutschland per Gesetz verboten, doch dieses Verbot allein schützt die Kinder nicht vor Gewalt und die Eltern nicht vor Überforderung. Wer Kinder hat, der weiß: Gewaltfrei erziehen zu wollen, ist eine anspruchsvolle Aufgabe. Es ist ja nicht „nur“ das Schlagen; es ist das Wegstoßen, das Herabsetzen, das Im-Ungwissen-Lassen, der Liebesentzug. Kaum jemand kennt diese Situationen – oder den Wunsch nach ihnen – nicht, doch ebenso erinnert sich kaum jemand gerne daran.

Mit Sicherheit würde viel gewonnen werden, wenn Erziehende offen über ihre Momente der Überforderung und über Stresssituationen sprechen könnten – denn Gewalt, das ist der heimliche Weg, das Druckablassen hinter geschlossener Türe. Gerade, wenn man selbst Kinder hat, wird man oft in einem erschre-

### Gewalt gegen Kinder

**Die UN-Studie „Gewalt gegen Kinder“ vom Oktober 2006 (www.unviolencestudy.org), hervorgegangen aus Feldstudien in vielen Ländern, lieferte erschreckende Ergebnisse: 90 bis 98 Prozent aller Kinder weltweit werden zu Hause körperlich gestraft, davon mindestens ein Drittel mit schweren Strafen. Barbara Dünnweller von der Kindernothilfe fasst die Ergebnisse der Studie unter anderem wie folgt zusammen:**

- Gewalt ist unsichtbar. Kinder haben niemanden, dem sie vertrauen. In vielen Ländern haben die Menschen auch kein Vertrauen in die Behörden, erst recht nicht in die Polizei.
- Über Gewalt wird nicht gesprochen, weil Kinder Angst haben.
- Schläge, Anschreien (und mancherorts auch sexuelle Übergriffe) werden als normal angesehen.
- 106 Staaten haben die Prügelstrafe bis heute nicht verboten.
- Nur in 16 Ländern ist das Recht auf eine gewaltfreie Erziehung im Gesetz verankert.
- Gewalt gegen Kinder geht meist von Menschen aus, die sie kennen: Eltern, Lebenspartner, Freunde, Lehrer, Klassenkameraden, Vorgesetzte, „Arbeitgeber“ in privaten Haushalten.
- Jungen sind stärker von körperlicher Gewalt bedroht als Mädchen, Mädchen hingegen eher von sexuellem Missbrauch, Vernachlässigung und Zwangsprostitution.

ckenden und nie zuvor erwarten Maße auf die eigenen Wurzeln zurückgeworfen: Geschlagene Kinder werden nicht selten Eltern, die schlagen. Und gerade Adoptiv- und Pflegeltern stehen unter dem besonders hohen gesellschaftlichen und selbst auferlegten Druck, als Eltern nicht versagen zu dürfen, und kommunizieren Probleme und Überforderung daher noch viel seltener nach außen als leibliche Eltern. Wenn aber Eltern merken, dass sie in Mechanismen gefangen sind, die sie auch mit gutem Willen nicht durchbrechen können, müssen sie Verantwortung genug haben, um sich Hilfe zu holen – etwa in therapeutischer Form.

Für Kinder nämlich gibt es kaum eine größere Demütigung, kaum ein größeres Entsetzen als Gewalt. Gewalt – das ist der kleine Klaps, das laute Angeschrien werden. Gewalt – das ist das, was wehtut: im Ohr, am Körper, an der Seele. Gewalt zu erfahren von den Personen, die Kinder nicht nur lieben, denen sie nicht nur vertrauen, sondern von denen sie auch abhängig sind, ist eine Katastrophe für einen jungen Menschen. Gerade Säuglinge oder kleine Kinder können nicht weg, sie können sich nicht wehren und werden groß mit dem Wissen, dass Angst und Ausgeliefertsein zum Leben gehören.

Eltern sollen erziehen, und zum Erziehen gehört auch das Strafen, weil es den Kindern hilft, Grenzen zu erkennen und einzuhalten. Strafen und Gewalt aber sind zwei Paar Stiefel. Wer sich die Zeit nimmt, seinem Kind Konsequenzen aufzuzeigen und das Einhalten der gesetzten Grenzen immer wieder durch Argumente oder konsequentes Vorleben einzufordern, gibt Kindern einen sicheren Rahmen, an dem sie sich orientieren und lernen können, selbstständig zu denken. Sie verstehen dann, weshalb etwas verboten ist, und unterlassen es nicht aus Angst. Nur ein Kind, das sich geliebt und respektiert fühlt, findet den Mut, über seine Fehler zu sprechen – sie anzugehen, sie zu ändern, wo es nötig ist, und zu akzeptieren, wo es möglich ist.

*„Ich war jung zu jener Zeit, als fast alle Kinder oft geschlagen wurden. Man hielt es für nötig, sie zu schlagen, denn sie sollten artig und gehorsam werden. Alle Mütter und Väter sollten ihre Kinder schlagen, sobald sie etwas getan hatten, von dem Mütter und Väter meinten, dass Kinder es nicht tun sollten. Mein kleiner Junge, Johan, war ein artiger und fröhlicher kleiner Kerl, und ich wollte ihn nicht schla-*

*gen. Aber eines Tages kam die Nachbarin zu mir herein und sagte, Johan sei in ihrem Erdbeerbeet gewesen und habe Erdbeeren geklaut, und bekäme er jetzt nicht seine Schläge, würde er wohl ein Dieb bleiben, sein Leben lang.*

*Mit Müttern ist es nun mal so, dass ihnen Angst und Bange wird, wenn jemand kommt und sich über ihre Kinder beschwert. Und ich dachte: Vielleicht hat sie Recht, jetzt muss ich Johan wohl eine Tracht Prügel verpassen.*

*Johan saß da und spielte mit seinen Bausteinen – er war ja damals erst fünf Jahre alt –, als ich kam und sagte, dass er nun Prügel bekäme und dass er selbst hinausgehen solle, um eine Rute abzuschneiden.*

*Johan weinte, als er ging. Ich saß in der Küche und wartete. Es dauerte lange, bis er kam, und weinen tat er noch immer, als er zur Tür hereinschlich. Aber eine Rute hatte er keine bei sich. „Mama“, sagte er schluchzend, „ich konnte keine Rute finden, aber hier hast du einen Stein, den du auf mich werfen kannst!“ Er reichte mir einen Stein, den größten, der in seiner kleinen Hand Platz fand.*

*Da begann auch ich zu weinen, denn ich verstand auf einmal, was er sich gedacht hatte: Meine Mama will mir also wehtun, und das kann sie noch besser mit einem Stein. Ich schämte mich. Und ich nahm ihn in die Arme, wir weinten beide, so viel wir konnten, und ich dachte bei mir, dass ich niemals mein Kind schlagen würde. Und damit ich es ja nicht vergessen würde, nahm ich den Stein und legte ihn in ein Küchenregal, wo ich ihn jeden Tag sehen konnte, und da lag er so lange, bis Johan groß war. Dieb wurde keiner aus ihm. Das hätte ich gerne meiner Nachbarin erzählen mögen, aber sie war schon lange fortgezogen.“*

*Astrid Lindgren in ihrer Rede anlässlich der Verleihung des Friedenspreises des Deutschen Buchhandels 1978*

## Die Pubertät – ein Schrecken mit Ende

In der Pubertät gehen Kinder auf die Suche nach sich selbst, grenzen sich bewusst ab, suchen und finden eines Tages ihre eigene Position, ihren eigenen Weg im Leben. Die Zeit der Pubertät ist hart für alle Eltern, aber für die Eltern angenommener Kinder ist sie noch eine Spur härter. Denn wo das leibliche Kind nur lustvoll mit dem Gedanken spielt, was wäre, wenn es irgendwo im fernen Traum- und Wunderland andere, schönere, reichere, bessere Eltern hätte, ist der Traum von den „anderen Eltern" beim angenommenen Kind Realität – auch wenn die leiblichen Eltern mit nahezu hundertprozentiger Sicherheit rein gar nichts mit den Träumen und Fantasien der Pubertierenden gemein haben. Gerade hier zeigt sich, dass es auch ein großes Hemmnis sein kann, nichts oder nur wenig über die leiblichen Eltern zu wissen. Was man nur aus seiner Vorstellung heraus kennt, das kann in den schillerndsten Farben erblühen und mit Sehnsucht aus der Ferne betrachtet immer begehrenswerter werden. Manche Adoptivkinder steigern sich in der Pubertät, in der gerade bei Mädchen die Fantasie oft die wildesten Pirouetten schlägt, in Tagträume von leiblichen Eltern hinein, die nicht nur der Wirklichkeit nicht gerecht werden, sondern ihre Adoptiveltern auch zutiefst verletzen.

Die Pubertät, die Wandlung vom Kind zum Erwachsenen, ist eine anstrengende Zeit für alle Beteiligten: Jugendliche, Mütter und Väter, weil bisher Vertrautes in der Beziehung zwischen Eltern und Heranwachsenden nicht mehr funktioniert. Das verunsichert beide Seiten.

Manches ist in der Pubertät natürlich auch ganz normal: Auseinandersetzungen über Kleidung, Rauchen, Alkohol, Schminken, laute Musik, Unordnung oder den Freundeskreis. Adoptiv- und Pflegekinder und deren (neue) Eltern haben oft zusätzlich einige besondere Schwierigkeiten zu meistern.

Ist die Identifizierung mit der Adoptiv- und Pflegefamilie im Kindesalter gelungen, so hat das Kind die Werte und Normen der Eltern als seine eigenen übernommen. In der Pubertät aber muss es die Identifikation mit den Eltern lockern und aufgeben können. Das bedeutet für Jugendliche nicht nur eine Befreiung, sondern auch Verlust an Orientierung. Durch die zwangsläufig eintretende Entfremdung werden Adoptiv- und Pflegeeltern mehr beunruhigt als leibliche Eltern, weil sie sich oft nicht auf sichere Beziehungen in der frühen Kindheit stützen können. Leicht meinen sie bei Abgrenzungsversuchen der Jugendlichen, dass das Kind nun doch nie ihr Kind geworden sei, dass alles Hoffen vergebens war und sie es vielleicht endgültig verlieren. Viele Schwierigkeiten, die mit der Ablösung verbunden sind, verstehen sie vielleicht als Ergebnis von Erbanlagen und frühkindlicher Erziehung, auf die sie eventuell keinen Einfluss hatten. Kurz: Sie fühlen sich in ihrer Elternrolle stark verunsichert, vielleicht sogar so sehr, dass sie wiederum durch ihr eigenes Verhalten Schaden anrichten. Dies kann dazu führen, dass der Jugendliche sich ausgestoßen fühlt und möglicherweise in dieser Situation seine leiblichen Eltern idealisiert.

Diese „Ablösungskrise" meistern Adoptiv- und Pflegeltern nur, wenn sie das Hin- und Herschwanken zwischen Abstoßung und Anklammerung ertragen und für ihr pubertierendes Kind da sind, ohne sich aufzudrängen. Sie müssen Geduld zeigen im Ertragen der widersprüchlichen Gefühle von Zuneigung und Abneigung bei den Jugendlichen und bei sich selbst und die eigene Lebenserfahrung nicht als einzig mögliche hinstellen. Die Angst und daraus geborene Wut oder auch Aggression, die mit den Ablösungsbemühungen des Jugendlichen auf beiden Seiten einhergehen können, ist normal – und es gilt, sie auszuhalten.

Meist setzt sich ein Adoptiv- oder Pflegekind in dieser Phase auch mit seiner eigenen Familiengeschichte auseinander. Auch dies geschieht sowohl bei einem Jugendlichen, der in seiner eigenen Herkunftsfamilie aufgewachsen ist, als auch bei dem, der andere Wurzeln hat – nur dass es bei einem Adoptiv- oder Pflegeverhältnis eben größere Schwierigkeiten mit sich bringt. Die Jugendlichen müssen sich mit den Adoptiv- oder Pflegeeltern als ihren psychologischen Eltern und mit ihren biologischen Eltern auseinandersetzen – also auch mit den Gründen, die zu ihrer Fortgabe führten. Für den Jugendlichen ist es schwierig, sich mit jemandem auseinanderzusetzen und sich von jemandem abzulösen, der in seiner realen Lebenswirklichkeit nicht vorhanden ist, sondern oft nur in seiner Fantasie existiert. Besonders schwierig ist dies für Kinder, die aus dem Ausland adoptiert wurden, denn sie müssen sich zudem noch mit einer anderen Kultur beschäftigen.

*„Eine sehr wichtige Frage kam mir eines Tages, als ich in ein Diary schrieb, eines dieser Bücher, in die man die Lieblingsfarbe schreibt und solche Dinge. Da stand dann auch ‚Nationalität'. Und plötzlich wusste ich nicht, was ich schreiben soll. Bin ich Deutsche? Bin ich Vietnamesin? Diese Frage stürzte mich in ein tiefes Loch. Ich wusste es nicht! Meine Eltern haben mich mit einem Jahr adoptiert. Woher sollte ich wissen, ob ich nicht doch Vietnamesin bin! Plötzlich kam mir alles falsch vor. Ich machte meinen Eltern bittere Vorwürfe, aber im Grunde wollte ich nur eine Antwort. Meine Eltern haben gesagt, gerade bin ich vielleicht mehr Deutsche, weil ich in Deutschland groß geworden bin und viel über diese Kultur weiß. Aber in meinem*

*Leben könnte ich noch viel über die vietnamesische Kultur lernen. Ich hätte die Wahl. Aber ich wollte keine Wahl, ich wollte Klarheit! Einige Tage später fragten mich meine Eltern, ob ich Lust hätte, mit ihnen in den nahenden Ferien für eine Woche nach Vietnam zu fliegen. Einfach um zu sehen, wie es dort wäre. Ich war sehr, sehr aufgeregt. Ich wollte! Und wir flogen nach Ho-Chi-Minh-Stadt. Heute weiß ich, dass meine Eltern ihre gesamten Ersparnisse dafür ausgaben und es auch nicht so leicht war mit der Einreise, aber damals machte ich mir darüber keine Gedanken. Ich war einfach nur froh, dass wir fuhren und sie mitkamen.*

*Ich war überwältigt von dem, was ich sah, ergriffen, entsetzt, verzaubert. Ich fühlte mich so geborgen – alle sahen so aus wie ich! Ich konnte untertauchen in der Menge, niemand sah mich sonderbar an – höchstens meine Eltern, die beide blond und sehr groß sind. Das war ein unbeschreibliches Gefühl, und ich hatte es zum ersten Mal in meinem Leben. Denn in Deutschland bin immer ich es, die angestarrt wird, die anders ist. Und ich war entsetzt – weil nichts war wie bei uns, so viel Armut herrschte, und auch Unmenschliches, wie ich fand, zum Beispiel beim Umgang mit Menschen mit Behinderungen.*

*Schon vor der Abfahrt war klar, dass wir meine leiblichen Eltern weder suchen noch finden konnten, denn meine Mutter war gestorben, ehe ich ins Heim kam, und von meinem Vater war nichts bekannt. Aber wir fuhren in mein Heim, und ich weinte, als ich die Kinder dort sah, und spielte mit ihnen, und am Abend fiel ich meinen Eltern um den Hals und wollte sie gar nicht mehr loslassen. Sie bedeuteten mir plötzlich unendlich viel Sicherheit. In das Diary schrieb ich damals: Deutsch/Vietnamesisch."*

*Thu Nga/Tina (28)*

Die zweifache Familiengeschichte selbst ist nicht unbedingt ein Problem – es kommt darauf an, welche Bedeutung Jugendliche ihr geben. Das wiederum ist abhängig von dem Zugang, den sie zu ihrer Familiengeschichte bekommen. Bei der Aufarbeitung früher prägender Erfahrungen ist es wichtig, dass die Adoptiv- oder Pflegeeltern dem Jugendlichen helfen, ein realistisches Bild von den leiblichen Eltern und/oder ihrer Kultur zu gewinnen. Und beides darf dabei in keinem Fall abgewertet werden.

Das Interesse der Jugendlichen an der Herkunftsfamilie kann leicht missverstanden werden, und zwar sowohl von den Adoptiv- oder Pflegeeltern als auch von den leiblichen Eltern. Tatsächlich haben Jugendliche selten den Wunsch, die Beziehung zu den Adoptiv- oder Pflegeeltern durch die Beziehung zu den leiblichen Eltern zu ersetzen – auch dann nicht, wenn sie vielleicht plötzlich sagen, sie würden zurück wollen, nach Vietnam, nach Russland oder Afrika. Mit „zurück" meinen sie bei genauer Nachfrage: zurück für eine überschaubare Zeit. Einen Urlaub vielleicht, ein Wochenende. Aber nicht für ihr ganzes Leben.

Um aber eine eigenständige Identität entwickeln zu können, muss der Jugendliche sich mit seiner früheren Geschichte aussöhnen lernen. Sind die frühkindlichen Erlebnisse besonders enttäuschend, benötigt er Hilfe bei diesem Prozess. Diese Hilfe gibt ihm ein Gefühl der Sicherheit.

Für Eltern ist es in der Pubertät schwierig, zu ihrem Kind überhaupt Kontakt herzustellen – und erst recht einen warmherzigen. Sie ringen mit der Distanz und um die richtigen Worte. Der Jugendliche muss drängen können, muss auch ausprobieren. Aber einige wenige Grenzen sollten dennoch fest und sicher gesetzt werden.

*„Ich kann mich gut erinnern, wie ich damals zwischen 13 und 15 auf meine Adoptiveltern wütend war. Sie waren mir plötzlich so fremd und ziemlich alt. Dauernd fanden sie etwas zum Meckern. Mein Aussehen, mein Zimmer, meine Freunde, alles. Ich wollte aber machen, was mir gefällt, hatte hennarote Haare und die kürzesten Miniröcke. Ich wollte auch die Konfrontation, wollte Grenzen ausreizen, möglichst bis zum Ende. Sehen, ob es klappt und was passiert. Ich bin auch mal von Zuhause weggelaufen, wollte mich absetzen, zurück in meine Geburtsstadt, meine „richtigen" Eltern suchen. Es war dann ziemlich kalt draußen, und ich bin stattdessen zu meinen Freunden gegangen. Weil ich heute selbst einen Sohn habe, kann ich verstehen, warum meine Adoptiveltern sich Sorgen gemacht haben. Sie konnten ja nicht wissen, dass ich doch ganz gut noch die Kurve gekriegt habe."*

*Helena (33)*

# Familienbande

## Die eine Hälfte ist Vererbung, die andere Erziehung?

Das angenommene Kind sieht in der Regel seiner neuen Familie nicht ähnlich und findet somit keine äußerliche Bestätigung dafür, dass es zur Familie, zur „Sippe“, zu den „Abstammungsverhältnissen“ seiner Verwandtschaft gehört. Auch seine Anlagen sind nicht die der neuen Familie; mit großer Wahrscheinlichkeit hat es nicht das Taktgefühl von Tante Bärbel oder Papas Zahlenvirtuosität geerbt. Manchmal aber zeigen sich mit den Jahren Ähnlichkeiten im Äußeren, die eher zufälliger Art sind. Und es kann Adoptivfamilien durchaus zusammenschweißen, wenn sie immer wieder hören „Ganz wie der Vater!“ und sich dann später kichernd zuraunen „Wenn die wüssten!“. Aber solche Ähnlichkeiten sind Zufälle. Recht häufig aber nehmen Kinder Verhaltensweisen, Gesten oder etwa sprachliche Besonderheiten der Eltern an, in denen Dritte dann wiederum Ähnlichkeiten sehen.

Gerade in Konfliktsituationen suchen und finden leibliche Eltern in der Regel jedoch leichter eine Entschuldigung oder beruhigende Worte für das Verhalten ihrer Kinder. Sätze wie „Den Trotzkopf hat er von mir“ oder „Papa hat es doch letzten Endes auch noch geschafft mit dem Studium“ zeigen, welch ein Urvertrauen unter leiblichen Familienmitgliedern herrscht. Zwischen einem angenommenem Kind und seinen Eltern ist das anders. Man weiß nichts oder nur sehr wenig über dessen Wurzeln, ererbte Manierismen, Stärken und Schwächen.

*„Meine Tochter ist noch ganz klein, ein unglaublich süßes Baby. Aber manchmal gibt es diese Momente, da sehe ich sie an und bin irritiert, manchmal sogar verunsichert oder grusele mich sogar für den Bruchteil einer Sekunde. Dann muss ich mich kurz schütteln, und dann kommt die Vertrautheit zurück, die sich in den letzten Monaten zwischen uns aufgebaut hat, und ich erkenne sie wieder.*

*Diese Momente der Irritation sind ganz sonderbar. Ich glaube, es liegt daran, dass ich in ihrem Gesicht einfach nichts wiedererkenne. Dass ich niemanden kenne, der aussieht wie sie, und mir überhaupt nicht vorstellen kann, wie sie wohl später einmal aussehen wird. Das ist nicht schlimm oder so. Ich finde meine Tochter rundum großartig. Es irritiert mich eben nur manchmal und unverhofft.*

*Dass ich ihr Verhalten nicht mit Mitgliedern meiner leiblichen Familie vergleichen kann, irritiert mich hingegen gar nicht. Sie kennenzulernen, macht mir großen Spaß. Hier sehe ich keinen Unterschied zu ‚normalen' Eltern. Ich glaube auch, dass im Verhalten viel weniger Vererbung steckt als vielmehr erlerntes Verhalten."*

*Valeska (33)*

Erstaunlicherweise ist dieses Gefühl des Fremdseins kein klassisches Merkmal in der Beziehung zwischen Adoptiv- oder Pflegeeltern und ihrem Kind. Auch manchen leiblichen Eltern erscheint ihr Kind am Anfang „fremd", sie müssen es erst kennenlernen.

Viele Adoptiv- und Pflegeeltern halten es wie Valeska und glauben daran, dass Verhalten mehr von der Erziehung als von den Genen geprägt wird. Ob diese Annahme richtig oder falsch ist, darüber streiten sich die Wissenschaftler bis zum heutigen Tag. Heißt einer leiblichen Familie anzugehören tatsächlich immer auch, deren Schicksal zu teilen? Zwanghaft so handeln zu müssen, wie die leiblichen Vorfahren es durch ihre Gene vorbestimmt haben?

Wo Verhaltensgenetiker (die sich vor allen Dingen auf Adoptions- und Zwillingsforschungsstudien aus den 80er-Jahren stützen) vielerorts behaupten, nicht Eltern, sondern Gene wären der ausschlaggebende Faktor in der Entwicklung eines Kindes, sehen Entwicklungspsychologen dies zunehmend anders, auch wenn selbst sie sich nicht einig sind. Eine finnische Studie von Pekka Tienari aus dem Jahr 1991 etwa untersuchte Adoptivkinder mit schizophrenen leiblichen Eltern. Das Risiko einer Erkrankung war bei diesen Kindern höher, doch Kinder, die in harmonischen Familien aufwuchsen, erkrankten deutlich seltener als solche ohne ein belastendes Familienumfeld.

Wo in der Entwicklungspsychologie lange Zeit die Meinung vorherrschte, dass Erfahrungen und Prägungen in früher Kindheit nicht mehr rückgängig gemacht werden könnten, kommen neuere Studien zu einem anderen Ergebnis. In den 90er-Jahren etwa untersuchte Michael Ruttner das Entwicklungspotenzial rumänischer Kinder aus „schwierigen" Verhältnissen, die von britischen Mittelstandsfamilien adoptiert wurden. Die durch Vernachlässigung entstandenen Defizite der Kinder konnten zwar nicht immer vollständig, aber doch in großem

Maße abgebaut werden – und zwar umso besser, je jünger die Kinder zum Zeitpunkt der Adoption waren. Eine andere Studie rund um den Einfluss der Erziehung auf das Kind ist die „Oregon-Scheidungsstudie" von Marion Forgatch, die auf Basis der Forschungen von Gerald Patterson Alleinerziehende mit und ohne „Elternschulungen" und die Entwicklung ihrer Kinder über zehn Jahre hinweg untersuchte. Das Fazit: Rund 70 Prozent der Eltern änderten ihr Erziehungsverhalten (schenkten viel Liebe, setzten klare Regeln und bestanden konsequent auf deren Einhaltung und förderten Persönlichkeit und Kreativität des Kindes) – und mit ihnen änderten die Kinder ihr Verhalten.

Dies legt die Schlussfolgerung nahe, dass Gene zwar einen erheblichen Einfluss auf Anlagen eines Menschen haben, das Lebensumfeld aber wie ein „Schutzschild" wirken kann: Im besten Fall verstärkt es negative Anlagen nicht, sondern mildert sie ab. „Gene", so der britische Zoologe Matt Ridley, „sind kein Bulldozer, der alles niederwalzt, was ihnen im Weg steht." Vielmehr erhöhen Gene die Wahrscheinlichkeit auf ein bestimmtes Verhalten – nicht mehr, aber auch nicht weniger.

Auf der anderen Seite sehen Therapeuten das Verhältnis zwischen Eltern und Kindern heute nicht mehr als Einbahnstraße. Kinder lernen von ihren Eltern, Eltern lernen von ihren Kindern – und vor allen Dingen haben Kinder selbst einen großen Einfluss auf das, was sie prägt. Nicht nur Persönlichkeitsforscher Jens Aspendorpf vertritt die Ansicht, dass das Wesen eines Menschen ein Resultat „komplexer Wechselwirkungen mit seiner Umwelt" ist und Erbanlagen dabei nur eine Rolle unter vielen spielen. Im Klartext bedeutet das: Die Erbanlagen bestimmen die Richtung, in die ein Mensch geht und die Art, wie er auf äußere Einflüsse reagiert – seinen Umgang mit Stress etwa oder sein Temperament. Aber die Entwicklung eines Menschen ist mit der Zeit der elterlichen Prägung nicht abgeschlossen, sondern diese stellt lediglich Weichen (mit) – etwa im Bereich der Humorfähigkeit, bei Essensvorlieben, sozialen oder politischen Haltungen oder dem Hang zu körperlicher Aggressivität. Auch die Intelligenz von Kindern (oder richtiger: die Ausschöpfung derselben) ist durch das Elternhaus beeinflussbar.

Die Persönlichkeit eines Menschen aber entwickelt und verändert sich die gesamte Kindheit und Jugend hindurch – und in weiten Teilen dieser Entwicklung suchen Kinder sich die Menschen, die sie (mit)prägen selbst. Und nicht zuletzt unterscheidet sich auch ihre Reaktion auf das Angebotene – und lässt Kinder mit gleichen Möglichkeiten andere Wege einschlagen.

*„Unser Sohn ist ein Babynestkind. Zumindest war er das die ersten sieben Lebensjahre lang. Dann stellte sich heraus, dass die leibliche Mutter unseres Sohnes bereits zwei weitere Kinder zur Vermittlung an das Jugendamt gegeben hatte. Bei dem zweiten Kind löste sie auch das Herkunftsrätsel unseres Sohnes. Mit ihren Kindern wollte die leibliche Mutter keinen Kontakt, wünschte sich aber Kontakt ihrer Kinder untereinander. So erfuhren wir, dass unser Erik zwei Brüder hat. Und weil wir das Glück hatten, dass auch die Adoptiveltern seiner Brüder den Kontakt der Geschwister fördern wollten, trafen wir uns bald darauf zum ersten Mal. Unser Erik ist der älteste der drei Brüder, und es war unglaublich, was wir in diesen Stunden (und bei weiteren Treffen) erleben durften. Zunächst waren die von uns vereinbarten Erkennungsmerkmale (blauer Kinderwagen, rote Jacke …) komplett unnötig. Unsere Jungs glichen einander so sehr, dass wir glaubten, unseren Erik in jünger vor uns zu haben. Aber nicht nur das Äußere war verblüffend ähnlich, auch die Charakterzüge, Verhaltensweisen, Bewegungsmuster, Stimmlagen, Hobbys, die Stärken und Schwächen und Eigenarten ... es war der helle Wahnsinn. Die Jungs brauchten keine zehn Minuten, um die Geschwisterrangfolge unter sich zu klären – wer passt auf wen auf, wer ist der Chef, wer ist der Streitschlichter. Sie gingen auf eine derart vertraute Art miteinander um, wie wir sie auch bei Erik und seinen engsten Freunden nie erlebt hatten. Aber nicht nur die Kinder untereinander waren einander auf fast unheimliche Weise vertraut – auch wir als Elternteile waren den jeweils anderen zwei Brüdern schnell sehr nah. Wir fanden offenbar sehr oft intuitiv den richtigen Tonfall, die richtigen Worte und Gesten, die richtigen Reaktionen auf Fragen oder Annäherungen der uns bis dato ja faktisch komplett fremden Kinder. Wir nahmen einfach den Tonfall oder die Reaktion, die wir auch bei unseren eigenen Kindern wählten – und die traf fast immer ins Schwarze. Wir haben sehr viel gelacht an diesem Tag und festgestellt, dass wir als Eltern schon eine ganze Menge von unseren Kindern lernen. Bis heute sind die drei Buben ein Wunder für uns. Jedes Mal wieder, wenn wir einander tref-*

*fen, kommen wir aus dem Staunen gar nicht mehr heraus. Wir sind alle sehr dankbar, dass die leibliche Mutter unserer Jungs ihr Schweigen gebrochen hat. Mittlerweile kennen auch schon die Omas, Opas und Paten die Geschwister unserer Söhne, und als letzthin in der Schule Stammbäume durchgenommen wurden, verkündete unser Sohn zum großen Erstaunen seines Lehrers mit stolzgeschwellter Brust: „Ich hab zwei Brüder – und ich pass auf sie auf!" Da musste der Lehrer erst einmal bei uns nachfragen – und hat dann selbst ganz schön gestaunt, wie das Leben so spielen kann."*

*René (43) und Steffi (40)*

Die Forschung rund um Vererbung und Erziehung ist ein sehr komplexes – und gerade für Väter und Mütter angenommener Kinder besonders interessantes – Gebiet, das an dieser Stelle nicht umfassend behandelt werden kann. Sicher aber ist: Eltern müssen ihren Kindern Angebote machen, müssen nicht das Kind an das Umfeld anpassen, sondern dem Kind ein Umfeld schaffen, das ihm und seinen Neigungen entspricht. Väter und Mütter „formen" ihre Kinder nicht, sondern gestalten ihre Umwelt (mit): durch ihr vorgelebtes Verhalten, aber auch durch die Kontakte zu Mitmenschen oder Orten, die sie ihnen ermöglichen. Wer aber an sein Kind zu hohe Erwartungen stellt, ihm vielleicht sogar unterschwellig misstraut oder ihm weniger zutraut, weil es „gar nicht das richtige Kind ist", treibt das Kind von sich fort. So fremd, wie den Eltern das Kind erscheint, erscheinen die Eltern auch dem Kind. Und so sehr sie ihm vertrauen, so sehr vertraut es auch ihnen.

*„Gerade sitzen meine beiden pubertierenden Streithähne einträchtig am Keyboard. Marvin, mein kleiner Flippi von damals, mausert sich mit 13 Jahren zum modebewussten ‚Alphamännchen'. Und Aline, mein Schmusepüppchen, macht mit elf zunehmend Zickenterror. […] Marvin wünschte sich mit knapp zwei Jahren eine Schwester. Zwei Tage lang war er total begeistert, als sie da war. Als ihm aufging, dass Aline nun wohl dableibt, wollte er sie in einem schwachen Moment wieder los sein. Dieses Wechselspiel der Gefühle hat sich stabil immerhin schon über elf Jahre gehalten. Sie stehen sich gegenseitig bei, wissen aber genau, wo der Knopf des anderen ist, um ihn so richtig zu provozieren. Mit Vorliebe natürlich, wenn*

*einer von uns Eltern in der Nähe ist. Es könnten ja ein paar Bonuspunkte für einen selber dabei herausspringen. Als ich neulich bei einem heftigen Streit der beiden (wie so oft ohne richtigen Inhalt) laut loslachte und ganz freundlich feststellte, welche Freude doch beide dabei hätten, schauten sie sich verblüfft an, nickten einträchtig und sagten nur ‚Ja'. Geschwister! Als sie heute Morgen wieder am Frühstückstisch stritten, schickte ich beide in ihre Zimmer. Gelandet sind sie einträchtig in einem. Es hört nie auf spannend zu sein. […]*
*Manchmal bekommt Aline Post und kleine Geschenke von ihrem anderen Papa. Ich freue mich riesig für und mit Aline, wir suchen Ehrenplätze für die Dinge aus und sprechen zum 195. Mal über ihre Geschwister und die neue Familie der Mutti. Das geht aber nur, wenn Marvin nicht in der Nähe ist. Er ist jedes Mal sehr unglücklich, neidisch und wohl auch verletzt, weil er nicht so ein Glück hat. Mehr als unsere Erzählungen können wir ihm leider nicht geben. Am Abend kuscheln wir dann und sprechen über unsere erste Begegnung, die ersten ungeschickten Versuche ihn zu windeln und seine ersten Versuche, Musik zu machen. Trost! […]*
*Dass aber auch beide dieses ausgeprägte ADS haben! Bei Marvin wird es langsam etwas besser. Das lange Training, unsere Ausdauer und immer neuen Ideen kommen nun doch zum Tragen. Bei Aline bin ich durch ihre Mehrfachbeeinträchtigung noch viel dichter am Geschehen. Das Mitlernen macht eigentlich richtig Spaß. Trotzdem: Wenn es wieder mal so ganz zäh vorwärts geht und alle Bretter der Welt vorgenagelt scheinen, kommt bei mir oft die Sorge um die Zukunft. Schafft Aline wirklich die Sekundarschule, Marvin das Abi? Für einen Beruf scheint mir der Abschluss wichtig. Quäle ich sie zu sehr? Hätte ich ihnen mehr mitgeben können, wenn ich sie geboren hätte? Bin ich überheblich? Oder fühle ich mich auch manchmal vom Schicksal ein klitzekleines Stück betrogen?"*

*Marlene (46)*

## Ein leibliches Nachzügler-Kind in der Adoptivfamilie

Dass es elementar wichtig ist, die Trauer um das ausbleibende leibliche Kind zu bewältigen, ehe man sich für eine Adoption oder Dauerpflege entscheidet, ist in diesem Buch oft und deutlich gesagt worden. Und wenn das Adoptiv- oder Pflegekind von Herzen aufgenommen und geliebt wird, spricht auch selbstverständlich nichts gegen weitere, eigene Kinder – sei es nun, dass ein angenommenes Kind zu einem leiblichen dazukommt oder das leibliche dem angenommenen Kind folgt. Das Adoptiv- oder Pflegekind wird immer ein besonderes Kind bleiben, aber es ist ein unerschütterlicher Teil der Familie und kann sich als solches sicher und geborgen fühlen.

Leider aber gibt es Fälle, in denen die Trauer um das verloren geglaubte leibliche Kind nicht überwunden wurde. Kommt dann unerwartet noch ein leibliches Kind und ist die annehmende Familie überfordert, kann dies schlimme Konsequenzen haben, wie etwa in der Familie von Vincent und Valerian.

*„Vincent (5) und Valerian (4) waren ein Jahr bei uns, ehe sie zu ihren Adoptiveltern kamen. Vincent, der Ältere, war stärker als Valerian. Er war der Rabauke, der die Vergangenheit mit einem Achselzucken beiseitezuschieben schien und ganz in seinem Sport aufging. Valerian war zart und still und sehr verletzbar. Die Brüder fanden bei uns Halt, schlossen insbesondere meinen Mann in ihr Herz.*

*Die Adoptiveltern … nun ja, wir haben vom ersten Tag an gesehen, dass sie nicht warm mit den Jungen wurden. Aber wir wissen, wie schwierig es ist, gerade für ältere Geschwisterkinder Eltern zu finden. […] Die Familie mit den beiden Jungen kommt uns seitdem zweimal im Jahr besuchen. Wir haben die letzten vier Jahre hindurch mit großer Traurigkeit beobachtet, dass es schlimmer wurde. Richtig schlimm ist es geworden, seit bei der Familie eine leibliche Tochter dazugekommen ist. Rika wird geherzt und geliebt und mit Süßigkeiten verwöhnt. Vincent ist noch immer stark, auch wenn die Distanz zu seinen Adoptiveltern eher größer als kleiner wird. Aber Valerian geht daran vor die Hunde. Er spricht fast gar nicht mehr, zieht sich immer weiter zurück, und seine Augen, seine ganze Haltung sprechen Bände von der Sehnsucht nach Liebe, die er nicht bekommt, während er zusieht, wie Rika damit überschüttet wird.*

*Wir haben der Familie zaghaft angedeutet, dass wir eine Familientherapie empfehlen würden, aber davon wollte man nichts wissen. Wir sind da als ehemalige Pflegeeltern natürlich auch in einer schwierigen Position. Wir haben auch mit dem Jugendamt gesprochen. Wir hoffen sehr, dass sich etwas ändern wird, denn uns sind die Hände gebunden. Vincent und Valerian aus der Familie herauszunehmen, wäre eine Katastrophe für die beiden. Auf der anderen Seite fragen wir uns manchmal schon, ob es für die Kinder nicht woanders besser wäre und ob man den Riss zwischen der Familie überhaupt noch kitten kann."*

*Friederike (58), Pflegemutter, und Hans (59), Pflegevater*

Der obige Fall zeigt, wie wichtig es auch für Adoptiveltern ist, Hilfe einzufordern. Eine Situation wie die diese löst sich mit Sicherheit niemals von selbst und macht in der Zeit des Ausharrens niemanden der Beteiligten gesünder.

In der Praxis wird das Annehmen eines Kindes, wenn bereits ein leibliches Kind vorhanden ist, in der Regel als unproblematischer angesehen – und ist es auch oft. Die Entscheidung der Adoptiv- oder Pflegeeltern wurde bewusster gefällt; meist gehen diese Eltern sehr überlegt an die Adoption eines Kindes heran. Generell wird ein angenommenes Kind deutlich seltener mit leiblichen verglichen, wenn es deutlich jünger ist und vielleicht noch ein anderes Geschlecht hat.

Kommt aber nach dem angenommenen Kind ein leibliches, kann es schwierig werden, gerade wenn der Altersabstand nicht groß genug ist. Das Adoptivkind kommt, wenn es das ältere Kind ist, eher in die „schwierigen" Jahre oder es „funktioniert" als Erstgeborenes vielleicht nicht so, wie die Eltern es sich erträumt hatten. Jungen Adoptiveltern, bei denen eine Schwangerschaft nicht komplett ausgeschlossen ist, wird bei Inlandsadoptionen zuweilen sogar empfohlen, in der ersten Zeit nach der Aufnahme des angenommenen Kindes zu verhüten. Nach etwa zwei Jahren hat das angenommene Kind seinen Platz in der Familie gefunden, und bei verantwortungsbewussten und liebevollen Eltern bestehen dann auch von Seiten des Jugendamtes her keine Bendenken gegen ein zusätzliches leibliches Kind.

# Adoption – ein lebenslanger Prozess

## Vom Umgang mit Dritten

Adoptiveltern werden „groß" mit dem Wissen darum, dass Offenheit wichtig ist und die Adoption nicht verschwiegen werden soll. Man soll sein Umfeld informieren und der Heimlichtuerei von Anfang an einen Riegel vorschieben. Diejenigen unter den Adoptiv- und Pflegeeltern, die diese Gedanken nachvollziehbar finden und verinnerlicht haben, ziehen demnach sehr offen in ihr neues Leben. Mit Erstaunen stellen sie fest, dass sie in der Regel für ihr „soziales Engagement" gesellschaftliche Anerkennung erfahren, aber sich auch einige Standardbedenken oft wiederholen („Man weiß ja nie, wo das Kind herkommt ...", „Das haben wir ja schon immer gewusst ..."). In einigen Foren rund um das Thema Adoption schlägt ihnen allerdings auch Misstrauen und manchmal sogar Hass entgegen. Irgendwann aber kehrt der Alltag ein, und es stellt sich die Frage, ob es wirklich notwendig und sinnvoll ist, immer gleich mit der Tür ins Haus zu fallen – frei nach dem Motto: „Hallo, ich hätte gern zwei Schnitzel und etwas Suppenfleisch und eine Scheibe Fleischwurst für meinen Sohn Jonas, der übrigens adoptiert ist."

Manchen Kindern sieht man ihre fremden Wurzeln an – und das ist nicht nur bei Kindern mit einer anderen Hautfarbe als der der Eltern der Fall. Andere Kinder hingegen sehen ihren Eltern ähnlich, manchmal sogar so sehr, dass „Ganz der Vater!" oder „Exakt die Augen der Mutter!" ein steter Begleiter durch ihr Leben ist.

*„Bei der Annahme unserer zweiten Tochter waren Freunde und Bekannte bereits mit den ‚Dingen' vertraut und die Aufregung dementsprechend kleiner. Interessant war, dass einige entfernte Bekannte oder Kollegen uns negativ gegenübertraten, mit dem Hinweis wir hätten doch bereits ein Kind adoptiert, aber ein zweites Glück stände uns nicht zu. Die allgegenwärtige Existenz von Vorurteilen wurde uns besonders im Umgang mit unserer ersten Tochter deutlich. Der Blick der Außenstehenden richtete sich auf Defizite, irgendwo musste doch der Entwicklungsrückstand, die Verhaltensstörung oder was auch immer sein. Diebisch gefreut haben wir uns, als unsere Große mit 18 Monaten sprachlich sehr viele gleichaltrige Kinder überflügelt hatte. Das erstaunte Kopfschütteln der Kinderärztin sehe ich heute noch vor mir. Ihre kleine Schwester steht ihr in nichts nach und profitiert vom positiven Bild, das sich ihre Schwester besonders in der Kita erworben hat. Für ihre Erzieherinnen haben unsere Töchter keinen negativen ‚Adoptivstatus', was uns besonders wichtig war. Wir als Adoptiveltern haben uns auch unsere Anerkennung, verdient. Es ist schon paradox, dass elterliche Fähigkeiten einem Paar abgesprochen werden, nur weil die biologischen Möglichkeiten nicht existieren."*

*Daniela (37)*

Mit dem Heranwachsen des Kindes stellen annehmende Eltern fest, dass man mit den Jahren aufhört, das angenommene Kind wieder und wieder als Adoptiv- oder Pflegekind zu „outen", dass es vielleicht manchmal auch gar nicht sinnvoll und notwendig ist. Vielen angenommenen Kindern wird es mit den Jahren wichtig, selbst darüber entscheiden zu können, wem sie dieses private Detail aus ihrem Leben anvertrauen. Eltern von afrikanischen oder Sinti- oder Roma-Kindern etwa können ein Lied davon singen, dass ihren Kindern von Personen zweifelhafter Gesinnung (und diese gibt es auch in Kindergärten oder Schulen) wie selbstverständlich „Eigenschaften" ihrer „Volksgruppe" zugedichtet werden. Auch Schwiegereltern, für die ein farbiges Kind – und dann noch adoptiert! – undenkbar ist, gibt es leider nicht nur vereinzelt. Ganz zu schweigen von den Anfeindungen im Jugend- und Erwachsenenalter, denen gerade afrikanische Kinder ausgesetzt sind. Dass derartiges Vorgehen inakzeptabel, haltlos und rechtlich anfechtbar ist, hilft dem Kind selbst in solch einer Situation nicht weiter.

Mit Sicherheit sollten Kinder ihre Wurzeln nicht verstecken müssen und Eltern, Verwandte und Vertraute mit ihnen wieder und wieder den Kampf gegen Verleumdung oder Dummsinn bis zum Ende durchstehen. Und mit Sicherheit wachsen Adoptiv- und Pflegeeltern und ihre Kinder gemeinsam daran und machen die Gesellschaft auf lange, lange Sicht vielleicht ein winziges Stückchen besser. Dennoch sollten die Kinder (und nicht ihre Eltern) die Entscheidungsfreiheit haben, sich derartigen Auseinandersetzungen zu stellen oder ihnen lieber aus dem Weg zu gehen.

## Von den leiblichen Eltern

Es gibt Adoptiveltern, die die Herkunftsfamilie positiv sehen und dankbar dafür sind, dass diese ihnen ihr Kind anvertraut hat. Auf der anderen Seite sehen Adoptivfamilien in der leiblichen Familie auch eine Gefahr oder Konkurrenz. Sie haben von den Gründen der Freigabe erfahren, verstehen diese und verstehen sie doch wieder nicht. Sie sehen in jedem Passanten, der ihr Kind intensiv anschaut, den potenziellen leiblichen Vater oder die leibliche Mutter. Vielleicht haben sie durch den Vermittler Dinge über die leiblichen Eltern erfahren, die nicht unbedingt positiv waren. Die eigene Fantasie geht unter Umständen mit ihnen durch, wenn sie sich vorzustellen versuchen, wie ihr Kind früher gelebt haben mag.

Im Kapitel „Schattenmutter, Schattenvater, Schattenkind“ wurde bereits auf die leiblichen Eltern eingegangen. Doch mit dem bloßen Willen, diese wahrzunehmen, sie vielleicht zu verstehen, in jedem Fall aber zu akzeptieren, ist es nicht getan. Das ganze Leben mit dem angenommenen Kind hindurch müssen annehmende Väter und Mütter die Herkunftseltern zwar nicht lieben, sie jedoch als Eltern ihres Kindes akzeptieren. Auch wenn viele Adoptiv- und Pflegefamilien zusammenwachsen und miteinander von Herzen glücklich sind: Eine Adoptiv- oder Pflegefamilie wird niemals wie eine leibliche Familie sein. Das bedeutet nicht, dass alle Beteiligten nun zwingend ein Leben lang darunter leiden müssen – es bedeutet aber, dass es immer im Kopf aller Beteiligten präsent sein und mal mehr und mal weniger Beachtung fordern wird.

Kinder spüren früh, wenn Adoptiveltern Vorbehalte gegen die biologischen Eltern haben. Gefühle der Annehmenden gegenüber den Abgebenden wirken immer auf das Kind ein, beeinflussen seine seelische Entwicklung, sein Selbstwertgefühl und seine Identität. Es gehört zum Adoptionsgeschehen, dass die meisten Abgebenden große Konflikte mit sich selbst haben. Vom Verstand her können dies viele Adoptiveltern nachvollziehen, doch auf der Gefühlsebene können sie sich mit den abgebenden Eltern oft nicht aussöhnen. Eine konfliktbeladene Situation, denn auf der einen Seite verurteilen annehmende Eltern die Herkunftseltern oder möchten ihnen vielleicht auch helfen und auf der anderen Seite sind Adoptiv- und Pflegeeltern dankbar, dass das Kind der Herkunftseltern bei ihnen ist – und möchten an diesem Umstand nichts geändert wissen.

Ihr Kind fortgeben zu müssen, heißt für die betroffenen Mütter und Väter nicht nur, mit dem Verlust leben zu müssen, es bedeutet auch, etwas getan zu haben, das sich mit den Normen der Gesellschaft nicht vereinbaren lässt. Wenn sie dann noch das Gefühl haben müssen, dass die Adoptiveltern ihres Kindes ihnen ablehnend gegenüberstehen, können sie dies kaum verkraften.

Es hilft abgebenden Müttern und Vätern, wenn sie die Adoptivfamilie kennenlernen, denn es gibt ihnen ein Stück Sicherheit. Was natürlich eine Adoptivfamilie, selbst bei einer offenen Adoption, nicht leisten kann, ist die Hilfe bei der Trauerarbeit. Vor allem die Adoptivväter und -mütter beschäftigen sich – gerade bei sehr jungen Kindern – in den ersten Jahren viel mit den leiblichen Eltern. Für das Kind selbst aber ist es zunächst nicht greifbar, dass es zwei Elternpaare hat. Es kennt ja nur die einen, die es von Kindesbeinen an täglich sieht und die ihm Essen und ein Zuhause geben.

In den meisten Fällen erfährt das Kind von seinen Adoptiv- oder Pflegeeltern, dass es noch andere Eltern hat, wenn das Thema „Wo kommen die Babys her?“ das erste Mal interessant wird. Bei der Frage „Mama, war ich auch in deinem Bauch?“ bietet sich für Adoptiv- und Pflegeeltern eine gute Möglichkeit, zu erklären, dass das Kind im Bauch einer anderen Mutter war. An dieser Stelle beginnt erst der Prozess des Verstehens und Verarbeitens, der viele, viele Jahre, wenn nicht gar ein ganzes Leben lang andauert.

Den langen Prozess des Suchens (und Findens) beschreibt exemplarisch Rosi, die ihren Sohn durch seine Wurzelsuche begleitete. Ihr Sohn war mit vier Monaten in die Familie gekommen. Vorher hatte er vier Monate in der Therapieeinrichtung gelebt. Die Mutter lief fort und kam nicht zurück. Noch schlimmer war, dass sie auch nicht auffindbar war.

*„Mit rund drei Jahren erfuhr unser Sohn das erste Mal von uns, dass er adoptiert ist. „Mama, war ich auch in deinem Bauch?“ Wir beantworteten die Frage ehrlich, und er nahm es wie selbstverständlich auf. Bei der Gute-Nacht-Geschichte wollte er, dass ich ihm erzählte, wie er zu uns kam. Ich war erstaunt, wie viele Gedanken und Fragen er hatte. Wie es war, als er zu uns kam. Ob wir etwas zu essen für ihn als vier Monate altes Baby hatten, obwohl wir doch nicht wussten, wann er kam, war ihm sehr wichtig – und dass wir uns ganz doll über seine Ankunft gefreut haben. Nach seiner leiblichen Mutter fragte er nicht.*

*Die darauf folgenden drei Jahre wünschte er sich häufig als Gute-Nacht-Geschichte seine Geschichte – und zwar immer in der gleichen Reihenfolge. Änderte sich etwas im Erzählablauf, korrigierte er mich und sah mich fragend an.*

*Mit etwa sechs Jahren fragte er zunächst zaghaft nach seiner leiblichen Mutter. Als er spürte, dass seine Fragen willkommen sind, wollte er wissen, wie seine leibliche Mutter wohl lebte, ob sie immer genug zu essen hätte, ob sie krank oder gesund sei. Er überlegte, ob sie vielleicht krank oder arm wäre oder hungern müsste und ihn aus diesem Grund fortgegeben habe. Meine Relativierungsversuche kamen bei ihm nicht wirklich an. Meine Erklärungen wie „Sie hat dich ganz sicher lieb“ oder „Sie denkt sicher ganz oft an dich“ verneinte er. Dann hätte er ja wohl auch bei ihr bleiben können. „Sie hat mich nicht gemocht und deshalb allein gelassen.“ All meine Erklärungsversuche brachten ihn von diesen Gedanken nicht ab.*

*Als er neun Jahre alt war, fragte er mich unvermittelt, ob ich wisse, wie seine Mutter aussähe. Ich sagte, ich selbst habe sie nie gesehen, aber das Jugendamt habe mir von ihr erzählt. Gerade wollte ich mit meiner Schilderung beginnen, als mein Sohn mich zweifelnd (oder verzweifelt?) ansah und dann plötzlich aufgebracht schrie: „Du weißt das genau! Du willst es mir nur nicht sagen! Du lügst!“*

*Ich nahm ihn in den Arm, er weinte, mein Trösten hatte wenig Erfolg. Als ich ihm sagte, ich sei auch traurig, dass es kein Foto von seiner Mutter gäbe, behauptete er mit Nachdruck, er könne sich ganz genau an den Tag erinnern, als ich ihn von dem Therapiehof abgeholt habe. Er habe in einem Kinderwagen gelegen, an dessen Fußende hätten mehrere Fotos von seiner Mutter gelegen und diese wolle er nun sehen. Als ich ihm – da es diese Bilder ja nur in seiner Fantasie gab – nun doch das beschrieb, was ich wusste, wurde er etwas ruhiger. Wir kuschelten und weinten gemeinsam und mein Sohn bat mich, ich solle ihm helfen, seine Mutter zu finden, weil er sie so gern einmal sehen wolle. Das versprach ich ihm gern.*

*Kurz darauf waren wir auf einer Ausstellung mit sehr vielen Besuchern. Plötzlich umklammerte mein Sohn meine Hand und flüsterte mir aufgeregt ins Ohr, dass seine Mutter hier sei. Er wisse es genau, sie sehe genau so aus, wie ich es ihm erzählt hätte. Es war ein sehr trauriger Moment für ihn, aber auch für mich, als ich ihm erklärte, dass er sich irrte. Er zitterte am ganzen Körper, als wir nach Hause gingen. Wenn es danach Situationen gab, in denen die Adoption Thema wurde, war er zwar interessiert und beteiligte sich, die Mutter aber klammerte er aus.*

*Mit 16 fragte er zum ersten Mal nach seinem leiblichen Vater und wollte wissen, ob er Geschwister hätte.“*

*Rosi (50)*

Rosi war ihrem Sohn eine Stütze und sie hat ihn in seiner Suche stets begleitet. Leider sind nicht alle Adoptiv- und Dauerpflegeeltern stark genug, um diese Schritte mit ihrem Kind zu gehen.

## Aufklärung – Leben mit der Wahrheit

Ein angenommenes Kind wird sein ganzes Leben hindurch mit dem Wissen um sein Angenommen- und Fortgegebensein konfrontiert. Mal ist das Thema mehr, mal weniger wichtig – wirklich abgeschlossen aber ist es erst, wenn die eigenen Wurzeln gefunden, die letzten offenen Fragen beantwortet wurden.
Manche annehmenden Eltern möchten ihren Kindern diese lebenslange Suche ersparen – und vielleicht auch sich selbst ein Stück weit die heile Welt erhalten, in der ihr Kind unter ihrer Obhut groß wurde und nichts davon ahnte, dass es einst fortgegeben wurde.

> *„Ich weiß, dass es wichtig ist, meinem Kind zu sagen, dass es adoptiert ist. Jetzt, wo es noch klein ist, spreche ich oft zu ihm von seinen leiblichen Eltern. Es ist trotzdem schrecklich zu wissen, was kommen wird: Meine Tochter wird ihre Eltern aller Voraussicht nach niemals kennenlernen. Sie ist ein Kind aus einem Babynest. Manchmal, wenn ich sie so sehe, wie sie in ihrer kleinen, glücklichen Welt lebt, dann möchte ich am liebsten schweigen. Ich hätte so gerne Antworten für sie, doch ich habe keine. Ich stoße sie bewusst in ein dunkles Loch. Ich weiß, dass ich sie davor nicht bewahren kann, wünsche es mir aber manchmal doch.“*
>
> *Nika (33)*

Verschweigen ist keine Lösung, in keinem Fall. Nicht zuletzt mit dem Internet und den Foren rund um das Thema Adoption kommen – auch durch die hier ermögliche Anonymität – mehr und mehr Berichte von spät aufgeklärten Adoptierten an die Öffentlichkeit. Fast alle haben immer schon geahnt, dass etwas nicht stimmt, ohne es in Worte fassen zu können. Viele kennen das Gefühl, vor dem Spiegel zu stehen und ihr Gesicht verschwimmen zu sehen, sowie die vielen kleinen Ungereimtheiten, auf die sie nie eine Antwort finden konnten.

Die Erkenntnis ist immer ein Schock – besonders dann, wenn die Adoptiveltern das Kind selbst in späten Jahren aufklären. Adoptierte sind auf unterschiedlichste Art und Weise mit ihrem Angenommen- und Fortgegebensein umgegangen, nur eines liest oder hört man nie: „Ich wünschte, ich hätte es nie erfahren.“

Gerade im Erwachsenenalter, wenn man seinen Platz im Leben gefunden und eigene Wert- und Moralvorstellungen definiert hat, ist die Erkenntnis, dass das eigene Leben auf einer Lüge fußt, schwer zu bewältigen. Als Franziska, geboren in der DDR, mit 32 heiraten wollte und beim Standesamt nach ihrer Abstammungsurkunde fragte, wollte die Sachbearbeiterin nur beiläufig wissen, ob Franziska ihr Adoptiertsein bekannt wäre. Franziska verwies zunächst auf eine Verwechselung – bis sie den Eintrag auf der Abstammungsurkunde las: „Annahme an Kindes statt“. Wäre die Grenze nicht gefallen, hätte sie vielleicht nie von ihrem Adoptiertsein erfahren, denn vorher wurde das Vorlegen der Abstammungsurkunden bei einer Heirat nicht verlangt.

*„Es war, als verlöre ich den Halt unter den Füßen, mein Leben fiel wie Perlen an einer zerrissenen Schnur zu Boden und alle meine gelebten Jahre zerstreuten sich in verschiedene Richtungen. Ich weinte sehr viel und fühlte mich betrogen und belogen um meine Identität. Mein ganzes Leben fühlte sich falsch an.*
*Dass etwas in meiner Familie nicht ganz stimmt, habe ich schon früh gespürt. So gab es keine Babyfotos; dadurch hatte meine Existenz irgendwie keinen Anfang. Auch spürte ich, dass sich meine Mutter immer irgendwie anders benahm als andere Mütter; sie war so auffallend überbesorgt, ängstlich und hatte wenig Zutrauen zu mir. Ich selbst hatte oft Angst vor dem Alleinsein. Eine weitere Gemeinsamkeit mit anderen spät aufgeklärten Adoptierten sehe ich auch in meinem erschütterten Selbstwertgefühl und darin, wie schwer es mir fällt, mit der neuen Wirklichkeit leben zu lernen.*
*Meine Adoptiveltern sagten mir später, sie hätten in bester Absicht gehandelt, um mir Leid zu ersparen. Doch das ist Wunschdenken. Es ist weder moralisch in Ordnung noch steht es ihnen zu. Das Leben birgt doch für jeden Leid und Schmerz. Solche Lügen, die scheinbar die Eltern-Kind-Beziehung schützen sollten, werden dann die Erwachsenen-Eltern-Beziehung untergraben oder zerstören. Vor kurzem las ich: Wenn man lange genug glaubt, dass man von etwas nichts weiß, dann weiß man am Ende wirklich nichts davon. Erging es so meinen Eltern? Ich stelle es mir auch für sie fürchterlich vor, eine Art Doppelleben führen zu müssen, über Jahre hinweg.*

*Später ließ ich mir erzählen, wie ich zu ihnen kam. Meine Mutter gestand mir, vieles verdrängt zu haben, weil sie einfach nur froh darüber war, endlich ein Kind zu haben. Das war auch für mich sehr wichtig – zu wissen, dass ich das kleine Mädchen war, das sie sich so sehr gewünscht hatten.*
*Meine Eltern erkannten in diesem Gespräch, dass sie einen Fehler gemacht hatten. Ihre Entschuldigung kam von Herzen. Das tat gut; meine seelische Verletzung konnte nun beginnen zu heilen.*
*Adoptiveltern sollten angstfrei mit dem Thema der leiblichen Eltern umgehen. Ein Kind kann auseinanderhalten, dass es eine ‚soziale' Mutter hat, die es Tag für Tag erlebt und der es sich zugehörig fühlt, die ihr Gegenwart und Wirklichkeit ist. Die ‚leibliche' Mutter bleibt ein Teil der Vergangenheit, ist aber wichtig für die eigene Identität. Wie bei der Geschichte von Andersens ‚hässlichem Entlein' kann der Versuch, ein Kind aus seiner natürlichen Familie in eine Ersatzfamilie durch Adoption zu ‚verpflanzen', nie völlig aufgehen, weil sich Wurzeln nie spurlos durchtrennen lassen."*

*Franziska (34)*

Manche Adoptiv- und Pflegeeltern versuchen von Beginn an, sich selbst und ihrem Kind den Weg in eine ehrliche Zukunft zu ebnen. Andere schreiben ihrem Kind ein Buch, in dem sie von den ersten Tagen und der Zeit danach berichten und alles festhalten: wie das Kind zu ihnen kam, wie sie die Zeit davor erlebten, wie das erste Treffen ablief, die ersten Bande geknüpft wurden. Sie schreiben, was sie über die leiblichen Eltern wissen, berichten vielleicht auch von ihren eigenen Ängsten. So beugen sie dem Vergessen vor und geben ihrem Kind viele Jahre später die Möglichkeit, die Antworten, die es braucht, nicht nur mündlich, sondern auch schriftlich zu erhalten. Diese Methode ist sicherlich sinnvoll, denn mit den Jahren verschwimmen die Erinnerungen der annehmenden Eltern und vieles gerät in Vergessenheit, das dem Kind später wichtig sein könnte.

Andere, die vielleicht ein Bild der leiblichen Eltern haben, geben dem Kind dieses und lassen das Bild der leiblichen Eltern so zu etwas fast schon Alltäglichem werden, geben ihnen von Anfang an ein Gesicht. Besonders leicht ist das Aufwachsen mit der Wahrheit, wenn der Kontakt zu den leiblichen Eltern weiterhin besteht.

*„Die tatsächliche Begegnung mit der leiblichen Mutter überstieg alle Erwartungen: Anke war eine fröhliche, aufgeschlossene Person, die uns sofort sympathisch war. Bei unserem Treffen vereinbarten wir, regelmäßig Berichte mit einigen Bildern über das Jugendamt an Anke zu senden. Hier darf man sich aber keinen Illusionen hingeben. Die aufnehmenden Eltern und die abgebende Mutter werden besonders in den ersten Jahren der Adoption in völlig verschiedenen Welten leben. Während die einen mit (eventuell medizinischer) Pflege und Betreuung der Kinder vollauf im Alltag beschäftigt sind, mag es sein, dass die andere, eventuell auch noch von Verwandten bedrängt, nichts als Bilder und Videos von ‚süßen' Kindern haben möchte. Das passt natürlich nicht zusammen, und zu hohen gegenseitigen Ansprüchen sollte schon im Vorfeld entgegengewirkt werden.*
*Später haben wir die Kinder in diesen Dialog mit einbezogen. Die Kinder haben diesen postalischen Kontakt immer positiv erlebt und für uns sind die Berichte an die Mutter ein guter Anlass, auf die Entwicklung der Kinder zurückzublicken und diese zu reflektieren."*

*Charlotte (46)*

## Babynestkinder und anonyme Geburten

Gerade „Babynestkinder" haben es bei der Suche nach ihren leiblichen Eltern besonders schwer, in vielen Fällen ist diese sogar aussichtslos. Viele Organisationen sprechen sich vehement gegen die „Babyklappen" aus, andere sind skeptisch. Ob ihr Nutzen erwiesen ist oder nicht, darüber streiten sich die Geister. Im rechtlichen Bereich der anonym abgegebenen oder geborenen Kinder hat sich der Gesetzgeber bis zum heutigen Tag – vermutlich wegen des Für und Wider der Juristen, der Befürworter und der Gegner der Babyklappen und anonymen Geburten – zu keinen eindeutigen gesetzlichen Festlegungen durchringen können. Vorhandene Gesetze, die auf das Thema angewandt werden, führen immer dazu, dass alle Beteiligten sich hier in einer rechtlichen Grauzone bewegen. Um die Adoption selbst durchführen zu können, reicht der § 1747 Abs. 4 des Adoptionsgesetzes aus, da der Aufenthaltsort der (unbekannten) Eltern bei „Klappenkindern" oder anonymen Geburten fortdauernd unbekannt und eine Einwilligung der leiblichen Eltern daher „entbehrlich" ist. Aber ist sie das wirklich? Sicher ist, dass Babynestkindern nur wenig von ihren leiblichen Eltern bleibt. Die Sachen, in die das Baby eingewickelt wurde, oder ein beigelegter oder später abgegebener Brief sind für das Kind von großer Bedeutung.

Sicherlich haben Babynestkinder es leichter als Findelkinder – Kinder, die ausgesetzt wurden und deren Überleben vom Zufall abhing. Die Eltern von Babynestkindern haben ihr Kind an einem sicheren Ort abgelegt, und das Wissen darum kann diesen Kindern vielleicht später helfen, sich zumindest in Teilen mit ihren leiblichen Eltern auszusöhnen. Auch findet sich in Babynestern stets Informationsmaterial für die leiblichen Eltern, meist noch einmal die Zusammenstellung möglicher Hilfsangebote und nicht zuletzt ein Gegenstand wie etwa ein Puzzleteil, mit dem die leiblichen Eltern sich auch noch viele Jahre später ausweisen können, wenn sie ihr Kind doch noch wiedersehen wollen.

*„Meine Tochter ist ein Babyklappenkind. Wir sind von Anfang an offen damit umgegangen, aber vor einer Frage hatte ich immer Angst: Was würde ich sagen, wenn meine Tochter mich eines Tages fragen würde, warum ihre leibliche Mutter sie nicht hatte haben wollen? Die Frage kam tatsächlich, und sie kam meuchlings – wie alle Fragen meiner Tochter zu diesem Thema: beiläufig, auf einer Autofahrt zur Oma, zwischen ‚Wie lange dauert das denn noch?' und ‚Krieg ich noch einen Keks, bitte, biiitteee?!'*

*‚Du, Mama, warum wollte die Frau, die mich geboren hat, mich eigentlich nicht haben?', fragt mich meine vierjährige Tochter, und mir bleibt das Herz stehen. Was sag ich denn jetzt bloß?!*

*Ich habe dann einfach drauflos geredet und bin heute noch stolz auf mich, weil ich in der Not die richtigen Worte fand, nach denen ich jahrelang vergeblich gesucht hatte: ‚Also, Pauline, das stimmt gar nicht, dass deine leibliche Mutter dich nicht haben wollte. Das ist nämlich so: Wenn man schwanger ist, dann kann man sich entscheiden, ob man das Kind zur Welt bringen möchte oder nicht. Frauen, die ihre Kinder nicht zur Welt bringen können, können etwas machen, das Abtreibung heißt. Dann wird ihr Kind nicht geboren. Die Frau, die dich geboren hat, wollte aber, dass du zur Welt kommst. Sie wollte das sogar ganz unbedingt. Sie hat dich viele Monate unter dem Herzen getragen und beschützt – und dann hat sie dich zur*

*Welt gebracht. Sie wusste aber nicht, wie sie sich gut um dich kümmern sollte. Warum sie das nicht wusste, wissen wir leider nicht. Aber sie hat sich trotzdem gekümmert. Sie hat dich an einen sicheren Ort gebracht, an dem sich andere Menschen um dich kümmern und dir neue Eltern suchen konnten. Und ich finde, das hat die Frau, die dich geboren hat, wirklich prima gemacht!'*
*‚Das finde ich auch', sagt meine vierjährige Pauline sehr zufrieden. ‚Kann ich jetzt mal die Oma anrufen und sie fragen, ob es gleich Erdbeeren gibt?'*
*Tja, und damit war das Thema für meine Tochter zu ihrer Zufriedenheit auch schon wieder erledigt. Und mir waren drei Zentner Steine vom Herzen gefallen."*

*Anneke (38)*

Es bleibt zu hoffen, dass sich viele abgebende Eltern in den nächsten Jahren doch noch entschließen werden, sich bei einer Vermittlungsstelle zu melden. Um ihrer selbst – und um ihrer Kinder Willen.

Etwas leichter ist es für jene Kinder, die anonym geboren wurden. Hier hat in der Regel ein Sozialarbeiter, Vermittler, Arzt oder Pfleger die Möglichkeit, mit den Eltern – in den meisten Fällen der Mutter – zu sprechen und sie zu untersuchen und so wichtige Informationen für das Kind und seine Adoptiveltern festzuhalten und zu bewahren. In manchen Fällen kommt es so sogar zu einem Austausch zwischen Adoptiveltern und der leiblichen Mutter, wie im Fall von Katrina:

*„Katrinas Mutter Janina war zur Entbindung extra aus Polen nach Deutschland gekommen. Sie wurde in einer Klinik eines kirchlichen Trägers durch Kaiserschnitt entbunden und lag einige Tage im Krankenhaus. Die Sozialarbeiterin des Krankenhauses kümmerte sich um Janina, die ein wenig deutsch sprach und informierte die Sozialarbeiterin des Jugendamtes, die sich mit ihrem Team für uns entschied. Wir waren auf der einen Seite überglücklich, als wir Katrina in unserem Arm hielten, auf der anderen Seite wussten wir, dass ein paar Türen weiter Janina allein und traurig im Bett lag. Wir wurden gebeten, ihren Wunsch der Anonymität zu respektieren.*
*Wir setzten uns aber am gleichen Abend hin und schrieben ihr einen Brief – und sie antwortete uns. Ein Krankenpfleger übersetze ihren Brief, dem auch ein klei-*

*nes, etwas zerknittertes Bild von sich und ihrem ersten Sohn und ihre Halskette mit einem Kreuz beilagen. Sie schrieb uns medizinische Eckdaten ihrer Familie und dass das Leben in Polen für sie als ledige Mutter mit zwei Kindern nicht erträglich und eine Adoptionsfreigabe des Kindes sehr schwierig sei. Sie wollte, dass ihre Tochter glücklich und in guten Verhältnissen aufwächst.*

*Bis heute, es ist jetzt vier Jahre her, haben wir nichts mehr von ihr gehört, denken aber sehr viel an sie. Wir haben alles aufgeschrieben und für Katrina aufgehoben. Vielleicht hat sie ein wenig Glück und kann ihre leibliche Mutter und den Bruder doch einmal kennenlernen."*

*Kerstin (36)*

## Vertrauliche Geburten

Laut einer Studie des Deutschen Jugendinstituts (DJI) wurden zwischen 1999 – als es die ersten Angebote gab – und 2010 nahezu tausend Kinder anonym geboren oder in eine Babyklappe abgelegt. Schätzungsweise werden sowohl vor als auch nach Einrichtung der Babyklappen zwanzig bis fünfunddreißig Kinder pro Jahr nach der Geburt ausgesetzt oder getötet. Genaue Zahlen hierzu sind nicht zu ermitteln.

Nach deutschem Recht ist die Mutter stets jene Frau, die das Kind geboren hat. Das bedeutet: Die Geburtsurkunde eines Kindes muss zwingend den Namen seiner Mutter enthalten. Das Personenstandsgesetz unterwirft jede Person, die von der Geburt eines Kindes weiß – beziehungsweise jede Person, die an einer Entbindung beteiligt war –, der Anzeigepflicht gegenüber dem Standesamt. Die Mutter, die ihr Kind anonym abgibt – und mit ihr alle beteiligten Personen –, handeln demnach vor dem Gesetz rechtswidrig. Außerdem ist mit der Praxis der anonymen Geburt ein Eingriff in das Grundrecht des Kindes auf Kenntnis der eigenen Abstammung (Artikel 2 Abs. 1i.V.m. Artikel A Abs.1 GG) und unter Umständen in das Elternrecht des biologischen Vaters verbunden. Aus diesen Gründen sind Babyklappen (also Orte, an denen der Gesetzgeber „bewusst nicht hinsieht") immer wieder Teil von Diskussionen und Debatten.

Mit In-Kraft-Treten des Gesetzes zum Ausbau der Hilfen für Schwangere und zur Regelung der vertraulichen Geburt am 1. Mai 2014 versucht der Gesetzgeber sich an einem Mittelweg: Er respektiert sowohl den Wunsch von Müttern in Krisensituationen, ihr Kind anonym zur Welt zu bringen, als auch das Recht des Kindes auf Kenntnis der eigenen Herkunft.

Schwangere, die ihren Namen nicht nennen wollen, können sich nach dem Gesetz zukünftig durch die Schwangerenkonfliktberatungsstelle beraten lassen, ohne dass ihre Identität unmittelbar bekannt wird. Die Geburt findet dann unter ärztlicher Obhut statt und wird unter einem Pseudonym dokumentiert. Die Beratungsstelle muss einen Nachweis für die Herkunft des Kindes erstellen. Aus diesem Grund werden die notwendigen Personalien der Mutter aufgenommen und in einem verschlossenen Umschlag – zusammen mit dem vom Standesamt beurkundeten Namen des Kindes und dem Pseudonym der Mutter – an das Bundesamt für Familie und zivilgesellschaftliche Aufgaben weitergeleitet. Die Adoptionsvermittlungsstelle erfährt nur den beurkundeten Namen des Kindes und das Pseudonym der Mutter.

Mit Vollendung des 16. Lebensjahres hat das vertraulich geborene Kind das Recht, den beim Bundesamt für Familie und zivilgesellschaftlichen Aufgaben verwahrten Herkunftsnachweis einzusehen. Die Mutter kann ab der Vollendung des 15. Lebensjahres des Kindes Widerspruch gegen das Einsichtsrecht des Kindes einlegen. Das Kind hat dann noch die Möglichkeit, beim Familiengericht eine Klage einzureichen, um eine Entscheidung herbeizuführen.

Es bleibt abzuwarten, wie dieses Angebot von Schwangeren in Not angenommen wird – ein Bericht darüber soll nach drei Jahren erstellt werden. Während dieser Zeit bleiben die Babyklappen und das Angebot, anonym zu entbinden, zunächst weiter bestehen. Schwangere in Notsituationen könnten glauben, dass ihnen auf dem Weg der Babyklappe weniger Steine in den Weg gelegt würden, und diese Angebote daher auch weiterhin nutzen. Dies bedeutet jedoch für die anonym abgegebenen Kinder, dass sie keine Möglichkeit haben, etwas über ihre Herkunft zu erfahren.

In seltenen Fällen melden sich zwar leibliche Mütter anonym abgegebener Kinder auf Basis des Informationsmaterials in der Babyklappe oder der ihnen bei der anonymen Geburt im Krankenhaus ausgehändigten Unterlagen, doch diese Fälle sind sehr, sehr selten.

Einige Frauen allerdings bereuen in den Wochen oder Monaten nach der Geburt ihre Entscheidung und verlangen ihr Kind zurück. Was das für die Adoptiveltern bedeutet, schildert Undine in ihrem Erfahrungsbericht „8-Wochen-Frist“ ab Seite 238.

Es ist sicher schwierig für Außenstehende, sich in Mütter hineinzuversetzen, die in Not sind. Jedoch wäre es so wichtig, dass sich diese Schwangeren bei Schwangerenkonfliktberatungs- oder Adoptionsvermittlungsstellen umfassend über mögliche Hilfen beraten lassen. So manche Mutter würde sich für ihr Kind entscheiden. Eine andere würde vielleicht trotzdem den Weg der Adoptionsfreigabe wählen. Sie hätte jedoch für sich Ansprechpartner in den nächsten Jahren und könnte etwas über die Entwicklung ihres Kindes erfahren oder es später sogar einmal kennenlernen. Leider gibt es bis heute Frauen, die diesen Weg nicht gehen können oder wollen.

## Alte Wurzeln suchen

Früher oder später suchen alle angenommenen Kinder nach ihren Wurzeln. Die Fragen sind immer die gleichen: Wer sind meine Eltern? Sind sie mir ähnlich? Warum gaben sie mich fort? Was geschah in den Tagen meines Lebens, über die mir bislang niemand etwas hat erzählen können? Wie bin ich entstanden? Warum war ich nicht gewollt? Haben meine leiblichen Eltern euch als meine neuen Eltern ausgesucht? Denken meine leiblichen Eltern noch an mich? Habe ich Geschwister? Und früher oder später kommt der Tag, an dem angenommene Kinder sich stark genug fühlen, um sich auf die Suche nach ihren Wurzeln zu machen. Besonders leicht ist dies für Kinder, deren Adoptiveltern sie auf dieser Suche unterstützen. Doch manche Adoptiveltern haben Angst, dass ihr Kind ihnen entgleiten, es die leiblichen Eltern vielleicht mehr lieben könnte als seine Adoptivfamilie.

Diese Angst ist unbegründet. Mit Sicherheit wird kein angenommenes Kind, das glücklich in seiner neuen Familie heranwuchs, seinen Adoptiveltern den Rücken kehren, „nur“ weil es den Kontakt zu seiner leiblichen Familie sucht und vielleicht sogar findet.

*„Als die leibliche Mutter unseres Sohnes Hannes sich in der Adoptionsvermittlung meldete und ihn kennenlernen wollte, war Hannes 17 Jahre alt. Tausend Gedanken schossen mir durch den Kopf und ich fühlte körperliche Schmerzen und Fassungslosigkeit. Daran, dass die Mutter sich meldet, hatte ich nie gedacht. Einen kurzen Moment hatte ich große Angst, mein Kind zu verlieren, obwohl ich mir unserer Liebe immer sicher war und bin. Auf alle Fälle würde ich diese Liebe teilen müssen, dachte ich ... plötzlich war da noch jemand neben mir.*

*Die Stunden während der ersten Begegnung waren fast unerträglich für mich. Ich habe diese Situation für mich nur aushalten können, indem ich Wut bekam: Da wird einer Mutter ein strahlender, Freude versprühender Junge ‚präsentiert', dabei hat sie so gar keinen Anteil daran. Aber ich bin mit der leiblichen Mutter eigentlich im Reinen und sehr dankbar, dass sie dieses Kind für uns geboren hat.*

*Als Hannes nach Hause kam, haben wir wie versteinert seinen Erzählungen zugehört. Er machte einen glücklichen und erleichterten Eindruck. Hannes beschrieb seine Gefühle als eher fremd, er habe seine leibliche Mutter auch immer wieder mit „Sie" angesprochen. Weitere Treffen wollte Hannes nicht. Er habe das bisher auch nicht gebraucht und sich immer gut damit gefühlt."*

*Linda (50)*

Im besten Fall findet ein Kind bei seiner leiblichen Familie nicht nur seine Wurzeln, sondern auch neue Freunde, neue Bezugspersonen, die ihm wichtig sind. Wer würde seinem Kind solch ein Glück verwehren wollen?

Der erste Weg auf der Suche nach den eigenen Wurzeln führt – zumindest bei der Inlandsadoption – meist zum Jugendamt.

## Die Suche über das Jugendamt

Das deutsche Personenstandsgesetz sagt eindeutig: Jeder Mensch hat ein Recht auf das Wissen seiner Herkunft. Ab dem 16. Lebensjahr sollen unehelich geborene und Adoptivkinder erfahren dürfen, von wem sie abstammen.

Die Bereitschaft der Adoptiveltern, über die Vergangenheit Auskunft zu geben, ist ein Teil des Vertrauensverhältnisses, begründet und sichert eine tragfähige Beziehung.

Adoptionsakten sind bis zum 60. Geburtstag des Adoptierten aufzuheben . Die Vermittlungsstelle, die die Adoption einleitet, muss Akteneinsicht gewähren oder Aktenauskunft geben. In den vergangenen Jahren war die Bereitschaft von Amt zu Amt sehr unterschiedlich. Die Reaktionen reichen von völliger Offenheit und Aufdeckung allen amtlichen Wissens bis hin zur totalen Ablehnung. Allerdings verändert sich zunehmend die Einstellung der Fachkräfte zum Positiven, und mittlerweile ist die Suche von und nach Adoptierten, Herkunftseltern und Geschwistern eine wesentliche Aufgabe der Adoptionsvermittlung. Die Suchenden werden über ihre Rechte und Möglichkeiten informiert und werden gemäß §§ 9a, 9 AdVermiG bei der Suche unterstützt. Hinzu kommt die Übermittlung von Informationen und die Anbahnung und Begleitung von Kontakten, wobei die Datenschutzregelungen aller Beteiligten berücksichtigt werden müssen. Ohne Zustimmung der leiblichen Mutter oder des Vaters also kann der erwachsene Adoptierte keine Auskunft über Aktenvermerke erhalten, die die Persönlichkeitsrechte der leiblichen Eltern verletzen könnten. Nur alles, was ihn persönlich betrifft, kann er erfahren, etwa Entwicklungsberichte aus dem Heim oder Arztberichte, nicht aber die Adresse seiner leiblichen Eltern. In der Praxis kann dies dem Suchenden häufig nur schwer erklärt werden.

Früher oder später wollen die meisten Adoptierten ihre leiblichen Eltern kennenlernen. Meist wird dieser Wunsch erstmals in der Pubertät artikuliert und häufig gibt es für diese Suche besondere Anlässe: Tod der Adoptiveltern, eigene Heirat oder die Geburt des ersten Kindes. Unter den Suchenden sind die Frauen in der Überzahl, und die meisten Suchen verlaufen generell erfolgreich. Nach einem Kennenlernen schläft der Kontakt mit den leiblichen Eltern allerdings oft wieder ein, doch der Kontakt zu leiblichen Geschwistern bleibt meist länger bestehen.

Es ist ratsam, die erste Annäherung über die Vermittlungsstelle laufen zu lassen. Über diese können im Vorfeld auch Briefe und Bilder ausgetauscht werden, um sich so langsam an das Thema heranzutasten. Auch das erste Treffen findet meist in Gegenwart des Vermittlers statt, wird von ihm vorbereitet und begleitet, was in der Regel von allen Beteiligten als positiv empfunden wird. Haben die Beteiligten Vertrauen zueinander gefasst, kann der Vermittler sich zurückziehen. In den meisten Fällen schließen die Adoptierten nach dem Treffen mit den leiblichen Eltern Frieden mit der Vergangenheit und fühlen sich ihren Adoptiveltern eher noch mehr verbunden.

*„Als ich meiner leiblichen Mutter gegenüberstand, hatte ich so gar nicht das Bedürfnis, sie sofort in die Arme nehmen zu müssen oder gar vor Aufregung und Anspannung zu weinen. Für mich ist sie auch nach weiteren, oft auch zufälligen Begegnungen eine Fremde geblieben, zu der ich keinen Zugang finden kann.*
*Bei meinem biologischen Vater blieb es bisher bei Telefonaten und dem Austausch einiger Fotos. Durch ihn erhielt ich nun endlich ein Bild von mir als Baby und Kleinkind. Dass er diese Bilder aufbewahrte, hat mich sehr gerührt.*
*Was bleibt, ist aber dennoch das Gefühl, dass ich manchmal nicht so recht weiß, ob die Nähe oder die Distanz zu ihnen angemessen ist oder ob ich mich mehr zuständig fühlen oder mehr abgrenzen sollte."*

*Franziska (34)*

Das Jugendamt ist vor allen Dingen dem Adoptierten verpflichtet. Leibliche Eltern und Geschwister haben streng genommen nicht das Recht auf Unterstützung bei einer Nachforschung. In der Praxis aber wird den Wünschen der leiblichen Familie zunehmend mit mehr Verständnis begegnet. Suchen leibliche Verwandte nach dem Adoptierten, müssen immer zunächst die Adoptiveltern informiert werden (Offenbarungs- und Ausforschungsverbot des § 1758 BGB). Nimmt der Vermittler nicht zunächst mit den Adoptiveltern Kontakt auf und wendet sich direkt an den Adoptierten, kann er dafür also rechtlich belangt werden. Nur die Adoptiveltern können Auskunft geben, ob der Adoptierte aufgeklärt wurde, und die Suchanfrage an ihn weiterleiten. Meist erhalten die Vermittler eine positive Resonanz, manchmal aber verweigern Adoptiveltern jeden Kontakt und können auch von den Vermittlern nicht umgestimmt werden – und manchmal wünschen auch Adoptierte keinen Kontakt zu ihrer Familie. Oft handelt es sich bei diesen Adoptierten um Menschen, die schlechte Erinnerungen an die Herkunftsfamilie oder gerade selbst wichtige andere Interessen haben. Andere brauchen einfach Zeit, um sich an den Gedanken zu gewöhnen, da die Suche ja nicht von ihnen ausgegangen ist, oder lehnen den Kontakt auch ganz ab. Für leibliche Eltern, Großeltern, aber auch für die leiblichen Geschwister ist eine solche Ablehnung oft nicht leicht zu akzeptieren, wie der folgende Bericht von Barbara zeigt, deren jüngere Schwester Carlotta direkt nach der Geburt zur Adoption frei gegeben wurde.

*„Ich habe oft an Carlotta gedacht, und in meiner Jugend war es für mich unvorstellbar, dass sie nicht die gleiche Bindung spüren sollte wie ich. Als ich schließlich mit 19 nach langem Ringen beim Jugendamt anrief, erfuhr ich, dass man meinen Brief zwar an Carlotta weiterleiten würde, aber ihre Adoptiveltern entscheiden, ob sie ihn ihr geben. Ich war fassungslos.*
*Aber dann meldete sich die Frau vom Jugendamt tatsächlich: Meine Schwester hätte nach langem Nachdenken beschlossen, dass sie keinen Kontakt wolle. Es läge nicht an meiner Person, aber sie hätte ein gutes Leben gehabt und kein Bedürfnis, nach ihren Wurzeln zu suchen. Das hat mich vollkommen aus der Bahn geworfen. Wieder und wieder frage ich mich: Was habe ich an mir, dass ich meiner Schwester noch nicht einmal eine kurze Antwort wert bin? Ich weiß nicht, was ich täte, wenn sie sich meldet. Nur, dass ich hoffe, mich dann komplett zu fühlen. Es ist ein seltsames Gefühl, jemanden zu vermissen, den man überhaupt nicht kennt."*

*Barbara (33)*

Obwohl durch eine Adoption die rechtlichen Beziehungen der leiblichen Familienmitglieder unwiederbringlich aufgelöst sind, können Sehnsucht und Erinnerung, Zugehörigkeitsgefühl und Vertrautheit nicht gerichtlich aufgehoben werden. Gerade diejenigen leiblichen Eltern, die den Schritt zur Adoptionsfreigabe unter Schmerzen gingen, haben oft das Bedürfnis, ihrem Kind zu zeigen, dass sie es nicht leichtfertig fortgaben und es nicht vergessen haben. Oft stößt dieser Wunsch bei Dritten und manchmal auch bei Adoptiveltern auf Ablehnung oder Unverständnis. Schließlich war das Kind ja nicht „gewollt", wurde fortgegeben. Außerdem ist es ja gar nicht mehr das Kind der leiblichen Eltern. Es ist ja jetzt „mein" Kind, das Kind der Adoptiveltern. Denkt man darüber zweimal nach, so entlarven sich solche Gedankenspiele schnell als haltlos: Ein Kind gehört niemandem außer sich selbst – und selbstverständlich ist ein leibliches Kind, das man im Herzen trägt, zeitlebens das eigene Kind – ganz gleich, ob ein Gerichtsstempel etwas anderes behauptet.

Friedhelm ist ein Vater, wie ihn sich Adoptiveltern, die der Wurzelsuche ihres Kindes offen gegenüberstehen, von Herzen wünschen. Die Mutter seiner Tochter Anja war starke Alkoholikerin, und der Schritt, seine Tochter fortzugeben, fiel ihm nicht leicht. Vom Tag ihrer Geburt an bis zum Tag ihrer Entlassung aus dem Krankenhaus hat Friedhelm seine Tochter täglich für mehrere Stunden im Krankenhaus besucht, außer an einem. Von der Dienstreise aus schrieb er seiner Tochter eine Postkarte, die die Krankenschwestern an das Kopfende von Anjas Bettchen hängten. Bis heute ist diese Postkarte eines der wenigen Andenken, die Friedhelm an seine Tochter geblieben sind, denn die Adoptiveltern wünschten den Kontakt zum leiblichen Vater nicht. Mit Anjas Volljährigkeit wagte Friedhelm nach langen inneren Kämpfen schließlich den Schritt, Kontakt zu seiner Tochter aufzunehmen. Die Vorgeschichte des unten abgedruckten Briefes findet sich im Kapitel „Schattenmutter, Schattenvater, Schattenkind“ auf Seite 34.

*Liebe kleine Tochter!* *XXX, 05.07.87*

*Heute Abend musste ich verreisen, um zu lernen, wie man mit Computerbabys (so genannte PCs) umgeht. Darum kann ich Dich morgen nicht besuchen und nicht mit Dir schmusen. Aber am Dienstag bin ich wieder da. Dann holen wir alles nach. Trink feste Dein Fläschchen, damit Du schnell groß und stark wirst.*

*Ich habe Dich ganz lieb: Dein Vater*

*Liebe Anja,* *XXX, den 18.12.2006*

*nun ist es schon fast zwanzig Jahre her, dass ich Dir diese Karte geschrieben habe. Acht Monate bist Du alt gewesen, als ich Dich zum letzten Mal gesehen habe. Aber in all den langen Jahren habe ich Dich in keinem Augenblick vergessen. Meine Liebe und meine guten Wünsche und Gedanken haben Dich immer begleitet. Gerne würde ich wissen, wie sich Dein Leben seitdem weiterentwickelt hat. Ich würde mich sehr freuen, wenn Du Dich irgendwann bei mir melden würdest. Du wirst bei mir immer willkommen sein.*

*Ich weiß nicht, ob oder wann dieser Brief Dich erreichen wird. Dennoch wünsche ich Dir, Deinen Eltern und Deinen Geschwistern ein frohes Weihnachtsfest und alles Gute für das neue Jahr 2007.*

*Mit ganz lieben Grüßen*
*Dein Vater*

Ob das Leben mit der Wahrheit ein schmerzlicher oder ein bereichernder Prozess für alle Seiten ist oder nicht, entscheiden die Menschen, die diesen Prozess gestalten: die Adoptiv- und Pflegefamilie, die leibliche Familie und das Kind. Je weniger furcht- und schuldbelastet das Verhältnis dieser drei Parteien untereinander ist, desto größer ist die Hoffnung darauf, dass das Adoptiertsein, das Adoptieren und das Zur-Adoption-Freigeben nicht mehr ein schmerzlicher Verlust oder die Angst vor einem solchen ist, sondern ein Gewinn – für alle Seiten.

Dass die Suche nach den eigenen Wurzeln nicht immer leicht ist, zeigt der Bericht von Sophie, deren Adoptivmutter heute selbst als Vermittlerin arbeitet. Obwohl der Kontakt zu den leiblichen Eltern hergestellt werden konnte, verweigern diese die Auskunft über Sophies Halbgeschwister, und auch ihre Adoptivmutter konnte ihr an diesem Punkt nicht weiterhelfen. Auch die Standesämter können hier nur Auskunft geben, wenn das konkrete Anliegen und die Personalien genannt werden können, und den Vorschriften gemäß müssen Standesämter und Einwohnermeldeämter gesuchte Personen über eine Suche informieren. Wenn diese dann ablehnen, verläuft auch diese Spur im Sande. Kurz: Es gibt auch bei der Suche Grenzen, auch wenn dies für Betroffene eine traurige Erkenntnis ist.

*„Als Kind war es völlig normal und selbstverständlich für mich, adoptiert zu sein. Wenn ich Freundinnen davon erzählte, sind sie oft aufgeregt nach Hause gerannt und haben gefragt, ob sie auch adoptiert seien. Das war keine von ihnen. Es hat mir gefallen, etwas Besonderes zu sein. Mit etwa 14 Jahren wollte ich mehr über meine leibliche Mutter wissen, mein Vater war mir weniger wichtig und ist es bis heute. Ich hatte aber auch unglaubliche Angst. Was, wenn meine Mutter mich über-*

*haupt nicht treffen wollte, mir unglaublich unsympathisch wäre oder mich total unsympathisch fände?*
*Es war ein seltsames Gefühl, als wir uns schließlich trafen. Irgendwie hatte ich erwartet, sie würde mir bekannt oder vertraut vorkommen, zumindest irgendwie sympathisch erscheinen. Aber mir saß eine fremde Frau gegenüber, die mir ihre – unsere – Geschichte erzählte. Sie hat mich geboren. Eigentlich unvorstellbar, dass sie mir bis heute so fremd geblieben ist.*
*Dieses Treffen ist nun zehn Jahre her, und ich habe sie bis heute nicht wiedergesehen. Sie will nicht, dass ich zu ihr in den Ort komme. Man könnte mich erkennen, da ich meinem leiblichen Vater wohl sehr ähnlich sehe. Treffen in meiner Heimatstadt hat sie mehrfach abgesagt. Einmal wollte sie mit mir an die Ostsee fahren, wo sie gelebt hat, während sie mit mir schwanger war. Das Doppelzimmer hatte sie gebucht, ohne mich zu fragen. Ich war total überfordert und konnte mir nicht vorstellen, mehrere Tage mit ihr in einem Doppelzimmer zu verbringen. Ich glaube, sie war sehr enttäuscht. Ich hätte mir gewünscht, dass wir uns langsam annähern würden. Ich weiß nicht, warum sie das nicht versteht.*
*Auch ein Bild von sich verweigert sie mir, obwohl ich sie eindringlich darum gebeten habe. Mein leiblicher Vater lehnt jeglichen Kontakt ab, meine zwei Halbgeschwister wissen noch nicht einmal, dass es mich gibt. Ich wünsche mir so sehr, auf meine Fragen Antworten zu bekommen. Ich bin noch lange nicht bereit, keine Fragen mehr zu stellen. Für mich bedeutet der Kontakt zur Herkunftsfamilie bisher Wut und Traurigkeit, aber ich werde versuchen, dass es nicht dabei bleibt!“*

*Sophie (28)*

### Von der Suche nach den Wurzeln in einem fremden Land

Adoptiveltern ausländischer Kinder sind mit der Suche nach den Wurzeln ihres Kindes meist allein. Kein Jugendamt hilft ihnen oder hat Wissenswertes hinterlegt, auf das Eltern und Kind zurückgreifen können. Oft erschweren kulturelle und sprachliche Barrieren die Suche zusätzlich. Dies ist einer der Gründe, warum es den Vermittlungsstellen wichtig ist, dass die Adoptiveltern sich mit dem Heimatland ihres Kindes so gut wie möglich auseinandersetzen und vielleicht sogar die Sprache des Landes erlernen oder beherrschen. Adoptiveltern ausländischer

Kinder, die möchten, dass deren Muttersprache erhalten bleibt, müssen dies aktiv fördern, da die Kinder die Sprache ansonsten vollständig vergessen. Dies ist allerdings nur dann sinnvoll, wenn eine enge Bezugsperson des Kindes in der neuen Familie diese Sprache auch tatsächlich spricht. Selbst ältere Kinder erlernen die Sprache der Adoptiveltern meist binnen überschaubarer Zeit – und in der Regel auch akzentfrei. Wichtig ist gerade bei älteren und schulpflichtigen Kindern, die Erwartungen nicht zu hoch zu stecken und sie langfristig – etwa durch Nachhilfe – zu fördern.

Aber die Suche von aus dem Ausland adoptierten Kindern nach ihren leiblichen Eltern bringt noch andere Probleme mit sich. Die Fahrt in das fremde Land ist kostspielig, und man weiß nicht, an wen man sich bei der Suche wenden kann. Generell ist die Situation der abgebenden Eltern bei der Auslandsadoption noch nicht so sehr Thema, wie das mittlerweile vielerorts bei Inlandsadoptionen der Fall ist. Allerdings bieten die anerkannten Vermittlungsinstitute auf Nachfrage Hilfe bei der Wurzelsuche der Kinder an; manche öffnen sich dem Thema auch zusehends und organisieren sogar geschützte Treffen zwischen Adoptivkindern und ihren leiblichen Eltern. Die Regel ist das allerdings – noch – nicht.

In der UN-Kinderrechtskonvention heißt es in Artikel 8: „Werden einem Kind widerrechtlich einige oder alle Bestandteile seiner Identität genommen, so gewähren die Vertragsstaaten ihm angemessenen Beistand und Schutz mit dem Ziel, seine Identität so schnell wie möglich herzustellen." In der Praxis ist die Suche ausländischer Adoptierter nach ihren Wurzeln dennoch ein schwieriger Prozess, bei dem in der Regel wenig Hilfe von Dritten zu erwarten ist. „terre des hommes", die sich selbst 1994 aus der Vermittlung ausländischer Kinder zurückzogen, hilft heute über sie vermittelten Kindern bei der (meist kostspieligen und zeitraubenden) Suche, aber die kleineren anerkannten Vermittlungsstellen können dies kaum leisten.

Sicherlich wäre ausländischen Adoptivkindern viel geholfen, wenn ihre Adoptiveltern bereits bei der Adoption möglichst viel über die leiblichen Eltern in Erfahrung zu bringen versuchen und ihre Ergebnisse dokumentieren. Hinweise zu den Aspekten, auf die Adoptiveltern hier achten sollten, finden Sie im Kapitel „Auslandsadoption".

## Das Treffen mit den leiblichen Eltern

Dass wir in der Praxis noch weit von einem offenen Umgang der beteiligten Parteien miteinander entfernt sind, zeigen die vielen Berichte von Adoptivkindern, die es tatsächlich schafften, ihre leiblichen Eltern zu treffen. Da aber in den letzten Jahren die offenen Adoptionsformen und das Wissen um die Wichtigkeit der Wurzelsuche mehr und mehr in den Fokus der Beteiligten geraten, bleibt zu hoffen, dass ein Austausch mit den leiblichen Eltern für heutige Adoptivkinder zunehmend leichter sein wird. Dass aus dem Zusammentreffen zwischen leiblichen Eltern und ihrem Kind auch echte Freundschaften entstehen können, zeigt die Geschichte von Kristina. Und wie schwierig es trotz guten Willens für die Adoptivseite ist, mit einer solchen Freundschaft umzugehen, zeigen die Berichte von Kristinas Adoptivmutter und Adoptivoma.

> *„Schon mit vier Jahren wusste ich, dass ich adoptiert bin, doch erst mit 15 habe ich mich für meine Wurzeln interessiert. In der Schule sollten wir in Genetik die Augenfarbe unserer Eltern mit unserer vergleichen. Das konnte ich nicht – und es machte mich neugierig. Nach großer Überwindung sprach ich mit meinen Eltern darüber. Sie waren natürlich darauf nicht vorbereitet, reagierten aber gefasst und sagten mir, wie ich eigentlich heißen würde. Das haute mich schon vom Hocker, dass ich durch diese eine Entscheidung einer schwangeren Frau, ihr Kind abzugeben, einen komplett anderen Namen habe. Man kommt sich vor, als hätte man zwei Identitäten gehabt und dann haben Menschen, als du klein warst, darüber entschieden, welche du für das Leben annimmst. Aber dann sagten meine Eltern mir, dass ich einen drei Jahre älteren Bruder habe. Ich wusste im ersten Moment nicht, ob ich lachen oder weinen soll. […] Als meine Eltern mir schließlich direkt gegenübersaßen, konnte ich meinen Augen gar nicht trauen. Sie sahen genauso aus wie ich. Als wir aufstanden, um uns zu verabschieden, hatte ich zum ersten Mal auch zwei Menschen vor Augen, die genauso riesengroß waren wie ich, das war ein so krasses Gefühl. Meinen Bruder traf ich am Abend. Wir redeten wie ein Wasserfall, schauten uns ganz intensiv an und lachten ganz viel. Trotzdem ist er doch aufgrund der Erziehung ganz anders als ich. Immer öfter verschwand ich aber zu meiner leiblichen Mutter, wir hatten uns einfach so viel zu erzählen. Meinen Eltern*

*erzählte ich oft gar nichts von den Treffen, denn sie hatten sehr zu kämpfen damit. Wir stritten oft und es ging dabei oft um Vertrauensfragen. Man erzählt den Eltern andere Dinge als den leiblichen Eltern. Sie sind halt eher wie Freunde, man ist ihnen nicht so nah. Aber genau das ist es, was eine Mama möchte, dass die Tochter viel von sich erzählt. Ich glaube, meine Mama hatte große Angst, die Verbindung zu mir zu verlieren, obwohl es für so etwas keinen Grund gab, gibt und auch nie geben wird. Ein vernünftiger Mensch weiß, wer unglaublich viel Liebe gegeben, wer erzogen hat. Und wer geboren hat. Somit ist doch auch klar, wo man auf jeden Fall hingehört. Mit meiner leiblichen Mutter quatsche ich immer noch viel und mit meinen Eltern läuft auch alles viel besser, seit ich vor einem Jahr ausgezogen bin. Dann wissen sie, dass ich nicht nach Hause komme, weil ich dort wohne, sondern weil ich sie sehen möchte, und man hat sich viel, viel mehr zu erzählen.*

*Kristina (19)*

Kristinas Adoptivmutter hat damals viel gelitten, auch wenn sie ihrer Tochter die Adoption nie verheimlichte und den leiblichen Eltern positiv gegenüberstand.

*„Ich habe das erste Treffen mit den leiblichen Eltern meiner Tochter als Schnittstelle beziehungsweise Punkt angesehen, an dem ich an meine Grenzen gestoßen bin. Kristinas Wunsch, die leiblichen Eltern kennenzulernen, fand ich zunächst nicht schlimm. Auch wenn sie erst 15 war und die Frage aufkam, ob es in diesem Alter schon sinnvoll sei, stand ich hinter ihr und ihrem Wunsch, obwohl ich, wenn ich heute ehrlich bin, insgeheim hoffte, die leiblichen Eltern würden nicht zustimmen. Ich wollte nur gerne beim ersten Treffen dabei sein, wogegen meine Tochter allerdings zuerst Einwände hatte.*

*Beim Treffen merkte ich, dass ich mich und meine emotionale Befindlichkeit falsch eingeschätzt hatte. Nach dem ersten Teil der Unterhaltung, bei der sich die leiblichen Eltern als Schuldige darstellten, musste ich den Raum verlassen und konnte auch meine Tränen nicht mehr zurückhalten. Alles änderte sich, vor allem durch unsere Angst, Kristina zu verlieren. Obwohl sie uns immer wieder versicherte, dass sie uns liebte und diese neue Situation nichts daran ändern würde, blieb immer ein ängstliches, trauriges Gefühl, besonders wenn sie über die Treffen sprach. Der große Knall passierte dann, als Kristina sich als Hauptleidende darstellte und nicht mehr nachvollziehen wollte, dass die Belastung auf beiden Seiten vorhanden war.“*

*Kristinas Adoptivmutter (49)*

Heute weiß Kristinas Adoptivmutter, dass das Zusammenkommen ihrer Tochter mit ihrem Bruder und ihren leiblichen Eltern wichtig für sie war. Geholfen hat ihr in dieser Zeit neben ihrem Mann und guten Freunden vor allen Dingen die Unterstützung ihrer eigenen Mutter.

Dass auch für die leiblichen Eltern das Zusammentreffen mit dem fortgegebenen Kind trotz aller Ängste eine Befreiung sein kann, schildert Maren, die ihre Tochter zu DDR-Zeiten mit 25 gebar und zur Adoption freigab.

*„Am Anfang habe ich Tag und Nacht an sie gedacht. Mit den Jahren wurde es besser und ich habe nur an ihrem Geburtstag oder zu irgendwelchen Anlässen an sie gedacht. Ich wusste, ein Wiedersehen wird nie möglich sein. Als die Mauer fiel, habe ich im Fernsehen mitgekriegt, dass es doch möglich ist, und ich habe mich beim Amt gemeldet. Und irgendwann riefen sie tatsächlich zurück! Meine Tochter hatte sich gemeldet und einen Brief für mich hinterlegt! Mit zitternden Händen las ich, dass sie mich gerne kennenlernen wolle. Ich sagte gleich: ‚Ich will auch!‘ Die Zeit bis zu dem Treffen verging langsam, aber dann auch wieder schnell. Was sollte ich nur sagen? Ich packte ein paar Bilder ein und ging völlig aufgeregt hin.*
*Wir hatten einen Raum im Jugendamt, wo wir ungestört waren. Die Sozialarbeiterin war zum Glück am Anfang dabei, denn ich war total neben mir. Ich glaube, meiner Tochter ging es ebenso, nur die hatte sich besser im Griff. Am Anfang war sie mir ziemlich fremd, dann aber entdeckte ich Ähnlichkeiten mit mir und ihrem Vater. Es ging alles ein bisschen durcheinander. Ihr war es offensichtlich gut ergangen. Sie sprach recht nett von ihren Adoptiveltern. Diese hatten ihr noch einen eigenen Vornamen gegeben. Die zwei Stunden vergingen wie im Fluge. Zweimal haben wir uns noch getroffen. Dann war erst einmal alles erzählt. Ich glaube, dass sie erst einmal keinen Kontakt braucht. Ich würde mich gerne jede Woche mit ihr treffen, aber ich versuche es mit Geduld.*

*Ich bin glücklich, dass ich meine Tochter doch wiedersehen konnte, wenn sie mir auch ein Stück fremd bleibt. Was mich aber sehr beruhigt, dass sie so eine schöne Kindheit und Jugend hatte. Meine Entscheidung von damals war doch die richtige, denn mein Leben war sehr chaotisch.“*

*Maren (42)*

## Therapeutischer Blick und professionelle Hilfe

Nicht immer reichen guter Wille und Einsatzbereitschaft der Adoptiv- oder Dauerpflegeltern oder die Unterstützung der Vermittlungsstelle aus, um die Probleme des Adoptierten, des Dauerpflegekindes oder der annehmenden Eltern zu bewältigen. In diesen Fällen ist es ratsam, sich Hilfe zu holen – beim Jugendamt, einer Selbsthilfegruppe oder auch einem Therapeuten. Doch Eltern oder auch Adoptierte, die sich an einen Therapeuten wenden möchten, stellen schnell fest, dass es gar nicht so leicht ist, einen geeigneten zu finden. Schließlich sind Adoptierte, Pflegekinder, Herkunfts-, Adoptiv- und Pflegeltern eine eigene „Spezies“, und viele Ansätze „normaler“ – auch Kinder- – Therapien treffen nicht des Pudels Kern. Wem also soll man sich oder sein Kind anvertrauen?

Die Tübinger Psychotherapeutin Anne Schoberth (www.psychotherapie-tuebingen.de) ist selbst Adoptivmutter eines Kindes aus einem anderen Kulturkreis und hat sich auf die Arbeit mit Adoptierten und Adoptiveltern spezialisiert. Der folgende Abschnitt basiert auf einem für dieses Buch geführten umfangreichen Interview im Februar 2007; die eingefügten Zitate sind nicht aus Fällen ihrer Praxis entnommen.

### Die Adoptiv- und Dauerpflegefamilie

Wichtig ist in der Therapie ein Blick auf das gesamte Familiensystem des Kindes: auf das Herkunftssystem, aber auch auf die Adoptiv- und Dauerpflegefamilie und natürlich auch das Kind selbst. Das Ursprungssystem liegt im Untergrund und ist verwoben mit dem Kind und seiner Altersentwicklung sowie der Dynamik innerhalb der annehmenden Familie (im Folgenden oft nur „Adoptivfamilie“ genannt). Diese drei Ebenen bedingen sich gegenseitig.

In der aufnehmenden Familie ist das Kind ein Teil der Familiendynamik, ist also „Adoptivtochter oder Adoptivsohn von …“ und hat als solches eine Funktion inne, füllt eine Rolle aus – etwa der Mutter tröstend beizustehen oder in einem unausgesprochenen Ehekonflikt als Puffer zu dienen. Weil Adoptiv- und Pflegekinder ihrer Adoptiv- und Pflegefamilie ebenso loyal gegenüberstehen, wie es leibliche Kinder tun, prüft man zunächst, ob diese so genannten „Parentifizierungen“, also Funktionen des Kindes auf der Paarebene, vorhanden sind. Wenn ja, kann die Arbeit mit der Adoptivfamilie helfen, Ebenen wieder „zurechtzurücken“, den Eltern aufzuzeigen, wo ihre eigenen Probleme liegen, und so das Kind zu entlasten.

Werden Adoptivkinder in eine therapeutische Behandlung geschickt, liefern die Eltern häufig meist das zu behandelnde Problem gleich mit dazu, zum Beispiel: „Das Kind verdrängt seine Herkunft.“ Tatsächlich aber handelt es sich bei genauerem Hinsehen oft um ein Problem, das nichts mit der Ursprungssituation (also dem Fortgegebensein und den leiblichen Eltern) zu tun hat. Nicht selten ist das Kind schlicht zu stark eingespannt in die Dynamik der Adoptivfamilie. Wie kam es zu der Adoption, in welcher Situation steckte das Paar vorher, was hat das Kind in der Paarbeziehung verändert und welchen Platz nimmt es dort schlussendlich heute ein? Erst wenn diese Fragen geklärt sind, ist das Kind frei, sich inhaltlich den eigenen Herkunftsthemen zu widmen.

## Vom „richtigen“ Alter der Wurzelsuche

Nicht selten wird das Kind von seinen Adoptiveltern zum „Problemkind“ gemacht (und als solches gebraucht) – indem diese etwa das Thema Wurzelsuche mit Nachdruck einfordern und dabei nicht erkennen können, dass das Kind sich zu gewissen Zeiten aus gutem Grund nicht für seine Wurzeln interessiert. Der zweite Blick des Therapeuten gilt demnach der Befindlichkeit des Kindes selbst: In welchem Alter ist es, wie ist es bislang mit seiner Vergangenheit umgegangen, was weiß es, was blendet es aus? Generell gibt es Phasen, in denen Kinder mehr oder weniger aufgeschlossen sind für die Besonderheit, zwei Familien anzugehören. Die Pubertät etwa ist eine ganz ungeeignete Zeit, mit dem Kind irgendetwas problematisieren zu wollen – und es ist eine sehr rebellische Zeit im Hinblick auf die Adoptiveltern. Wenn Adoptiveltern in dieser Zeit den Eindruck haben, dass das Rebellische über das pubertäre Maß hinausgeht, vermuten sie oft, das Verhalten des Kindes habe etwas mit seinem Adoptiertsein zu tun. Das mag durchaus stimmen. Leider aber ist das Kind zu dieser Zeit in der Regel für derlei Grabungsarbeiten nicht zu haben. Da wollen Kinder oft vor allen Dingen sein wie alle anderen – gerade dann, wenn sie sich faktisch (vielleicht sogar sehr) von ihnen unterscheiden. Bei einem guten Verhältnis zwischen annehmenden Eltern und Kind (insbesondere zwischen Mutter und Tochter sowie Vater und Sohn) kann das Kind jedoch sein Anderssein in der Pubertät auch (in seinem Sinne positiv) nutzen, um sich gegen die Eltern abzugrenzen. Derlei müssen Adoptiv- oder Pflegeltern dann natürlich aushalten können. Manchmal – gerade wenn annehmende Familie und Kind sich sehr voneinander unterscheiden – ist es besonders schwierig, während und nach der Pubertät zu einem gemeinsamen Nenner zurückzukehren und das Vertrauen ineinander über diese schwierige Phase hinüber zu retten.

> *„Kevin konnte ganz schlecht Vertrauen finden, er brauchte viel Sicherheit, Routine, einen strukturierten Alltag. Bis heute mag er körperlichen Kontakt nicht so sehr. Er war beim Lernen langsamer, ängstlicher und es hat gedauert, bis er seine eigene Persönlichkeit entfaltete. Mit viel Geduld und auch Konsequenz ist Kevin heute, mit vierzehn Jahren, noch immer zurückhaltend, schließt schwer Freundschaften und steht nicht gerne im Mittelpunkt. Es hat gedauert, bis wir das akzeptieren konnten, aber ein Treffen mit den Herkunftseltern, das wir über das Jugendamt arrangieren konnten, hat uns die Augen geöffnet. Dass Kevin dort schlechte Erfahrungen gemacht hat, wussten wir. Aber anhand seiner Herkunftsfamilie haben wir – und hat auch unser Sohn – gesehen, was er schon aus sich herausgeholt und gemeistert hat. Wir haben ihn mittlerweile so akzeptiert, wie er ist, und fördern ihn nach seinen Möglichkeiten. Dazu gehört aber auch, ihm mal die Stirn zu bieten: ‚Ich weiß, dass du das kannst, und du ziehst das jetzt durch.'“*
>
> *Uta (46)*

Ein leibliches Kind bewegt sich in einer gesunden Entwicklung nach Geburt und Stillzeit langsam aus der Mutter-Kind-Symbiose heraus und dann zunehmend zwischen Vater und Mutter hin und her und holt sich von jedem, was es braucht. Bei Adoptiv- und Pflegekindern verdoppelt sich dieser Prozess: In ihrem Innern gibt es das Bild der Adoptiveltern und das der Herkunftseltern. Im Idealfall ist ein Kind fest eingebunden in seine Adoptivfamilie und dennoch frei, sich zwischen dieser und der Herkunftsfamilie gedanklich und emotional hin- und herzubewegen. Schwierig daran sind die vielen offenen Fragen und weißen Flecken, die das Herkunftssystem birgt – und diese bringen manche Kinder auch dazu, sich von ihrem Herkunftssystem abzuwenden oder gar nicht erst hinzuschauen, weil die vielen weißen Flecken zu schmerzlich sind. Andere wiederum müssen suchen, müssen etwa in ihr Heimatland zurück und dort recherchieren, ehe sie Ruhe finden können.

> *„Wer bin ich? Woher komme ich? Diese Fragen haben mich ganz krank gemacht. Ich wusste nichts über meine Mutter. Das war schlimm für mich. Ich wurde krank davon. Bulimie. Irgendwann hat meine Familie mir gesagt, so geht es nicht weiter. Wir waren bei einer Therapie. Das hat auch nicht geholfen. Ich war noch immer krank. Ich habe aber etwas verstanden: Ich kann nicht gesund werden, ehe ich nicht weiß, wo ich herkomme. Ich habe mit meiner Arbeitsstelle gesprochen. Sie haben mich wirklich beurlaubt. Ich bin nach Afrika geflogen und durch mein Heimatland gereist. Sechs Monate lang, von Heim zu Heim, durch ganz Ghana. Am Ende wusste ich, dass meine Mutter 17 war, als sie mich fortgab – mehr nicht. Aber es war trotzdem gut so. Als ich nach Hause fuhr, war ich gesund."*
>
> *Inaya (24)*

Die Puzzleteile seiner Herkunft zusammenzufügen und daraus ein Selbstbild zu entwickeln, das tragfähig ist, dauert viele, viele Jahre. Bei den Adoptiveltern durchläuft das Kind in der Regel eine normale Altersentwicklung, bei den Herkunftseltern aber muss es mit der Zeit eine Interpretation für sich finden, die es zur Ruhe kommen lässt. Je besser und entspannter die Adoptiv- oder Pflegeltern diesen Prozess begleiten, desto leichter ist er für das Kind.

Wichtig ist aber auch, zu welchem Schluss das Kind letztendlich kommt. Wenn etwa am Ende allen Nachdenkens und Suchens die felsenfeste Überzeugung steht, dass man sein Kind niemals fortgeben darf, dann geht das Kind auch für seine eigene Geschichte von diesem Weltbild aus – und wird damit nie ganz zur Ruhe kommen, seiner Herkunftsmutter nicht verzeihen können. Es wird also andere Wege suchen und finden müssen, um für sich mit der Situation zu leben.

Auch wie eine Klärung therapeutisch angegangen wird, hängt vom Alter des Kindes ab. Mit einem Sechsjährigen etwa kann man sehr intensiv über das Sandspiel arbeiten, mit einem 14-Jährigen geht das natürlich nicht. Ein fruchtbares Alter, um mit Kindern an der eigenen Herkunft zu arbeiten, ist der Erfahrung nach die Zeit zwischen Schuleintritt und Beginn der Vorpubertät, also ein Alter von neun bis zehn Jahren. Es ist wichtig, für jedes Alter – aber auch für jede Persönlichkeit – ein individuelles „Hintertürchen" zu finden, um sich dem Thema der Herkunft zu nähern. Geradlinig darauf zu geht es meistens nicht.

Gerade bei älteren Kindern ist oft zwischen etwa 18 und 23 etwas Erstaunliches und zum Teil auch Brisantes zu beobachten: Es kann sein, dass Kinder in diesem Alter Verhaltensweisen und Symptome entwickeln, die direkt aus der Herkunftsfamilie stammen – und zwar auch dann, wenn sie rein nichts über diese wissen. So mag es etwa sein, dass sie parallel zum Alter der leiblichen Mutter schwanger werden oder auch einen Selbstmordversuch unternehmen. Diese Verbindungen hat, so Schoberth, unter anderem Bert (Anton) Hellinger herausgearbeitet, der durch seine „Familienaufstellungen" oft im Mittelpunkt der Medien stand und dessen Herangehensweise in Fachkreisen nicht unumstritten ist.

## Auslandsadoption

Kinder, die neben ihren leiblichen Eltern auch noch ihre Kultur verlieren, erleiden einen doppelten traumatischen Verlust. Das ausländische Kind schaut jeden Tag in den Spiegel und sieht darin eine andere Kultur, zu der es aber nicht gehört. Das Trennende zur Adoptivfamilie wird täglich betont, etwa wenn das schöne blauschwarze Haar des asiatischen Kindes, die schöne dunkle Haut des afrikanischen Kindes oder das Temperament des südamerikanischen Kindes gelobt oder hervorgehoben werden. Identität aber heißt Übereinstimmung, nicht Unterschied. Und somit machen das Betonen und das tägliche Wahrnehmen des Unterschieds es gerade dem Kind aus einem fremden Kulturkreis nicht leicht, seinen persönlichen Platz zu finden.

Hinzukommt, dass Auslandsadoptivkinder in der Regel zu ihrer Kultur auf den ersten Blick erst einmal keine Beziehung haben, und das Land auch keinen Platz für sie hatte – es hat sie ebenso „ausgestoßen" und fortgegeben wie die leibliche Mutter.

*„Was es für unsere Tochter, die wir in Asien adoptierten, im täglichen Leben bedeutet, hier in Europa aufzuwachsen, habe ich erst verstanden, als wir Jahre später noch ein leibliches Kind bekamen. Ich sah Sina aufwachsen, groß werden, mit kräftigem Wuchs und blondem Haar, und daneben unsere zierliche asiatische Tochter. Und plötzlich fragte ich mich: Wie würde Sina sich in Asien fühlen? Sie würde immer hervorragen, immer angestarrt werden, wäre doppelt so schwer wie ihre Klassengefährten. Da erst habe ich wirklich verstanden, was unsere ältere Tochter so oft erzählt hat über das, wie sie sich in Deutschland fühlt."*

*Birgit (43)*

Mit einem Blick darauf, wie schwer Europäer sich bereits innerhalb Europas tun, sich in den verschiedenen Kulturen wohlzufühlen und zurechtzufinden, ist die Frage statthaft, wie sich Kinder aus einem anderen Kulturkreis in Europa fühlen müssen. Asien etwa hat eine Kollektivkultur, Europa eine Individualkultur, Afrika eine Stammeskultur mit engen Bindungen und so weiter. Das Temperament vieler Kinder aus Südamerika überfordert ihre Adoptiveltern, andersherum bleiben die Verschlossenheit und die Feinsinnigkeit asiatischer Kinder ihnen oft fremd. Vielleicht also gibt es doch so etwas wie kulturelle Grenzen und ganz sicher gibt es in jedem von uns ein kollektiv-kulturelles Unbewusstes, das auch durch Erziehung nicht gänzlich überwunden werden kann. Die Schwierigkeiten, die Adoptivkindern aus anderen Kulturkreisen aufgebürdet werden, sind gewaltig. Im Zuge der Globalisierung und wenn das Kind über Intelligenz verfügt, kann es etwas aus seiner Situation machen. Wenn aber intellektuelle oder seelische Probleme hinzukommen, ist das „Paket", das diese Kinder tragen und bewältigen müssen, oft erdrückend groß.

Es ist möglich, dass gerade in der Pubertät die Kluft zwischen Adoptivkind und Familie so groß wird, die Ängste so überwältigend werden, dass die Eltern nicht mehr mitgehen können, weil sie plötzlich etwas ganz anderes vor sich sehen als das, was sie einst im „Kleinformat" adoptiert haben.

Manchmal hilft es, wenn das ausländische Adoptivkind ein weiteres (Geschwister-) Kind aus dem gleichen Kulturkreis oder Land an seiner Seite hat und mit diesem ein „kulturelles Bündnis" bildet. Manche Kinder aber möchten nicht immer wieder aufeinander und auf ihre Geschichte bezogen werden und ihre Geschichte möglichst lange ausblenden. Hilfreich ist es aber in jedem Fall, wenn die Adoptiveltern einen positiven Kontakt zum Herkunftsland ihres Kindes haben und pflegen. Letzten Endes aber hängt die Entwicklung auch hier nicht allein von den Adoptiveltern und ihren Bemühungen ab, sondern auch von der Persönlichkeit des Kindes selbst. Vielleicht, so Anne Schoberth heute, wäre es gut darüber nachzudenken, dass Kulturgrenzen bei einer Adoption wo möglich geachtet werden – man asiatische Kinder etwa nur im asiatischen Raum oder südamerikanische Kinder im südamerikanischen Raum vermittelt.

## Hilfe annehmen, Hilfe finden

Wer einen Therapeuten für sich und sein Adoptiv- oder Pflegekind sucht, kann sich in Foren oder Elterntreffen nach Tipps umhören, vor allen Dingen aber kann (und sollte er) den Therapeuten selbst fragen: Haben Sie Erfahrung mit Adoptiv- oder Pflegekindern? Wie viel Erfahrung haben Sie? Was für Erfahrungen haben Sie gemacht? Sprich: so lange fragen, bis man den Eindruck hat, bei der betreffenden Person in guten Händen zu sein. Anne Schoberth hält ein solches Vorgehen für legitim und würde sich selbst – auch in anderen Fällen, die nicht ihr Spezialgebiet betreffen – jederzeit einer solchen „Hinterfragung" stellen. Denn es ist ja nichts gewonnen, wenn – im Fall von Adoptiv- und Pflegefällen etwa – der Therapeut auf ein Kind die „herkömmlichen" Ansätze der Kindertherapie anwendet, das vielschichtige Geflecht des Adoptionsvierecks aber gänzlich außer Acht lässt. Auch sollten die Ärzte im besten Fall etwas über die kulturellen Unterschiede zwischen dem Herkunftsland des Kindes und seiner neuen Heimat wissen. Kinderkrankheiten etwa verlaufen bei asiatischen Kindern anders als bei europäischen und dort wiederum anders als bei südamerikanischen und so weiter.

Auch wer nicht den Weg zu einem Psychologen wählt, sollte mit anderen Adoptiv- und Pflegefamilien im Austausch bleiben. Wenn Kinder schwierig werden, geschieht dies oft sehr unvermittelt, sehr schnell und mit großer Heftigkeit. Manchmal ziehen sich die Familien dann zurück, etwa aus Scham, dass es „bei ihnen nicht funktioniert“. Aber auch, weil sie glauben, das Problem Außenstehenden nicht vermitteln zu können, denn manche Adoptiv- oder Pflegekinder sind nach außen weiterhin „lieb“ und umgänglich, nach innen hin aber greifen sie nach der „Macht“ in der Familie. Hier ist es wichtig, dass annehmende Eltern diesen Prozess nicht als eigene Schuld verbuchen, sondern sehen und akzeptieren: Jetzt beginnt eine schwierige Phase. Wir brauchen Hilfe. Und das ist auch nicht schlimm oder verwerflich – und erst recht kein Zeichen unseres Scheiterns. Pflegeeltern haben es in diesem Punkt sicherlich leichter, weil sie durch die ständige Konfrontation mit dem Hilfeplanverfahren gewöhnt sind, Hilfe anzunehmen und einzufordern. Adoptiveltern hingegen sind hier oft auf sich allein gestellt. Wichtig für beide aber ist, dass sie Ordnung und Ruhe in ihr Familiensystem bringen. Denn Adoptiveltern, die selbst unsicher sind, sind ihrem Kind kein starker Halt. Adoptiv- und Pflegekinder (gerade wenn sie bei der Annahme schon älter waren) brauchen jedoch diesen starken Halt, brauchen starke Eltern.

Annehmende Eltern, so Anne Schoberth, müssen Erhebliches leisten – und zwar unabhängig davon, ob sie aus dem In- oder Ausland adoptieren. Sie haben den normalen Wunsch nach einer Familiengründung. Was sie aber letztendlich machen ist, eine sozialtherapeutische Aufgabe bei ihrem Kind zu übernehmen. Und damit werden sie auch immer wieder konfrontiert, wenn sie es einmal vergessen sollten. Am Anfang haben sie die gleichen Unsicherheiten zu bewältigen wie viele Eltern – und das allein ist schon nicht immer leicht. Aber bei einer Adoptivfamilie müssen Eltern zusätzlich viel über die Psychodynamik des Adoptiertseins verstehen, um das, was ihnen und ihrem Kind widerfährt, auch richtig einordnen können. „Was müssen wir tun? Wie machen wir es richtig?“, das sind häufige Fragen, die Adoptiveltern sich stellen. Schoberth empfiehlt, eine möglichst offene Haltung einnehmen und sich auch stark um die eigene Selbstsicherheit zu kümmern. Es ist nicht so wichtig, zum richtigen Zeitpunkt das Richtige „aufzuklären“. Wichtiger ist es, mit dem Prozess des Kindes mitzugehen, sich seinem Tempo und seinen Bedürfnissen anzupassen, anzuerkennen, dass es kein Richtig oder Falsch gibt, sondern nur Richtlinien – nichts zu verschleiern, nichts zu beschönigen, aber auch nicht über die Maßen zu problematisieren. Gut geschulte Eltern bekommen etwa im Laufe der Jahre ein Gefühl dafür, wenn ihr Kind in Projektionen redet – wenn es zum Beispiel die Adoptivmutter beschimpft, eigentlich aber die Herkunftsmutter meint, oder wenn es eigentlich Fragen stellen will und stattdessen aggressiv abwehrt. All das müssen Adoptiv- und Pflegeltern verstehen, damit sie es nicht persönlich nehmen: Wann ist ihr Kind verstrickt in die innere Unruhe seiner eigenen Geschichte und der eigenen Unsicherheiten, und wann sind Adoptiv- oder Pflegeltern wirklich und direkt als Eltern gemeint?

Das Kind ist im Boot der Annäherung an die leibliche oder die Adoptivfamilie und an seine eigenen Wurzeln gleichermaßen der Steuermann. Die Hinweise des Kindes zu verstehen, das Kind zu begleiten, für es da zu sein, ohne zu wissen, wohin die Reise geht, ist für Adoptiv- und Pflegeeltern nicht leicht. Dennoch: Ganz gleich, ob das Boot einen großen Schlenker in die Vergangenheit macht, immer in die Zukunft strebt oder hin- und herschlingert – es ist wichtig, dass die Adoptiv- und Pflegeeltern das Kind wertfrei und offen begleiten und stets darauf schauen, was das Kind verkraften kann – und hierbei die eigenen Wünsche zurückstellen. Das Kind hat gute Gründe, in manchen Phasen hin- oder wegzuschauen: Manche idealisieren ihre Adoptiveltern, andere bleiben im Herzen unbewusst auch an eine unbekannte Mutter gebunden (die ja vielleicht irgendwann wieder auftauchen könnte und deren Platz im Herzen des Kindes dann frei sein sollte) – es gibt hier keine allgemeingültigen Richtlinien. Auf dem Boden der Wirklichkeit kommen die meisten Adoptiv- und Pflegekinder – und ihre Eltern mit ihnen – erst frühestens mit Mitte 20 an.

## Weiterführende Informationen

**Sachbuch:**
Weyer, Margot: Adoption – und danach? Erfahrungen, Orientierungen und Berichte über die Adoption fremdländischer Kinder, Kirchturm 2006.
Mit vielen sehr individuellen Erfahrungsberichten aus der Praxis.

**Sachbuch:**
Wiemann, Irmela: Wie viel Wahrheit braucht mein Kind? Von kleine Lügen, großen Leuten und dem Mut zur Aufrichtigkeit in der Familie, Rowohlt, 5. Aufl. 2011.
Behandelt generell den Umgang mit der Wahrheit und ihrer Vermittlung. Besonders hilfreich: das Angehen schwieriger Themen wie Misshandlungen in der Kindheit oder Sucht und Inhaftierung der Eltern. Irmela Wiemann setzt sich schon lange Jahre fundiert mit dem Thema Adoption und Pflegekinder auseinander.

**Sachbuch:**
Prekop, Jirina und Christel Schweizer: Kinder sind Gäste, die nach dem Weg fragen.
Ein Elternbuch, Kösel, 10. Aufl. 2014.
Eine Kinderpsychologin und eine Kinderärztin geben Ratschläge bei Problemen wie Aggressionen, Sauberkeit, Essen, Geschenke, Pflichten, Berufstätigkeit der Mutter, Pubertät oder geschiedene Eltern.

**Jugendbuch:**
Mebs, Gudrun: Sonntagskind, Sauerländer 2008.
Ein 8-jähriges Heimkind bekommt eine Sonntagsmutter – und beide werden vielleicht auch eine „richtige" Familie.

**Kinderbuch:**
Boie, Kirsten: Paule ist ein Glücksgriff, Oetinger Neuausg. 2010.
Paul wurde von seinen Adoptiveltern aus einem Heim geholt und ist dunkelhäutig.

**Internet:**
www.elternimnetz.de
Eine interessante Seite rund um das Elternsein mit vielen Ansprechpartnern, herausgegeben vom Bayrischen Landesjugendamt.

**Internet:**
www.pan-ev.de
Beratung und Unterstützung von Pflege- und Adoptiveltern. Fachzeitschrift: paten (¼-jährlich)

**Internet:**
www.kiap.de
Bundesarbeitsgemeinschaft für Kinder in Adoptiv- und Pflegefamilien

**Internet:**
www.fzpsa.de
Fachzentrum für Pflegekinderwesen Sachsen-Anhalt. Beratung, Unterstützung und Weiterbildung von Pflegefamilien.

**Internet:**
www.bundesarbeitsgemeinschaft-adoptierte.de
BARGEA ist ein bundesweiter Zusammenschluss Adoptierter.

# 8 Adoption – der Weg zur glücklichen Familie?

„Die Lebensperspektiven mancher Kinder auf dieser Welt sind düster. Sie können nicht bei ihren Eltern aufwachsen, weil diese nicht mehr leben oder weil sie nicht in der Lage sind, sich um ihre Kinder zu kümmern. Ich freue mich für jedes Kind, das bei seinen Adoptiveltern ein warmes und fürsorgliches Zuhause findet. Und ich freue mich für jedes Paar, das durch sein Adoptivkind Liebe und Herausforderungen erlebt, wie nur Kinder sie geben können. Es ist wichtig, Adoption zu ermöglichen, weil viele Kinder und Erwachsene sich nach Familie durch Adoption sehnen – ebenso wichtig ist es aber auch, dass Auslandsadoptionen in geordneten und geregelten Bahnen verlaufen, um dem Kinderhandel keine Chance zu geben.“

Ursula von der Leyen, während ihrer Zeit im Bundesministerium für Familie, Senioren, Frauen und Jugend

Obwohl es viele Aspekte gibt, die begünstigen können, dass die Annahme eines fremden Kindes gut verläuft, ist und bleibt Adoption und Dauerpflegschaft ein kontroverses Thema. Für die annehmenden Eltern sind Adoptiv- und Dauerpflegekinder die Fleisch gewordene Erfüllung eines lang gehegten Traums. Sie sind wohl die Seite des Adoptionsvierecks, die am unvoreingenommensten in die Adoption hineingeht (und sich in dieser Unvoreingenommenheit nicht selten überschätzt). Für das Kind aber, für die Herkunftsfamilie – und genau genommen auch für die Gesellschaft – geht einem eingeleiteten Adoptions- oder Dauerpflegeprozess immer ein Scheitern voraus. Ein Kind wird von seiner leiblichen Familie getrennt –

bei einer Auslandsadoption sogar von seiner Kultur – und von dem Ort, an den es gehört und an dem es glücklich werden könnte, wenn die Umstände es zuließen.

Auch die Rolle der Vermittler ist bei Licht betrachtet mindestens schwierig zu nennen. Vermittler verpflanzen Kinder, verteilen sie um, nehmen und geben, trennen und vereinen – und sie tun dies im Rahmen eines Jobs, einer (wenn auch sicherlich mit Herzblut erfüllten) Arbeitsstelle und im Fadenkreuz unterschiedlichster Gesetze und Richtlinien, die genug Spielraum lassen, um frei zu handeln – und um den menschlichsten aller Fehler zu machen: zu irren. Vermittler sind einer sozialen Aufgabe verpflichtet und handeln doch mit Sicherheit nicht immer so sozial, wie sie es in ihrem Herzen gerne täten. Bewerber abzulehnen; Eltern ihr Kind zu nehmen und Kindern ihre Eltern; etwas neu zusammenfügen ohne zu wissen, ob es je zusammenwachsen wird; vor der Suche nach Alternativen kapitulieren zu müssen, weil die Hilfsmöglichkeiten zwar vorhanden, aber begrenzt sind, und dabei immer die Angst des Scheiterns im Rücken zu haben – das ist nicht leicht. Zumal ein Scheitern im schlimmsten Fall die Zukunft und das Leben von mehr als einem Menschen irreparabel zerstören kann. Und auch wenn Adoptionsvermittler im Auftrag Dritter handeln und bei menschlichen Fehlentscheidungen nicht zur Rechenschaft gezogen werden, stehen sie doch mit jedem Scheitern vor ihrem eigenen, inneren Gericht. Selbiges gilt auch und gerade für Vermittler in der Auslandsadoption, die in der Regel noch nicht einmal die leiblichen Eltern begleiten können und mit der Bürde leben müssen, ein Kind aus seinem Kulturkreis herausgenommen zu haben – und zwar ohne dass das Kind dem zustimmen hätte können. Kurz gesagt: Wer einen Sündenbock sucht, hat ihn in den Vermittlern schnell gefunden. Ihre Ängste und ihren Mut aber hinterfragt man nur selten.

Leider verlaufen nicht alle Adoptionen und Pflegekindannahmen erfolgreich, und meist kommen mehrere Aspekte zusammen, wenn das Zusammenwachsen einer neuen Familie scheitert. Auch dann bleiben diese Kinder zwar – zumindest bei einer Adoption – rechtlich Mitglied ihrer Adoptivfamilie, leben aber im schlimmsten Fall in Heimen oder betreuten Wohngruppen und im besten Fall nur für kurze Zeit bei Pflegeeltern, bis die Situation sich mit pädagogischer oder therapeutischer Hilfe wieder entspannt. Nicht immer sind die annehmenden Eltern „schuld“, manchmal liegen die Wurzeln des Misserfolgs auch beim Jugendamt oder dem Kind oder richtiger: seiner Vorgeschichte.

Je höher das Alter eines Kindes ist, umso mehr hat es bereits erlebt, das es verarbeiten und mit dem es zu leben lernen muss. Manche Wunden können heilen, andere aber bleiben ein Leben lang. Ein häufiger Wechsel der Bezugspersonen – Herkunftsfamilie, verschiedene Pflegefamilien, Heime – führt nicht selten zu Verhaltensauffälligkeiten, mit denen die Adoptiveltern vielleicht nicht zurechtkommen. Generell werden Adoptiv- und Pflegeverhältnisse bei ausländischen Kindern häufiger von Seiten der Eltern „abgebrochen“ als bei einheimischen Kindern. Woran dies genau liegt, ist nicht immer klar zu benennen, vermutlich sind aber Identitätsprobleme zumindest eine der Ursachen. Es scheint daher sinnvoll zu sein, wenn mehr als ein Kind mit der gleichen Hautfarbe in derselben Familie lebt.

Bei jüngeren Geschwisterkindern scheitern Adoptiv- und Pflegeverhältnisse häufiger als bei älteren Kindern, die zusammen mit Geschwistern vermittelt wurden. Es gibt zwar die Möglichkeit der Geschwistertrennung, doch sollte der Kontakt zwischen den Geschwistern bestehen bleiben. Geschwister sollten möglichst in einem zeitlichen Abstand und mit dem natürlichen Altersabstand in eine neue Familie vermittelt werden. Wichtig ist hierbei die Art der Bindung der Geschwister untereinander (vergleiche auch Seite 188). Auch Kinder mit Behinderungen sind nicht nur schwer vermittelbar, sondern stellen ihre Adoptiv- oder Pflegeeltern auch oft auf eine harte Probe, weil diese ihren eigenen Ansprüchen nicht immer gerecht werden können. Insbesondere bei Behinderungen, die vor der Vermittlung nicht eindeutig erkennbar waren, sind Adoptiv- und Pflegeeltern häufig überfordert.

Verhaltensauffälligkeiten oder psychische Störungen durch Traumatisierung, Vernachlässigung, Gewalt oder sexuellen Missbrauch, gehemmte, aggressive, verwahrloste oder auch emotional gestörte Kinder mit Bindungsschwächen, kognitive Defizite wie Lern-, Leistungs- und Konzentrationsbeeinträchtigungen – all diese Aspekte führen nicht selten zu einem Scheitern der Adoption oder Pflege, wenn die neue Familie nicht in besonderer Weise beraten und betreut wird.

Zum „Abbruch“ einer Adoption kann es auch kommen, wenn die Bindung eines Kindes an die leiblichen Eltern sehr stark ist. Das bedeutet nicht unbedingt, dass sie auch positiv sein muss. Kinder etwa, die Gewalt oder Alkoholexzesse ihrer

Eltern miterlebt haben, haben nicht selten eine emotional starke Bindung an ihre leiblichen Eltern – denn sie haben über eine lange Zeit hinweg versucht, diese trotz ihres Verhaltens zu schätzen, sich das Verhalten zu erklären, sich vielleicht sogar selbst die Schuld daran gegeben oder ihren Eltern helfen wollen. Anders gesagt: Auch Leid verbindet. Die starke Bindung an den „Täter", das Sich-in-ihn-Hineinversetzen, ihn entschuldigen, kennt man etwa auch von Entführungsopfern und ihren Entführern.

Generell ist es wichtig, dass die Herkunftsfamilie dem Kind „erlaubt", sich in der anderen Familie wohlzufühlen, ihm idealerweise selbst erklärt, warum es nicht bei ihr leben kann. Das Ritual des Abschiednehmens von den leiblichen Eltern, von der Bereitschaftspflegefamilie oder Heimerziehern ist für ein Kind sehr wichtig, um einen Neuanfang wagen zu können.

Die Pubertät schließlich ist einer der letzten schweren Prüfsteine – auch und gerade im Leben von Adoptiv- und Pflegeeltern und ihren Kindern. Ungelöste Identitätsprobleme können hier umso stärker hervortreten und zu Krisen, im schlimmsten Fall aber auch zu einer völligen Loslösung des Kindes von der Adoptiv- oder Pflegefamilie führen.

Auch das Alter der Adoptiv- und Pflegeeltern kann eine Auswirkung auf das Scheitern einer Adoption haben: Relativ alte Eltern (über 45) oder recht junge (unter 30) gehören hier zur stärksten „Risikogruppe". Auch ein leibliches Kind mit geringem Altersabstand zum Adoptiv- oder Pflegekind sorgt oft für Probleme, leibliche (oder angenommene Kinder) mit einem Altersabstand von zwei oder mehr Jahren hingegen wirken sich oft positiv aus. Starre, unflexible oder überfordernde Erziehungsvorstellungen der Eltern sind schwierig, Einfühlungsvermögen, liebevolle Zuwendung und Flexibilität hingegen förderlich, um auch bei problematischem Verhalten Vertrauen und Bindungen aufzubauen.

Die Motivation zur Aufnahme des Kindes wirkt bis in die Bindung nach. Adoptiv- und Pflegekinder können kein verstorbenes leibliches Kind ersetzen, den Wunsch eines unfruchtbaren Paares nach einem leiblichen Kind nicht stillen und mit Sicherheit keine gefährdete Partnerschaft retten. Auch wer mit der Aufnahme des Kindes sein moralisches Soll an der Welt ableisten möchte, wird dem Kind nicht gerecht werden können.

Manchen Adoptiv- und Pflegekindern ist ein sicheres Gerüst in der neuen Familie sehr wichtig. Scheidung oder Trennung der Adoptiv- oder Pflegeeltern, Tod oder längere Krankheit eines Elternteils, die Geburt eines leiblichen oder die Aufnahme eines weiteren Kindes kann das Gleichgewicht der neuen Familie kurz- oder langfristig zerstören.

Dulden oder wünschen Adoptiv- oder Pflegeeltern den Kontakt ihres Kindes zu seinen leiblichen Eltern nicht oder belästigt die Herkunftsfamilie die aufnehmende Familie massiv, kann dies eine neue Familie auseinandertreiben. Der Kontakt zur leiblichen Familie ist mit Sicherheit einer der schwierigsten Prüfsteine und das rechte Maß aus Distanz und Nähe für alle Seiten nur mit Mühe zu finden.

Schichtzugehörigkeit, Religionszugehörigkeit, finanzielle Familienverhältnisse, Alleinerziehende oder die Adoption durch Pflegeeltern hingegen sind selten ausschlaggebend für das Scheitern einer Adoption.

Vorzeitige Abbrüche von Adoptiv- und Pflegeverhältnissen geschehen besonders häufig, wenn Adoptiv- und Pflegeeltern unzureichend auf die neue Lebenssituation vorbereitet werden. Besonderheiten des Kindes und seiner leiblichen Familie zu vermitteln ist ebenso wichtig wie ausreichende Bedenkzeit in allen Stadien und eine – auch und gerade bei Auslandsadoptionen – ruhige und gelassene Kontaktanbahnung, bei der das Kind das Tempo bestimmt. Dazu gehören wo möglich eine Verabschiedung von den leiblichen Eltern oder bisherigen Bezugspersonen und ein langsames Kennenlernen der neuen Familie.

Auch Beratung und Unterstützung der Adoptiv- und Pflegefamilien nach der Vermittlung ist besonders in der Anfangszeit wichtig, um Krisen rechtzeitig erkennen und beilenken zu können. Gerade bei der Adoption älterer Kinder kommt es manchmal erst zeitversetzt zu einer Eskalation. In Krisensituationen sollte die Vermittlungsstelle Supervision, Therapieangebote, sozialpädagogische oder psychologische Beratungen und anderes anbieten können. Kommt es trotz aller Hilfsangebote zum Abbruch des Adoptions- und Pflegeverhältnisses, dürfen Kinder, Eltern und auch professionelle Helfer mit dieser Bürde nicht allein gelassen werden.

Eine Kontinuität und Qualität der Arbeit mit den Vermittlern ist in diesem schwierigen Bereich zudem essenziell für alle Beteiligten. Wechseln die Ansprechpartner (etwa durch strukturelle Änderungen in den Jugendämtern) häufig oder werden Vermittler massiv mit anderen Aufgaben (etwa des Allgemeinen Sozialen Dienstes) betraut, leiden darunter Professionalität und fachliche Qualifikation der Vermittler – und somit auch der Vermittlungserfolg.

Zuverlässige Statistiken darüber, wie oft in Deutschland eine Adoption „abgebrochen" wird, gibt es nicht, man vermutet aber aufgrund vorliegender Zahlen über den „Wechsel von Betreuungsverhältnissen" eine Abbruchquote von deutlich unter zehn Prozent. Ob die Tendenz steigend ist oder nicht, ist nicht bekannt. Mehr zum Thema kann in dem Buch „Adoption – Positionen, Impulse, Perspektiven" im Kapitel „Scheitern von Adoptiv- und Pflegeverhältnissen" (Prof. Dr. H. Kasten, München) von Harald Paulitz (Hrsg.), Verlag C.H.Beck 2006, das leider nur noch antiquarisch erhältlich ist, nachgelesen werden.

Adoptiv- und Pflegeeltern sollen, dürfen und müssen ihr angenommenes Kind von Herzen lieben, und mit Sicherheit ist es falsch, ihnen eigennützigen Kinderraub zu unterstellen oder unreflektiertes, überbordendes Samaritertum vorzuwerfen. Dennoch sollten sich annehmende Eltern im Vorfeld einer Adoption ins Gedächtnis rufen, dass ihr Glück auf dem Leid anderer gebaut ist – und dass sie diesem Punkt Rechnung tragen: durch eine größtmögliche Toleranz und größtmöglichen Respekt der Herkunftsfamilie gegenüber, durch das Wachhalten eines kritischen Bewusstseins der eigenen Motivation gegenüber – und nicht zuletzt durch einen wachen Blick dem Kind und seinen Wünschen und Ängsten gegenüber. Die Annahme eines fremden Kindes ist kein Weg zur Familienplanung; sie ist immer und in jedem Fall die Suche nach einem bestmöglichen Ausweg aus einer Notsituation – oder auch ein Stück weit die Kapitulation vor derselben.

Verantwortungsvolle Adoptiv- und Pflegeltern gehen einen weiten Weg, ehe sie ein fremdes Kind bei sich aufnehmen und ihr Bestes versuchen, um ihm ein neues und sicheres Zuhause zu geben. Sie hinterfragen sich selbst, lassen sich hinterfragen, unterziehen sich einer Eignungsprüfung, wie sie intimer – und im Falle einer Ablehnung verletzender – nicht sein kann. Sie lassen sich nach abgeschlossenem Bewerberverfahren auf eine „Schwangerschaft" ein, deren Ende nicht absehbar und deren Erfolg nicht vorausschaubar ist. Wenn der ersehnte Anruf dann wirklich kommt, haben sie die Pflicht, das ihnen „angebotene" Kind auch wirklich zu prüfen – und es im Falle eigener allzu großer Bedenken abzulehnen. Wie schwer dieser Schritt ist, muss an dieser Stelle sicherlich nicht ausgeführt werden – und dennoch kann er notwendig sein, wenn die annehmenden Eltern schon im Vorfeld erkennen oder erahnen, dass das „angebotene" Kind sie überfordern wird. Ist das Kind dann da, sind sie sein Begleiter bei der Loslösung aus seiner alten Familie, in Teilen auch sein „Sozialarbeiter". Obschon sie selbst sich vielleicht „nur" danach sehnen, das Kind in ihre Arme zu schließen, müssen sie sich mit unendlich viel Geduld, Einfühlungsvermögen, Zurückhaltung und Flexibilität ganz dem Tempo des Kindes anpassen. Sie müssen sich den Platz im Leben ihres Kindes erst erarbeiten, werden immer wieder einmal um ihn fürchten und werden ihr Kind zeit seines Lebens mit seiner leiblichen Familie und einer Vergangenheit teilen müssen, die mit der ihrigen nichts gemein hat. Und am Ende des Tages, nach allen Ängsten und Sorgen, Zurückweisungen und Vorwürfen, haben sie die Pflicht, ihrem Kind auf der Suche nach den Eltern zu helfen, von denen sie es einst entfremdeten, um es in die neue, die eigene Familie zu integrieren.

Und doch kann sich am Ende von Adoption und Dauerpflege, diesen Notbehelfen aus Leid und schicksalhafter Fügung, der Weg zu einer glücklichen Familie öffnen. Mit Sicherheit gibt es nur wenige Eltern, die sich so intensiv auf ihr Elternsein vorbereiten (müssen) und die sich und ihr Tun so tief hinterfragen (lassen), wie Adoptiv- und Dauerpflegeeltern es tun. Vielleicht gelingt es auch mit der Zeit, die Entwicklung hin zu einer offenen Adoptionsform weiter voranzutreiben und die verantwortungsbewussten leiblichen Väter und Mütter so mit den Jahren – auch in den Augen der Gesellschaft – immer weniger auszugrenzen, so dass das Freigeben ihres Kindes ihnen nicht länger neben dem Verlust auch ein lebenslanges Schandmal ist.

Solange es Schwäche und Unrecht gibt, solange es Not gibt und Leid, so lange wird es auch Kinder geben, die ohne ihre leiblichen Eltern aufwachsen. Diese Kinder haben etwas verloren, aber sie haben auch etwas gewonnen: eine neue Familie, die sie liebt, die Chance auf einen Neuanfang. Und vielleicht eines Tages die Möglichkeit, das Fortgegebenwerden und Angenommensein nicht mehr passiv zu erdulden, sondern aktiv anzunehmen. Anders gesagt: Eine Adoption ist erst dann gelungen, wenn das Kind seine Adoptiveltern „adoptiert".

# Anhang

## Fragebögen und Checklisten

### Bewerberfragebogen

**Ich/Wir wünsche/n uns ein Adoptivkind/ Pflegekind.**

Personalien

Frühere Ehen / Kinder?

In meiner Haushaltsgemeinschaft leben außerdem noch:

Schulabschluss:

Erlernter Beruf:

Ausgeübter Beruf:

Arbeitgeber:

Monatliches Nettoeinkommen:

Schuldverpflichtungen:

Freizeitinteressen:

Anderweitige Verpflichtungen in Vereinen und anderen Organisationsformen:

Ich habe bereits ___ Anträge/noch keinen Antrag auf Vermittlung eines Pflege- oder Adoptivkindes gestellt.

Meine Beweggründe für die Aufnahme eines Kindes:

Welche Voraussetzungen hat das Kind, das ich aufnehmen möchte, bezüglich Nationalität:
Geschlecht:
Alter:
›Anzahl‹:

Würde ich ein Kind aufnehmen, dessen Eltern eine der folgenden Dinge aufweisen, und warum/warum nicht:

- Straffälligkeit:
- Alkoholismus:
- Drogenabhängigkeit:
- Prostitution:
- Geisteskrankheit:
- schwere körperliche Krankheiten:

Würde ich ein Kind aufnehmen ...

- dessen Herkunftsland unbekannt ist
- das aus einem inzestiösen Verhältnis stammt?

Würde ich ein Kind mit Auffälligkeiten aufnehmen (etwa Verhaltensauffälligkeiten, geistig-körperliche Behinderungen, Sinnes- und Körperschädigungen) und warum/warum nicht:

Was möchte ich über das Kind, seine Vorgeschichte und seine Herkunftsfamilie wissen:

Wie stehe ich zu Kontakten des Kindes mit seinen bisherigen Bezugspersonen (etwa Eltern, Großeltern, Heimerziehern, früheren Pflegeeltern)?

Werde ich das Kind über Herkunftsfamilie und Lebensgeschichte informieren und warum/warum nicht beziehungsweise wann?

Wie würde ich reagieren, wenn das Kind von sich aus Kontakt zu seinen leiblichen Eltern würde aufnehmen wollen?

Was würde sich an meinem persönlichen Leben durch die Aufnahme eines Kindes ändern:

Wie habe ich meine eigene Kindheit und Erziehung erlebt:
Was ist für mich in der Erziehung eines Kindes wichtig?

Wo sehe ich meine besonderen Fähigkeiten bei der Förderung eines Kindes?
Welche Erwartungen habe ich an die schulische und berufliche Laufbahn meines Kindes?
Mit wem habe ich über den Wunsch, ein Kind zu adoptieren, gesprochen und wie waren die Reaktionen?

Würde ich an einem Vorbereitungskurs zur Aufnahme eines Kindes teilnehmen?
In welcher Situation würde ich mir Beratung durch die Vermittlungsstelle wünschen?

Rechtserklärung:
Weitergabe der eigenen Daten an Dritte zu Vermittlungszwecken; Stillschweigen gegenüber Dritten bzgl. persönlicher Informationen über Kind und Herkunftsfamilie.

Ort und Datum
Unterschriften

## Zusatzfragebogen „Lebensgeschichte“

**Die Geschichte unserer Partnerschaft:**

Wie sind wir mit Krisen umgegangen/ Konfliktlösungsstrategien?

Was schätze ich an meinem Partner am meisten?

Was stört mich an meinem Partner?

Umgang mit Kinderlosigkeit sowie Verluste und Trauerarbeit:

Soziale Kontakte:

**Vergangenheit:**

Kindheit:

Jugend:

Pubertät:

Strafe und Lob im Elternhaus:

Wo, wie und bei wem aufgewachsen:

Geschwisterkonstellation und -beziehungen:

Erziehungshaltung der Eltern damals und heute:

## Checkliste

### Babys Erstausstattung

- acht Lätzchen, sieben „Stoffwindeln“ (drei dicke, vier dünne). Stoffwindeln sind multifunktionelle Stofftücher zum Mundabwischen (dünn), Unterlegen beim Wickeln oder im Bett (dick) etc.
- zehn langärmelige Baumwollbodys, zehn kurzärmelige Baumwollbodys, sechs Strampelhöschen (Größe 56 bis 62), vier Schlafanzüge, fünf Jäckchen, dreimal Babysöckchen
- eine Mütze (wenn es Winter ist, auch zwei – eine dicke, eine dünnere, bei der dickeren in jedem Fall auf sicher und rutschfrei bedeckte Ohren achten)
- einen „Ganzkörperanzug“ oder warme Wolljacke mit Kapuze (je kälter, desto dicker)
- zwei Babyschlafsäcke
- möglichst warme, flauschige Babydecke und / oder Einschlagtuch
- zwei bis drei große Badetücher und Frotteewaschlappen
- vier Bettbezüge und ein Laken, vier Matratzenbezüge, warme Baby-Kuscheldecke
- vier Pakete mit Höschenwindeln (zum Wegwerfen) oder acht waschbare Höschenwindeln und mehrere Packungen Windeleinlagen oder 40 Stoffwindeln (sowie eventuell vier Schafwoll-/Plastikhöschen), parfumfreie Baby-Wundcreme, parfumfreie Feuchttücher (auf Qualität achten)
- Badethermometer
- Baby-Nagelschere
- weiche Bürste für das Haar
- Babywärmflasche (gut: kleines Kirschkernkissen)
- Wickelauflage (abwaschbar). Eine Wickelkommode ist hilfreich, aber entbehrlich.
- drei Flaschen mit Milch- und Teenuckeln und Verschlusskappen (Glasflaschen sind hygienischer)
- Wasserkocher zum Abkochen des Anrührwassers für Fertignahrung und Tee
- mehrere Flaschenbürsten (zum Reinigen der Flaschen)
- Tee (Fenchel) und Fertignahrung (auf Alter achten)
- Schnuller (möglichst mit anderer Nuckelform als der Trinknuckel). Unbedingt mindestens zwei gleiche Schnuller kaufen, falls einer verloren geht.
- parfumfreie Creme gegen Babyschorf (etwa Linola Fett; in der Apotheke oder beim Kinderarzt beraten lassen)
- Fluoretten (zum Aufbau von Knochen und Zähnen; eine Tablette täglich; vom Kinderarzt beraten lassen)
- ein Kinderwagen (möglichst mit aufblasbaren Rädern wegen der Federung und guter Matratze) mit Regenschutz sowie (Daunen-) Zudeckkissen (Winter) und (Vorhang-) Blendschutz (Sommer). Sonnenschirme für den Kinderwagen sind unpraktisch.
- Babybett (auf Höhenverstellbarkeit achten), Matratze (auf Qualität achten)
- Babyfon (auf Sendereichweite und Stand-by-Zeit achten)
- große, warme, waschbare Spieldecke

**Optional:**

- ein Schaffell aus dem Babyfachgeschäft zum Drauflegen (gerade im Winter nicht nur im Bett, sondern auch im Kinderwagen gut zu gebrauchen)
- ein Baby-Badeeimer (in den ersten Monaten ideal)
- ein Flaschenwärmer (sehr hilfreich, gerade für die „Nachtflasche“!)
- ein Sterilisator (zum Sterilisieren von Flaschen und Nuckeln – erspart viel Arbeit, weil man dies sonst von Hand machen müsste)

- ein Tragetuch oder eine andere Tragevorrichtung, um gerade kleine Kinder Körperkontakt spüren zu lassen (eine gute Übersicht für jeden Geschmack gibt es unter www.tragemaus.de)
- Mobile
- Baby-Trainingscenter zum Spielen und Üben für die ersten Monate
- Kinder-Nasenspray
- Spieluhr zum Einschlafen und Beruhigen
- Rassel
- Wippe oder Hängewippe

**Für die Reise:**

- Reisebett (ganz kleine Kinder können vorübergehend auch im Kinderwagenaufsatz schlafen)
- Autoschale (hier hohen Wert auf Sicherheit legen)

## Checkliste

### Erstausstattung für das Kleinkind

- Zu den unter „Babys Erstausstattung" genannten Dingen kommen je nach Altersstufe ein paar sinnvolle Klassiker hinzu. Den Sterilisator braucht man ab etwa sechs Monaten nicht mehr; das Baby-Trainingscenter hat ab etwa sieben bis acht Monaten ausgedient.

**Ab sechs bis zwölf Monaten:**

- Beißring, Zahnungscreme
- Fühlbuch, Wagenkette (zum Befühlen während des Spazierenfahrens)
- Strumpfhosen und Hosen ersetzen den Strampler (mehr Freiheit zum Krabbeln-, Drehen- und Stehenüben)
- Anti-Rutsch-Socken helfen beim Krabbeln-, Stehen- und Laufenüben.

Wichtig: Keine Lauflernstühle! Mit diesen lernt das Kind später eigenständig laufen und sie sind schlecht für die Haltung des Kindes.

Weil sich der Fragebogen für Adoptivbewerber und der für Pflegeeltern in etlichen Punkten unterscheiden, ist ein exemplarischer Pflegekinderbogen hier noch einmal separat abgedruckt. Auch dieser muss von Pflegevater und Pflegemutter getrennt ausgefüllt werden.

## Bewerberfragebogen für zukünftige Pflegeeltern

Personalien, Schulabschluss, erlernter Beruf, derzeit ausgeübte Tätigkeit, Arbeitgeber, Einkommen (ca., monatlich, netto), monatliche Belastungen, Verpflichtungen

Seit wann besteht Ihre Partnerschaft?, Datum der Eheschließung, frühere Ehen

Angaben zu Kindern (leibliche Kinder, Adoptivkinder, Pflegekinder), Angaben zu weiteren Personen, die in Ihrem Haushalt leben

Angaben zu Wohnung, Wohnlage (z.B. Innenstadt), Wohnverhältnisse (z.B. Haus), Größe der Wohnung, Anzahl der Räume, Haustiere, Spielmöglichkeiten außerhalb der Wohnung, Garten

Angaben zu Hobbys (ggf. auch die der Kinder/des Kindes)

Anderweitige Verpflichtungen und Tätigkeiten in Vereinen und Organisationen?

Sind Sie oder eine in Ihrem Haushalt lebende Person chronisch krank oder behindert? Vorbestraft?

Haben Sie bereits früher einen Antrag auf Vermittlung eines Pflege- oder Adoptivkindes gestellt?

## Fragen zur Aufnahme eines Pflegekindes

**Ihre Antworten helfen Ihnen und uns, das Kind herauszufinden, für das Sie die vermutlich richtigen Pflegeeltern sein können. Deshalb können Sie auch keine Frage richtig oder falsch beantworten.**

Motivation zur Aufnahme eines Pflegekindes:

Was hat Sie letztlich zur Kontaktaufnahme mit dem Pflegekinderdienst veranlasst?

Ich interessiere mich für ...
- ❑ Dauerpflege
- ❑ Kurzzeitpflege
- ❑ Bereitschaftspflege
- ❑ Tagespflege

Alter des zu vermittelnden Kindes?

Geschlecht?
Würden Sie auch ein Kind mit einer anderen Nationalität/einer anderen Herkunft aufnehmen?

Würden Sie auch Geschwister aufnehmen? (Anzahl? Bis zu welchem Alter?)

Es gibt Kinder mit gesundheitlichen Beeinträchtigungen, seelischen Störungen oder Behinderungen. Möchten Sie nur ein gesundes Kind aufnehmen?

Würden Sie ein Kind mit einer der folgenden Beeinträchtigungen aufnehmen?
Verhaltensauffälligkeiten?
Sinnesbeschädigungen?
Lernbehinderung?

Kind mit geistiger Behinderung?
Kind mit körperlicher Behinderung?
chronisch krankes Kind?

Weshalb würden Sie sich zutrauen, einem solchen Kind gerecht zu werden?

Haben Sie Erfahrungen im Umgang mit Kindern und wenn ja, welche? (z.B. in der Familie, im Beruf)

Welche Erziehungsziele streben Sie an?

Welche Vorstellungen über Erziehungsmethoden haben Sie im Allgemeinen?

In welchem Glauben würden Sie das Kind erziehen?

Welche Reaktionen erwarten Sie von Ihren Kindern nach Aufnahme eines Pflegekindes?

Wie stehen Verwandte, Freunde und Nachbarn zu Ihrem Vorhaben?

Was wird sich durch die Aufnahme eines Pflegekindes in Ihrer Familie ändern?

Was glauben Sie, aus welchen Gründen ein Kind in einer Pflegefamilie untergebracht wird – was verbinden Sie damit?

Welche Erwartungen hat ein Pflegekind an seine zukünftigen Pflegeeltern?

Welche Erwartungen haben Sie an Ihr Pflegekind? (z.B. an seine Herkunft, an sein Verhalten, sein Benehmen)

Können Sie sich Kontakte Ihres Pflegekindes zu seinen leiblichen Eltern vorstellen und wie sollten diese Ihrer Meinung nach stattfinden?

Was geht in leiblichen Eltern vor, die ihr Kind einer fremden Familie anvertrauen müssen und ihr Kind nur nach einer festen Besuchsregelung sehen können?

Wie stellen Sie sich Ihren Kontakt zu den leiblichen Eltern Ihres Pflegekindes vor? Wo sehen Sie Vorteile oder Schwierigkeiten?

Wo wären Ihre Grenzen im Umgang mit den leiblichen Eltern erreicht?

Unter welchen Bedingungen können Sie sich eine Rückführung Ihres Pflegekindes in den Haushalt seiner leiblichen Eltern vorstellen?

Wie würden Sie sich die Zusammenarbeit mit den Vermittlern vorstellen?

Welche Hilfen wünschen Sie sich vor bzw. nach der Vermittlung eines Pflegekindes?

*Wir wissen, dass kein Rechtsanspruch auf Vermittlung eines Pflegekindes besteht. Wir sind darüber informiert, dass die Aufnahme eines Pflegekindes in der Regel zeitlich begrenzt ist. Uns ist bekannt, dass die Vermittlung eines Pflegekindes scheitern kann. Wir sind bereit, noch folgende Unterlagen zur Vervollständigung unserer Bewerbung vorzulegen: je ein Lebensbericht, Fotos, je ein ärztliches Attest, je ein polizeiliches Führungszeugnis. Uns ist bekannt, dass es notwendig ist, wesentliche Veränderungen in unseren persönlichen, beruflichen oder finanziellen Belangen unaufgefordert mitzuteilen. Alle anfallenden Kosten in Zusammenhang mit unserer Bewerbung werden von uns getragen. Wir versichern die Vollständigkeit und Richtigkeit der von uns gemachten Angaben.*

Ort, Datum, Unterschrift

# Kleines (finanzielles) Lexikon der Dauerpflege

**Unterhalt durch das Jugendamt (Pflegegeld)**
Wird ein Kind oder Jugendlicher im Rahmen der Hilfe zur Erziehung in einer Pflegefamilie untergebracht, wird der notwendige Unterhalt durch das Jugendamt sichergestellt. Die Pflegegeldverordnungen der Länder regeln, wie viel Geld gezahlt wird.
Das Pflegegeld setzt sich aus einem Grundbetrag, der vom Alter des Kindes abhängig ist, und dem Erziehungsbeitrag zusammen. Der Grundbetrag ist nur für das Kind gedacht, etwa für dessen Ernährung, Bekleidung, Unterkunft, Gesundheit, Bildung, Taschengeld und Freizeitaktivitäten. Der Erziehungsbeitrag dagegen ist eine Anerkennung der Leistungen der Pflegemütter und/oder -väter, also eine Art „Dankesgehalt". Wie hoch der Erziehungsbeitrag im Einzelfall ist, richtet sich nach der jeweiligen Pflegeform. Sonderpädagogische Pflegeformen werden dabei mit einem Zusatzbeitrag abgegolten.

**Kindergeld**
Pflegeeltern, die ein Kind in Vollzeitpflege aufgenommen haben, sind vorrangig vor den Eltern kindergeldberechtigt. Allerdings wird ein Kindergeldanteil als Einkommen der Pflegekinder auf das Pflegegeld angerechnet.
Soweit das Pflegekind das älteste Kind im Haushalt ist, wird die Hälfte (derzeitig 92,– €) und in allen anderen Fällen ein Viertel (derzeitig 46,– €) des Erstkindergeldes auf das Pflegekind angerechnet. (Stand: März 2014)

**Elterngeld**
Für Kinder, die auf der Grundlage des Sozialgesetzbuches VIII in Pflegefamilien leben, übernimmt das Jugendamt den notwendigen Unterhalt. Pflegeeltern erhalten kein Elterngeld, an Stelle dessen aber laufende monatliche Unterhaltsleistungen (Pflegegeld), deren Höhe durch das Landesrecht geregelt wird.

**Elternzeit**
Elternzeit kann ab dem Zeitpunkt der Aufnahme des Pflegekindes für insgesamt 36 Monate gewährt werden und muss bis zur Vollendung des achten Lebensjahres des Kindes beansprucht werden. Eheleute können sich die 36 Monate untereinander aufteilen. Es ist erlaubt, während der Elternzeit zu arbeiten, sofern die Arbeitszeit von 30 Wochenstunden nicht überschritten wird.

**Einmalige Leistungen**
Der laufende Lebensunterhalt von Kindern und Jugendlichen wird durch das monatliche Pflegegeld abgesichert. Wenn eine einmalige Anschaffung notwendig ist, die über den regelmäßigen Unterhalt hinausgeht, kann das Jugendamt Pflegeeltern und Pflegekind mit einer so genannten einmaligen Beihilfe unter die Arme greifen. Dies hängt von der Richtlinie des jeweiligen Jugendamtes ab.
Für die folgenden einmaligen Leistungen kann auf Antrag eine Unterstützung gewährt werden:
- Erstausstattung bei der Aufnahme eines Pflegekindes,
- Geburtstags-, Weihnachts-, Tauf-, Konfirmations-, Jugendweihe- oder Einschulungsgeschenke bzw. -ausstattung, Urlaubs- und Klassenfahrten,
- Kindergartenbeitrag, Nachhilfeunterricht, Musikschule, Sportverein.

**Haftpflicht- und Unfallversicherung**
Verantwortlich für die Haftpflicht- und Unfallversicherung des Pflegekindes ist das Jugendamt. Bei Dauerpflegekindern könnte das Kind auch über die Haftpflicht- und Unfallversicherung der Pflegeeltern oder eine Sammelhaftpflicht-/Unfallversicherung des Jugendamtes mitversichert werden. Wie und wo das Kind versichert ist, wird im Pflegevertrag festgehalten.

**Krankenversicherung**
Das Pflegekind kann sowohl über die Herkunftsfamilie versichert bleiben als auch über die Pflegefamilie mitversichert werden. Letzteres ist bei Dauerpflegeverhältnissen die sinnvollere Variante. Allerdings ist eine kostenfreie Mitversicherung nur in einer gesetzlichen Krankenkasse möglich. Bei Pflegeeltern mit privatem Versicherungsschutz entstehen bei der Mitversicherung des Kindes Kosten, die vom Jugendamt nicht getragen werden.

**Pflegeversicherung**
Pflegekinder mit Behinderungen haben grundsätzlich einen Anspruch auf Leistungen der gesetzlichen Pflegeversicherung. Im Gegensatz zum Pflegegeld der Jugendhilfe (das erzieherische Hilfen abdeckt) wird mit dem Pflegegeld der Pflegeversicherung alles rund um die körperliche Pflege (etwa bei einem querschnittsgelähmten Kind und dessen regelmäßiger Pflegedienst-Betreuung) abgedeckt. Gezahlt wird von der Pflegekasse der Krankenkasse. Kuren und Therapien werden über die Krankenkasse finanziert.

**Rentenanspruch der Kinder**
Wenn Pflegekinder Waisen- oder Halbwaisenrente erhalten, werden diese Gelder als Einkommen der Kinder gewertet und bei der Berechnung des Pflegegeldes für die Pflegeeltern mit herangezogen. Renten nach dem Opferentschädigungsgesetz bleiben unangetastet.

**Rentenanspruch der Pflegeeltern**
Der „angemessene Umfang" der Altersvorsorge wird von den Jugendämtern unterschiedlich interpretiert. Pflegepersonen haben Anspruch auf die hälftige Erstattung nachgewiesener Aufwendungen zu einer angemessenen Altersvorsorge. Ausgehend vom Mindestbeitrag der gesetzlichen Rentenversicherung beträgt die hälftige Erstattung etwa 40 €. (Stand: März 2014).
Pflegeeltern, die ein Kind während der ersten 36 Monaten nach Ablauf des Monats der Geburt erziehen, haben einen Anspruch auf Anrechnung der Kindererziehungszeiten für die Rentenversicherung, wenn sie mit dem Pflegekind durch ein auf längere Dauer angelegtes Pflegeverhältnis verbunden sind.

# Liste der anerkannten Vermittlungsstellen für eine Auslandsadoption

AdA Adoptionsberatung e. V. (Büro Limburg), Bahnhofsplatz 2, 65549 Limburg/Lahn, Tel.: 0 64 31/9 02 99 52, Fax: 0 64 31/9 02 99 53, E-Mail: limburg@ada-adoption.de, Internet: www.ada-adoption.de

Children and Parents e. V., Alt-Haarener Str. 147, 52080 Aachen, Tel.: 02 41/1 69 14 39, Fax: 02 41/1 69 10 31, E-Mail: cap-msc@onlinehome.de, Internet: www.children-and-parents.de

Diakonisches Werk im Rhein-Neckar-Kreis, Friedrich-Ebert-Anlage 9, 69117 Heidelberg, Tel.: 0 62 21/9 72 00, Fax: 0 62 21/97 20 20, E-Mail: heidelberg@dw-rn.de, Internet: www.dw-rn.de

Eltern-Kind-Brücke e. V., Bonhoeffer Str. 17, 69123 Heidelberg, Tel.: 0 62 21/83 31 48, Fax: 0 62 21/83 31 38, E-Mail: info@ekb-pcb.de, Internet: www.parents-child-bridge.de

Eltern für Afrika e. V., Frölichstr. 10 1/2, 86150 Augsburg, Tel.: 08 21/51 99 66, Fax: 08 21/15 74 94, E-Mail: info@elternfuerafrika.de, Internet: www.elternfuerafrika.de

Eltern für Kinder e. V., Fritschestr. 60, 10627 Berlin, Tel.: 0 30/46 50 75 71, Fax: 0 30/4 61 45 20, E-Mail: info@efk-adoptionen.de, Internet: www.efk-adoption.de

Evangelischer Verein für Adoption und Pflegekinderhilfe e. V., Einbrunger Str. 66, 40489 Düsseldorf, Tel.: 02 11/4 08 79 50, Fax: 02 11/40 87 95 26, E-Mail: evap@evangelische-adoption.de, Internet: www.evangelische-adoption.de

familie international frankfurt (fif) e. V., Monisstr. 4, 60320 Frankfurt am Main, Tel.: 0 69/95 63 64 31, Fax: 0 69/95 63 64 33, E-Mail: kontakt@fif-ev.de, Internet: www.fif-ev.de

Global Adoption Germany – Help for Kids e. V., Markt 14, 65375 Oestrich-Winkel, Tel.: 07 00/23 02 30 20, Fax: 0 67 23/60 14 58, E-Mail: info@adoptionen.org, Internet: www.auslandsadoption.de

Help a child e. V. – Kinder finden Eltern, Azaleenstr. 2, 56220 Kaltenengers, Tel.: 0 26 30/95 68 66-0, Fax: 0 26 30/95 68 66-20, E-Mail: buero@helpachild.de oder info@helpachild.de, Internet: www.helpachild.de

Zentrum für Adoptionen e. V., Sophienstr. 12, 76530 Baden-Baden, Tel.: 0 72 21/94 92 06, Fax: 0 72 21/94 92 08, E-Mail: zentadopt@zentadopt.de, Internet: www.zentadopt.de

Zukunft für Kinder e. V., Benzstr. 6, 68794 Oberhausen-Rheinhausen, Tel.: 0 72 54/77 68-0, Fax: 0 72 54/77 68-15, E-Mail: info@zukunftfuerkinder.de, Internet: www.zukunftfuerkinder.de

# Fragen an die Auslandsvermittlungsstelle – eine Orientierungshilfe für Adoptionsbewerber

I. Organisationsstruktur

Aufbau der Auslandsvermittlungsstelle:
- Seit wann arbeitet die Organisation?
- Wie viele Adoptionen wurden bisher über welchen Zeitraum abgeschlossen?
- Handelt es sich um eine deutsche Organisation oder um eine ausländische Organisation, die im vorliegenden Einzelfall eine Gestattung der Bundeszentralstelle zur Vermittlung nachweist?
- Ist diese Organisation durch ein Landesjugendamt (Zentrale Adoptionsstelle) staatlich zugelassen?
- Bestehen Auflagen/Beschränkungen?
- Für welche Länder besteht die Zulassung (Vertragsstaaten der Haager Adoptionskonvention/Nichtvertragsstaaten)?
- Ist für die Tätigkeit der Organisation mit deren Partner im Herkunftsland eine Zulassung erforderlich und liegt sie vor?
- Betreut die Organisation zusätzlich zur Adoption Hilfsprojekte im Ausland?
- Ist gewährleistet, dass Projekthilfe nicht an die Bedingung geknüpft ist, dass Kinder aus diesen Projekten vermittelt werden?

Ausstattung der Geschäftsstelle:
- Ist ein hauptamtliches Fachteam von mindestens zwei Fachkräften (i. d. R. Sozialarbeit oder Sozialpädagogik) Vollzeit oder entsprechend Teilzeit beschäftigt?
- Gibt es – zusätzlich zu dem Fachteam – hauptamtliche Mitarbeiter im Sekretariat und sonstigen Verwaltungsbereich?
- Haben die Mitarbeiter mehrjährige Berufserfahrung in der Adoptionsvermittlung?
- Ist gewährleistet, dass die Entscheidungen der Fachkräfte in der Adoptionsvermittlung unabhängig von den Weisungen der Vereinsgremien getroffen werden? Wodurch wird dies sichergestellt?

Kooperation mit dem Jugendamt:
- Arbeitet die Organisation mit der für Sie zuständigen örtlichen Adoptionsvermittlungsstelle des Jugendamtes partnerschaftlich zusammen?
- Wer erstellt den Adoptionseignungsbericht („home study"), die Organisation oder das Jugendamt?
- Die Organisation ist verpflichtet, beim Jugendamt rückzufragen, ob die Bewerber dort bekannt sind oder ob Hinderungsgründe vorliegen. Wird dies von der Organisation gewährleistet?

Partnerorganisation / Repräsentant im Ausland:
- Mit wem arbeitet die Organisation im Herkunftsland zusammen?
- Ist die Tätigkeit des ausländischen Partners (der Organisation) im Herkunftsland an eine Zulassung nach den dortigen gesetzlichen Regelungen gebunden und liegt diese vor?
- Handelt es sich um eine staatlich anerkannte Organisation?
- Wie viele Mitarbeiter sind beschäftigt (Arbeitsbereich/Arbeitsumfang)?
- Welche Qualifikation zur Adoptionsvermittlung besitzen die Mitarbeiter?
- Seit wann arbeitet die jeweilige Organisation?
- Besteht eine Zusammenarbeit des ausländischen Partners mit weiteren Organisationen und anderen Aufnahmeländern?

- Ist der Partner außer in der Vermittlung von Auslandsadoptionen auch in der Suche nach Alternativen für die Unterbringung der Kinder im Herkunftsland sonst aktiv?
- Wer entscheidet, welches Kind zur internationalen Adoption vorgeschlagen wird?

II. Verfahrensstruktur
Allgemeine Informationen vor Verfahrensbeginn (Einreichung der Bewerbung):
- Gibt es Informationsveranstaltungen für Bewerber?
- Sind sie nur allgemein auf das Thema Adoption bezogen oder auf die Aufnahme eines Kindes aus einem bestimmten Land?
- Erhalten die Bewerber ein schriftliches Konzept der ethischen Grundsätze und sozialpädagogischen Arbeitsansätze der Organisation?
- Gibt es eine schriftliche Darstellung über den Ablauf des Verfahrens im Inland / im Herkunftsland, die den Bewerbern mitgeteilt wird?
- Verfügt die Organisation über ein Kontakt-Elternnetz? Welche Aufgaben haben die Kontakteltern?

Informationen zu den Kindern in den Herkunftsländern:
- Welche Kinder werden vermittelt: Kinder aus Heimen, Familien oder Pflegefamilien?
- Wie ist die Heimstruktur und Betreuungssituation in dem Herkunftsland?
- Alter der Kinder; ethnische Herkunft?
- Ist gewährleistet, dass das Kind zur Adoption freisteht (rechtliche Statusklärung)?
- Werden die leiblichen Eltern vor der Freigabe des Kindes über die Konsequenzen einer Adoption und mögliche Alternativen beraten?

Arbeitsweise bei Adoptionseignungsprüfung:
- Werden für Bewerber vertiefende Vorbereitungsseminare angeboten?
- Werden die Veranstaltungen von Fachkräften geleitet?
- Gibt es Gelegenheit, die Erfahrungen von Betroffenen zu hören?
- Werden die politischen, kulturellen und ökonomischen Gegebenheiten des Herkunftslandes thematisiert und die spezifische Situation verlassener Kinder und der abgebenden Familien, speziell der Mütter, besprochen?
- Wird für Bewerber deutlich, dass die kulturelle Herkunft des Kindes immer ein Teil des künftigen Familienlebens bleiben wird?
- Werden Bewerber darauf vorbereitet, dass ein fremdartiges Aussehen des Kindes durch verschiedene Lebensphasen hindurch sich wandelnde Anforderungen an die Familien stellt?
- Werden die Bewerber über die Bedeutung einer späteren „Wurzelsuche" des Kindes aufgeklärt und erhalten sie Empfehlungen hierzu?
- Erarbeitet die Organisation mit den Bewerbern ein so genanntes Kinderprofil zu Herkunftsland / Alter / Geschlecht und möglichen Erkrankungen / Behinderungen des Kindes, einschließlich besonderer länderspezifischer Risiken?
- Führt das Fachteam Einzelgespräche mit den Bewerbern oder nur Gruppengespräche mit mehreren Bewerbern?
- Finden Hausbesuche statt?
- Werden mit Ehepartnern auch Einzelgespräche geführt?
- Wird das besondere Risiko einer Adoption bei bereits in der Familie vorhandenen leiblichen Kindern gesondert thematisiert?
- Gehört ein umfassendes und unabhängiges psychologisches Gutachten zum Teil der Eignungsüberprüfung und wird es von einem in der Adoption erfahrenen Diplompsychologen/ Diplompsychologin erstellt?

- Die Bundesarbeitsgemeinschaft der Landesjugendämter empfiehlt einen natürlichen Altersabstand für Bewerber von 35 bis 40 Jahren zum Kind. Hält sich die Organisation an diese Empfehlung?

Kindervorschlag / Ablauf des Adoptionsverfahrens:
- Wie lange kann es dauern, einen Kindervorschlag zu erhalten und wovon hängt dies ab (zum Beispiel gravierende Veränderungen im Herkunftsland)?
- Ist sichergestellt, dass die Reise ins Herkunftsland zum Kennenlernen des Kindes erst erfolgt, wenn ein offizieller Kindervorschlag eingegangen ist?
- Enthält der Kindervorschlag Informationen zu Lebensalter, äußerem Erscheinungsbild (Foto), Gesundheitszustand, Hintergründe und Zustandekommen der Freigabeentscheidung, bei Findelkindern die genauen Umstände der Auffindung – Ort, Zeit, beteiligte Personen?
- Werden die Bewerber auf mögliche länderspezifische Mängel der Kinderberichte hingewiesen und wie gelangt die Organisationen an ergänzende Informationen?
- Werden die Erfahrungen – vor allem bei älteren Kindern – in der Herkunftsgeschichte (Biografie) des Kindes und seine gegenwärtige Verfassung bei der Bewerberauswahl berücksichtigt (zum Beispiel traumatische Erlebnisse, psychosoziale Belastungsfaktoren)?
- Findet eine umfassende ärztliche Untersuchung im Herkunftsland statt (durch wen, zu welchem Zeitpunkt) zum Beispiel HIV, Hepatitis (A, B, C), Alkoholembryopathie?
- Wird mit den Bewerbern vor einer Entscheidung über Annahme oder Ablehnung des Kindervorschlages sorgfältig der eingehende Kindervorschlag besprochen und wie werden die medizinischen Angaben erläutert, etwa durch einen Arzt?
- Ist gewährleistet, dass die Zusammenführung von Bewerbern und Kind (so genanntes Matching) ausschließlich durch Fachkräfte erfolgt?
- Wie erfolgt die Kontaktanbahnung zum Kind?
- Wird man das Kind vor einer endgültigen Entscheidung persönlich kennenlernen?
- Wie muss man sich das Kennenlernen vorstellen (wo, wie lange, mit oder ohne Begleitung)?
- Was ist, wenn man das Kind nach dem Kennenlernen ablehnt?
- Was ist, wenn das Kind die Bewerber ablehnt?
- Wie läuft das Gerichtsverfahren und wer übernimmt die rechtliche Vertretung des Kindes?
- Gibt es eine Anwesenheitspflicht während des Gerichtsverfahrens?
- Falls die Adoption im Ausland abgeschlossen wird: Welche Rechtswirkungen hat der Beschluss und wird er in Deutschland anerkannt?

Nach abgeschlossener Adoption:
- Müssen, wie international üblich, nach der Adoption Berichte über die Entwicklung des Kindes an das Herkunftsland geschickt werden?
- Wie lange und in welchen Abständen?
- Wer erstellt die Berichte?
- Wie wird die Objektivität dieser Berichte sichergestellt?
- Welche Angebote macht die Organisation für die Zeit nach der abgeschlossenen Adoption im Rahmen der Nachbetreuung für die Adoptivfamilien?
- Welche Formen der Krisenintervention gibt es?
- Welche Form der Familienarbeit gibt es?
- Gibt es alters-, länder- und problemspezifische Gruppen oder Selbsthilfegruppen?
- Welche Möglichkeiten, auch in Zusammenarbeit mit der Partnerorganisation im Herkunftsland, gibt es für eine spätere Herkunftssuche des Adoptivkindes und welche Unterstützung bietet die Organisation dabei an?
- Ist das Angebot der Nachbetreuung mit dem Jugendamt koordiniert?

Kosten des Verfahrens:
- Gibt es eine detaillierte Aufstellung über die Kosten – auch unter Berücksichtigung länderspezifischer Besonderheiten – für das gesamte Verfahren (zum Beispiel Verwaltung, Seminare etc.)?
- Wie sind die Zahlungsmodalitäten/Fälligkeiten?
- Sind die aufgezählten Kosten abschließend?
- Welche Kosten entstehen, wenn ein Kindervorschlag abgelehnt wird?
- Wie hoch sind die Kosten für die Tätigkeit des ausländischen Partners und was wird damit abgedeckt (zum Beispiel Notar, Arzt, Übersetzungen)?
- Kommen dort eventuell Auslagen und Spesen hinzu, zum Beispiel bei Reisen der dortigen Mitarbeiter im Lande?
- Werden Unterbringungskosten für das Kind nach Einleitung des Verfahrens entstehen?
- Werden Spenden für Einrichtungen im Herkunftsland erwartet, und wie verpflichtend ist dies dann?
- Mit welchen eigenen Kosten müssen Sie im Verlauf des Adoptionsverfahrens rechnen (zum Beispiel Reisekosten, Übernachtung, Visa etc.)?

III. Weitere Fragen und Informationsmöglichkeiten
Wenn Sie die Fragen durchgegangen sind, bleiben dann noch Punkte für Sie offen? Ergeben sich aus Ihrer persönlichen Lebenssituation möglicherweise noch Fragen, die Sie mit der Organisation klären möchten? Neben den inhaltlichen Antworten auf die Fragen können Sie sicherlich einen Eindruck dazu entwickeln, ob sich die Organisation im Kontakt mit Ihnen offen und kompetent zeigt. Wir hoffen, dass Sie auf Grund des gewonnenen Einblicks fachliche und organisatorische Anforderungen besser nachvollziehen können und dass der Fragenkatalog Ihnen bei Ihrer Entscheidungsfindung hilfreich ist.
Weitere Auskünfte gibt es bei der Bundeszentrale für Auslandsadoption (BZAA).

Interessante Informationen zum Thema Auslandsadoptionen finden sich auch auf der Homepage der „Initiative Adoptionsopfer (IAO,. www.adoptionsopfer.de)".

Quelle: terre des hommes, www.tdh.de/content/themen/weitere/adoption/checkliste.htm, Hrsg.: Hessisches Sozialministerium, Dostojewskistr.4, 65207 Wiesbaden, Internationaler Sozialdienst / Deutscher Verein für öffentliche und private Fürsorge, Frankfurt/Main, Stand 2007
Der Leitfaden wurde erstellt vom Hessischen Sozialministerium, Wiesbaden, dem Internationalen Sozialdienst (ISD) im Deutschen Verein für öffentliche und private Fürsorge, Frankfurt, dem Kreisausschuss des Main-Taunus-Kreises, Jugendamt, Hofheim, und dem Kinderhilfswerk terre des hommes Deutschland e.V., Osnabrück; der herausgegebene Leitfaden wurde im Winter 2001/2002 gemeinsam erarbeitet von Ruth Baumann-Zipplies, Dipl.Sozarb. (Hess. Sozialministerium, LJA Zentrale Adoptionsstelle); Heidemarie Bienentreu, Assessorin jur. (ISD); Michael Busch, Assessor jur. (ISD); Harald Kliczbor, Dipl.Sozarb./FH (JA Main-Taunus-Kreis); Gisa-Maria Müller-Stutzbach, Dipl. Sozpäd. (ISD); Clenda Scharf, Dipl. Sozpäd. (JA Main-Taunus-Kreis); Jürgen Stapelmann, Psychol. Psychotherapeut (Mainz); Herta Steigerwald, Dipl. Sozpäd./FH (JA Main-Taunus-Kreis); Dr. Bernd Wacker (tdh).

**Ergänzung:** Im Rahmen der Wahrnehmung von Aufgaben nach dem Haager Übereinkommen (HAÜ) und dem Adoptionsübereinkommens-Ausführungsgesetz (AdÜbAG) ist die BZAA Ansprechpartner und Weiterleitungsstelle gegenüber den in- und ausländischen Adoptionsvermittlungsstellen und Zentralen Behörden anderer Staaten. Seit dem 1.1.2007 ist die BZAA dem Bundesamt für Justiz untergeordnet (www.bundesjustizamt.de).

## Zentrale Adoptionsstellen der Landesjugendämter

**Baden-Württemberg:** Kommunalverband für Jugend und Soziales Baden-Württemberg, Dezernat Jugend, Zentrale Adoptionsstelle, Lindenspürstr. 39, 70176 Stuttgart, Tel.: 07 11/63 75-0, Fax: 07 11/63 75-449, E-Mail: zas@kvjs.de, Internet: www.kvjs.de

**Bayern:** Zentrum Bayern Familie und Soziales, Bayerisches Landesjugendamt, Zentrale Adoptionsstelle, Marsstr. 46, 80335 München, Tel.: 0 89/12 61-2502, Fax: 0 89/12 61-2280, E-Mail: poststelle-blja@zbfs.bayern.de, Internet: www.blja.bayern.de

**Brandenburg:** Ministerium für Bildung, Jugend und Sport des Landes Brandenburg, Abteilung 2, Referat 21, Kinder- und Jugendpolitik, Jugendrecht, Jugendschutz, Zentrale Adoptionsstelle Berlin-Brandenburg, Heinrich Mann-Allee 107, 14473 Potsdam, Tel.: 03 31/8 66-3783, Fax: 0 33 38/7 01-863, E-Mail: gabriele.adamczewski@mbjs.brandenburg.de, Internet: www.lja.brandenburg.de

**Bremen, Hamburg, Niedersachsen, Schleswig-Holstein:** Gemeinsame Zentrale Adoptionsstelle der Länder Freie Hansestadt Bremen, Freie und Hansestadt Hamburg, Niedersachsen und Schleswig-Holstein – GZA – bei der Behörde für Arbeit, Soziales, Familie und Integration der Freien und Hansestadt Hamburg, Südring 32, 22303 Hamburg, Tel.: 0 40/4 28 63-5006, Fax: 0 40/4 28 63-5188, E-Mail: gza@basfi.hamburg.de, Internet: www.hamburg.de/gza

**Mecklenburg-Vorpommern:** Zentrale Adoptionsstelle Mecklenburg-Vorpommern beim Kommunalen Sozialverband M-V, Der Verbandsdirektor, Landesjugendamt / Außenstelle Neubrandenburg, Neustrelitzer Str. 120, 17033 Neubrandenburg, Tel.: 03 95/3 80 59-624, Fax: 03 95/3 80 59-732, E-Mail: Reimer@ksv-mv.de, Internet: www.ksv-mv.de

**Nordrhein-Westfalen/Rheinland:** Landschaftsverband Rheinland, LVR-Landesjugendamt, Zentrale Adoptionsstelle, Kennedy-Ufer 2, 50679 Köln, Tel.: 02 21/8 09-4041, Fax: 02 21/8 09-4067, E-Mail: landesjugendamt@lvr.de, Internet: www.lvr.de

**Nordrhein-Westfalen:** Landschaftsverband Westfalen-Lippe, LWL-Landesjugendamt Westfalen, Zentrale Adoptionsstelle, Warendorfer Str. 27, 48145 Münster, Tel.: 02 51/5 91-6585, Fax: 02 51/5 91-6898, E-Mail: ruth.schuerbuescher@lwl.org, Internet: www.lwl.org

**Rheinland-Pfalz und Hessen:** Landesamt für Soziales, Jugend und Versorgung, – Landesjugendamt –, Gemeinsame Zentrale Adoptionsstelle Rheinland-Pfalz und Hessen, Rheinallee 97–101, 55118 Mainz, Tel.: 0 61 31/9 67-0, Fax: 0 61 31/9 67-320, E-Mail: gza@lsjv.rlp.de, Internet: www.lsjv.rlp.de

**Saarland:** Ministerium für Soziales, Gesundheit, Frauen und Familie, – Referat C 2 – Landesjugendamt –, Zentrale Adoptionsstelle, Franz-Josef-Röder-Str. 23, 66119 Saarbrücken, Tel.: 06 81/5 01-2083 oder -2084, Fax: 06 81/5 01–3416, E-Mail: m.jahr@soziales.saarland.de oder d.doerr@soziales.saarland.de, Internet: www.saarland.de/landesjugendamt.htm

**Sachsen:** Sächsisches Staatsministerium für Soziales und Verbraucherschutz, – Landesjugendamt –, Zentrale Adoptionsstelle, Parkstr. 28, 09120 Chemnitz, Tel.: 03 71/2 40 81-184 oder -185, Fax: 03 51/4 51 00 54-941 oder -945, E-Mail: zentrale.adoptionsstelle@lja.sms.sachsen.de, Internet: www.sms.sachsen.de/Landesjugendamt.html

**Sachsen-Anhalt:** Landesverwaltungsamt, – Landesjugendamt –, Zentrale Adoptionsstelle, Ernst-Kamieth-Str. 2, 06112 Halle, Tel.: 03 45/5 14-0, Fax: 03 45/5 14-1719, E-Mail: zas@lvwa.sachsen-anhalt.de, Internet: www.lvwa.sachsen-anhalt.de/start-lvwa

**Thüringen:** Thüringer Ministerium für Soziales, Familie und Gesundheit, Abteilung 3 – Landesjugendamt, Referat 34 – Zentrale Adoptionsstelle, Werner-Seelenbinder-Str. 6, 99096 Erfurt, Tel.: 03 61/37 98-375, Fax: 03 61/37 98-830, E-Mail: brita.fuchs@tmsfg.thueringen.de, Internet: www.thueringen.de/th7/tmsfg/familie/lja/

# Gesetzestexte

Faktisch werfen die wenigsten Adoptiv- und Pflegeeltern während der Annahme ihres Kindes einen Blick in die Gesetzestexte; schließlich haben sie ja die Berater der Vermittlungsstellen an ihrer Seite, die hier fundierte Auskünfte geben können. Wer doch einmal etwas nachschlagen will, findet hier die Orte, an denen die wichtigsten Stellen rund um Adoption und Pflegekinder vom Gesetzgeber festgehalten sind:

Adoption:
Adoptionsvorschriften des Bürgerlichen Gesetzbuches: §§ 1741–1772

Gesetz über die Vermittlung der Annahme als Kind und über das Verbot der Vermittlung von Ersatzmüttern. Adoptionsvermittlungsgesetz (AdVermiG) in der ab 1.1.2002 geltenden Fassung:
§§ 1–16
§§ 1–13 (wichtigste Paragraphen)

**Auslandsadoption:**
**Haager Adoptionsübereinkommen (HAÜ)**
Das HAÜ ist nach langer Vorgeschichte am 1.März 2002 für Deutschland als 44. Vertragsstaat in Kraft getreten. Es formuliert die ethischen und fachlichen Standards, die sowohl von den so genannten Herkunftsländern der Kinder als auch von den Heimatstaaten der Adoptionsbewerber berücksichtigt wreden müssen. Es enthält auch strukturelle und organisatorische Vorgaben, die eine verbesserte zwischenstaatliche Kooperation im Bereich internationaler Adoptionen ermöglicht.
Die beiden folgenden Gesetze wurden nach der Ratifizierung des HAÜ zum Teil neugeregelt und angepasst.

**Gesetz über die Vermittlung der Annahme als Kind und über das Verbot der Vermittlung von Ersatzmüttern. Adoptionsvermittlungsgesetz (AdVermiG) in der ab 1.1.2002 geltenden Fassung:**
Wichtige §§ 2; 2a ;4; 7; 9, 9a; 11 Abs. 1,2,,

**Adoptionsübereinkommens-Ausführungsgesetz ( AdÜbAG):**
Regelt die Umsetzung des Haager Adoptionsübereinkommens. Die in diesem Gesetz umschriebenen Aufgaben und Zuständigkeiten betreffen ausschließlich Vertragsstaaten des Übereinkommens.

**Adoptionswirkungsgesetz ( AdWirkG):**
Sieht seit dem 01.01.2002 ein gerichtliches Anerkennungs- und Wirkungsfeststellungsverfahren mit einer förmlichen Entscheidung über die Anerkennung und Feststellung der Wirkungen einer im Ausland vollzogenen Adoption für den deutschen Rechtskreis vor.

Adoptionsvermittlungsstellenanerkennungs- und Kostenverordnung (AdVermiStAnKoV):
Legt die Details der Antragstellung auf besondere Zulassung von Auslandsvermittlungsstellen und Erhebung von Kosten fest.

**Dauerpflege:**
Kinder und Jugendhilfegesetz (SGB VIII):
§ 27 Hilfe zur Erziehung
§ 33 Vollzeitpflege
§ 36 Mitwirkung, Hilfeplan, Absatz 1 und 2
§ 44 Pflegeerlaubnis
§ 51 Beratung und Belehrung in Verfahren zur Annahme als Kind (ist im Ersetzungsverfahren bei fehlender Einwilligung der Eltern wichtig)

Bürgerliches Gesetzbuch:
§ 1630 Abs. 3 Elterliche Sorge bei Pflegerbestellung oder Familienpflege
§ 1632 Abs. 4 Verbleibensanordnung bei Familienpflege.
§ 1666 Abs. 1 Gerichtliche Maßnahmen bei Gefährdung des Kindeswohls
§ 1666a Grundsatz der Verhältnismäßigkeit, Vorrang öffentlicher Hilfen
§ 1684 Abs. 1–4 Umgang des Kindes mit seinen Eltern
§ 1685 Abs. 1 u. 2 Umgang des Kindes mit anderen Bezugspersonen
§ 1688 Entscheidungsbefugnisse der Pflegeperson

Gesetz über die Angelegenheiten der Freiwilligen Gerichtsbarkeit (Auszug)
§ 49 Anhörung des Jugendamtes durch das Vormundschaftsgericht
§ 49a Anhörung des Jugendamtes durch das Familiengericht
§ 50a Anhörung der Eltern
§ 50b Anhörung des Kindes
§ 50 c Anhörung der Pflegeperson

Hilfreich für das Rechtsthema und sein Verständnis können neben den Informationen in dem vorliegenden Buch sein:

- Röchling, Walter: Adoption, dtv-Nomos 3. Auflage 2006 (nur noch antiquarisch erhältlich)
  Informiert über Rechtsfragen, die im Zusammenhang mit der Annahme eines Kindes bzw. Volljährigen auftreten und erläutert fachbezogene Rechtsbegriffe.
- Handbuch für Pflege- und Adoptiveltern – Pädagogische, psychologische und rechtliche Fragen des Adoptions- und Pflegekinderwesens, Bundesverband der Pflege- und Adoptivfamilien e.V. (Hrsg.),Schulz-Kirchner, 6. überarbeitete Aufl. 2003.
  Wissenswertes zum Thema „Zweitelternschaft". Juristische Fragen werden kurz und prägnant beantwortet.
- Helga Oberloskamp/Birgit Hoffmann: Wir werden Adoptiv- oder Pflegeeltern.
  dtv Beck-Rechtsberater 5. Aufl. 2006.
  Informiert umfassend über In- und Auslandsadoption.

## Weitere Buchempfehlungen

**Biddulph, Steve:** Das Geheimnis glücklicher Kinder, Heyne, 33. Aufl. 2014.
Der Autor hat noch weitere lesenswerte Bücher geschrieben.

**Brisch, Karl Heinz/Hellbrügge, Theodor:** Kinder ohne Bindung. Deprivation, Adoption und Psychotherapie, Klett-Cotta, 4. Aufl. 2007.

**Deegener, Günther:** Kindesmissbrauch – Erkennen, helfen, vorbeugen, Beltz, 6. Aufl. 2014.

**Gottmann, John:** Die 7 Geheimnisse der glücklichen Ehe. Ullstein, 10. Aufl. 2011.

**Heinemann, Helen:** Eltern werden – Liebespaar bleiben. 50 Tipps, damit die Liebe überlebt, Westhafen 2012.

**Hüther, Prof. Dr. Gerald/Nitsch, Cornelia:** Wie aus Kindern glückliche Erwachsene werden, Gräfe und Unzer, 3. Aufl. 2013.
Die Autoren haben noch weitere lesenswerte Bücher geschrieben.

**Juul, Jesper:** Die kompetente Familie, Beltz 2013.
Der Autor hat noch weitere lesenswerte Bücher geschrieben.

**Largo, Remo:** Kinderjahre: Die Individualität des Kindes als erzieherische Herausforderung, Piper, 26. Aufl. 2000.
Der Autor hat noch weitere lesenswerte Bücher geschrieben.

**Omer, Haim/von Schlippe, Arist:** Autorität ohne Gewalt: Coaching für Eltern von Kindern mit Verhaltensproblemen. Elterliche Präsenz als systemisches Konzept und andere, Vandenhoeck & Ruprecht, 9. Aufl. 2014.

**Opp, Günther/Fingerle, Michael:** Was Kinder stärkt. Erziehung zwischen Risiko und Resilienz, Reinhardt, 3. Aufl. 2008.

**Schad, Achim:** Kinder brauchen mehr als Liebe – Klarheit, Grenzen, Konsequenzen, Carl Auer, 3. Aufl. 2014.

**Schneewind, Klaus A./Böhmert, Beate:** Kinder im Vorschulalter kompetent erziehen, Huber, 2. Aufl. 2010.
Die Autoren haben noch weitere lesenswerte Bücher geschrieben.

**Tschöpe-Scheffler, Sigrid:** Fünf Säulen der Erziehung, Patmos, 6. Aufl. 2011.

**Winterhoff, Michael:** Warum unsere Kinder Tyrannen werden, Mosaik/Goldmann, 13. Aufl. 2014.

**Wunsch, Albert:** Die Verwöhnungsfalle, Kösel 2013.
Der Autor hat noch weitere lesenswerte Bücher geschrieben.

**Zimmer, Katharina:** Widerstandsfähig und selbstbewusst, dtv 2005.
Die Autorin hat noch weitere lesenswerte Bücher geschrieben.

## Ebenfalls lesenswert sind die folgenden Bücher, die leider nur noch antiquarisch erhältlich sind.

**Blum, Volker:** Kindersegen. Von Kindern, Pflegekindern und den Vorzügen des Elternseins, Verlag Hartmut Becker 2006.
Erfahrungsbericht eines Pflegevaters und Pädagogen. Lebendig und warmherzig geschrieben, angereichert mit vielen Tipps aus der Praxis, zählt Blum nicht nur Fakten auf, sondern macht auch Mut aufs (Pflege-)Elternsein und hält ein leidenschaftliches Plädoyer für eine kinderfreundliche Gesellschaft.

**Curtis, Jamie J. und Cornell, Laura:** Erzähl noch mal, wie wir eine Familie wurden, Edition Riesenrad 2000 (Kinderbuch).

**Enchelmaier, Iris:** Abschied vom Kinderwunsch. Ein Ratgeber für Frauen, die ungewollt kinderlos geblieben sind, Kreuz 2004.
Trauerphase, Abschied nehmen, neu beginnen: Es gibt ein Leben nach der „Kinderwunschbehandlung".

**Kunert, Almud und Hildebrandt Annette:** Und dann kamst du und wir wurden eine Familie, Ravensburger 2003 (Kinderbuch).

**Maywald, Jörg:** Zwischen Trauma und Chance. Trennungen von Kindern im Familienkonflikt, Lambertus 2001.

**Oelsner, Wolfgang und Lehmkuhl, Gerd:** Adoption – Sehnsüchte, Konflikte, Lösungen, Walter 2005.
Die Autoren sind Psychologen bzw. Kinderpsychiater.

**Ortner, Gerlinde:** Neue Märchen, die Kindern helfen. Geschichten über Streit, Angst und Unsicherheit und was Eltern darüber wissen sollten (6–10 Jahre), dtv 2002.

**Paulitz, Harald (Hrsg.):** Adoption – Positionen, Impulse, Perspektiven, C.H.Beck, 2. Aufl. 2006.
Das Praxishandbuch für Fachkräfte und Betroffene mit einer umfassenden Gesamtschau aller rechtlichen, psychosozialen und medizinischen Aspekte.

**Spiewak, Martin:** Wie weit gehen wir für ein Kind? Im Labyrinth der Fortpflanzungsmedizin, Eichborn 2002.
Kritisch und umfassend, lässt auch Betroffene zu Wort kommen.

**Swientek, Christine:** Adoptierte auf der Suche ... nach ihren Eltern und ihrer Identität, Herder 2001.
Christine Swientek beschäftigt sich seit vielen Jahren fundiert mit dem Thema Adoption (etwa in „Was Adoptivkinder wissen sollten und wie man es ihnen sagen kann" oder „Wer sagt mir, wessen Kind ich bin?", beides Herder).

**Ulrich, Holde-Barbara:** Schattenmütter. Adoption – von Müttern und ihren Kindern, Dietz 2004.
In diesem Buch kommen alle an einer Adoption Beteiligten ohne Wertung der Autorin zu Wort.

**Wiemann, Irmela:** Ratgeber Adoptivkinder: Erfahrungen, Hilfen, Perspektiven, Rowohlt 2006.
Vermittelt anhand von Fallbeispielen Wissenswertes über den Adoptionsprozess.

**Wiemann, Irmela:** Ratgeber Pflegekinder: Erfahrungen, Hilfen, Perspektiven, Rowohlt 2008.
Ein sehr ehrliches und fundiertes Buch rund um das Pflegekind, das nichts schönredet, aber neben dem (sachlich wichtigen und richtigen) Durchleuchten von Problemfällen die Lichtblicke mit Pflegekindern etwas zu kurz kommen lässt.

**Wilson, Jacqueline:** Die unglaubliche Geschichte der Tracy Baker, Oetinger 2003 (Jugendbuch).

**Wilson, Jacqueline:** Das Mädchen aus der Tonne, Ravensburger 2007 (Jugendbuch).

## Register

# Danksagung

Unser Dank von Herzen für Unterstützung in Rat und Tat bei der Erstellung dieses Buches geht an:

Almut von Poblozki, Andrea Eter, Andreas Leopold, Dr. Andreas Schlüter, Anika Kehrer, Anne Schoberth, Antje Leopold, Birgit Adam, Burkhard Kuhne, Claudia Demitrowitz, Dr. Corinna Onnen-Isemann, Eva Engelken, Gerlinde Galier (Expertin für Ehe-, Familien-, Lebens- und Erziehugsberatung), Prof. Dr. Franz Ruppert, Gaby Dünschede von Global Adoption Germany Help for Kids e.V., Georg Lehmacher, Hans-Peter Denker, Hector Camargo, Helga Rabitzsch, Ingolf Krämer, Jutta Camargo, Kestrel Evers, Luise Krämer, Manuela Hamata, Marie-Kristin Eisenhardt, Marlon Schaab, Martina Freyer, Nessa Altura, Ramona Kaiser, Regina Heyde von adoinitiative.de, Renate Lehmacher, Dr. Rudolf Friedemann, Sam Jolig, Silvia Demski, Susanna Katz-Heieck von AdA – Adoptionsberatung e.V., Susanne Krämer, Sylvia Schaab, Dr. Telse A. Iwers-Stelljes, Thomas Demitrowitz, Ute Denker, Ute Friedemann, Viktoria Eisenhardt und Walter Demski

sowie

die aktuellen und ehemaligenFachbereichsleiter Kinder, Jugend und Familie der Stadt Halle/Saale und Mitarbeitern der Adoptionsvermittlung/Pflegekinderdienst insbesondere Lothar Rochau und Katharina Brederlow sowie Christel Hertrampf, Gisa Reinelt, Gisela Ebert, Heidrun Theuerkorn, Liane Bergmann, Marion Titz, Susann Michael, Susanne Schick und Ute Heyne

Sabine Pause, die für das Kapitel „Auslandsadoption" in der ersten Auflage des Buches verantwortlich zeichnete

und

die folgenden Verlage und Organisationen für freundliche auszugsweise Abdruckgenehmigung: Gemeinsame Zentrale Adoptionsstelle Hamburg (GEZ), Hessisches Sozialministerium, Internationalen Sozialdienst (ISD) im Deutschen Verein für öffentliche und private Fürsorge, Kirchturm-Verlag, PAN Pflege- und Adoptivfamilien NRW e.V., PFAD Bundesverband der Pflege- und Adoptivfamilien e.V., Schulz-Kircher-Verlag, Start gGmbH – Büro Magdeburg und terre des hommes e.V., Deutschland.

Unserer besonderer Dank für umfassende Unterstützung bei der Recherche rund um Gesetze und Abläufe gilt Beate Kletschka, Susann Michael und Susanne Schick vom Jugendamt und von der Zentralen Adoptionsstelle am Landesjugendamt in Halle/Saale.

**Von Herzen danken wir auch all jenen Adoptiv-, Pflege- und Herkunftsvätern und -müttern, allen Adoptierten und Pflegekindern und anderen, die uns das Vertrauen entgegenbrachten, uns von sich zu erzählen, an dieser Stelle aber nicht namentlich genannt werden möchten. Ihr Vertrauen ist uns eine Ehre. Vielen, herzlichen Dank!**

**Hinweis:** Es wurde versucht, alle Quellen ordnungsgemäß zu benennen. Sollten sich Rechteinhaber ungenannt wiederfinden, können sie sich gerne an den Verlag wenden.